U0903338

法学专业必修课、选修课系列教材

犯 罪 学

（上册）

Criminology

吴宗宪 著

中国教育出版传媒集团
高等教育出版社·北京

图书在版编目(CIP)数据

犯罪学．上册 / 吴宗宪著．--北京：高等教育出版社，2025.6．--(法学专业必修课、选修课系列教材）．--ISBN 978-7-04-064213-1

Ⅰ．D917

中国国家版本馆 CIP 数据核字第 2025BQ1027 号

Fanzui Xue Shangce

策划编辑 肖　文　　责任编辑 袁阳阳　　封面设计 杨立新　　版式设计 童　丹

责任校对 张　然　　责任印制 存　怡

出版发行 高等教育出版社

社　　址 北京市西城区德外大街 4 号

邮政编码 100120

印　　刷 三河市潮河印业有限公司

开　　本 787mm×1092mm　1/16

印　　张 17.75

字　　数 380 千字

购书热线 010-58581118

咨询电话 400-810-0598

网　　址 http://www.hep.edu.cn

http://www.hep.com.cn

网上订购 http://www.hepmall.com.cn

http://www.hepmall.com

http://www.hepmall.cn

版　　次 2025 年 6 月第 1 版

印　　次 2025 年 6 月第 1 次印刷

定　　价 43.00 元

物 料 号 64213-00

作 者 简 介

吴宗宪，男，1963 年出生于甘肃省永登县，法学博士，北京师范大学法学院暨刑事法律科学研究院二级教授、博士生导师、犯罪与矫正研究所所长，北京师范大学法学院学术委员会主任，兼任中国犯罪学学会高级学术顾问（曾任副会长）、中国预防青少年犯罪研究会副会长等职。曾在英国诺丁汉大学法学院、德国马克斯·普朗克外国与国际刑法研究所、美国耶鲁大学法学院等教学研究机构访学。

主要从事犯罪学、监狱学、社区矫正、法律心理学等方面的研究。著有《西方犯罪学史》《西方犯罪学》《国外罪犯心理矫治》《当代西方监狱学》《罪犯改造论——罪犯改造的犯因性差异理论初探》《社区矫正比较研究》《监狱学导论》《犯罪心理学总论》《犯罪心理学分论》《罪犯改造论——罪犯改造的犯因性差异理论》《西方少年犯罪理论》等；主编《青少年不良行为的矫治与防范》《中国现代化文明监狱研究》《中国服刑人员心理矫治》《刑事执行法学》《中国服刑人员心理矫治技术》《社区矫正导论》《中国刑罚改革论》《未成年犯矫正研究》等；翻译《犯罪学导论》《犯罪及其原因和矫治》，主译《司法心理学》《犯罪学原理》《犯罪学理论手册》等。

序

犯罪学在犯罪治理中发挥着重要作用。首先,犯罪学是一门事实性学科,它对犯罪事实的了解,为犯罪治理决策提供准确可靠的事实基础。其次,犯罪学是一门综合性学科,它对犯罪现象、犯罪原因和犯罪对策进行全面而深入的研究,为犯罪治理决策提供科学的对策建议。然而,我国犯罪学研究发展不足,在前述两方面都存在问题。在提供犯罪事实方面,由于犯罪统计数据公开程度有限、犯罪学训练欠缺和犯罪学调研不足等,犯罪学界没有很好地提供有关犯罪事实的准确信息。在提供对策建议方面,由于多种因素的制约,犯罪学界的贡献有限。基于此,本书试图回应我国犯罪治理存在的突出问题,介绍国际犯罪学研究和实践的晚近发展,希望能为培养人才、促进我国的犯罪研究和犯罪治理贡献力量。

犯罪学是具有鲜明国际性的学科。首先,犯罪学研究对象具有国际共同性。犯罪是一类具有明显国际性的社会现象,在古今中外的社会中,都存在大量具有国际共同性的犯罪;一些新兴犯罪,如网络犯罪、恐怖主义犯罪、洗钱犯罪、贩卖人口犯罪等,本身就具有明显的国际性。在研究和应对共同的犯罪问题时,国内外学者应该相互借鉴、相互促进。其次,犯罪学是一门在国外诞生的学问。无论是古典犯罪学学派,还是现代犯罪学和实证犯罪学学派,都是在国外产生的。对于国外长期以来的研究成果,我们应该认真关注。最后,犯罪学在国际上已得到很大发展。从当代国际社会的情况来看,犯罪学已经成为一门受到广泛关注的"显学"。这不仅体现为很多国家的犯罪学教学、研究和应用高度发达,而且体现为联合国有一个大量工作都属于犯罪学领域的专门机构,即总部设在维也纳的联合国毒品和犯罪问题办公室(The United Nations Office on Drugs and Crime, UNODC,简称"联合国毒罪办")。同时,该机构主办的一个重要国际会议的主要内容也是犯罪学领域的,这个国际会议就是联合国预防犯罪和刑事司法大会(The United Nations Congress on Crime Prevention and Criminal Justice)。① 可以说,代表犯罪学发展水平的高质量研究成果,很多都是在国外产生的,值得重视和借鉴。因此,我们必须在充分了解和认真学习全人类创造的犯罪学知识精华的基础上,发展自己的犯罪学事业。这是"人类命运共同体"理念的应有之义。

基于上述考虑,本书在写作中力求体现"五性":

第一,国际性。在撰写过程中,广泛参考国际社会的犯罪学研究成果,除了大量的论文,

---

① 这个会议于1955年在维也纳举行第一届会议,每五年举行一次,前10届被称为联合国预防犯罪和罪犯待遇大会(UN Congress on the Prevention of Crime and Treatment of Offenders),在2005年举行的第11届大会上改用现名。

特别注意研究了美国[①]、英国[②]、德国[③]、加拿大[④]、澳大利亚[⑤]、荷兰[⑥]、苏联(俄罗斯)[⑦]、日本[⑧]等国的犯罪学教材和著作,借鉴其结构和内容。在论述具有国际共同性的内容时,注意在重要概念和术语等之后,附上外语原文,让读者一开始就掌握它们的汉语表达和对应外语(主要是英语),为他们查阅外语文献和进行国际交流奠定必要基础。

第二,知识性。在撰写过程中,重视论述最基本的犯罪学知识,包括基本的概念、定义和其他知识点。考虑到我国犯罪学论著中分析和研究犯罪的专业术语不够完备,因此,本书特别注意介绍一些犯罪学研究中具有价值的专业术语,努力建设犯罪学的专业术语体系,为犯罪学研究提供概念工具。

第三,准确性。在撰写过程中,在确定相关概念、推敲定义内容、优化文字表述等方面,做了大量工作,力求论述的准确性。同时,为了保证论述的准确性,严格遵守学术规范,凡引用相关论述和信息时,都注明出处,既表示对原作者的尊重,也为进一步查阅文献提供线索。而且,在引用文献时,尽可能查找和引用原始文献;只有在找不到原始文献或者无法阅读原始文献的情况下,才引用翻译文献。

第四,应用性。犯罪学是一门实践性很强的学科,犯罪学研究的最终目的是应用犯罪学知识解决犯罪问题,因此,本书既重视犯罪学理论学说,也重视犯罪学应用实践,在"对策论"中论述了大量应用犯罪学的内容,为人们实际解决犯罪问题提供参考。

第五,逻辑性。在撰写过程中,注意了犯罪学研究中理想的逻辑思路与犯罪学教科书结构安排的差异性。在犯罪学研究中,理想的逻辑思路或者基本的犯罪学思维是"是什么"→"为什么"→"怎么办"。进行犯罪学研究的第一步应当是搞清楚所研究的犯罪问题"是什么"的问题,也就是犯罪现象论。第二步应当是分析"为什么"会产生犯罪的问题,也就是犯罪原因论。第三步应当是根据对犯罪现象和犯罪原因的研究,提出相应的对策建议,也就是

---

① [美]埃德温·萨瑟兰等:《犯罪学原理》(第十一版),吴宗宪等译,中国人民公安大学出版社 2009 年版;John Conklin, *Criminology*, 11th ed. (Boston, MA: Pearson, 2013); Frank Schmalleger, *Criminology Today: An Integrative Introduction*, 8th ed. (Boston, MA: Pearson, 2017); Larry J. Siegel, *Criminology: Theories, Practice, and Typologies*, 13th ed. (Belmont, CA: Cengage Learning, 2018); Freda Adler et al., *Criminology*, 9th ed. (New York: McGraw-Hill, 2018).

② Mike Maguire et al. (eds.), *The Oxford Handbook of Criminology*, 5th ed. (Oxford: Oxford University Press, 2012); Tim Newburn, *Criminology*, 3rd ed. (New York: Routledge, 2017).

③ [德]汉斯·约阿希姆·施奈德:《犯罪学》,吴鑫涛、马君玉译,中国人民公安大学出版社 1990 年版。

④ John Winterdyk, *Canadian Criminology*, 3rd ed. (Don Mills, Ontario: Oxford University Press, 2016); Larry J. Siegel et al., *Criminology in Canada: Theories, Patterns, and Typologies*, 6th ed. (Toronto, Ontario: Nelson, 2016); Rick Linden (ed.), *Criminology: A Canadian Perspective*, 9th ed. (Toronto, Ontario: Nelson, 2020); Larry J. Siegel et al., *Criminology in Canada: Theories, Patterns, and Typologies*, 8th ed. (Toronto, Ontario: Cengage Canada, 2024).

⑤ Adam Graycar et al. (eds.), *The Cambridge Handbook of Australian Criminology* (Cambridge, UK: Cambridge University Press, 2002); Antje Deckert et al. (eds.), *The Palgrave Handbook of Australian and New Zealand Criminology, Crime and Justice* (New York: Palgrave Macmillan, 2017).

⑥ [荷]W. A. 邦格:《犯罪学导论》,吴宗宪译,中国人民公安大学出版社 2009 年版。

⑦ [苏]B. K. 茨维尔布利等主编:《犯罪学》,曾庆敏等译,群众出版社 1986 年版;[俄]阿·伊·道尔戈娃主编:《犯罪学》,赵可等译,群众出版社 2000 年版。

⑧ [日]大谷实:《刑事政策学》(新版),黎宏译,中国人民大学出版社 2009 年版。

犯罪对策论。一般的犯罪学研究，都可以按照这种逻辑思路进行。撰写篇幅较小的犯罪学论文，也可以采用这种逻辑思路，特别是犯罪对策论的论述内容和论述顺序要与犯罪现象论和犯罪原因论相对应。不过，在撰写犯罪学教科书时，由于犯罪现象论的内容很多，不仅包括对犯罪现象和犯罪人的一般性论述，还包括对很多具体的犯罪类型的论述，而这些论述的内容丰富，篇幅很大，所以，为了避免结构失调、逻辑混乱等问题，更适宜采用"为什么"→"是什么"→"怎么办"的结构，即将内容较少、篇幅较小的犯罪原因论放在前面，将内容较多、篇幅较大的犯罪现象论放在中间，最后再论述犯罪对策论。

本书在写作中努力避免内容重复问题。犯罪学内容丰富、涉及很多方面，四十多年来，本人陆续系统、深入地钻研犯罪学的不同方面，出版了若干专著。这些专著构成一个体系，共同阐述犯罪学知识。对于这些专著中已经有详尽论述的内容，本书不再重复论述或者只作适当论述。有关方面的详细内容，可以参见这些专著。其中，有关国外犯罪学历史的内容，可以参见《西方犯罪学史》①；有关国外犯罪学新发展的内容，可以参见《西方犯罪学》②；有关国外少年犯罪理论的内容，可以参见《西方少年犯罪理论》③；有关犯罪心理学的内容，可以参见《犯罪心理学总论》④和《犯罪心理学分论》⑤；有关监狱工作的内容，可以参见《监狱学导论》⑥和《当代西方监狱学》⑦；有关社区矫正的内容，可以参见《社区矫正比较研究》⑧和《中国社区矫正规范化研究》⑨；有关罪犯改造的内容，可以参见《罪犯改造论——罪犯改造的犯因性差异理论》⑩。同时，在外语文献的注释方面也注意避免重复，有多名作者的只在脚注中写出第一位作者的姓名，完整的作者姓名附在"主要参考文献"中。

本书的写作和出版得到了两位编辑的大力帮助。首先感谢高等教育出版社编辑肖文老师。肖老师三次邀请我撰写犯罪学教材，在接到第三次邀请时，面对肖老师的诚恳邀请和执着精神，我不好再拒绝，就接受了肖老师的建议。肖老师是一位难得的有使命感、有高追求的优秀编辑，在此向她表示衷心的感谢和深切的敬意！本书在出版过程中，还得到责任编辑袁阳阳的精心编校和很多帮助，非常感谢！

本书在写作过程中，得到很多人的帮助。特别是我过去指导的三位法学硕士在查阅外语资料方面给予了很多帮助，她们分别是在美国纽约州立大学奥尔巴尼分校刑事司法学院攻读犯罪学博士学位的吴思诗同学（她博士毕业后已经在从事犯罪学教学工作），在澳门大学法学院攻读犯罪学博士学位的余频同学，在德国科隆大学管理、经济和社会科学学院社会

① 吴宗宪：《西方犯罪学史》（第二版），中国人民公安大学出版社 2010 年版。

② 吴宗宪：《西方犯罪学》，高等教育出版社 2023 年版。

③ 吴宗宪：《西方少年犯罪理论》，商务印书馆 2020 年版。

④ 吴宗宪：《犯罪心理学总论》，商务印书馆 2018 年版。

⑤ 吴宗宪：《犯罪心理学分论》，商务印书馆 2018 年版。

⑥ 吴宗宪：《监狱学导论》，法律出版社 2012 年版。

⑦ 吴宗宪：《当代西方监狱学》，法律出版社 2005 年版。

⑧ 吴宗宪：《社区矫正比较研究》（上、下），中国人民大学出版社 2011 年版。

⑨ 吴宗宪：《中国社区矫正规范化研究》，北京师范大学出版社 2021 年版。

⑩ 吴宗宪：《罪犯改造论——罪犯改造的犯因性差异理论》（第二版），商务印书馆 2019 年版。

科学专业攻读犯罪学博士学位的于跃同学。我的一些同事和朋友也给予了资料方面的帮助。在本书完稿之际,向所有提供过帮助的人,表示诚挚的感谢!

当然,本书肯定会存在不足甚至错误,这方面的问题完全由我本人负责。欢迎广大读者和同行通过电子邮件(我的电子邮件地址是 wuzongxian@ bnu. edu. cn)等途径提出批评和建议,以便在重印和再版时修改完善。

吴宗宪

2024 年 5 月 9 日

目　录

上　册

第一编　基　础　论

第一章　绪论 …… 3
第一节　犯罪学概述 …… 3
一、犯罪学的含义和特点 …… 3
二、犯罪学的基本概念 …… 10
三、犯罪学的研究对象 …… 21
四、犯罪学的主要目标 …… 23
第二节　犯罪学的学科地位 …… 26
一、概述 …… 26
二、犯罪学与刑法学 …… 27
三、犯罪学与社会学 …… 28
四、犯罪学与心理学 …… 30
五、犯罪学与刑事司法 …… 31
六、犯罪学与其他学科 …… 33
第三节　外国犯罪学简史 …… 36
一、概述 …… 36
二、前犯罪学阶段 …… 38
三、古典犯罪学学派 …… 38
四、统计学派 …… 39
五、马克思主义犯罪学 …… 40
六、实证犯罪学学派 …… 41
七、犯罪社会学学派 …… 41
八、现代犯罪学 …… 42
第四节　中国犯罪学简史 …… 45
一、古代的犯罪学思想 …… 45
二、犯罪学的引入与起步 …… 52
三、犯罪学的重建与发展 …… 55

第二章 犯罪学思维和方法论 …… 60
第一节 概述 …… 60
一、基本含义 …… 60
二、重要价值 …… 61
三、主要类型 …… 61
四、主要层次 …… 62
第二节 犯罪学思维 …… 63
一、基本含义 …… 63
二、重要价值 …… 65
三、主要内容 …… 65
第三节 方法论原则 …… 73
一、唯物辩证法和唯物史观原则 …… 73
二、系统论原则 …… 74
三、思辨与实证相结合原则 …… 76
四、定性与定量相结合原则 …… 77
五、理论与实践相结合原则 …… 79
六、生物性与社会性相统一原则 …… 80
七、价值中立原则 …… 81
八、伦理性原则 …… 82
第四节 研究过程与方法 …… 83
一、研究准备 …… 83
二、资料收集 …… 89
三、资料分析 …… 101
四、资料解释 …… 108
五、成果表述 …… 109

第二编 原 因 论

第三章 犯罪原因与犯因性因素 …… 115
第一节 犯罪原因研究与犯因性因素 …… 115
一、犯罪原因研究概况 …… 115
二、中国学者的主要观点 …… 116
三、犯因性因素观点 …… 120
第二节 犯因性个人因素 …… 123
一、概述 …… 123

二、生物因素 …… 124
三、心理因素 …… 132
四、其他因素 …… 151
第四章 犯因性环境因素 …… 156
第一节 犯因性微观环境因素 …… 156
一、犯因性家庭因素 …… 156
二、犯因性社区因素 …… 167
三、犯因性学校因素 …… 174
四、犯因性职场因素 …… 178
第二节 犯因性宏观环境因素 …… 180
一、犯因性经济因素 …… 180
二、犯因性制度因素 …… 182
三、犯因性自然因素 …… 183
第三节 犯因性被害人因素 …… 191
一、概述 …… 191
二、被害人的犯因性作用 …… 192
第四节 其他犯因性环境因素 …… 196
一、犯因性大众传媒因素 …… 196
二、犯因性网络因素 …… 198
三、犯因性物质 …… 199
第五章 犯罪行为发生机制 …… 206
第一节 概述 …… 206
一、犯罪行为发生机制的含义 …… 206
二、犯罪行为发生机制的内容 …… 208
三、犯罪心理的核心内容 …… 208
第二节 犯罪获得机制 …… 211
一、犯罪遗传获得机制 …… 211
二、犯罪学习获得机制 …… 214
第三节 犯罪动力机制 …… 218
一、内部推力——犯罪性 …… 218
二、外部拉力——犯罪诱因 …… 219
第四节 犯罪过程机制 …… 222
一、概述 …… 222
二、犯罪动机形成阶段 …… 223
三、犯罪决策完成阶段 …… 225

四、犯罪行为实施阶段 …… 227
五、犯罪之后结束阶段 …… 230
第五节 犯罪模式机制 …… 231
一、概述 …… 231
二、需要主导模式 …… 232
三、诱因主导模式 …… 233
四、内外结合模式 …… 233
五、挫折引发模式 …… 234
六、过度补偿模式 …… 236
七、防御机制模式 …… 237
八、变态心理模式 …… 239
第六节 犯罪情境机制 …… 241
一、概述 …… 241
二、犯罪情境构成要素 …… 246
三、犯罪情境主要功能 …… 250
第七节 重新犯罪机制 …… 252
一、概述 …… 252
二、重新犯罪机制维度 …… 254

下 册

第三编 现 象 论

第六章 犯罪现象概述 …… 3
第一节 犯罪现象及其规律 …… 3
一、犯罪现象 …… 3
二、犯罪现象基本规律 …… 6
第二节 犯罪现象的定性特征 …… 15
一、犯罪结构 …… 16
二、犯罪类型 …… 19
三、犯罪效应 …… 21
第三节 犯罪现象的定量特征 …… 24
一、犯罪计量 …… 24
二、犯罪状况 …… 41

三、犯罪趋势 …… 62
第七章 犯罪人 …… 66
第一节 概述 …… 66
一、定义和特征 …… 66
二、相关概念 …… 73
三、基本观点 …… 77
第二节 基本类型 …… 79
一、概述 …… 79
二、按照犯罪人性别划分的类型 …… 81
三、按照犯罪人年龄划分的类型 …… 81
四、按照犯罪人数划分的类型 …… 83
五、按照犯罪人精神状态划分的类型 …… 87
六、按照犯罪历史划分的类型 …… 88
七、按照开始犯罪时间划分的类型 …… 90
八、按照犯罪轻重划分的类型 …… 92
九、按照犯罪动机划分的类型 …… 92
十、按照犯罪产生特点划分的类型 …… 93
第三节 其他类型 …… 95
一、慢性犯罪人 …… 95
二、职业犯罪人 …… 102
第四节 犯罪生涯 …… 106
一、概述 …… 106
二、关键概念 …… 107
三、重要发现 …… 111
四、主要价值 …… 115
第八章 暴力犯罪 …… 118
第一节 概述 …… 118
一、定义和特点 …… 118
二、相关概念辨析 …… 120
三、暴力犯罪分类 …… 121
第二节 杀人犯罪 …… 124
一、杀人犯罪概述 …… 124
二、系列杀人 …… 131
三、大量杀人 …… 136
四、性杀人 …… 139

第三节 抢劫犯罪 …… 140
一、定义和特点 …… 140
二、抢劫犯罪类型 …… 143
三、抢劫犯罪人类型 …… 145
第四节 恐怖主义犯罪 …… 146
一、定义和特点 …… 146
二、恐怖主义犯罪类型 …… 148
三、恐怖分子类型 …… 150
第九章 财产犯罪 …… 152
第一节 概述 …… 152
一、财产犯罪的范围 …… 152
二、财产犯罪的特点 …… 154
第二节 盗窃犯罪 …… 155
一、普通盗窃 …… 155
二、入室盗窃 …… 162
第三节 诈骗犯罪 …… 168
一、定义和特点 …… 168
二、诈骗犯罪类型 …… 172
三、电信网络诈骗 …… 174
第四节 白领犯罪 …… 183
一、白领犯罪的定义 …… 183
二、白领犯罪的特点 …… 185
三、白领犯罪的类型 …… 186
四、白领犯罪人的特点 …… 192
第十章 性犯罪 …… 196
第一节 概述 …… 196
一、定义和特点 …… 196
二、相关概念 …… 198
三、性犯罪类型 …… 200
四、性犯罪谬论 …… 202
第二节 强奸犯罪 …… 204
一、定义和特点 …… 204
二、相关概念 …… 207
三、强奸犯罪类型 …… 209
四、强奸犯罪人类型 …… 214

第三节 性变态犯罪 …… 218
一、概述 …… 218
二、恋童癖 …… 221
三、性施虐癖 …… 224
四、恋物癖 …… 226
五、摩擦癖 …… 227
六、露阴癖 …… 228
七、窥淫癖 …… 229
第四节 其他性犯罪 …… 231
一、乱伦 …… 231
二、跟踪骚扰 …… 234

第四编 对 策 论

第十一章 犯罪处理:基本内容 …… 245
第一节 刑罚目的 …… 245
一、概述 …… 245
二、主要的刑罚目的 …… 249
第二节 刑事制裁 …… 259
一、概述 …… 259
二、生命刑 …… 260
三、监禁刑 …… 262
四、财产刑 …… 266
五、资格刑 …… 268
第三节 刑事政策 …… 269
一、定义和特点 …… 269
二、刑事政策基本原则 …… 272
三、刑事政策与钟摆效应 …… 275
第十二章 犯罪处理:犯罪化与非犯罪化 …… 279
第一节 概述 …… 279
第二节 犯罪化与相关问题 …… 280
一、犯罪化概述 …… 280
二、过度犯罪化 …… 281
三、重刑化 …… 286
第三节 非犯罪化与相关内容 …… 290

一、非犯罪化的含义 …… 290
二、非犯罪化的原因 …… 290
三、非犯罪化的对象 …… 293
四、非刑罚化 …… 295
五、非监禁化 …… 296
第十三章 犯罪预防:基本内容 …… 298
第一节 犯罪预防概述 …… 298
一、定义和特点 …… 298
二、政府犯罪预防和社会犯罪预防 …… 300
三、社会犯罪预防和情境犯罪预防 …… 301
四、惩罚型预防、防御型预防和干预型预防 …… 302
五、一级犯罪预防、二级犯罪预防和三级犯罪预防 …… 303
六、微观层次犯罪预防、中观层次犯罪预防和宏观层次犯罪预防 …… 305
七、初次犯罪预防和重新犯罪预防 …… 307
八、按照重点分类的犯罪预防 …… 309
九、按照措施分类的犯罪预防 …… 309
第二节 犯罪预测 …… 310
一、概述 …… 310
二、犯罪预测、假释预测和风险评估 …… 313
三、犯罪预测原理 …… 313
四、犯罪预测类型 …… 318
五、常用预测方法 …… 323
第十四章 犯罪预防:情境预防与循证预防 …… 330
第一节 情境犯罪预防 …… 330
一、概述 …… 330
二、理论基础 …… 331
三、基本原理、基本原则和实施步骤 …… 335
四、具体技术 …… 337
五、简要评价 …… 344
第二节 循证犯罪预防 …… 346
一、概述 …… 346
二、评价方法 …… 350
三、家庭型犯罪预防计划 …… 354
四、学校型犯罪预防计划 …… 356
五、社区型犯罪预防计划 …… 359

六、劳动力市场型犯罪预防计划 …… 360
七、地点型犯罪预防计划 …… 362
八、警务型犯罪预防计划 …… 363
九、法庭和矫正机构型犯罪预防计划 …… 364
十、评价与借鉴 …… 368

主要参考文献 …… 372
人名译名索引 …… 377

第一编　基　础　论

本编主要包括两章：第一章“绪论”论述犯罪学的主要概念、犯罪学的学科地位和简要历史等，介绍犯罪学的基本知识。第二章“犯罪学思维与方法论”论述从犯罪学角度认识和解决犯罪问题的思维方式与相应活动，介绍开展犯罪学研究的方法论。本编为学习犯罪学和开展犯罪学研究，奠定基础。

第一章　绪　　论

本章介绍犯罪学这门学科的基本情况，包括犯罪学的含义和特点、犯罪学的基本概念、犯罪学的研究对象以及犯罪学的主要目标、学科地位和简要历史等。

第一节　犯罪学概述

一、犯罪学的含义和特点

（一）犯罪学的含义

在研究了多种文献的基础上，根据犯罪学学科的研究内容等情况，本书给犯罪学下这样的定义：犯罪学（criminology）是主要从非法律视角研究犯罪及其原因和对策的综合性学科。

除了英语表述 criminology，对于犯罪学这个概念，其他语言也有表述。例如，法语 *criminologie*，意大利语 *criminologia*，德语 kriminologie，丹麦语 kriminologi，荷兰语 criminologie，希腊语 εγκληματολογία，葡萄牙语 criminologia，俄语 криминология，西班牙语 criminología，瑞典语 kriminologi，日本语“犯罪学”。

关于犯罪学一词的起源，有不同的看法。在国外，最早使用的犯罪学一词是法语 *criminologie*，这个术语由法国人类学家和医生保罗·托皮纳德（Paul Topinard，①1830—1911）在1879年出版的重要著作《人类学》②一书中首先使用。③ 然后使用的是意大利语 *criminologia*，1885年出版了第一本以“犯罪学”为名的重要著作，这就是意大利犯罪学家拉斐尔·加罗法洛（Raffaele Garofalo，1852—1934）的《犯罪学》④一书。英语 *criminology* 一词最早出现于1890年，⑤它是由拉丁文 *crimen*（即“犯罪”）和古希腊文 *logios*（即“知识”）构成的，字面意思就是“关于犯罪的知识”。

关于犯罪学的定义，也有不同的表述。影响最大的定义，是由美国犯罪学家埃德温·萨

---

① “Topinard”又被译为“托皮纳尔”。

② Paul Topinard, *L'Anthropologie* (Paris: G. Masson, 1879).

③ Hermann Mannheim (ed.), *Pioneers in Criminology*, 2nd ed. (Montclair, NJ: Patterson Smith, 1972), p. 1; Brunon Holyst, *Comparative Criminology* (Lexington, MA: D. C. Heath & Co., 1979), p. 1.

④ Raffaele Garofalo, *Criminologia* (Naples, 1885); English as *Criminology*, translated by Robert W. Millar (Boston: Little, Brown, 1914).

⑤ *Merriam Webster's Collegiate Dictionary*, 10th edition, 1993, p. 274.

瑟兰(Edwin H. Sutherland,1883—1950)在1934年提出的,[①]他认为,“犯罪学是关于作为社会现象的犯罪和少年犯罪的知识体系。犯罪学的范围包括立法、违法和对违法作出反应的过程”[②]。也有人认为,犯罪学是用科学方法研究犯罪行为的性质、程度、原因和控制的学科。[③] 有人认为,犯罪学是“围绕对犯罪和犯罪行为的科学研究建立的跨学科专业,包括犯罪和犯罪行为的方式、原因、法律方面和控制”[④]。还有人认为,犯罪学“指对犯罪(包括青少年犯罪)的非法律方面(包括犯罪的原因和预防)进行的科学研究”[⑤]。德国犯罪学家汉斯·约阿希姆·施奈德(Hans Joachim Schneider,1928—2015)认为,犯罪学是对个人和社会的犯罪化和非犯罪化过程进行经验型研究的人道和社会科学。[⑥] 加拿大犯罪学家认为,犯罪学是“把犯罪视为一种社会现象的知识体系。它包括制定法律、违反法律以及对违反法律作出反应的过程。它的目标是发展一套普遍的、经过验证的原则,以及关于法律、犯罪和矫治(treatment)过程的其他类型的知识”[⑦]。

(二)犯罪学的特点

作为一门学科,犯罪学具有一些显著的特点。

1. 犯罪中心性

犯罪学是以犯罪为中心开展研究的学科。不管怎样界定犯罪学,也不管如何表述犯罪学定义,犯罪学研究犯罪是犯罪学家达成的普遍共识。因此,从最基本的意义上讲,犯罪学就是研究犯罪的学科。

至于犯罪学如何研究犯罪、研究犯罪的哪些方面等,不同的犯罪学学派、不同的犯罪学家可能有不同的甚至是完全相反的观点。例如,在如何研究犯罪方面,犯罪学家对于犯罪学研究方法(生物学或生理学方法、心理学方法、社会学方法、综合性方法等)、研究范式(思辨、实证等)等问题,可能会有各自的立场和主张。又如,对于研究犯罪的哪些方面,犯罪学家也有不同的看法。一些犯罪学家主张,犯罪学主要研究犯罪的原因,这是欧洲大陆犯罪学界的传统看法,他们的研究主要集中于对犯罪原因的探讨。一些犯罪学家则认为,犯罪学不仅要研究犯罪原因,也要研究犯罪的规律、对犯罪的反应等。正如波兰犯罪学家布鲁诺·霍利斯特(Brunon Holyst)所说,“犯罪学是一门研究犯罪与犯罪人,犯罪及其他相关的社会病理现象的表现和原因,消除犯罪及其他相关的社会病理现象的方法的学科”[⑧]。

2. 综合性

犯罪学是一门综合性学科。这种综合性突出表现在下列方面:

---

① Freda Adler et al., *Criminology*, 9th ed. (New York: McGraw-Hill, 2018), p. 12.

② [美]埃德温·萨瑟兰等:《犯罪学原理》(第十一版),吴宗宪等译,中国人民公安大学出版社2009年版,第3页。

③ Larry J. Siegel, *Criminology: Theories, Practice, and Typologies*, 13th ed. (Belmont, CA: Cengage Learning, 2018), p. 4.

④ Frank Schmalleger, *Criminology Today: An Integrative Introduction*, 8th ed. (Boston, MA: Pearson, 2017), p. 10.

⑤《不列颠百科全书(国际中文版)》(第5卷),中国大百科全书出版社1999年版,第16页。

⑥ [德]汉斯·约阿希姆·施奈德:《犯罪学》,吴鑫涛、马君玉译,中国人民公安大学出版社1990年版,第96页。

⑦ Rick Linden (ed.), *Criminology: A Canadian Perspective*, 9th ed. (Toronto, Ontario: Nelson, 2020), p. 9.

⑧ Brunon Holyst, *Comparative Criminology* (Lexington, MA: D. C. Heath & Co., 1979), p. 6.

（1）全范围研究。犯罪学对广义的犯罪进行广泛研究。从任何角度、任何方面以及利用任何方法研究和解决犯罪问题的内容，都可以被纳入犯罪学的范围。

对于犯罪学究竟研究什么样的"犯罪"的问题，学者们进行了大量探讨。有人认为犯罪学仅仅研究刑法规定的犯罪；有人认为犯罪学还研究"近似犯罪的违法行为（和）与犯罪有联系的越轨行为"①。有人明确提出，犯罪学中的犯罪是指"严重危害社会的应受制裁的行为"②。从文献来看，大多数学者都赞同犯罪学研究广义的犯罪的观点，正如英国犯罪学家奈杰尔·沃克（Nigel D. Walker）指出的，对犯罪学中的"犯罪应该作最广义上的解释，以便包括轻微的以及严重的违法行为，也包括那些如果不是由于行为人的特殊地位或者角色，就会被认为是违法的行为，例如，父母对儿童的过分惩罚，商业企业的反社会活动"③。犯罪学研究的犯罪行为的广泛性，表明犯罪学对犯罪的研究是跨学科的、综合性的，因为它不再固守刑法学的犯罪概念，而是同时吸收了其他学科对犯罪的定义。

（2）全过程研究。犯罪学对刑事立法、刑事违法和刑事司法的整个过程进行综合性研究。虽然犯罪学研究的核心是刑事违法问题，即研究刑事违法的现象、原因等内容，但是，在研究犯罪对策的过程中，必然涉及刑事立法和刑事司法。首先，犯罪学的研究涉及刑事立法问题。犯罪学通过对大量危害社会行为的探讨，对很多行为的社会危害性进行衡量，提出将一些严重的危害行为规定为犯罪、利用刑法和刑事司法机关控制这类行为的观点和看法，引导刑事立法领域犯罪化（criminalization）的过程。同时，犯罪学通过对被刑法规定为犯罪的行为的探讨，分析由刑法规定的很多犯罪行为的危害性的变化，特别是分析危害性的减弱或者消失，提出不再将这些行为当作犯罪行为对待的建议，引导刑事立法领域非犯罪化（decriminalization）的过程。其次，犯罪学要研究人们违反刑事法律的问题，研究犯罪（包括个体犯罪行为和群体犯罪现象）的产生过程、变化规律及其原因，对犯罪进行现象学和原因论方面的探讨，努力阐明社会中的犯罪问题。再次，犯罪学要研究如何控制社会中的犯罪问题，特别是对控制犯罪的主要机构——刑事司法系统及其功能等问题，进行大量的调查和研究，从而促进犯罪对策学的发展。犯罪学研究内容的综合性和广泛性，是其他涉及犯罪问题的任何一个学科都难以比拟的。

（3）全视角研究。犯罪学可以从任何视角研究犯罪问题。首先，犯罪学从微观视角和宏观视角研究犯罪。犯罪学对犯罪问题的研究，是按照不同层次进行的，它对微观的犯罪行为和宏观的犯罪现象都进行研究。犯罪学不仅要研究每一个具体的个人实施犯罪行为的诸多问题，也要研究很多人结合在一起实施犯罪行为的诸多问题，还要研究作为一种社会现象的整个犯罪现象的诸多问题。这种多层次的研究，表明犯罪学研究具有综合性的特点。由于犯罪学对犯罪问题的研究涉及不同的层次和侧面，有学者从这个角度出发，提出了自己的

---

① 王牧：《犯罪学》，吉林大学出版社 1992 年版，第 48 页。

② 储槐植、许章润等：《犯罪学》，法律出版社 1997 年版，第 5 页。

③ Nigel D. Walker, "Criminology," in Dermot Walsh et al. (eds.), *A Dictionary of Criminology* (London: Routledge & Kegan Paul, 1982), p. 56.

犯罪学定义。例如,匈牙利当代犯罪学家约瑟夫·维戈(József Vigh)认为,“犯罪学是一门既研究作为社会群体现象(social mass phenomenon)的犯罪,又研究作为个人事件(individual occurrence)的犯罪行为及其实施和不同类型犯罪的学科”①。

其次,犯罪学从理论视角和应用视角研究犯罪。犯罪学既是理论性学科,又是实践性学科。② 犯罪学在研究犯罪问题的过程中,必然要进行理论方面的研究。不仅要研究具体的犯罪行为及其相关问题,揭示其中的规律,也要研究大量不同的犯罪行为,发现这些犯罪行为的特点及其规律。许多学者就这些规律提出了零散的观点或者假设、系统的学说或者理论。很多理论学说逐渐发展成犯罪学的理论流派——犯罪学学派(criminology school)。这些为了探讨犯罪现象的规律而进行的犯罪学研究,就构成理论犯罪学(theoretical criminology)的内容。

同时,犯罪学要进行实践方面的研究。犯罪学研究不是一种“象牙塔”中的纯思辨性活动。研究人员为了准确、深刻地理解犯罪问题,必须对社会中的犯罪现象,进行大量的调查研究,使研究活动密切结合社会实际。这些情况表明,“犯罪学是一门经验型科学,它以经验为依据”③。这就意味着,犯罪学的很多研究要以实证的方法进行,大量犯罪学研究的结论应该从对实际情况的了解中获得,而不能仅从抽象的演绎推理中获得。而且,犯罪学研究的根本目的,并不仅仅是发展一种超然于世的观念学说,而是帮助解决社会中存在的犯罪问题,为预防、控制和减少犯罪这种有害的社会现象作出贡献,促进社会的安宁与发展。由此可见,无论是为了深刻地理解犯罪,还是为了实现犯罪学研究的目的,犯罪学研究都必须密切联系实际。这些为了解决实际的犯罪问题而进行的犯罪学研究,就构成应用犯罪学(applied criminology)的内容。对于应用犯罪学的具体内容和研究领域,有学者作了这样的概括性描述:“应用犯罪学也被称为刑事司法领域,包括警察、法庭和矫正机构(corrections)④。”⑤

(4) 多学科研究。犯罪学利用多学科的理论和方法对犯罪问题进行综合性研究,这使得犯罪学研究具有跨学科的(interdisciplinary)特点。“综合利用多学科的理论、方法研究犯罪问题,是犯罪学研究的重要特色。犯罪学以几门、十几门学科为自己的知识背景。”⑥人们在从事犯罪学研究的过程中,利用很多学科的理论和方法对犯罪问题进行探讨,所涉及的学科包括哲学、伦理学、法学(特别是刑事法学)、人类学、生物学、医学、药理学、精神病学、教育学、心理学、社会学、经济学、统计学、地理学、历史学、政治学等。“这些学科中的每一种学科都贡献了该学科对人性和社会的假设,对犯罪和法律作用的定义,对犯罪研究方法的偏好,

---

① József Vigh, *Fundamentals of Criminology* (Budapest: Eotvos Lorand University Press, 1991), p. 13.

② [俄]阿·伊·道尔戈娃主编:《犯罪学》,赵可等译,群众出版社 2000 年版,第 28 页。

③ [德]汉斯·约阿希姆·施奈德:《犯罪学》,吴鑫涛、马君玉译,中国人民公安大学出版社 1990 年版,第 2 页。

④ 国外的矫正机构(corrections)是指监狱、看守所等执行监禁刑罚和关押犯罪嫌疑人的场所,又写为“correctional institution”“correctional facility”。参见吴宗宪:《当代西方监狱学》,法律出版社 2005 年版,第 27—29 页。

⑤ Frank E. Hagan, *Introduction to Criminology: Theories, Methods, and Criminal Behavior*, 4th ed. (Chicago: Nelson-Hall Publishers, 1998), p. 2.

⑥ 白建军:《关系犯罪学》(第三版),中国人民大学出版社 2014 年版,第 11 页。

以及对具有不同政策含义的犯罪因果关系的分析。”①人们利用这些学科的理论观点和方法，对犯罪问题进行多学科、多角度的研究，提出了纷繁多样的犯罪学观点和学说。而且，有学者认为，在犯罪学研究中，非常需要“跨学科的团队合作”(cross-disciplinary teamwork)，并且认为这已经变成了“理论上的普遍共识”。② “只从一种科学(例如社会学或精神病学)的观点来探讨犯罪与社会越轨行为(如滥用麻醉品、卖淫)难免有片面性”③。因此，“犯罪学的研究与教学由各种科学领域的代表，如法医、精神病医生、心理学家、社会学家和法学家所从事。这是好事而且应当这样”④。不过，这也带来一个问题：“没有一位犯罪学家是精通研究犯罪涉及的所有学科的专家。”⑤犯罪学研究的这种多学科性特点，使人们很难把犯罪学划入某一类学科的范围之中，而必须承认犯罪学是一门综合性学科。

(5) 多学科训练。对犯罪学研究人员和实务人员的学术训练是在多个学科中进行的。在早期，犯罪学训练主要在医学、心理学、精神病学、法学等学科中进行。现代犯罪学的创始人切萨雷·龙勃罗梭(Ccsare Lombroso，1835—1909)就是一位精神病学家。后来，在社会学及相关领域开展犯罪学训练的现象不断增多。随着犯罪学学科的形成和发展，接受这方面专业训练的人员数量逐步增加。在此期间，为了促进和扩大犯罪学专业人员的就业范围，更具实务特色的犯罪学相关训练领域——刑事司法(criminal justice)发展起来，涌现出很多名称中带有“刑事司法”字样的大学院系。许多犯罪学研究者来自不同的学科领域，如社会学、法学、医学、生物学、心理学、人类学、政治学、经济学、哲学等，但是，以犯罪学为专业接受训练者实际上并不多。⑥

3. 非规范性

犯罪学的非规范性(non-normative character)是指犯罪学及其研究并不完全依赖刑事法律规范内容的特点。这里的“规范”，土要是指刑事法律规范，即规定犯罪问题的法律条文或者相关规则。犯罪学研究虽然考虑刑事法律规范的内容，如对犯罪的规定、完善立法的探讨等，但是，其主要方面或者重要特色是并不从法律规范出发，也不受法律规范约束，而是从犯罪事实出发开展研究。

犯罪学的非规范性是犯罪学与刑事法律学科的最显著区别之一。刑法学、刑事诉讼法学和监狱法学等刑事法律学科的内容主要是关于刑事法律规范的，它们的研究主要是以刑事法律规范为基础进行的。与此不同，犯罪学的内容主要不是关于刑事法律规范的，它的研究主要也不是以刑事法律规范为基础进行的。正如犯罪学家赫尔曼·曼海姆(Hermann

---

① Mark M. Lanier et al., *Essential Criminology*, 4th ed. (New York: Routledge, 2015), p. 9.

② Hermann Mannheim, *Comparative Criminology: A Text Book*, Volume one (London: Routledge & Kegan Paul, 1965), p. 18.

③ [德]汉斯·约阿希姆·施奈德:《犯罪学》，吴鑫涛、马君玉译，中国人民公安大学出版社 1990 年版，第 1 页。

④ [德]汉斯·约阿希姆·施奈德:《犯罪学》，吴鑫涛、马君玉译，中国人民公安大学出版社 1990 年版，第 166 页。

⑤ Thortsen Sellin, “A Sociological Approach,” in Marvin E. Wolfgang et al. (eds.), *The Sociology of Crime and Delinquency* (New York: Wiley, 1970), p. 6.

⑥ 许春金:《犯罪学》，三民书局股份有限公司 2000 年版，第 8 页。

Mannheim,1889—1974)所指出的:“犯罪学不是一种规范性学科,而是一种事实性学科。”① 犯罪学家汉斯·约阿希姆·施奈德也指出,“犯罪学是一种事实科学。它设法认识犯罪与社会越轨行为的现实情况并对此施加影响”②。这意味着,犯罪学主要不是研究刑事法律规范对犯罪的规定,或者说主要不是研究刑事法律规范如何规定犯罪等内容,而是研究客观存在的犯罪事实或者犯罪现象本身,探讨它们的存在方式、发生原因、变化规律以及控制、预测和预防等问题。

犯罪学的非规范性体现为犯罪学主要研究犯罪的非法律方面的特点。犯罪学研究的非法律性主要表现在两个方面:(1)犯罪学研究的犯罪,并不局限于法律规定的犯罪,还包括法律没有规定的“犯罪”,也就是具有社会危害性却没有被法律规定为犯罪的行为。“犯罪学家的工作不应当受到法律定义的限制”③。(2)犯罪学不仅关注犯罪的法律特征,更关注犯罪的非法律特征,如犯罪现象的状况、犯罪人的心理问题、社会环境因素对犯罪的影响问题、犯罪发生的规律、控制和预防犯罪的措施等。实际上,对犯罪的非法律方面进行深入研究,正是犯罪学与其他同样研究犯罪问题的法律学科(如刑法学)的根本性区别之一,这样的研究充分体现了犯罪学的非规范性的学科特点。这个特点也体现在国外权威犯罪学教科书的内容中。例如,虽然犯罪学家埃德温·萨瑟兰认为犯罪学的范围包括立法、违法和对违法作出反应的过程,但是,其编著的教科书对立法、违法的法律方面的论述是很少的,1970年出版的600多页的《犯罪学》(第八版)④、1978年出版的700多页的《犯罪学》(第十版)⑤和1992年出版的近700页的《犯罪学原理》(第十一版)⑥,都是如此。

不过,在强调犯罪学的非规范性的同时,也不能忽视犯罪学对刑事法律规范的关注和考虑。首先,犯罪学对犯罪的确定,是以法律规定的犯罪为基础的。犯罪学中的犯罪,首先是法律规定的犯罪,但又不限于法律规定的犯罪。因此,可以说,犯罪学正是以法律规定的犯罪为基础确定自己的研究对象的。其次,犯罪学要研究犯罪的法律方面,不仅研究刑事立法的完善,如提出犯罪化和非犯罪化的建议,还研究刑事法律的实施,如提出如何完善刑事司法活动的建议等,力求为刑事法律制度及其运行提供智力支持。

从犯罪学具有非规范性这一重要特点出发,可以认为,凡是侧重对犯罪的非法律方面进行系统深入研究的人,都可以被看作犯罪学研究者。

当然,也有人认为,犯罪学是社会科学或者社会理论科学。⑦ 有人认为,犯罪学是社会

① Hermann Mannheim, *Comparative Criminology: A Text Book*, Volume one (London: Routledge & Kegan Paul, 1965), p. 13.

② [德]汉斯·约阿希姆·施奈德:《犯罪学》,吴鑫涛、马君玉译,中国人民公安大学出版社1990年版,第7页。

③ [美]埃德温·萨瑟兰等:《犯罪学原理》(第十一版),吴宗宪等译,中国人民公安大学出版社2009年版,第24页。

④ Edwin H. Sutherland et al., *Criminology*, 8th ed. (Philadelphia, PA: J. B. Lippincott Company, 1970), pp. 1-659.

⑤ Edwin H. Sutherland et al., *Criminology*, 10th ed. (Philadelphia, PA: J. B. Lippincott Company, 1978), pp. 1-714.

⑥ Edwin H. Sutherland et al., *Principles of Criminology*, 11th ed. (Lanham, MD: General Hall, 1992), pp. 1-696.

⑦ [俄]阿·伊·道尔戈娃主编:《犯罪学》,赵可等译,群众出版社2000年版,第3页。

学、法律科学、行为科学等。[1] 这些观点有助于认识犯罪学的学科特点。

4. 国际性

犯罪学是一门国际性的学科,这个特点突出地表现在下列方面:

(1) 犯罪现象的国际性。犯罪是一类具有明显国际性的社会现象。在古今中外的社会中,都存在大量具有国际共同性的犯罪;尽管在一些地区和一些时期,人们对于一些犯罪的称谓可能有所不同,但是,这些犯罪的主要特点是相似甚至完全相同的。正是在这种意义上,意大利犯罪学家拉斐尔·加罗法洛提出了"自然犯罪"(意大利语 *Delitto positive*,英语 natural crime)的概念。[2] 根据他的论述,自然犯罪是指"那些文明社会都认为是犯罪并用刑罚手段进行镇压的行为"[3]。美国犯罪学家乔治·沃尔德(George B. Vold,1896—1967)认为,加罗法洛所说的自然犯罪,就是"违反了任何年龄的任何人都具有的两种基本的利他情操——正直情操和怜悯情操的犯罪行为"[4]。这些犯罪在人类社会中普遍存在。可以说,"自然犯罪"和大量的常见犯罪,都是具有国际共同性的犯罪。同时,一些新兴犯罪,如网络犯罪、恐怖主义犯罪、洗钱犯罪、贩卖人口犯罪等,本身就具有明显的国际性。犯罪现象的国际性,为犯罪学研究的国际性,提供了最为坚实的客观基础。而且,要想有效地应对这些国际性的犯罪,必须进行有效的国际合作,这也提出了进行国际性犯罪研究的客观要求。只有进行国际性的犯罪学研究,才能在应对犯罪中开展有效的国际合作。

(2) 产生历史的国际性。从犯罪学的产生情况来看,犯罪学具有鲜明的国际性特点。虽然古代中国也有大量的犯罪学思想和有关犯罪、刑罚的论述,但是,作为一门学科的犯罪学是从西方引入我国的,这个过程和历史具有突出的国际性特色。对犯罪学历史的研究发现,人类历史上第一个重要的犯罪学思想流派——古典犯罪学学派(classical school of criminology),是由意大利的犯罪学家切萨雷·贝卡里亚(Cesare Beccaria, 1738—1794)创立的,[5] 英国哲学家杰里米·边沁(Jeremy Bentham,1748—1832)也对这个学派作出了巨大的贡献。[6] 现代犯罪学是在意大利产生的,它的创始人是意大利精神病学家和犯罪学家切萨雷·龙勃罗梭。[7] 20 世纪初,犯罪学传入我国。"我国犯罪学的历史,是从介绍和引进西方犯罪学开始起步的。"[8]

(3) 研究内容的国际性。从研究内容来看,一些国家的犯罪学研究者研究的大量内容,也是其他国家的犯罪学研究者研究的内容,犯罪学研究的许多内容是具有国际性的主题。犯罪学研究的这种国际性,不仅是由犯罪现象的国际共同性决定的,也是由人类心理活动的

---

① [俄]阿·伊·道尔戈娃主编:《犯罪学》,赵可等译,群众出版社 2000 年版,第 25—26 页。

② 吴宗宪:《西方犯罪学史》(第二版)(第 2 卷),中国人民公安大学出版社 2010 年版,第 442—447 页。

③ Baron Raffaele Garofalo, *Criminology* (Translated by Robert W. Millar. Montclair, NJ: Patterson Smith, 1968), p. 5.

④ George B. Vold et al., *Theoretical Criminology*, 3rd ed. (New York: Oxford University Press, 1986), p. 43.

⑤ 吴宗宪:《西方犯罪学史》(第二版)(第 1 卷),中国人民公安大学出版社 2010 年版,第 89 页。

⑥ 吴宗宪:《西方犯罪学史》(第二版)(第 1 卷),中国人民公安大学出版社 2010 年版,第 97 页。

⑦ 吴宗宪:《西方犯罪学史》(第二版)(第 1 卷),中国人民公安大学出版社 2010 年版,第 28 页。

⑧ 王牧主编:《新犯罪学》(第四版),高等教育出版社 2022 年版,第 55 页。

相似性决定的。犯罪人进行犯罪活动的心理和社会应对犯罪的思路,都是相似的:犯罪人的犯罪行为是其需要的反映,是在犯罪动机推动下实施的;社会应对犯罪的基本思路都是先研究犯罪原因、了解犯罪规律,然后采取相应的犯罪对策。因此,要想更全面、更准确、更深入地研究犯罪现象,必须在研究中保持国际化视野。只有了解和借鉴国际社会的犯罪学研究成果,才有可能更好地了解犯罪现象,也才能更好地利用全人类的智慧快速提高犯罪学研究的水平。同时,研究内容的国际性,为有效应对一些国际性犯罪,提供了重要基础。

(4) 学科发展的国际性。犯罪学是一门在国外产生的学科,很多国家的研究者都在进行犯罪学研究,他们的研究工作极大地促进了犯罪学的发展,使犯罪学在国际社会中成为一门具有重要地位、产生巨大影响的重要学科,在不少国家都发展为地位突出的"显学"。这些国家发展犯罪学的重要经验,就是在研究中相互借鉴,取长补短;即使是探讨地方性犯罪问题,也注意了解国际社会的研究成果,从中获得启发。翻阅国外的犯罪学文献,很少会有仅引用当地文献和信息的研究成果。犯罪学领域国际性学术团体的建立和发展,为犯罪学研究者的国际性交流提供了便利。互联网的发展以及国际性电子数据库的建立和使用,为开展国际性的犯罪学研究提供了更加便捷的途径,使研究者更容易阅读和借鉴国际社会的犯罪学研究成果。我国的犯罪学研究,就是从译介国外犯罪学研究开始的。要想进一步发展我国的犯罪学,绝不能仅仅进行封闭性的研究,绝不能满足于只阅读汉语文献。只有汲取全人类在犯罪学领域的思想精华,才能站在全人类的肩膀上更好地发展中国的犯罪学事业。

二、犯罪学的基本概念

在进一步学习犯罪学知识和理论前,应该了解犯罪学中的一些基本概念及其含义,为深入学习和研究犯罪学奠定基础。

(一) 犯罪相关概念

1. 犯罪

"犯罪"(crime,offense)是一个多义词,对于"犯罪,既可以从刑法角度,也可以从犯罪学的角度进行研究"①。即使在犯罪学文献中,人们对于犯罪一词的理解和定义也是不同的。一种观点认为,只有一种犯罪,即刑法规定的犯罪,犯罪学中的犯罪就是违反刑法的行为;②甚至认为,"大多数犯罪学家采用犯罪的法律定义"③,"犯罪就是违反刑法并且应当受到国家惩罚的行为"④。不过,这样的定义,与犯罪学书籍实际论述的内容和犯罪学研究对象的范围均不吻合。无论是犯罪学书籍论述的内容,还是犯罪学研究对象的范围,往往都不局限于刑法规定的犯罪。因此,从犯罪学的学科性质、研究目的、研究范围等来看,应该给犯罪学中的犯罪下一个宽泛的定义:犯罪学中的犯罪是指一切严重危害社会的行为。

---

① [俄]阿·伊·道尔戈娃主编:《犯罪学》,赵可等译,群众出版社 2000 年版,第 55 页。

② [美]埃德温·萨瑟兰等:《犯罪学原理》(第十一版),吴宗宪等译,中国人民公安大学出版社 2009 年版,第 5 页。

③ John Conklin, *Criminology*, 11th ed. (Boston, MA: Pearson, 2013), p. 3.

④ John Conklin, *Criminology*, 11th ed. (Boston, MA: Pearson, 2013), p. 3.

根据上述定义,犯罪学中犯罪的最本质特点或者属性是社会危害性。只要是社会危害性达到一定程度的行为,都可以被看作犯罪学所说的犯罪。犯罪学中的犯罪,并不强调刑法学在界定犯罪时所强调的刑事违法性和应受惩罚性特点。

犯罪学中的犯罪与刑法学中的犯罪既有密切联系,又有一定区别。它们之间的联系在于,犯罪学研究刑法学中的犯罪,刑法学中的犯罪是犯罪学中的犯罪的核心部分。它们之间的区别在于:(1) 范围不同。犯罪学中的犯罪,是以刑法规定的犯罪为基础的一个概念,它的范围实际上比刑法学中的犯罪的范围更广泛,不仅包括刑法学中那些社会危害性严重,违反了刑法,应当受到刑罚处罚的犯罪行为,也包括刑法学中的犯罪没有包括的那些社会危害性比较轻微,并没有违反刑法、不受刑罚处罚的危害行为或者反社会行为。因此,刑法学中的犯罪是狭义上的犯罪,而犯罪学中的犯罪是广义上的犯罪。(2) 性质不同。刑法学中的犯罪是一种法律概念,而犯罪学中的犯罪是一种学理概念。

2. 犯罪行为

犯罪行为(criminal behavior, criminal act, criminal conduct)是指一切严重危害社会的行为。

在现代社会中,“犯罪行为”与“犯罪”是作为同义词使用的。任何犯罪都是行为,只有外在行为才有可能造成社会危害。

与犯罪的概念相似,犯罪学中的犯罪行为与刑法学中的犯罪行为既有密切联系,又有一定区别。犯罪学中的犯罪行为的范围要大于刑法学中的犯罪行为。除了刑法学中的犯罪行为,犯罪学中的犯罪行为还包括危害性没有达到刑法规定的严重程度而不构成刑法上的犯罪的行为、未达到刑事责任年龄的人实施的危害行为、精神病人的危害行为等反社会行为。

应该注意犯罪行为与犯罪现象的关系。一般来说,犯罪行为是指具体的危害社会的行为;犯罪现象(crime phenomenon, criminality)是一定时间和空间范围内所有犯罪行为的总称。它们之间的联系在于犯罪行为是犯罪现象的组成部分,犯罪现象是许多犯罪行为组成的总体。它们之间的区别在于犯罪行为是指具体的犯罪,而犯罪现象是指总体的犯罪。因此,在进行微观的犯罪学研究时,要分析犯罪行为;在进行中观的或者宏观的犯罪学研究时,要探讨犯罪现象。

3. 犯罪后果

犯罪后果(consequences of crime)是指犯罪行为造成的损害结果。

任何犯罪行为都会产生危害后果。不过,可以从不同角度理解犯罪后果。首先,犯罪后果有不同的具体表现。大量的犯罪后果都是物质性的、可以看见的,如对被害人造成的身体损害、对建筑造成的破坏等。不过,也有一些犯罪后果是精神性的、看不见的,如对被害人造成的心理伤害等。其次,犯罪后果有不同的影响范围。犯罪行为会造成直接后果,即犯罪行为直接引起的损害结果,如抢走被害人的财物。犯罪行为也会造成间接后果,即犯罪行为通过中间环节发生的消极影响,如通过具体犯罪案件对更加广泛的社会秩序和刑事司法系统产生的不利影响。

犯罪后果的严重程度取决于不同因素。首先,取决于客观损害。犯罪后果的严重程度与犯罪行为造成的客观损害往往具有对应关系,如果客观损害较大,那么,犯罪后果就较重,反之亦然。其次,取决于主观评价。人们对于犯罪后果的衡量或者确定,也受到人们对于客观损害的主观评价的影响。主观评价涉及认识、情感反应和行为倾向等,由于这些方面的差异,人们可能会认为程度类似的客观损害具有不同程度的犯罪后果。

4. 少年犯罪

少年犯罪(juvenile delinquency)是由少年实施的危害社会的行为。不过,不同的社会对于"少年"的年龄范围的规定或者认识有一定的差别。①

从少年犯罪的组成部分来看,少年犯罪是指由儿童和少年实施的犯罪、过错行为和其他违法行为。② 首先,从人员组成来看,少年犯罪是由两类人员实施的相关行为:(1) 儿童(child)。他们进行的少年犯罪主要是身份犯罪(status offence),即只有未成年人才能构成的违反少年法的有害行为。实施了身份犯罪行为的人,就是"身份犯罪人"(status offender)。(2) 少年(juvenile)。这是指年龄大于儿童而尚未成年的人。

其次,从行为组成来看,少年犯罪包括三类危害行为:(1) 刑事犯罪(crime,criminal offense),这是指刑法规定的犯罪行为,其社会危害性往往比较严重。(2) 过错行为(offence,在美式英语中写作 offense),其含义比 crime 宽泛,很多时候也被翻译为"犯罪"。(3) 违法行为(infringement),其含义比 crime 和 offence 宽泛。

不过,在很多时候,少年犯罪往往是指危害程度较轻的犯罪,不包括危害程度较重的刑事犯罪。特别是在英语文献中,当把 crime 和 juvenile delinquency 两个概念一起使用时,crime 往往指成年人实施的刑事犯罪行为,而 juvenile delinquency 指未成年人实施的危害较轻的有害行为。

5. 越轨行为

越轨行为(deviant behavior)是指违反重要的社会规范的行为。在一些文献中,越轨行为又被称为"偏差行为""偏离行为""离轨行为""异常行为"等。也有学者在越轨行为的含义中增加了其他内容。例如,有人认为,"越轨行为是违反社会规范并激发负面社会反应的行为"③。进行越轨行为的人,就是"越轨者"(deviant)。

越轨行为与越轨(deviance)有密切联系。很多文献往往把这两个概念作为同义词交替使用。例如,有的文献指出:"社会学家将'越轨行为'或者'越轨'定义为违反主要社会规范并且吸引或可能吸引相关受众的谴责、污名化、社会孤立、谴责和/或惩罚的行为、信仰和特征。"④不过,有的文献也作一些区分,认为越轨行为往往是指具体的行为,而越轨是指由众多越轨行为构成的社会现象。

---

① 吴宗宪:《西方少年犯罪理论》,商务印书馆 2021 年版,第 5—6 页。

② David M. Walker, *The Oxford Companion to Law* (Oxford: Oxford University Press, 1980), p. 697.

③ [美]斯蒂芬·E. 巴坎:《犯罪学:社会学的理解》(第四版),秦晨等译,上海人民出版社 2011 年版,第 12 页。

④ Erich Goode (ed.), *The Handbook of Deviance* (Chichester, West Sussex: John Wiley & Sons, 2015), p. 4.

越轨行为与犯罪行为既有联系又有区别。它们之间的主要联系在于它们相互交叉。越轨行为是一个范围十分广泛的概念,既有轻微的越轨行为,也有严重的越轨行为,它们构成一个偏离程度不同的连续体;犯罪行为是越轨行为的一部分,往往是最严重的越轨行为。由于有这样的联系,许多犯罪学家在阐述自己的理论观点时,往往并不严格区分这两个概念,越轨研究成为犯罪学研究的重要组成部分。

但是,越轨行为与犯罪行为有明显的区别:

(1) 范围不同。一般而言,越轨行为的范围更加广泛。有的文献把越轨行为的类型归纳为不适当行为、异常行为、自毁行为、不道德行为、反社会行为和犯罪行为。① 这个分类表明,犯罪行为仅仅是越轨行为的一个类型。

(2) 性质有别。并非所有的越轨行为都是犯罪行为。例如,一个过路人看到有人掉下河而不进行救助,这种行为显然是应受谴责的、不道德的行为,因此肯定是一种越轨行为,但是,法律并未规定这是一种犯罪行为。

(3) 重点不同。当把越轨行为与犯罪行为相提并论时,往往用越轨行为指偏离程度或者严重性较轻的行为,而用犯罪行为指偏离程度或者严重性较重的行为。犯罪学家约翰·哈根(John Hagan)认为,可以从三个维度判断严重性(seriousness)的程度:第一,人们普遍认为某种行为错误的程度。例如,大多数人认为大规模谋杀是错误的,但是,认为 17 岁少年使用大麻是错误的人要少得多。第二,社会对该行为反应的严重程度。例如,在一些社会中谋杀者会被判处死刑,在另一些社会中谋杀者则会被判处终身监禁。又如,在一些社会中,警察可能会忽视轻微的毒品犯罪。第三,对行为危害程度的评估。例如,吸毒和非法赌博通常被看成仅对犯罪人有害的无被害人犯罪(victimless crime),而严重的暴力犯罪被看成非常有害的犯罪。②

犯罪学家对与越轨行为有关的两个问题特别感兴趣:③

(1) 越轨行为怎样变成犯罪行为? 这涉及越轨行为的犯罪化问题。犯罪化(criminalization)是指通过制定法律禁止某些越轨行为并将其作为犯罪对待的过程。例如,在早期,在一些西方国家销售、拥有和使用大麻尽管属于越轨行为,但是并不违法。1937 年,美国首先把这种行为规定为犯罪行为,之后,进行了长期的“反毒品战争”。进入 21 世纪后,西方国家的毒品政策发生明显转向,2012 年是发生这种变化的分水岭,在这一年,美国科罗拉多州通过法律将为了医疗和娱乐目的而购买、使用和种植大麻的行为合法化,美国其他各州对毒品的管制也发生了松动。④ 这意味着,此类犯罪行为的性质发生了变化,又变成了越轨行为。

(2) 犯罪行为怎样变成越轨行为或合法行为? 这涉及非犯罪化或者合法化的问题。非犯罪化(decriminalization)是指通过立法改变一些行为的犯罪性质的过程。合法化(legaliza-

---

①《中国大百科全书·社会学》,中国大百科全书出版社 1991 年版,第 468 页。

② Rick Linden (ed.), *Criminology: A Canadian Perspective*, 9th ed. (Toronto, Ontario: Nelson, 2020), p. 16.

③ Jack E. Bynum et al., *Juvenile delinquency: A Sociological Approach*, 3rd ed. (Boston: Allyn and Bacon, 1996), p. 39.

④ [美]亨利·布朗斯坦主编:《毒品与社会手册》,时杰等译,法律出版社 2019 年版,第 535 页。

tion)是指通过立法将不合法的行为转化为合法行为的过程。非犯罪化或合法化意味着过去的一些犯罪行为不再被当作犯罪处理,尽管这些行为仍然可能是越轨行为,但是在法律上它们不再是犯罪行为。例如,在过去,堕胎、成年人的赌博行为甚至同性恋行为,在一些西方国家或地区是违反法律的犯罪行为,但是在目前,这些行为在一些国家或地区不再是犯罪行为。

6. 反社会行为

反社会行为(antisocial behavior,ASB;antisocial act)是指违反社会规范并对社会造成一定危害的行为。实施反社会行为的人,就是"反社会者"(antisocial individual)。①

研究者也对反社会行为进行了其他论述。有人认为,反社会行为是意图为个人的短期利益服务但是显然对公众有害并且违反文化规范和法律规定的行为。② 也有人认为,反社会行为是一个很宽泛的概念,它指的是那些违背社会公认的行为规范并对他人和社会造成损害乃至严重破坏的行为。③

反社会行为的主要特点是:

首先,表现形式多种多样。英国研究者哈拉丁(S. Harradine,2004)等人将反社会行为划分为四类:(1) 侵害他人的行为,包括对他人进行恐吓、骚扰等侵害的行为。(2) 破坏环境的行为,包括故意破坏、恶意损坏环境的行为等。(3) 滥用公共空间的行为,包括在公共场所进行的吸毒和毒品交易行为、街头饮酒行为、乞讨行为、卖淫行为、开车召妓行为(kerb crawling)、在公共场所进行的性行为、遗弃汽车行为、与车辆有关的滋扰和不当使用车辆行为等。(4) 无视社区/个人福祉的行为(disregard for community/personal well-being),包括发出噪声行为、吵闹行为(rowdy behavior)、滋扰行为(nuisance behavior)、打恶作剧电话(hoax calls)行为、动物相关危害行为。④

其次,危害程度有所不同。反社会行为会造成不同程度的社会危害。根据它造成的社会危害程度的差别,反社会行为可以分为违反道德行为、轻微违法行为和刑事犯罪行为等。

最后,损害对象极为广泛。反社会行为会对社会的很多方面造成损害,损害对象的范围极其广泛。反社会行为既可能损害社会的宏观方面,如不特定数量的社会公众、社会制度、社会环境等,也可能损害社会的微观方面,如具体的社会成员或者个人;既可能造成物质方面的损害,如对公用设施、财物等的损害,也可能造成精神方面的损害,如破坏社会风气、造成心理伤害等。

应当注意犯罪学中反社会行为概念的不同用法。当一般性地提到反社会行为时,它是一个十分宽泛的概念,包括违反道德行为、轻微违法行为和刑事犯罪行为等。这种用法的反

① 当用来指较多的反社会者时,使用"antisocial people"一词。

② Con Stough (ed.), *Neurobiology of Exceptionality* (New York: Kluwer Academic/Plenum Publishers, 2005), p. 107.

③ 陈熊鹰等:《反社会行为的基因环境交互作用研究进展》,载《北京师范大学学报(自然科学版)》2008 年第 3 期,第 229 页。

④ Andrew Millie, *Anti-Social Behaviour* (Maidenhead, Berkshire: Open University Press, 2009), p. 12.

社会行为与犯罪学中的犯罪概念含义相近，因此，在犯罪学文献中往往与犯罪概念互换使用。不过，当把反社会行为与犯罪概念相提并论、一起使用时，反社会行为往往指危害程度比刑事犯罪轻的行为。

7. 侵权行为

侵权行为(tort)是指侵害他人的民事权益并应依法承担民事责任的不法行为。民事权益遭受侵害的人，就是受害人(victim)。

侵权行为是一个与犯罪学有一定关系的民事法律概念。首先，侵权行为与犯罪行为有密切关系。侵权行为的具体表现有所不同，如伤害别人身体、盗窃他人财物、损害他人名誉等。由于犯罪学中的犯罪行为是一个宽泛的概念，并不要求社会危害性达到刑法规定的严重程度，一些侵权行为实际上也属于犯罪学中的犯罪行为。很难将一些侵权行为与犯罪学中的犯罪行为严格区分开来，正如犯罪学家索尔斯坦·塞林(Thorsten Sellin，1896—1994)指出的，“犯罪与侵权行为之间的界限在许多方面都很模糊”①。

其次，侵权行为与犯罪行为有明显区别。(1) 严重程度不同。侵权行为通常是危害性较轻的行为；而犯罪行为的危害性往往较重。(2) 解决方法不同。侵权行为通过民事方法解决，包括民事调解、民事诉讼等；而犯罪行为主要通过刑事诉讼方法解决。(3) 处理结果不同。侵权行为一般通过赔偿损失、返还财产、恢复原状等方式处理，不需要行为人接受刑罚处罚；而犯罪行为一般通过判处刑罚的方式处理。

8. 自然犯罪和法定犯罪

在犯罪学研究中，还会遇到自然犯罪和法定犯罪的概念。意大利犯罪学家拉斐尔·加罗法洛曾经对自然犯罪和法定犯罪进行了深入研究。

自然犯罪(拉丁语 *mala in se*；英语 natural crime)是“违反了任何年龄的任何人都具有的两种基本的利他情操——正直情操和怜悯情操的犯罪行为”②。自然犯罪是本质上错误的行为。这些行为违反了文明中固有的核心价值观或者“自然法”，不管在什么时间发生，也不管在什么地点发生，都构成犯罪。这些行为的危害本质并不因时间和地点的变化而有改变。

自然犯罪主要包括四类：(1) 侵害他人身体的行为，如伤害、杀人；(2) 强行与他人发生性行为的行为，如强奸；(3) 占有他人合法财产的行为，如盗窃、抢劫；(4) 损害他人财产的行为，如恶意破坏。自然犯罪也是被一些宗教经典(如基督教的《十诫》、伊斯兰教的《古兰经》)禁止的行为。

法定犯罪(拉丁语 *mala prohibitum*；英语 statutory crime)是指仅仅由于法律的禁止性规定而被视为犯罪的行为。一般而言，法律反映了当代的民意和社会价值观，因此，很多法定犯罪实际上也是违反了当代道德标准的行为。不过，在一些情况下，法定犯罪与道德评价的关系并不明显，法定犯罪难以用道德标准进行评定和衡量。社会定期地把一些违背道德规范的行为规定为犯罪，用刑法加以禁止，以便控制这类行为。这类犯罪会因时间和地点的不

---

① Thorsten Sellin, *Culture Conflict and Crime* (New York: Social Science Research Council, 138), p. 39.

② George B. Vold et al., *Theoretical Criminology*, 3rd ed. (New York: Oxford University Press, 1986), p. 43.

同而有所不同,在某一时间和地点是犯罪的行为,在另一时间和地点可能就不是犯罪。法定犯罪包括无证持枪、走私、偷税漏税、贪污受贿、破坏生态环境、侵害食品药品安全、严重违反技术规范并造成严重危害的行为等行为。

(二)犯罪人相关概念

1. 犯罪人

在社会科学文献中,人们实际上在两种意义上使用“犯罪人”(criminal, offender)一词,即刑法学中的犯罪人和犯罪学中的犯罪人。

刑法学中的犯罪人是指实施了刑法规定的犯罪行为的人。在我国刑法中,犯罪人被称为“犯罪分子”;在我国刑法学中,犯罪人往往被称为“犯罪主体”。这是狭义上的犯罪人,在英语文献中通常用 criminal 表示。这种意义上的犯罪人具有下列特点:

(1) 包括自然人和法人两类。自然人是指在自然状态下出生的有生命的人。自然人就是生物学意义上的人。法人是指由若干自然人按照一定规则建立的社会组织。

(2) 达到刑事责任年龄。刑事责任年龄是刑法规定的自然人要对自己的犯罪行为承担刑事责任的最低年龄。各国通常都规定了刑事责任年龄,只有达到这个年龄的人,才能成为刑法学中的犯罪人;未达到这种年龄的人,即使实施了严重危害社会的行为,也不能被当作犯罪人。

(3) 具有刑事责任能力。刑事责任能力是指个人具有的能够认识和控制自己行为的能力。“能够认识”是指能够辨认自己行为的性质、意义和后果;“控制”包括选择行为方向、行为方式和行为力度等。在刑法学中,不具有刑事责任能力的人,如精神病人,不能被当作犯罪人。

(4) 实施了刑法规定的犯罪行为。

犯罪学中的犯罪人是指实施了比较严重的危害社会行为的人。这是广义上的犯罪人,在英语文献中更多地用 offender 表达。① 这种意义上的犯罪人具有下列特点:

(1) 主要指自然人。虽然这种意义上的犯罪人也可以包括法人,但是,犯罪学更加强调作为自然人的犯罪人,他们是犯罪学研究的基本对象,因为在犯罪学家看来,法人仅仅是自然人按照一定形式的结合。

(2) 实施了比较严重的危害社会行为。这是这种犯罪人的最主要特点。他们实施的危害社会行为的严重程度可以有所不同:有的程度比较轻微,稍微重于一般所说的不道德行为;有的相当严重,符合刑法规定的标准。至于是否达到刑事责任年龄和是否具有刑事责任能力(精神状态是否正常),则不是这种犯罪人所要具备的必要条件。由此可见,不管犯罪人是否达到一定年龄,也不管他们是否能够认识和控制自己的行为,只要他们实施了对社会造成一定危害的行为,就可以被看作犯罪学中的犯罪人。因此,未达到法定刑事责任年龄的人、精神病人等,只要他们实施了危害社会的行为,都可以成为犯罪学和其他相关学科(如犯

---

① 不过,在许多英语文献中,人们往往交替使用 criminal 和 offender 两个词语,不作严格区分。

罪心理学、社会学等学科)所说的犯罪人,成为这些学科的研究对象。

同时,可以根据研究的需要,使用不同的相关概念。例如,男性犯罪人(male criminal)和女性犯罪人(female criminal);身份犯罪人(status offender)、儿童犯罪人(child offender)、少年犯罪人(juvenile offender)、青年犯罪人(youthful offender)、青少年犯罪人(teenage offender)、年轻犯罪人(young offender)和成年犯罪人(adult offender);初犯(first-time offender)、一次型犯罪人(one-time offender)、偶然犯罪人(occasional offender)、慢性犯罪人(chronic offender)、重复型犯罪人(repeat offender)、高频率犯罪人(high-rate offender)、习惯犯罪人(habitual offender)、顽固犯罪人(hardcore offender)和生涯犯罪人(career offender);①精神变态犯罪人(mentally abnormal offender)、精神疾病犯罪人(mentally ill offender)、精神紊乱犯罪人(disturbed offender)、精神病犯罪人(psychotic offender)和理性犯罪人(rational offender);财产犯罪人(property offender)、工具型犯罪人(instrumental offender)、暴力犯罪人(violent offender)、极端暴力型犯罪人(ultraviolent offender)、毒品犯罪人(drug offender)、性犯罪人(sex offender, sexual offender)和非性犯罪人(non-sex offender);个体犯罪人(individual offender)、单个犯罪人(single offender)、法人犯罪人(corporate offender)、白领犯罪人(white-collar offender)和精英犯罪人(elite offender);已决犯(convicted offender)和嫌疑犯(suspected offender);严重犯罪人(serious offender)和不严重犯罪人(less-serious offender);危险犯罪人(dangerous offenders)和低危险犯罪人(low-risk offender)等。

犯罪学的相关学科,如犯罪心理学以及社会学,往往使用犯罪学意义上的犯罪人概念。

2. 非犯罪人

非犯罪人(non-offender, non-criminal)是指没有实施犯罪行为的人。

非犯罪人是在进行比较研究时经常使用的概念。在犯罪学中,人们已经达成一个基本共识,即在研究某些现象时,如果要确定这些现象是否在犯罪人中更多见或者是否为犯罪人所特有,就必须把具有相似甚至相同特点的犯罪人与非犯罪人进行比较。如果进行比较的结果显示,某些现象在犯罪人中更多见,甚至仅在犯罪人中存在,那么,这些现象就是犯罪人所特有的现象,就可以用它们来解释犯罪行为的原因或者作为开展其他相关工作的重要依据,如作为矫正犯罪人的重要依据。进行比较的犯罪人与非犯罪人应当在多方面相似甚至相同,如在年龄、性别、种族、民族、家庭类型、成长环境、文化程度、工作类型等方面相似甚至相同。犯罪人与非犯罪人相似甚至相同的现象,被称为“匹配”(matching)。

非犯罪人有一些重要的特点。(1)遵守法律规范。非犯罪人是指遵守法律规范、没有进行犯罪行为的人。这是非犯罪人最重要的特点,是他们与犯罪人的根本区别。(2)身心基本正常。非犯罪人通常是精神正常、没有疾病的人,一般不包括精神病人。这是因为,人们比较普遍地认为,精神疾病与犯罪行为有密切的联系和很多相似之处;如果将精神病人包括进来,就无法进行比较研究。(3)达到成年年龄。非犯罪人通常也是指已经达到成年年

① “career criminal”又被译为“长期犯罪人”“常业犯罪人”等,是指重复进行违法活动并且围绕犯罪形成自己生活方式的人。

龄的人。如果非犯罪人是未达到成年年龄的人,那么,就有可能或者应该使用相应的术语,如非犯罪少年(nondelinquent)等。因此,非犯罪人这个概念大体上相当于守法者(law-abiding individual,law-abiding person,law-abiding people)或者守法公民(law-abiding citizen)。在很多时候,非犯罪人是守法者的同义词,可以替换使用。

3. 少年犯罪人

少年犯罪人(delinquent,juvenile delinquent)是指实施了危害社会行为的未成年人。

从少年犯罪人实施的危害行为的情况来看,少年犯罪人是指实施了犯罪行为、过错行为和其他违法行为的未成年人。

在通常情况下,少年犯罪人应该包括实施了危害社会行为的少年男性和女性。在极个别情况下,该术语可能仅指男性。

在英语文献中,还有 juvenile offender(少年犯罪人)、young offender(青少年犯罪人)等术语,它们表达了大致相同的意思。

4. 非犯罪少年

非犯罪少年(nondelinquent)是指没有实施危害社会行为的未成年人。

非犯罪少年这个术语通常指没有实施危害社会行为的少年男性和女性。在极个别情况下,该术语可能仅指男性。由于"非犯罪少年"这个译名有可能使人们从字面上以为仅指男性,也有人将这个术语翻译为"未成年守法者"。

5. 犯罪性

犯罪性(criminality)是指促使个人从事犯罪行为的心理倾向。犯罪性是犯罪前心理的核心内容和典型表现,是促使个人从事犯罪行为的主要心理成分。①

一些犯罪学家表达了类似的看法。特拉维斯·赫希(Travis Hirschi,1935—2017)和迈克尔·戈特弗雷德森(Michael R. Gottfredson)明确区分了犯罪与犯罪性,认为犯罪是为了追求个人利益而进行的暴力或欺骗行为;犯罪性是个人从事犯罪行为的倾向。② 戴维·加兰(David Garland)指出,在犯罪心理学语境中,"犯罪性"被理解为引起犯罪行为的人格特点(personality feature)。③ 弗兰克·施马莱格(Frank Schmalleger)认为,犯罪性是"极其赞同犯罪活动的行为倾向(behavioral predisposition)"④。拉里·西格尔(Larry J. Siegel)认为,犯罪性是"一种不同于'犯罪'(crime)的个人特质(personal trait),而犯罪是一种事件(event)"⑤。桑迪·泰勒(Sandie Taylor)也认为,犯罪是指"违反法律从而要受惩罚的行为"⑥,犯罪性是

① 吴宗宪:《犯罪心理学总论》,商务印书馆 2018 年版,第 484 页。

② 吴宗宪:《西方犯罪学史》(第二版)(第 4 卷),中国人民公安大学出版社 2010 年版,第 1332 页。

③ Mike Maguire et al. (eds.), *The Oxford Handbook of Criminology* (Oxford, UK: Oxford University Press, 2002), p. 27.

④ Frank Schmalleger, *Criminology Today: An Integrative Introduction*, 8th ed. (Boston, MA: Pearson, 2017), p. 10.

⑤ Larry J. Siegel, *Criminology: Theories, Practice, and Typologies*, 13th ed. (Belmont, CA: Cengage Learning, 2018), p. 108.

⑥ Sandie Taylor, *Crime and Criminality: A Multidisciplinary Approach* (New York: Routledge, 2016), p. 690.

指“个人倾向于过犯罪生活的个人特质或者特征”①。

不过,也有一些人对 criminality 一词有不同的用法。很多英语文献用 criminality 指犯罪行为,而不是指内在的犯罪倾向。当 criminality 与 crime 一起使用时,criminality 往往指犯罪行为的总称或者全部的犯罪行为,其含义类似于汉语中的“犯罪现象”,而 crime 指具体的犯罪行为。

6. 被害人

被害人(victim)通常指“犯罪被害人”,是指遭受犯罪行为侵害的人。

被害人是犯罪人的侵害对象。在大多数犯罪中,犯罪人都对被害人造成了不同程度、不同方面的侵害。就侵害程度而言,有的犯罪人仅对被害人造成了轻微的心理伤害,有的犯罪人则对被害人造成了致命伤害,甚至剥夺了被害人的生命。就侵害方面而言,犯罪人会对被害人造成财产、名誉、人身、心理等方面的侵害。在少数犯罪中,犯罪人可能没有侵害具体的对象,即犯罪行为没有被害人。这类没有直接的被害人但被认为破坏了道德的犯罪行为,被称为“无被害人犯罪”(victimless crime)。②

应注意汉语文献中的相关表达。一般而言,在汉语文献中,遭受犯罪行为侵害的人被称为“被害人”;遭受民事侵权行为和其他非法行为侵害的人,被称为“受害人”,有时也被称为“受害者”。例如,联合国大会 1895 年 11 月 29 日第 40/34 号决议通过的一个文件被翻译为《为罪行和滥用权力行为受害者取得公理的基本原则宣言》,其中的“罪行”的英语是 crime,即犯罪;“滥用权力行为”的英语是 abuse of power,指非法滥用权力的行为或者不行为。不过,在英语文献中,没有这样的区分,对这两类人员都用 victim 表达。

(三)其他相关概念

1. 犯罪观

犯罪观(view of crime)是指人们对于犯罪问题的基本看法。这类看法影响甚至指导人们对于犯罪原因、犯罪人矫治等问题的认识与态度,是犯罪学的重要内容。

大体而言,有三种基本的犯罪观:

(1) 一致论犯罪观(consensus view of crime)。这是指认为犯罪违反了大多数社会成员赞同的规则并且对社会有害的观点。持这种犯罪观的人认为,大多数社会成员都有共同的理想,为共同的利益而努力;规定犯罪和刑罚的刑法,反映了社会主流的价值观、信念和意见。之所以使用“一致”(consensus)这个术语,是因为它意味着大多数社会成员对什么是犯罪行为有共同的看法。

(2) 冲突论犯罪观(conflict view of crime)。这是指认为犯罪是人际冲突的表现,是有权势的人用来满足其需要的手段的观点。这是一种与一致论犯罪观相反的观点,它把社会看成一个由不同群体(有产者、工人、专业人员和学生)组成的集合体。为了维护自己的权利,不同的群体有可能使用法律和刑事司法制度提高其经济和社会地位。因此,刑法被看成保

① Sandie Taylor, *Crime and Criminality: A Multidisciplinary Approach* (New York: Routledge, 2016), p. 691.

② 王牧主编:《新犯罪学》(第四版),高等教育出版社 2022 年版,第 238 页。

护有产者免受无产者侵害的法律。冲突论犯罪学家往往比较穷人因为“街头犯罪”(street crime,如入室盗窃和抢劫)而受到的严厉处罚与富人因为白领犯罪(white-collar crime,如违反安全规范的行为和商业违法行为)而受到的轻微处罚,认为穷人会因为轻微的违法行为而被送进监狱,富人实施更加严重的犯罪却受到宽容的对待。

(3) 互动论犯罪观(interactionist view of crime)。这是指认为犯罪是人们之间相互作用(互动)的结果的观点。根据这种观点,对犯罪的定义反映了社会中拥有权力的人的利益、偏好和意见,这些人可以利用其影响力把自己的是非标准强加给社会中的其他人。犯罪人就是违反了有权者确立的社会规则而被社会当作越轨者的人。犯罪就是被社会宣布为非法的行为,犯罪并不是由于它本质上邪恶或不道德而成为犯罪的,而是由于社会给它贴了这样的标签,它才成为犯罪的。

2. 犯罪化

犯罪化(criminalization)是指通过立法程序将严重危害社会的行为规定为犯罪的现象与过程。犯罪化是社会控制危害行为的最严厉方式。在社会生活中,为了保证社会生活的正常运行,往往制定一些社会规范,要求社会成员遵守这些规范。不过,出于多种原因,总有一些社会成员不遵守这些规范,给社会造成危害。如果人们违反或者偏离了一般性的社会规范,但其行为对社会造成的危害并不严重,这些人会被作为一般的越轨者(违反道德者、一般违法者等)对待。然而,如果危害行为对社会造成了极其严重的危害,就要通过制定或者修改刑法把这些行为作为犯罪加以禁止。这个过程就是犯罪化。研究严重危害社会的行为的具体情况并提出用刑法加以禁止的立法建议,是犯罪学研究者的重要工作,也是犯罪学研究者学以致用的重要方面。

3. 非犯罪化

非犯罪化(decriminaliation)又称“除罪化”“去罪化”等,是指通过立法程序改变一些行为的犯罪性质的现象与过程。在社会生活中,由于社会环境、社会观念等方面的变化,刑法规定的一些犯罪对社会的危害显著减轻,甚至不再具有任何社会危害性,或者变成了社会需要的行为,在这种情况下,就要通过非犯罪化过程,从刑法规定的犯罪中删除这些行为,不再将它们作为犯罪对待。例如,我国刑法曾经规定了投机倒把罪,即以攫取非法利润为目的,违反国家金融、外汇、金银、工商管理法规,非法从事工商业活动,扰乱经济秩序,情节严重的行为。不过,随着市场经济体制的确立,过去被作为投机倒把罪的行为,变成了符合市场经济体制的无害行为,因此,我国在 1997 年修订刑法时取消了投机倒把罪,对这类行为进行了非犯罪化的处理。

与非犯罪化密切相关的一种现象是合法化。合法化(legalization)是指通过立法程序将不合法的行为转化为合法行为的过程。非犯罪化和合法化表达了相似的意思,这两个过程的客观结果是相同的。

4. 刑罚化与非刑罚化

刑罚化(penalization)是指用刑罚处理某些危害行为的现象与过程。

刑罚化是犯罪化的结果和延伸。在社会生活中，当某些行为的社会危害性增强，对社会造成的危害日益严重，必须采取严厉措施加以禁止时，往往会将其犯罪化。不过，并不能止步于犯罪化，即在刑法中将其规定为犯罪，而要在犯罪化的同时，在刑法中规定相应的刑罚措施，并且通过适用刑罚来惩治这些犯罪行为。因此，刑罚化是犯罪化的基本后果，也是犯罪化的自然延伸。犯罪化与刑罚化往往是一起进行的，犯罪化是刑罚化的前提，刑罚化是犯罪化的保障；如果不对规定为犯罪的行为规定和适用刑罚，犯罪化的实际效果就会大打折扣，甚至不会产生积极的社会效果。

非刑罚化（depenalization）是指不再用刑罚处理某些行为的现象与过程。

非刑罚化是与刑罚化相反的一种过程，也是非犯罪化的结果和延伸。刑罚化是用刑罚处理某种行为的过程，非刑罚化则是不再用刑罚处理这种行为的过程，因此，这是两个方向相反的过程。同时，非刑罚化是非犯罪化的基本后果和自然延伸。当通过非犯罪化过程不再把某些行为作为犯罪对待时，这种变化自然也要体现在刑罚上，即不再用刑罚处理这些行为，否则，非犯罪化的实际效果就很有限，甚至不会产生任何实际效果，因此，非犯罪化之后往往伴随着非刑罚化。

三、犯罪学的研究对象

犯罪学的研究对象（objects of criminology）是指犯罪学研究的具体内容。对犯罪学研究对象的确定，实际上涉及犯罪学的体系结构。

（一）以往的见解

犯罪学的研究对象是犯罪学研究的重要内容，以往的研究提出了较多的见解。

1. 中国学者的见解

在我国犯罪学研究中，比较流行的见解是四部分论，认为犯罪学的研究对象包括绪论、犯罪原因、犯罪现象、犯罪对策等四部分。例如，王宏玉主编的《犯罪学》包括绪论、犯罪现象论、犯罪原因论、犯罪对策论。① 王牧主编的《犯罪学》除了绪论，包括犯罪现象发生论（论述犯罪原因）、犯罪现象存在论（论述犯罪现象）、犯罪现象对策论。②

也有人提出了不同的见解。例如，白建军认为，“犯罪学就是研究犯罪关系的学科，犯罪关系是犯罪学的研究对象”③。他提出，犯罪学研究四方面的关系，即犯罪与秩序的关系、犯罪与被害的关系、犯罪与处罚权的关系、犯罪与环境的关系。④ 不过，白建军关于犯罪学基本范畴的论述，与上述的四部分论具有一致性；他提出，“犯罪学的学科体系由三类基本范畴构成：犯罪现象论、犯罪原因论、犯罪控制论”⑤。

---

① 王宏玉主编：《犯罪学》（第二版），中国人民公安大学出版社 2021 年版，第 3—446 页。
② 王牧主编：《新犯罪学》（第四版），高等教育出版社 2022 年版，第 1—309 页。
③ 白建军：《关系犯罪学》（第三版），中国人民大学出版社 2014 年版，第 11 页。
④ 白建军：《关系犯罪学》（第三版），中国人民大学出版社 2014 年版，第 330 页。
⑤ 白建军：《关系犯罪学》（第三版），中国人民大学出版社 2014 年版，第 17 页。

2. 苏联及俄罗斯学者的见解

苏联及俄罗斯的犯罪学家也提出了相关的见解。这些见解大体上可以分为两类：

（1）四部分论，认为犯罪学的研究对象包括四个部分。例如，B. K. 茨维尔布利等人认为，犯罪学的研究对象包括犯罪现象、犯罪原因、犯罪人的个人情况和预防犯罪措施四个部分。①

（2）三部分论，认为犯罪学的研究对象包括三个部分。例如，阿·伊·道尔戈娃等人认为，犯罪学的研究对象包括犯罪现象、犯罪原因和犯罪对策。②

3. 其他国家学者的见解

（1）英国学者的观点。德国出生的英国犯罪学家赫尔曼·曼海姆在其《比较犯罪学》一书中发表了有关犯罪学研究对象的见解。他将犯罪学划分为狭义犯罪学和广义犯罪学两类。他在该书中论述了狭义犯罪学，认为狭义犯罪学的研究对象包括绪论、研究与研究方法、与犯罪有关的因素和原因、犯罪社会学。这些内容相当于绪论和犯罪原因论。他认为，广义犯罪学还应当研究刑罚学（penology）和犯罪预防，刑罚学研究利用刑罚和类似方法处理犯罪，而犯罪预防则利用非刑罚措施进行。③

（2）德国学者的观点。德国犯罪学家汉斯·约阿希姆·施奈德认为，犯罪学的对象和任务是分析各种犯罪化和非犯罪化过程，具体包括刑法立法、社会越轨行为的产生和消失、犯罪现象与犯罪行为的形成以及与犯罪的斗争、犯罪人个性与犯罪生涯、被害人个性与被害人生涯、对犯罪行为的正式反应、非正式社会监督、习惯性越轨行为和相关性犯罪行为。④这些内容涵盖了我国学者讲的四部分论。

（3）美国学者的观点。美国学者采用广义犯罪学概念，其研究对象比较广泛。例如，美国犯罪学家埃德温·萨瑟兰等人的《犯罪学原理》，包括犯罪和少年犯罪研究、对犯罪和少年犯罪的处理两部分，⑤这些内容涵盖了我国学者讲的四部分论。又如，美国犯罪学家拉里·西格尔认为，广义犯罪学包括六个领域，即犯罪统计（criminal statistics）、法律社会学（sociology of law）、理论建构（theory construction）、犯罪行为系统（criminal behavior systems）、刑罚学（penology）、被害人学（victimology），它们合在一起，构成了犯罪学的事业（criminological enterprise）。⑥ 这些内容大体上相当于我国学者讲的四部分论。

（4）加拿大学者的观点。里克·林登（Rick Linden）等人认为，犯罪学有六个主要领域，即犯罪和犯罪人的定义、法律的起源和作用、犯罪的社会分布、犯罪的原因、犯罪行为的模式

---

① ［苏］B. K. 茨维尔布利等主编：《犯罪学》，曾庆敏等译，群众出版社1986年版，第3—4页。

② ［俄］阿·伊·道尔戈娃主编：《犯罪学》，赵可等译，群众出版社2000年版，第3页。

③ Hermann Mannheim, *Comparative Criminology: A Text Book*, Volume one (Abingdon, Oxon: Routledge, 1965), p. 3.

④ ［德］汉斯·约阿希姆·施奈德：《犯罪学》，吴鑫涛、马君玉译，中国人民公安大学出版社1990年版，第96—97页。

⑤ ［美］埃德温·萨瑟兰等：《犯罪学原理》（第十一版），吴宗宪等译，中国人民公安大学出版社2009年版，第3—702页。

⑥ Larry J. Siegel, *Criminology: Theories, Practice, and Typologies*, 13th ed. (Belmont, CA: Cengage Learning, 2018), pp. 13-15.

以及对犯罪的社会反应。[①] 这六个领域涵盖了我国学者讲的四个部分。

（二）本书的观点

本书赞同关于犯罪学研究对象的四部分论，主张犯罪学的研究对象包括下列四个部分。

1. 绪论

绪论是关于犯罪学的基本问题的部分。在这部分中，要论述犯罪学的概念、研究对象、研究方法、发展历史等内容。

2. 犯罪原因论

犯罪原因论是论述犯罪发生的原因的部分。在这部分中，既要论述影响犯罪发生的各类犯因性因素（criminogenic factor），又要论述这些犯因性因素导致犯罪行为发生的机制。

3. 犯罪现象论

犯罪现象论是论述犯罪人及其犯罪行为的部分。在这部分中，不仅要论述犯罪人的相关情况，还要论述犯罪现象的一般问题和主要犯罪类型。

4. 犯罪对策论

犯罪对策论是论述处理和预防犯罪的应对措施的部分。在这部分中，首先要论述如何处理已经发生的犯罪行为，然后要论述如何预防尚未发生的犯罪行为。

上述四个部分的内容，基本上包括了国内外犯罪学研究的主要内容。把它们作为犯罪学研究对象，既具有理论上的逻辑合理性，也比较符合犯罪现象的实际情况。

四、犯罪学的主要目标

犯罪学的主要目标是通过犯罪学研究和应用所要实现的主要预期结果。这种目标为犯罪学研究者和学习者提供努力的方向，指导和促使他们学习、发展犯罪学和应用犯罪学理论与方法解决犯罪问题。大体而言，犯罪学的主要目标包括两个方面。

（一）学术目标

犯罪学的学术目标（scholarly objective）是指通过犯罪学研究在学术方面要实现的预期结果。犯罪学研究者的研究工作所要实现的学术目标，大体上可以分为三个方面。

1. 科学地认识犯罪现象

科学地认识犯罪现象是犯罪学研究的首要学术目标。犯罪现象是人类社会中最为复杂的现象之一，实施犯罪行为的犯罪人、犯罪人所实施的犯罪行为、应对和处理犯罪行为的方法等，都包含着极其复杂的内容，只有通过科学的犯罪学研究，才有可能准确认识各类犯罪现象，发现犯罪现象背后的客观规律，从而提高人类认识犯罪现象的能力和水平。

2. 发展犯罪学知识体系

发展有关犯罪现象的知识体系，是犯罪学研究的重要目标。随着相关科学的进步和犯罪学的发展，人类对犯罪现象的认识会逐步加深。犯罪学研究不仅要深化对犯罪现象的科

① Rick Linden (ed.), *Criminology: A Canadian Perspective*, 9th ed. (Toronto, Ontario: Nelson, 2020), p. 11.

学认识,也要用适合的形式表述这些科学认识,从而形成犯罪学的知识体系。正如犯罪学家埃德温·萨瑟兰等人所指出的,犯罪学的学术目标就是要发展一种关于立法过程、违法过程和对违法作出反应的过程的知识体系。①

3. 发展犯罪学的学科群

随着犯罪学研究的深入,要逐步形成犯罪学的学科群。学科分化是人类科学研究发展的普遍趋势。在古代,人类的主要知识都包含在哲学中。随着人类科学研究的发展,自然科学、社会科学和人文科学等研究领域逐步从哲学中分化出来。犯罪学作为一门综合性的学科,利用多学科的理论和方法研究犯罪现象。随着研究的深化,大量新涌现的犯罪学知识很难反映在一个单一的学科框架中,在这种情况下,犯罪学中研究得很深入、积累了大量知识的领域,就会逐渐独立出来,形成犯罪学的分支学科(subdiscipline)。随着分支学科的增加,就会形成包括多个分支学科的犯罪学学科群。

(二) 实践目标

犯罪学的实践目标(practical objective)是指通过犯罪学研究和应用所要实现的促进犯罪治理科学化的预期结果。在学习犯罪学知识的基础上进行的犯罪学研究和应用活动,要实现下列实践目标。

1. 用理论指导政策

犯罪学研究的重要实践目标是用理论指导政策。人类社会应对犯罪现象的活动,特别是政府层面、国家层面的应对活动,不仅是预防和减少犯罪的最主要活动,也应该是在一定政策指导下进行的活动。但是,这些政策的制定和落实,有赖于犯罪学理论研究的成果。只有在高水平的犯罪学理论研究成果的指导下,才有可能制定出比较科学的应对犯罪的政策,也才有可能在这种政策的指引下开展有效的预防和减少犯罪的活动。因此,注意研究如何用理论指导政策(theory informs policy),②是犯罪学研究的重要内容。

2. 提高刑事立法水平

通过犯罪学研究提高刑事立法水平是犯罪学研究的重要实践目标。制定包括刑法、刑事诉讼法、监狱法、社区矫正法等在内的刑事法律,是治理犯罪的最主要手段,也应该是最有效手段之一。这些法律应当总结有效犯罪治理的成功经验,将它们制度化、科学化,以便动员刑事司法和其他资源,提高犯罪治理的效果。为了科学开展刑事立法活动,必须进行卓有成效的犯罪学研究。只有通过这样的研究,才能准确了解社会中的犯罪现象,预测犯罪变化的趋势,探索各种应对措施,评估应对措施的效果,从而提出最有效的犯罪应对策略;只有在此基础上进行的刑事立法活动,才有可能制定出比较合理、科学的刑事法律,才能通过执行这样的法律有效遏制犯罪活动。"对刑法学家而言,与犯罪学家的合作是必不可少的,因为

---

① 参见[美]埃德温·萨瑟兰等:《犯罪学原理》(第十一版),吴宗宪等译,中国人民公安大学出版社 2009 年版,第3—4 页。

② Freda Adler et al., *Criminology*, 9th ed. (New York: McGraw-Hill, 2018), pp. xix, 111, 118, 121, 148, 209.

犯罪学可向其提供源自事实的对刑法立法非常重要的知识,如此,法律规范方可能'公正合理'。"[①]缺乏犯罪学研究支撑的刑事立法,往往内容科学性弱、实际效果差。

3. 提高刑事司法功效

通过犯罪学研究提高刑事司法功效是犯罪学研究的重要实践目标。通过警察、检察、审判和刑事执行机关开展的刑事司法活动,是国家治理犯罪的最重要的政府活动。根据国家机关的职责分工,这些机关是专门开展犯罪治理工作的政府部门。它们在犯罪治理中最有组织性、最具专业性,最能够得到人、财、物方面的资源保障,因而是能够发挥最大作用的重要力量。在犯罪学研究中获得的对于犯罪现象的准确认识和合理建议,能够给刑事司法机关提供重要的参考资料和工作建议,有助于它们开展更加科学的犯罪治理工作,从而能够极大地提高它们开展刑事司法工作的功效。刑事司法功效的提高,可以极大地推进全社会的犯罪治理工作,获得最大限度的犯罪治理效果。

4. 促进社会政策完善

犯罪学研究可以促进社会政策的完善。犯罪的发生与很多种社会因素的影响有关,因此,治理犯罪是涉及面极为广泛的社会性工作,是需要全社会共同开展的复杂工作。在科学的社会政策指引下开展的社会性工作,对于预防和减少犯罪具有极为重要的价值和作用,因此,完善的社会政策也是有效的刑事政策。不少犯罪学家对此有深刻的认识,提出了重要的观点。例如,德国刑法学家和犯罪学家弗兰茨·冯·李斯特(Franz von Liszt,1851—1919)在1898年提出了"良好的社会政策是最好的刑事政策"[②]的论断。其他学者也有类似的表述。例如,西格弗里德·温伯格(Siegfried Weinberg,1880—1932)认为,"最好的刑事政策是一种综合的社会政策"[③]。弗兰茨·埃克斯纳(Franz Exner, 1881—1947)指出,"最好的刑事政策将会是很好的社会政策"[④]。埃德蒙德·梅茨格(Edmund Mezger,1883—1962)承认,"没有对犯罪的社会因素进行最彻底的调查",就无法充分理解犯罪,"良好的社会政策往往是最佳的刑事政策"。[⑤]

5. 提高预防犯罪效果

犯罪学研究可以提高全社会预防犯罪的效果。由于犯罪行为的发生涉及个人、家庭、社区、更大范围的社会、国家等各个方面,要想有效预防犯罪,必须在全社会开展不同层次的预防犯罪工作。犯罪学对于犯罪现象进行的全方位、多角度、多层次的研究,可以让人们认识

---

① [德]汉斯·海因里希·耶赛克、[德]托马斯·魏根特:《德国刑法教科书》,徐久生译,中国法制出版社2001年版,第60—61页。

② Günther Kaiser et al. (eds.), *Criminological Research Trends in Western Germany: German Reports to the 6th International Congress on Criminology* (Berlin: Springer-Verlag, 1972), p. 15.

③ Richard F. Wetzell (ed.), *Crime and Criminal Justice in Modern Germany* (New York: Berghahn, 2014), p. 72.

④ Richard F. Wetzell, *Inventing the Criminal: A History of German Criminology*, 1880-1945 (Chapel Hill, NC: University of North Carolina Press, 2000), p. 115.

⑤ Richard F. Wetzell, *Inventing the Criminal: A History of German Criminology*, 1880-1945 (Chapel Hill, NC: University of North Carolina Press, 2000), p. 210.

到犯罪现象与社会的不同方面的联系，这会启发社会的不同方面对于犯罪形成准确认识，从而有利于社会的不同方面采取相应的预防措施，全面提高全社会预防犯罪的效果。

第二节 犯罪学的学科地位

一、概述

犯罪学的学科地位是指犯罪学在整个科学体系中的位置。犯罪学的学科地位是由犯罪学的学科性质、研究状况、与相邻学科的关系等决定的。如前所述，犯罪学是一门综合性学科，这种学科性质决定了它不隶属于任何一门科学。虽然犯罪学的研究和发展借助很多学科的理论和方法，但是，它具有独立的地位。“犯罪学应是一门包含许多学科知识，但却独立的科学。”①从学科层级上讲，犯罪学应当具有一级学科的地位。学科层级是目前世界上学科制度的一种，是将学科按研究对象和内容的范围、性质分门别类地构建而成的有系统的层级体系，分为一级、二级、三级学科。犯罪学处于一级学科的位置上，它的地位相当于政治学、经济学、法学等一级学科。② “从学科地位上看，犯罪学处于一级学科的地位。”③不过，在教育部 2024 年 2 月发布的《普通高等学校本科专业目录（2024 年）》中，犯罪学属于“法学”一级学科之下的“公安学”二级学科中的一个分支学科（三级学科），④这是一个十分独特的学科定位。

从国际社会中犯罪学的研究状况来看，犯罪学是研究成果众多、社会影响巨大的重要学科。自犯罪学中第一个重要的思想流派——古典犯罪学学派在 18 世纪产生之后，犯罪学在国际社会中有了长足的发展，先后涌现了统计学派（statistical school）、实证主义犯罪学学派（positive school of criminology）或者犯罪人类学学派（anthropological school of criminology⑤）、意大利犯罪学学派（Italian school of criminology）、犯罪社会学学派（sociological school of criminology，又称“刑事社会学派”）、社会防卫学派（the social defense school）、芝加哥犯罪学学派（Chicago school of criminology）等思想流派；出现了很多著名的犯罪学家，包括切萨雷·贝卡里亚、杰里米·边沁、切萨雷·龙勃罗梭、恩里科·菲利（Enrico Ferri，1856—1929）、拉斐尔·加罗法洛、加布里埃尔·塔尔德（Gabriel Tarde，1843—1904）、汉斯·格罗斯（Hans Gross，1847—1915）、威廉·希利（William Healy，1869—1936）、埃德温·萨瑟兰、赫尔曼·曼海姆、索尔斯坦·塞林等，这些犯罪学家在发展犯罪学学科、开展犯罪学研究、创办犯罪学刊物、发表犯罪学成果、培养犯罪学人才、建立犯罪学学术团体、促进犯罪治理科学化等方面，

---

① 许春金：《犯罪学》，三民书局股份有限公司 2000 年版，第 9 页。

② 宋浩波、靳高风主编：《犯罪学》，复旦大学出版社 2009 年版，第 10—11 页。

③ 王牧主编：《新犯罪学》（第四版），高等教育出版社 2022 年版，第 10 页。

④ 教育部：《普通高等学校本科专业目录（2024 年）》，载教育部网站。

⑤ “anthropological school of criminology”又被译为“刑事人类学学派”。

进行了卓有成效的工作，产生了巨大的社会影响。

另外，还可以从犯罪学与相邻学科的关系了解犯罪学的学科地位。

二、犯罪学与刑法学

刑法学是以现行刑法为研究对象的学科。① 刑法学主要研究现行刑法规定的犯罪、刑事责任和刑罚问题。犯罪学与刑法学有密切联系，甚至可以说，“在法学中，犯罪学同刑法学有最紧密的联系”②。同时，犯罪学与刑法学有显著区别。

（一）犯罪学与刑法学的联系

1. 相互交叉

犯罪学和刑法学是相互交叉、有一定重叠的两个学科。首先，研究的内容有交叉。犯罪学和刑法学都研究犯罪与刑罚问题。其次，研究的目的有交叉。犯罪学和刑法学都研究如何恰当处理犯罪的问题。“大学犯罪学教学的重要目的之一就是理智地适用刑法。”③

2. 相互促进

犯罪学与刑法学之间的联系也表现在相互促进上。德国刑法学家和犯罪学家汉斯·海因里希·耶赛克（Hans-Heinrich Jescheck，1915—2009）等人认为，“没有犯罪学的刑法（学）是个瞎子，没有刑法（学）的犯罪学是无边无际的犯罪学”④。这句话准确形象地表述了这两个学科之间的联系。

首先，犯罪学是刑法学的重要基础。犯罪学对于犯罪人和犯罪现象的全面、深入的研究，为刑法学者深入了解犯罪人、科学理解刑事犯罪、恰当判定刑事责任、准确定罪量刑等，提供了重要的参考资料。因此，犯罪学构成了刑法学者研究犯罪和适用刑罚的重要基础。如果缺乏犯罪学的知识基础，刑法学者对于犯罪人和犯罪行为的认识可能难以深入，对于刑法的执行和刑罚的适用就可能比较机械，难免会出现偏差。

其次，刑法学是犯罪学的重要基准和归宿。犯罪学中有关犯罪的研究，是以刑法规定的犯罪为核心进行的。犯罪学中的犯罪，是在刑法规定并由刑法学研究的犯罪的基础上加以扩展后确定的，它的范围要大于刑法规定并由刑法学研究的犯罪的范围。同时，犯罪学的一些研究成果，只有体现为刑法规范，才能发挥最大的社会效果。尽管在犯罪学的研究过程中提出的很多建议，可以直接转化为预防犯罪的观点和措施，人们可以直接用来预防和减少犯罪，但是，通过这类途径发挥的实际效果，远远比不上转化为刑法规范后发挥的效果。如果犯罪学研究成果直接转化为刑法规范，这类研究成果就会以国家强制力保障实施，就会被刑事司法系统以及相关社会力量贯彻落实，就能够发挥影响社会、减少犯

---

① 《刑法学》编写组：《刑法学》（上册·总论）（第二版），高等教育出版社 2023 年版，第 1 页。

② ［苏］B. K. 茨维尔布利等主编：《犯罪学》，曾庆敏等译，群众出版社 1986 年版，第 6 页。

③ ［德］汉斯·约阿希姆·施奈德：《犯罪学》，吴鑫涛、马君玉译，中国人民公安大学出版社 1990 年版，第 167 页。

④ ［德］汉斯·海因里希·耶赛克、［德］托马斯·魏根特：《德国刑法教科书》，徐久生译，中国法制出版社 2001 年版，第 53 页。

罪的巨大影响力。因此,在犯罪学研究中注意提出修改和完善刑法的建议,是犯罪学研究的重要内容,也是犯罪学研究者的重要使命。犯罪学家应当是一些"超前的思想家",①应当对行为的社会危害性等保持高度的敏感性,及时开展调查研究,适时提出犯罪化、非犯罪化等方面的建议,对刑法立法过程发挥应有的影响作用。缺乏犯罪学研究基础的刑法立法,没有犯罪学家参与的刑事立法活动,肯定是有局限性的,刑法立法的科学性、前瞻性等肯定会受到损害。

由于犯罪学与刑法学之间有密切的联系,犯罪学家和刑法学家之间要有理性的合作。"在犯罪学与刑法教义学之间完全可以存在一种互利关系。"②首先,要相互学习。犯罪学家要熟悉刑法学,学习刑法学的理论知识和研究方法。"许多犯罪学家过去是并且现在仍然是刑法学家。"③刑法学家也要了解犯罪学,掌握犯罪学的理论知识和研究方法。其次,要相互批评。犯罪学家和刑法学家之间的合作并不仅仅是被动地接受对方学科的理论知识和研究方法,而应该是批判性地相互学习。犯罪学家要注意看到刑法学家的研究和观点中存在的问题,从犯罪学的视角提出完善和改进的建议。刑法学家也要注意了解犯罪学家的研究和观点中存在的瑕疵,从刑法学的立场提出完善和改进的建议。

(二)犯罪学与刑法学的区别

犯罪学与刑法学之间有明显的区别。它们之间的主要区别是:

首先,研究重点不同。犯罪学是一门主要研究犯罪事实的学科,它主要围绕犯罪现象开展研究,探讨犯罪现象及其不同表现、犯罪原因、各种类型的犯罪对策等问题。刑法学是一门主要研究法律规范的学科,它主要围绕刑法规范开展研究,主要研究如何解释刑法规范、如何适用刑法规范以及如何完善刑法规范等问题。

其次,研究方法不同。犯罪学主要采用归纳方法进行研究,通过研究现实社会中的很多犯罪现象归纳犯罪的相关规律。刑法学主要采用演绎的方法进行研究,通过研究刑法规范、犯罪案例探讨如何对具体案件适用刑法的问题。

三、犯罪学与社会学

社会学(sociology)是对于人类社会和社会互动进行系统、客观研究的一门学科。④

社会学的历史渊源,可以追溯到18世纪以前的欧洲。到19世纪时,对人类社会的分析研究进一步发展,并且深受生物学说和进化论的影响。1838年,法国学者奥古斯特·孔德(Auguste Comte,1798—1857)创造了"社会学"(sociologie)这个词,用来概括对人类社会现象进行探讨的学科,孔德也被看作社会学的创始人。1892年,美国芝加哥大学创办了世界上第一个社会学系。现代社会学主要研究社会组织与个体(包括文化、社会及其结构、社会互动、

① [德]汉斯·约阿希姆·施奈德:《犯罪学》,吴鑫涛、马君玉译,中国人民公安大学出版社1990年版,第871页。

② [德]汉斯·约阿希姆·施奈德:《犯罪学》,吴鑫涛、马君玉译,中国人民公安大学出版社1990年版,第166页。

③ [德]汉斯·约阿希姆·施奈德:《犯罪学》,吴鑫涛、马君玉译,中国人民公安大学出版社1990年版,第99页。

④ [美]戴维·波普诺:《社会学》(第十版),李强等译,中国人民大学出版社1999年版,第3页。

社会化、群体与组织、社会问题等)、社会不平等(包括社会分层与多种形式的社会不平等)、社会设置(包括家庭、教育、宗教、政府等)、社会环境与社会变迁等内容。犯罪学与社会学既有联系又有区别。

(一) 犯罪学与社会学的联系

1. 产生情况相似

犯罪学和社会学产生的情况具有相似性。首先,产生时间相同。犯罪学和社会学产生于大致相同的历史时期。作为一门学科的社会学,是在 19 世纪后半期形成的。作为一门学科的犯罪学,也是在这一时期形成的。其次,产生背景相似。犯罪学和社会学都是在大致相同的思想与社会背景下产生的。早期的社会学重视对社会现象的道德分析,研究活动受到生物学说与进化论的影响;在早期的犯罪学研究中,也表现出类似的特点。

2. 研究工作交叉

犯罪学和社会学的研究工作有较多的交叉和重叠。第一,两门学科有很多共同的研究主题,如犯罪、越轨行为、社会控制等。研究主题的共同性,使这两门学科的研究成果能够相互交流。第二,许多研究者有交叉的研究领域。许多社会学家同时是犯罪学家,特别是在当代的北美国家中,许多著名的社会学家同时是著名的犯罪学家。埃德温·萨瑟兰就是一个典型例子,他是著名的社会学家,曾担任美国社会学协会主席,也是 20 世纪最著名的犯罪学家之一。第三,两门学科的训练内容有交叉。在社会学专业学生的训练中,犯罪问题的研究是重要内容。在犯罪学专业学生的训练中,社会学也被作为重要内容。实际上,在当代西方国家,大量的犯罪学家具有接受过社会学训练的学术背景,他们中的很多人获得了社会学方向的学位。第四,研究方法交叉。在当代的犯罪学研究中,大量使用社会学的研究方法。同时,社会学和犯罪学研究往往遵循共同的方法论原则。

3. 研究相互促进

犯罪学与社会学之间具有相互促进的关系。首先,社会学研究促进犯罪学发展。犯罪学利用社会学的许多观点、学说以及研究方法来研究犯罪问题,例如,利用文化、社会互动、社会化等内容解释犯罪原因,利用社会控制等原理来探讨犯罪预防与控制问题,利用社会学的研究方法探讨犯罪问题。当代一些国家和地区的犯罪学研究,特别是北美地区的犯罪学研究,表现出明显的社会学化倾向,体现了社会学的首要地位(primacy of sociology):①尽管许多学科都对犯罪学研究作出了贡献,但是,许多当代犯罪学家的主要观点是社会学观点;国外的许多犯罪学理论都是社会学理论。其次,犯罪学研究丰富社会学内容。犯罪学家罗纳德·艾克斯(Ronald Akers)认为:"社会学中那些最激动人心的理论和方法方面的进展,有相当一部分直接来自犯罪学的理论和具体研究,或者受到了它们的促进。"②

---

① Frank Schmalleger, *Criminology Today: An Integrative Introduction*, 8th ed. (Boston, MA: Pearson, 2017), p. 22.

② Ronald Akers, "Linking Sociology and Its Specialties: The Case of Criminology," *Social Forces*, Vol.71 (Issue 1, 1992):9.

（二）犯罪学与社会学的区别

社会学与犯罪学之间的区别主要表现为：

首先，研究的重点不同。在社会学中，犯罪问题仅仅是它研究的一个方面，犯罪被当作一种社会问题加以研究。在我国，社会学研究者对犯罪问题的关注更少，对犯罪学文献似乎更不熟悉。例如，在一本犯罪社会学译著中，deterrenc 被译为“妨碍”（在犯罪学以及刑法学文献中普遍被译为“威慑”），[①]the code of the street 被译为“街道编码”（应译为“街头规则”）。[②] 与此不同，在犯罪学中，犯罪问题是它研究的主要方面，犯罪学的整个研究都是以犯罪问题为核心进行的。

其次，研究的角度不同。在社会学中，仅仅利用其概念和学说，从宏观角度探讨犯罪问题。在犯罪学中，不仅利用社会学的概念和学说探讨犯罪问题，也用人类学、心理学、生物学、生理学、经济学等其他学科的概念和学说探讨犯罪问题。同时，在犯罪学中，不仅对犯罪问题进行宏观研究，也对犯罪问题进行微观研究。

最后，研究的深度不同。在社会学中，仅仅对犯罪问题进行一般性研究。在犯罪学中，对犯罪问题进行多角度、全方位的研究。因此，犯罪学对犯罪问题的研究深度，远远超过了社会学对犯罪问题的研究深度。

四、犯罪学与心理学

心理学（psychology）是研究人和动物的心理活动与行为表现的一门学科。[③] 1879 年，德国心理学家威廉·冯特（Wilhelm Wundt，1832—1920）在莱比锡建立了世界上第一个心理学实验室，心理学由此脱离哲学而成为独立的学科。因此，通常把这一年作为现代心理学诞生的年代。现代心理学从很多方面研究人的心理活动和行为表现，形成了不同的心理学分支学科，包括普通心理学、认知心理学、情绪心理学、发展心理学、社会心理学、变态心理学、法律心理学等。犯罪学与心理学既有联系又有区别。

（一）犯罪学与心理学的联系

1. 研究内容有一定交叉

法律心理学及其分支学科

首先，心理学与犯罪学的研究都涉及犯罪问题。在心理学的分支学科——法律心理学（legal psychology）中，有一门专门研究犯罪问题的心理学分支学科——犯罪心理学（criminal psychology）。此外，法律心理学的其他一些分支科学，如审判心理学、矫正心理学等，也研究犯罪问题。[④] 这些研究的成果，丰富了心理学的内容。

---

① ［美］斯蒂芬·E. 巴坎：《犯罪学：社会学的理解》（第四版），秦晨等译，上海人民出版社 2011 年版，第 153 页。

② ［美］斯蒂芬·E. 巴坎：《犯罪学：社会学的理解》（第四版），秦晨等译，上海人民出版社 2011 年版，第 217 页。

③ 《中国大百科全书·心理学》，中国大百科全书出版社 1991 年版，第 1 页。

④ 吴宗宪主编：《法律心理学大词典》，警官教育出版社 1994 年版，第 152—158 页。

其次,犯罪学利用心理学的许多概念和学说,探讨犯罪问题,特别是探讨微观的犯罪问题,包括犯罪心理和犯罪行为等问题。

再次,许多研究者的研究领域有交叉。许多心理学家同时也是犯罪学家。例如,英国的心理学家汉斯·艾森克(Hans J. Eysenck,1916—1997)不仅在心理学的许多领域进行了卓有成效的研究,也出版了《犯罪与人格》①、《犯罪的原因与矫治》②等著作,在犯罪学研究领域取得了引人注目的成就。③

最后,心理学和犯罪学的训练内容有一定交叉。在对心理学专业学生进行的训练中,往往提供法律与犯罪心理学方面的课程。④同样,在对犯罪学专业学生进行的训练中,也提供心理学概论、法律心理学之类的课程。

2. 研究方法有一定重叠

首先,当代的犯罪学研究大量使用心理学的研究方法,如统计学方法等。其次,心理学和犯罪学研究往往遵循一些共同的方法论原则。

(二)犯罪学与心理学的区别

首先,研究的重点不同。在心理学中,犯罪问题仅仅是它研究的一个很小的方面,犯罪问题仅仅是心理学的一个应用研究领域——法律心理学探讨的内容之一。在犯罪学中,犯罪问题是它研究的主要方面,犯罪学的整个研究都是以犯罪问题为核心进行的。

其次,研究的角度不同。在心理学中,仅仅利用心理学自身的概念和学说探讨犯罪问题。在犯罪学中,不仅利用心理学的概念和学说探讨犯罪问题,也利用社会学、人类学、生物学、生理学、经济学等其他学科的概念和学说探讨犯罪问题。

最后,研究的深度不同。在心理学中,仅仅对犯罪问题的心理方面进行研究。在犯罪学中,对犯罪问题进行多角度、全方位的研究。因此,犯罪学对犯罪问题的研究深度,远远超过了心理学对犯罪问题的研究深度。以犯罪原因为例,心理学仅仅研究犯罪产生的心理原因,而犯罪学不仅研究犯罪产生的心理原因,还研究犯罪产生的文化、社会、经济、生理等方面的原因。

五、犯罪学与刑事司法

刑事司法(criminal justice)是一个多义词。首先,刑事司法是一个工作系统。这种意义上的刑事司法是指调查和处理犯罪与犯罪人的机构、人员及其制度,通常称为“刑事司法系统”(criminal justice system);当强调这个系统的相关制度时,可以称为“刑事司法制度”。在一些国家,这个系统被看作处理犯罪人的社会控制机构,其组成部分主要包括警察、法院和矫正机构。⑤ 其次,刑事司法是一个工作领域。这种意义上的刑事司法是指调查和处理犯

① Hans J. Eysenck, *Crime and Personality* (London: Routledge & Kegan Paul, 1964).

② Hans J. Eysenck et al., *The Causes and Cures of Criminality* (New York: Plenum Press, 1989).

③ 吴宗宪:《西方犯罪学史》(第二版)(第二卷),中国人民公安大学出版社 2010 年版,第 754—759 页。

④ 吴宗宪:《当代美英法律心理学研究概况》,载《心理学报》1991 年第 2 期,第 216—224 页;Helmut Kury、吴宗宪:《欧洲大陆法律心理学述评》,载《心理学报》1996 年第 1 期,第 104—109 页。

⑤ James A. Inciardi, *Criminal Justice*, 9th ed. (New York: McGraw-Hill, 2010), p. 4.

罪与犯罪人的系统性工作。最后，刑事司法是一个研究领域。这种意义上的刑事司法是指研究犯罪与刑事司法系统及其活动的学科。作为研究领域的刑事司法，与犯罪学既有联系，又有区别。

（一）犯罪学与刑事司法的联系

犯罪学与刑事司法是两个具有密切关系的学科。它们之间的联系主要表现为：

首先，发展历史交叉。犯罪学有一个比较漫长的历史，而作为一个研究领域的刑事司法学科的产生则比较晚，它是从犯罪学学科中孕育和分化出来的。在早期的犯罪学研究中，虽然也研究处理犯罪和犯罪人的措施等属于应用犯罪学的内容，但是，犯罪学的主要研究内容仍然是犯罪原因等理论犯罪学的方面。后来，随着应用犯罪学研究的不断发展，这方面的内容得到极大发展，于是，在犯罪学中分化出了一个新的分支学科——刑事司法。有人认为，作为学科的刑事司法，是20世纪60年代末在美国产生的，是林登·约翰逊（Lyndon B. Johnson，1963—1969年担任美国总统）担任总统期间多次呼吁“法律与秩序”（law and order）的结果。①

其次，研究内容重叠。犯罪学和刑事司法的研究内容有部分重叠。犯罪学研究者和刑事司法研究者都要研究犯罪的基本问题，包括犯罪性质、犯罪原因、犯罪现象等很多方面。“如果不了解犯罪的性质和原因，刑事司法专家就无法开始设计有效的犯罪预防或者改造计划。他们需要准确的犯罪统计数据来测试犯罪控制和预防计划的有效性。”②

（二）犯罪学与刑事司法的区别

犯罪学与刑事司法也有显著的区别，主要表现在下列方面：

首先，研究内容不同。犯罪学探讨犯罪的原因（起源）、范围、表现和预防等内容。刑事司法则致力于描述、分析和解释刑事司法机构的运作，特别是警察、法院和矫正机构的活动，寻求更有效的控制犯罪和改造犯罪人的方法。

其次，探讨重点不同。犯罪学主要探讨犯罪的产生（犯罪原因）、表现（犯罪现象）、预防（社会预防）等内容。刑事司法则主要探讨犯罪的对策，特别是由国家职能部门（警察、法院以及监狱等矫正机构）进行的处理犯罪和犯罪人的活动。正如唐·吉本斯（Don C. Gibbons）指出的，“犯罪学家重视探讨犯罪现象的原因，而刑事司法以控制违法行为核心”③。

再次，发展起源不同。犯罪学主要起源于18世纪中期的欧洲，意大利、英国、德国、法国、比利时等欧洲国家的早期犯罪研究者对于犯罪学的产生和发展作出了重要贡献。刑事司法主要起源于20世纪中期的美国。“1965年7月25日，为了应对人们对犯罪和扰乱治安行为（disorder）的日益担忧，林登·约翰逊总统的‘反犯罪战争’（war on crime）正式启动，成

---

① James A. Inciardi, *Criminal Justice*, 9th ed. (New York: McGraw-Hill, 2010), p. 5.

② Larry J. Siegel, *Criminology: Theories, Practice, and Typologies*, 13th ed. (Belmont, CA: Cengage Learning, 2018), p. 6.

③ Don C. Gibbons, *Talking about Crime and Criminals: Problems and Issues in Theory Development in Criminology* (Upper Saddle River, NJ: Prentice Hall, 1994), p. 3.

立了总统执法和司法管理委员会(President's Commission on Law Enforcement and Administration of Justice)。当时的美国人甚至约翰逊本人都不知道,该委员会将开创美国刑事司法的新时代。"①

最后,就业领域不同。犯罪学从业人员主要任职于大学和研究机构等教育和学术机构,而很多刑事司法从业人员任职于警察、矫正机构、保安公司等实务性部门。

六、犯罪学与其他学科

(一) 刑事政策学

刑事政策学(德语 Kriminalpolitik;法语 *politique-criminelle*;②英语 criminal policy, penal policy)是研究刑事政策或者犯罪对策的学科。刑事政策又称"犯罪对策",是国家为处理和预防犯罪而采用的各种手段、方法和措施的总称。

对于刑事政策的内容,人们有不同的看法。从广义上讲,刑事政策应涉及社会本身以及法律和司法机构的改革。从狭义上讲,刑事政策涉及刑法的修改、刑事司法管理和刑罚制度的改革。有人认为,刑事政策有五个目标,即执行刑法、修订刑法、预防犯罪、刑事司法管理(包括赋予警察等部门自由裁量权)和犯罪人矫治(treatment of offender),包括对犯罪人的改造(rehabilitation)。③

刑事政策的概念主要是由德国刑法学家和犯罪学家弗兰茨·冯·李斯特等人发展起来的。④ 在他之后,其他德国学者也对刑事政策的发展作出了贡献。例如,古斯塔夫·阿沙芬堡(Gustav Aschaffenburg,1866—1944)发表了论文《克雷佩林对犯罪心理学和刑事政策的影响》;⑤赫尔穆特·迈耶(Hellmuth Mayer)发表了论文《作为人文科学的刑事政策》;⑥德国刑法学家和犯罪学家埃德蒙德·梅茨格出版了《基于犯罪学的刑事政策》。⑦ 此后,其他国家和地区的研究者也出版了相关书籍。例如,约翰·克罗夫特(John Croft)出版了《研究与刑事政策》⑧和《刑事政策》⑨;安德鲁·拉瑟福德(Andrew Rutherford)出版了《刑事政策与消灭

---

① James A. Inciardi, *Criminal Justice*, 9th ed. (New York: McGraw-Hill, 2010), p. 5.

② Hermann Mannheim, *Comparative Criminology: A Text Book*, Volume one (Abingdon, Oxon: Routledge, 1965), p. 13.

③ Ezzat A. Fattah, *Criminology: Past, Present, and Future: A Critical Overview* (New York: St. Martin's Press, 1997), p. 180.

④ Richard F. Wetzell, *Inventing the Criminal: A History of German Criminology*, 1880-1945 (Chapel Hill, NC: University of North Carolina Press, 2000), p. 37.

⑤ Gustav Aschaffenburg, "Der Einfluss Kraepelins auf die Kriminalpsychologie und Kriminalpolitik," *Allgemeine Zeitschrift für Psychiatrie*, 87(1929): 87-95.

⑥ Hellmuth Mayer, "Kriminalpolitik als Geisteswissenschaft," *Zeitschrift für die gesamte Strafrechtswissenschaft*, 57 (1937):1-27.

⑦ Edmund Mezger, *Kriminalpolitik auf Kriminologischer Grundlage* (Stuttgart: Enke, 1934).

⑧ John Croft, *Research and Criminal Policy* (London: Home Office, 1980).

⑨ John Croft, *Criminal Policy* (London: Conservative Study Group on Crime, 1987).

理想》[①]和《刑事政策制定》[②];彭妮·格林(Penny Green)和安德鲁·拉瑟福德合编了《转型中的刑事政策》。[③]

刑事政策学与犯罪学既有联系又有区别。它们之间的联系在于,首先,它们有共同的研究内容。刑事政策学和犯罪学都研究犯罪问题,在研究的过程中都要涉及犯罪原因和犯罪现象,揭示其中的规律性内容。其次,它们有共同的研究目的。刑事政策学和犯罪学研究犯罪的目的,都是恰当处理犯罪和犯罪人,预防和减少犯罪,减轻犯罪对于社会的危害性。

刑事政策学与犯罪学之间也有明显的区别。第一,研究范围不同。犯罪学是对犯罪问题进行全面研究的学科,它不仅研究犯罪对策,也研究犯罪原因、犯罪现象等内容。与此不同,刑事政策学主要研究犯罪对策,虽然它也关注犯罪原因和犯罪现象,但是,进行这样研究的目的是为研究犯罪对策提供基础。刑事政策学的研究重点是如何有效地与犯罪作斗争。"犯罪对策遵循的目的是把犯罪学从经验型研究中获得的新知识提供给立法者、执法者和社会监督机构,以便他们利用这些知识。犯罪对策是犯罪学与立法者和执法者之间的媒介和联系纽带。"[④]

第二,研究取向不同。从一定意义上讲,犯罪学从事的是对犯罪现象的基础性研究,它是一种非决策型学科(non-policy-making discipline),[⑤]而刑事政策学从事的是应对犯罪问题的应用性研究,它探讨如何将犯罪学知识和研究结果应用于预防和减少犯罪的实践,包括立法、司法和其他方面的相关实践。因此,刑事政策学是一种与应对犯罪的实践密切相关的决策型学科(policy-making discipline)。同时,刑事政策学在应用犯罪学研究成果的同时,也检验犯罪学研究成果的科学性等方面。"很明显,刑事政策是可以使用犯罪学知识的主要领域,犯罪学理论可以在其中得到应用和检验。"[⑥]

第三,发展历史不同。犯罪学有比较悠久的历史,在犯罪学发展的早期,也探讨应对犯罪的措施,后来,随着这方面研究的发展,逐渐形成了犯罪学的一个重要研究领域,然后才发展为犯罪学的一个分支学科——刑事政策学。不过,对于刑事政策学的独立性,人们有不同的看法:一些人认为,刑事政策学是犯罪学的一个研究领域,属于应用犯罪学的范畴,不具有独立性。也有一些人认为,刑事政策学应当是一个独立的学科。例如,赫尔曼·曼海姆认为,刑事政策学应当是一个以犯罪学家和刑罚学家(penologist)的实际调查为基础的独立学科。[⑦]

---

① Andrew Rutherford, *Criminal Policy and the Eliminative Ideal* (Southampton, Britain: University of Southampton, 1996).

② Andrew Rutherford (ed.), *Criminal Policy Making* (Aldershot, UK: Dartmouth, 1997).

③ Penny Green et al. (eds.), *Criminal Policy in Transition* (Portland, OR: Hart Publishing, 2000).

④ [德]汉斯·约阿希姆·施奈德:《犯罪学》,吴鑫涛、马君玉译,中国人民公安大学出版社 1990 年版,第 96 页。

⑤ Hermann Mannheim, *Comparative Criminology: A Text Book*, Volume one (Abingdon, Oxon: Routledge, 1965), p. 13.

⑥ Ezzat A. Fattah, *Criminology: Past, Present, and Future: A Critical Overview* (New York: St. Martin's Press, 1997), p. 180.

⑦ Hermann Mannheim, *Comparative Criminology: A Text Book*, Volume one (Abingdon, Oxon: Routledge, 1965), p. 13.

第四，发展程度不同。犯罪学是一门在国际上已经得到高度发展的比较成熟的学科，已经出版了数量巨大的教科书和专著，在广大的区域中都有研究和人才培养项目，对于其基本内容已经有广泛的共识，研究内容极其丰富。相对而言，刑事政策学的发展不足，出版物的数量有限，主要在一些欧洲国家开展研究和教学，内容也比较单薄。

（二）被害人学

被害人学(victimology)是研究人们因非法活动而遭受的身体、情感和经济伤害的科学。[①] 从事被害人学研究和相关工作的人员，被称为“被害人学研究者”(victimologist)；其中接受过高层次训练并且造诣较深的人员，可以称为“被害人学家”。

被害人学的思想渊源历史悠久，但是，学科产生得较晚。早期的被害人学观念不是由犯罪学家或者社会学家提出的，而是由诗人、作家和小说家提出的，包括英国作家托马斯·德·昆西(Thomas de Quincey，1785—1859)、黎巴嫩出生的美国作家哈利勒·纪伯伦(Khalil Gibran，1883—1931)、英国作家奥尔德斯·赫胥黎(Aldous Huxley，1894—1963)、法国作家萨德侯爵(the Marquis de Sade，1740—1814)和德国作家弗朗茨·魏菲尔(Franz Werfel，1890—1945)。[②] 作为一门学科的被害人学是在 20 世纪 40 年代诞生的，很多犯罪学研究者对这门学科的诞生作出了贡献，包括德国犯罪学家汉斯·冯·亨蒂希(Hans von Hentig[③]，1887—1974)和罗马尼亚出生的以色列律师本杰明·门德尔松(Beniamin Mendelsohn，1901—1998)等。汉斯·冯·亨蒂希在 1948 年出版的《犯罪人及其被害人：犯罪社会生物学研究》[④]一书中首次对被害人进行了系统的论述。在该书的第四部分，在“被害人对犯罪起源的贡献”这个标题下，亨蒂希批评了对犯罪人的静态的单维度的研究；他提出了一种新的动态的和二元的观点，对犯罪人和被害人给予同样的关注。门德尔松在 20 世纪 40 年代和 50 年代，撰写并发表了关于被害人在刑事司法程序中如何被忽视、不被尊重和遭受虐待的文章。他提出了通过建立被害人援助诊所(victim assistance clinic)和特殊研究机构帮助与保护他们的方法，并为被害人的权利而奔走。由于他的远见卓识，可以把他看作“被害人学之父”(father of victimology)。[⑤] 美国精神病学家弗雷德里克·韦瑟姆(Frederick Wertham)在 1949 年出版的《暴力的展示》中，首次在英语中使用了“被害人学”(victimology)的概念。他指出：“如果不了解被害人社会学，就无法了解谋杀犯的心理。我们需要一门被害人学科学。”[⑥]

被害人学与犯罪学既有密切联系，也有显著区别。它们之间的联系在于，首先，研究内

---

① Andrew Karmen, *Crime Victims: An Introduction to Victimology*, 9th ed. (Boston, MA: Cengage Learning, 2016), p. 2.

② Ezzat A. Fattah, *Criminology: Past, Present, and Future: A Critical Overview* (New York: St. Martin's Press, 1997), p. 181.

③ “Hetig”又被译为“亨梯”“亨蒂”“哈丁”等。

④ Hans von Hentig, *The Criminal and His Victim: Studies in the Sociobiology of Crime* (New Haven, CT: Yale University Press, 1948).

⑤ Andrew Karmen, *Crime Victims: An Introduction to Victimology*, 9th ed. (Boston, MA: Cengage Learning, 2016), p. 49.

⑥ Frederick Wertham, *The Show of Violence* (New York: Doubleday, 1949), p. 259.

容互有交叉。这两个学科都研究被害人和被害现象,被害人学把被害人和被害现象作为主要内容进行研究,而犯罪学把被害人和被害现象作为与犯罪有关的一个方面加以研究。其次,研究工作相互补充。被害人学对于被害人和被害现象的研究,不仅有利于深刻认识这类现象自身,也有利于更加全面、准确地认识犯罪人和犯罪现象。由于很多犯罪都有被害人,真正的"无被害人犯罪"(victimless crime)的数量很少,因此,要想科学认识犯罪人和犯罪,就必须研究犯罪人和犯罪的对立面——被害人和被害现象,从这种意义上讲,有关被害人和被害现象的研究,可以拓展犯罪学研究者的视野,弥补犯罪学研究的不足。被害人学就是犯罪学的"镜像"(mirror image),①或者就是本杰明·门德尔松所讲的"犯罪学的对立面"(reverse of criminology)。②

被害人学与犯罪学之间也有显著的区别。首先,研究的内容不同。被害人学家围绕被害人和被害现象开展研究。他们首先调查被害人的困境:犯罪人对被害人造成的伤害和被害人损失的情况。同时,他们还研究公众对被害人痛苦的政治、社会和经济反应;刑事司法系统内的官员和机构如何处理被害人,特别是警察、侦探、检察官、辩护律师、法官、缓刑监督官和假释委员会成员与被害人的互动等。③ 犯罪学则研究犯罪人和犯罪现象。

其次,研究的重点不同。被害人学研究的重点是阐明被害现象,有效地帮助被害人减轻痛苦、实现权利和避免重复被害。犯罪学对被害人和被害现象的研究,仅仅是犯罪学研究的一个方面,从事这方面研究的目的是更好地理解和应对犯罪。

最后,发展的情况不同。被害人学是在20世纪中期产生和发展的研究领域,由于历史较短,成熟程度较低,甚至被看作一门"相对不定形的学科"(relatively amorphous discipline)。④ 与此不同,犯罪学在国际上是一门已经得到良好发展的较为成熟的学科。

第三节　外国犯罪学简史

一、概述

犯罪学有一个漫长的过去,但是,仅有一个短暂的历史。这意味着,涉及犯罪问题的片段论述或者简单的犯罪学思想,在很早的时候就已经存在,不少先贤都有这方面的观点。不过,作为一门学科的犯罪学产生得较晚。从现有文献来看,可以把人类历史上第一个重要的犯罪学思想流派——古典犯罪学学派(classical school of criminology)的主要创始人、意大利犯罪学家切萨雷·贝卡里亚看作犯罪学的创始人或者"犯罪学之父"(father of criminolo-

① Mark M. Lanier et al., *Essential Criminology*, 4th ed. (New York: Routledge, 2015), p. 10.

② Stephen Schafer, *Victimology: The Victim and His Criminal* (Reston, VA: Reston, 1977), p. 35.

③ Andrew Karmen, *Crime Victims: An Introduction to Victimology*, 9th ed. (Boston, MA: Cengage Learning, 2016), p. 2.

④ Paul Rock, *Victimology* (Aldershot, UK: Dartmouth, 1994), p. xi.

gy),①把他的代表作《论犯罪与刑罚》发表的年份——1764 年,看作犯罪学诞生的年份。②同时,可以把意大利精神病学家和犯罪学家切萨雷·龙勃罗梭看作现代犯罪学(modern criminology)的创始人或者“现代犯罪学之父”(father of modern criminology),③把他的代表作《犯罪人论》出版的年份——1876 年,看作现代犯罪学诞生的年份。④

犯罪学的历史可以通过犯罪学学派的产生与发展反映出来。犯罪学学派(school of criminology)是指犯罪学学科中由于学说、观点和人员的不同而形成的派别。每个犯罪学学派都包括一套思想体系以及该体系的支持者。因此,衡量学派的最重要标准包括两个方面:第一,有若干共同的或者基本一致的思想观点或者理论学说;第二,具有若干代表人物以及在他们周围从事研究或者拥护他们学说的一大批追随者。学派的产生与发展,是犯罪学历史上的重大事件和重要里程碑,有力地促进了犯罪学学科的进步。有人编制了一个表格(参见表 1-1),简要介绍了犯罪学学派的概况。

表 1-1 犯罪学学派⑤

学派	起源时间	解释的内容	研究方法
古典学派	1765	享乐主义	逻辑
制图学派	1830	生态、文化、人口组成	制图、统计
社会主义学派	1850	经济决定论	统计
实证学派	1875	身体形态类型、生来犯罪人	临床、统计
智力学派	1905	低能	临床、统计、测验
精神病学学派	1905	精神障碍	临床、统计、测验
社会学学派	1915	群体和社会过程	统计、实地调查

对于犯罪学的历史分期,人们有不同的看法。犯罪学家赫尔曼·曼海姆认为,过去 200 多年间犯罪学研究的历史发展,可以大致划分为三个阶段:19 世纪中期之前的前科学阶段(the pre-scientific stage),19 世纪中期开始的准科学阶段(the semi-scientific stage)以及科学阶段(the scientific stage)。⑥ 犯罪学家汉斯·约阿希姆·施奈德认为,犯罪学的历史可以划分为三个时期,每个时期占据主导地位的学派和学说,分别是 18 世纪的古典学派、19 世纪末的实证主义学派和 20 世纪中叶的现代犯罪学,此外还有 19 世纪和 20 世纪初的犯罪心理学

① Dennis C. Benamati et al., *Criminal Justice Information: How to Find It, How to Use It* (Phoenix, AZ: The Oryx Press, 1988), p. 2.

② 吴宗宪:《西方犯罪学史》(第二版)(第 1 卷),中国人民公安大学出版社 2010 年版,第 29、31 页。

③ Stephen Schafer, *Introduction to Criminology* (Reston, VA: Reston Publishing Company, 1976), p. 41.

④ 吴宗宪:《西方犯罪学史》(第二版)(第 1 卷),中国人民公安大学出版社 2010 年版,第 31 页。

⑤ [美]埃德温·萨瑟兰等:《犯罪学原理》(第十一版),吴宗宪等译,中国人民公安大学出版社 2009 年版,第 83 页。

⑥ Hermann Mannheim, *Comparative Criminology: A Text Book*, Volume one (London: Routledge & Kegan Paul, 1965), pp. 84-86.

与犯罪社会学。① 下面参考已有的论述介绍犯罪学的简要历史。②

二、前犯罪学阶段

前犯罪学阶段(pre-criminology phrase)是指18世纪中期之前存在一些犯罪学思想的历史阶段。这是古典犯罪学派产生之前的一个历史阶段。在这个阶段,一些思想家对犯罪问题做过一些论述,比较重要的人物包括古希腊哲学家柏拉图(Plato,公元前428—公元前348)和亚里士多德(Aristotle,公元前384—公元前322),古罗马的政治活动家马尔库斯·图利乌斯·西塞罗(Marcus Tullius Cicero,公元前106—公元前43),罗马帝国的基督教思想家奥雷留斯·奥古斯丁(Aurelius Augustine,354—430),西欧中世纪最有权威的神学家托马斯·阿奎那(Saint Thomas Aquinas,1225—1274),英国早期空想社会主义的杰出代表人物托马斯·莫尔(Sir Thomas More, 1478—1535),英国政治哲学家托马斯·霍布斯(Thomas Hobbes, 1588—1679),法国启蒙思想家查理·路易·孟德斯鸠(Charles-Louis Montesquieu, 1689—1755)等人。他们对于犯罪的原因以及刑罚的适用等问题,有过详略不等的论述,其中,有关犯罪原因的论述往往与人性等内容密切相关。

三、古典犯罪学学派

古典犯罪学学派(classical school of criminology)是18世纪后半期在意大利和英国发展起来并传入其他国家的人类历史上第一个比较完整的犯罪学思想流派。

这个学派的主要创始人和代表人物是意大利犯罪学家切萨雷·贝卡里亚,他在1764年出版的《论犯罪与刑罚》一书,是这个学派形成的标志和最重要的代表著作,也被看作犯罪学产生的标志。英国哲学家、经济学家和法学家杰里米·边沁是古典学派中仅次于贝卡里亚的创始人和主要代表人物。此外,英国慈善家和刑罚改革家约翰·霍华德(John Howard, 1726—1790)也"为犯罪学的古典学派作了一份典型的英国式实用主义的贡献"③。

古典犯罪学学派的基本观点主要包括下列两个方面。④

1. 犯罪原因

古典犯罪学学派的学者对犯罪原因的研究相对较少,他们对犯罪的解释主要是:

(1) 人性自私。他们普遍接受哲学家霍布斯的人性恶的学说,认为人的本性是自私、邪恶的,犯罪就是人的本性的表现,任何人都有可能将这种本性表现出来,所以,任何人都有犯罪的可能。预防犯罪的途径,就是制造阻止人们表现其邪恶本性的种种条件(刑罚是最重要的条件),控制人们在社会中的行为,因此,古典犯罪学学派的犯罪原因理论,基本上是一种

---

① [德]汉斯·约阿希姆·施奈德:《犯罪学》,吴鑫涛、马君玉译,中国人民公安大学出版社1990年版,第101—112页。

② 有关犯罪学的详细历史资料,可以参看吴宗宪:《西方犯罪学史》(第二版),中国人民公安大学出版社2010年版。

③ [德]汉斯·约阿希姆·施奈德:《犯罪学》,吴鑫涛、马君玉译,中国人民公安大学出版社1990年版,第103页。

④ 吴宗宪:《西方犯罪学史》(第二版)(第1卷),中国人民公安大学出版社2010年版,第102—103页。

社会控制理论。

(2) 意志自由。古典犯罪学学派的学者认为,任何人都有同样的意志自由,都能根据自己的意愿作出选择,由于个人意愿和外部条件的不同,人们既有可能选择犯罪行为,也有可能选择守法行为。犯罪行为是个人自由选择的结果,正因为犯罪行为表现了犯罪人的自由意志,犯罪人应当对其自由选择的犯罪行为承担责任。

(3) 功利主义或享乐主义。具有意志自由的人为什么选择犯罪行为而不选择守法行为?古典犯罪学学派学者的回答是,人们之所以作出这样的选择,是由人们的功利主义或享乐主义倾向决定的。由于人人都想趋利避害,用最小的代价获取最大的利益、享受,而与守法行为相比,犯罪行为正好符合这样的要求,所以,人们就选择进行犯罪行为。

2. 刑罚学说

古典犯罪学学派对刑罚问题进行了大量的探讨和论述,所涉及的内容主要有:

(1) 刑罚的根据。国家或政府根据什么对犯罪人处以刑罚?古典犯罪学学派的回答是"社会契约"。人们在订立契约、建立国家的时候,就让出一部分权利给国家,赋予国家使用刑罚手段维持社会和平的权利。

(2) 刑罚的标准。国家根据什么标准对犯罪人处以刑罚?古典犯罪学学派认为,由于人们都有同等的意志自由,也就是说,人们的主观条件是完全平等、一致的,所以,判处刑罚必须以客观表现出来的犯罪行为为标准。将犯罪行为作为判刑的客观标准,也是反对封建社会中人们在法律面前不平等的做法的需要,是资产阶级平等观的必然要求。

(3) 刑罚的作用。古典犯罪学学派认为,施用刑罚是为了抵消因犯罪而获得的利益或快乐,从而起到预防犯罪的作用。因此,任何不符合预防犯罪目的的刑罚,都不应该使用。刑罚所造成的痛苦或损失不能小于犯罪所带来的快乐或利益,但是,刑罚所造成的痛苦或损失也不能大大超过犯罪所带来的快乐或利益,犯罪与刑罚之间必须相适应。

四、统计学派

统计学派(statistical school)是对19世纪发展起来的以统计学方法研究犯罪现象的一些学者及其理论学说的合称。这个学派是在古典犯罪学学派之后形成的重要的犯罪学学派。

这个学派的主要代表人物是比利时数学家、天文学家、统计学家阿道夫·凯特勒(Adolphe Quételet,1796—1874)和法国统计学家安德烈·米歇尔·格雷(André Michel Guerry,1802—1866)。这个学派的其他成员还有德国统计学家、犯罪学家亚历山大·冯·厄廷根(Alexander von Oettingen,①1827—1905)和格奥尔格·冯·迈尔(Georg von Mayr,1841—1925)等。

统计学派的学者把犯罪作为一种社会现象看待,并用统计方法研究犯罪与各种社会环

① "Oettingen"又被译为"奥廷根"。

境因素的关系,因此,他们被称为“统计学家—社会学家”(statistician-sociologist)。[①] 统计学派主要研究两方面的内容:(1) 社会经济条件的变化与犯罪和少年犯罪波动之间的关系;(2) 犯罪方式(类型)和犯罪数量在不同地区的分布。

对于统计学派,人们使用了不同的名称。除了统计学派这个名称,起码还有三个名称:(1) 地理学派(geographic school),因为这个学派的学者对不同地区的犯罪进行了研究。[②] (2) 制图学派(cartographic school),因为这个学派的学者在研究过程中使用地图表示不同地区的犯罪状况。[③] (3) 生态学派(ecological school),因为这个学派的学者研究了社会生态环境对犯罪的影响,而且,这些研究被看作 20 世纪上半期大规模的犯罪生态学研究或者生态犯罪学(ecological criminology)研究以及后来的环境犯罪学(environmental criminology)研究的先驱。

一些学者对统计学派给予了高度评价。例如,一些犯罪学家把统计学派的犯罪研究看成现代犯罪学产生的开端,认为现代犯罪学开始于 19 世纪 30 年代。[④]

五、马克思主义犯罪学

马克思主义犯罪学是以卡尔·马克思(Karl Marx,1818—1883)和弗雷德里希·恩格斯(Friedrich Engels,1820—1895)的思想观念为基础发展起来的犯罪学学说。马克思主义犯罪学学说及其倡导者,被称为“社会主义犯罪学学派”(socialist school of criminology)。[⑤]

这个学派的主要代表人物除了卡尔·马克思和弗雷德里希·恩格斯,还有荷兰犯罪学家威廉·邦格(Willem A. Bonger,1876—1940)[⑥]和意大利犯罪学家菲利普·图雷蒂(Filippo Turati,1857—1932,又译“屠拉梯”)。威廉·邦格被称为“第一位社会主义犯罪学家”(the first socialist criminologist),[⑦]也被看作“第一位系统地将马克思主义应用于犯罪原因论”的犯罪学家。[⑧] 菲利普·图雷蒂被视为“第一个充分地论述了一种马克思主义犯罪理论的人”[⑨]。20 世纪以来,马克思主义犯罪学研究继续得到发展。

马克思主义犯罪学的基本观点包括:(1) 犯罪是由资本主义的物质生活条件和资本主义制度引起、决定的。资本主义社会本身就是犯罪的根源。(2) 资本主义社会通过多种途

---

① W. A. Bonger, *An Introduction to Criminology* (Translated by Emil Van Loo. London: Methuen & Co., 1936), pp. 49-55; Hermann Mannheim, *Comparative Criminology: A Text Book*, Vol. I (London: Routledge & Kegan Paul, 1965), p. 222.

② Don C. Gibbons, *Society, Crime, and Criminal Behavior*, 5th ed. (Englewood Cliffs, NJ: Prentice-Hall, 1987), p. 17.

③ Don C. Gibbons, *Society, Crime, and Criminal Behavior*, 5th ed. (Englewood Cliffs, NJ: Prentice-Hall, 1987), p. 17.

④ 吴宗宪:《西方犯罪学史》(第二版)(第 1 卷),中国人民公安大学出版社 2010 年版,第 242 页。

⑤ [美]埃德温·萨瑟兰等:《犯罪学原理》(第十一版),吴宗宪等译,中国人民公安大学出版社 2009 年版,第 85 页。

⑥ “Willem”又被译为“维勒姆”“威勒姆”;“Bonger”又被译为“邦葛”“庞格”“班格”。

⑦ Lee Ellis et al., *Criminology: A Global Perspective* (Needham Heights, MA: Allyn and Bacon, 2000), p. 371.

⑧ Ronald L. Akers, *Criminological Theories: Introduction, Evaluation, and Application*, 3rd ed. (Los Angeles, CA: Roxbury Publishing Company, 2000), p. 196.

⑨ Stephen Schafer, *Theories in Criminology: Past and Present Philosophies of the Crime Problem* (New York: Random House, 1969), p. 265.

径导致犯罪。这些途径包括扭曲人性、造成无产者的道德堕落、造成一部分人的生活贫穷、产生失业者、造成贫富的强烈对比、造成原有的社会秩序的解体等。因此,在资本主义社会,解决犯罪问题的根本途径是改变资本主义制度。

六、实证犯罪学学派

实证犯罪学学派(positive school of criminology)是对使用实证方法进行犯罪学研究的一些学者及其理论学说的统称。

这个学派的创始人和主要代表人物是意大利精神病学家和犯罪学家切萨雷·龙勃罗梭。其他重要代表人物还有意大利犯罪学家恩里科·菲利和意大利犯罪学家拉斐尔·加罗法洛。由于实证犯罪学学派是在意大利产生的,这三位代表人物是意大利人,这个学派又称"意大利犯罪学学派"(Italian school of criminology)或者简称"意大利学派"(Italian school)。① 由于这三人对犯罪学的发展作出了巨大贡献,因此,匈牙利出生的美籍犯罪学家斯蒂芬·谢弗(Stephen Schafer,1911—1976)高度评价了这三个人在犯罪学历史上的地位和作用,把他们称为"犯罪学三圣"(holy three of criminology)。②

实证犯罪学学派的主要观点是:③(1) 犯罪人生来就是一种特殊类型。(2) 这种类型通常可以从身体特征(physical stigmata)和异常(anomalies)方面加以识别,如颅骨不对称(asymmetrical cranium)、突鄂(protruding lower jaw)、鼻子扁平(flattened nose)和胡须稀疏(scanty beard)。有些类型的犯罪人可能会具有5种以上的上述特征,有些类型的犯罪人可能只有3—5种上述特征,如果少于3种就不一定属于这种类型了。(3) 这些身体异常本身不会引起犯罪,相反,他们识别出了容易导致犯罪行为的人格。这类人格可能是倒退回原始状态的一种类型——隔代遗传(atavism)的一种产物,也可能是退化(degeneration)的一种产物。(4) 由于这些个人特征,除非后天的生活环境极其良好,否则他们不可能不犯罪。一些龙勃罗梭的追随者认为,对于盗窃犯、谋杀犯和性犯罪人等不同的犯罪人类型,都可以用身体特征将他们区分开。

进入20世纪后,英国犯罪学研究者查尔斯·格林(Charles Goring,1870—1919)和美国人类学家欧内斯特·胡顿(Earnest Hooton,④1887—1954)对龙勃罗梭的学说进行了验证。

七、犯罪社会学学派

犯罪社会学学派(sociological school of criminology),又称"刑事社会学派",简称"犯罪社

---

① [美]埃德温·萨瑟兰等:《犯罪学原理》(第十一版),吴宗宪等译,中国人民公安大学出版社2009年版,第87页。

② Stephen Schafer, *Introduction to Criminology* (Reston, VA: Reston Publishing Company, 1976), p. 42.

③ [美]埃德温·萨瑟兰等:《犯罪学原理》(第十一版),吴宗宪等译,中国人民公安大学出版社2009年版,第87页。

④ "Hooton"又被译为"胡腾""胡通""胡登"。

会学派”或者“社会学学派”,[1]是19世纪末20世纪初主要在欧洲国家存在的一个用社会学理论和方法研究犯罪问题的思想流派。与古典犯罪学学派和实证犯罪学学派相比,犯罪社会学学派在人员组成上似乎更松散,在学术观点上更不统一,在存在时间上更不明确。

犯罪社会学学派的创始人和主要代表人物是意大利犯罪学家恩里科·菲利和德国刑法学家、犯罪学家弗兰茨·冯·李斯特,这是学术界比较一致的观点。如果把意大利犯罪学家恩里科·菲利看作犯罪社会学学派的创始人和主要代表人物,那么,就可以把菲利的代表性著作《犯罪社会学》的出版年代——1884年,看作犯罪社会学学派的产生年代。[2] 此外,被认为属于这个学派的人员还有比利时监狱官员和社会改革家阿道夫·普林斯(Adolphe Prins,1845—1919)、荷兰刑法学家和犯罪学家杰拉德·安东·范·哈默尔(Gerard Anton Van Hamel,1842—1917)、法国犯罪学家让·亚历山大·拉柯沙尼(Jean Alexander Lacassagné,1843—1924)、德国精神病学家和犯罪学家古斯塔夫·阿沙芬堡、法国社会学家和犯罪学家埃米尔·迪尔凯姆(Émile Durkheim,[3]1858—1917)、法国社会学家和犯罪学家加布里埃尔·塔尔德等。

犯罪社会学学派的研究者用社会学的术语、理论观点和研究方法解释犯罪的产生、传播和发展。他们认为,犯罪人生活的社会环境在犯罪产生中起重要作用,犯罪在很大程度上是环境影响的结果,而不是犯罪人自身所具有的某些特征发生作用的结果。在影响犯罪的环境因素中,经济(贫穷、失业、贫富悬殊等)、文化传统、教育、饮酒等因素所起的作用更大。他们主张,通过统计、绘制地图等方法研究社会因素对犯罪的影响作用。他们还认为,人们之间存在普遍的模仿现象,犯罪也会通过这种模仿而传播开来。鉴于社会因素是犯罪发生的主要原因,预防和减少犯罪的主要方法就是通过社会政策和法律改变社会环境。

八、现代犯罪学

进入20世纪之后,国外现代犯罪学中未再涌现典型的犯罪学学派。犯罪学研究者从多方面进行了大量研究工作,提出了许多犯罪学理论,可以将这些理论划分为下列四组。同时,还应该提到,美国犯罪学的发展在现代犯罪学历史中具有重要意义,极大地影响了其他国家的犯罪学研究。“北美犯罪学家证明自己是战后世界犯罪学发展的推动力量。”[4]

(一)犯罪生物学研究

犯罪生物学研究是指以生物学的理论和方法对犯罪问题所作的探讨及其学说。意大利犯罪学家切萨雷·龙勃罗梭等人的犯罪人类学研究,促进了这方面的研究;后来,经过英国的查尔斯·格林和美国的欧内斯特·胡顿等人的研究工作,这方面的研究得到发展和传播,到20世纪上半期时,逐渐演变为犯罪生物学研究(criminal-biological study)。

犯罪生物学研究主要在两个方向进行。

---

① [美]埃德温·萨瑟兰等:《犯罪学原理》(第十一版),吴宗宪等译,中国人民公安大学出版社2009年版,第90页。

② 吴宗宪:《西方犯罪学史》(第二版)(第2卷),中国人民公安大学出版社2010年版,第558页。

③ “Durkheim”又被译为“涂尔干”“杜尔克姆”。

④ [德]汉斯·约阿希姆·施奈德:《犯罪学》,吴鑫涛、马君玉译,中国人民公安大学出版社1990年版,第150页。

1. 遗传学与犯罪研究

遗传学(genetics)是研究生物的遗传和变异以及这些过程运行机制的生物学分支学科。① 应用遗传学方法对犯罪问题进行的研究,主要涉及心理退化(mental degeneration)、低能(feeble-mindedness)、身心条件(psychosomatic conditions)、孪生子(twins②)、性染色体(sex chromosome)、养子女(adoptee)等与犯罪的关系。这方面的研究普遍认为,犯罪人的犯罪与其人格等个人素质密切相关,而他们的人格等个人素质又深受直接或者间接的遗传因素的影响。一些遗传因素,如父母、祖父母等的精神病、智力低下、性格异常、酒精中毒、异常的性染色体等,对犯罪人的人格等个人素质的形成具有巨大的影响,犯罪人在这些遗传因素的作用下形成不良的或者反社会的人格,并且由此产生犯罪行为。

2. 生理学与犯罪研究

生理学(physiology)是研究生物细胞、组织、器官和器官系统功能的生物学分支学科。③它从细胞及分子水平、器官和系统水平以及整体水平三个层次上研究生命活动及其规律。④犯罪的生理学学说从犯罪人的细胞、器官、神经系统等身体素质方面探讨生物因素与犯罪的关系,具体探讨了内分泌腺(endocrine gland)、月经分泌、性激素(sex hormone,旧译“性荷尔蒙”)特别是睾酮(testosterone)分泌、体型(body type,physique type,somatotype)、脑电图(electroencephalogram,简称 EEG)异常、癫痫(epilepsy)发作、脑损伤(head injury,brain damage)、学习无能(learning disability⑤)等与犯罪的关系。这方面的研究普遍认为,人的多方面的生理异常都与犯罪有关系。这方面的探讨盛行于 20 世纪初期,20 世纪中期以后,仍有一些学者进行这方面的探讨。

(二)犯罪心理学研究

犯罪心理学(criminal psychology)是研究与犯罪行为有关的心理现象及其规律的学科。这方面的研究往往被看作犯罪学的一个分支学科。犯罪心理学特别重视研究人格、道德发展、学习、智力、精神疾病等与犯罪行为的关系。在早期,心理学的研究者还探讨邪恶的灵魂(evil spirits)或者魔鬼(demons)与犯罪行为的关系。随着现代犯罪心理学的诞生,这方面的研究有了明显变化和重要发展。从所接触到的文献来看,可以把奥地利犯罪学家汉斯·格罗斯的著作《犯罪心理学》⑥当作现代犯罪心理学诞生的标志;把该书出版的年代——1897年,当作现代犯罪心理学诞生的年代;把汉斯·格罗斯当作现代犯罪心理学的创始人或奠基人。⑦

在犯罪学史上,现代犯罪心理学的理论一度成为犯罪学理论的主干,吸引了许多学者从

① 《不列颠百科全书(国际中文版)》(第 2 卷),中国大百科全书出版社 1999 年版,第 468 页。

② “twins”又被译为“双生子”。

③ 《不列颠百科全书(国际中文版)》(第 2 卷),中国大百科全书出版社 1999 年版,第 468 页。

④ 王庭槐主编:《生理学》(第二版),高等教育出版社 2008 年版,第 1—2 页。

⑤ “learning disability”又被译为“学习不能”“学习能力缺失”“学习困难”“学习障碍”等。

⑥ Hans Gross, *Kriminalpsychologie* (Graz: Leuschner & Lubensky's, 1897).

⑦ 吴宗宪:《西方犯罪学史》(第二版)(第 3 卷),中国人民公安大学出版社 2010 年版,第 774 页。

事这方面的研究,催生了大量重要的研究成果。犯罪心理学理论从 19 世纪后期开始发展,其顶峰时期稍晚于犯罪生物学理论的兴盛时期。犯罪心理学研究高潮的低落,要比犯罪生物学缓慢一些,持续时间也长一些,甚至可以说,犯罪心理学的研究一直持续到今天。

在现代犯罪学中,有关犯罪问题的所有重大研究,都包含心理学方面的内容。现代犯罪心理学理论的内容大致可以分为四个方面:(1) 精神分析学的理论,侧重于对犯罪心理进行深层的心理分析;(2) 精神病学理论,侧重于用精神病学的学说解释犯罪行为;(3) 正常个性心理学理论,侧重于用精神正常的个人的心理发展及其特征解释犯罪行为;(4) 社会心理学理论,侧重于用个人与社会的联系和相互作用解释犯罪行为。①

(三) 犯罪社会学理论

现代犯罪社会学理论是 20 世纪以来运用社会学理论和方法研究犯罪问题所提出的理论和观点的总称。在 20 世纪初期,欧洲犯罪学的研究成果传播到北美地区,西方犯罪学研究的中心逐步从欧洲转移到北美地区,犯罪社会学学派的观点和方法也在北美地区产生了很大影响。特别是由于社会学领域中美国芝加哥学派(Chicago school)的影响和美国社会学家埃德温·萨瑟兰的倡导,对犯罪进行的社会学研究逐渐成为美国犯罪学研究中居支配地位的研究方向和领域,并且对其他国家的犯罪学研究产生了相应的影响。可以说,20 世纪 70 年代以前的国外主流犯罪学理论,基本上都是社会学取向的犯罪理论。

在现代犯罪社会学的研究中,涌现了很多的犯罪学理论。按照一般的观点,这类理论大体上可以划分为三种类型:(1)社会结构理论(social structure theory),即用社会结构的特点解释犯罪的发生,把下层阶级在整个社会结构中所处的不利的经济社会地位,看成犯罪的首要原因。(2)社会过程理论(social process theory),即用社会化过程的特点来解释犯罪的发生,认为犯罪是个人的社会化以及个人与不同的社会组织、制度和社会过程产生社会心理互动的结果。(3)社会冲突理论(social conflict theory),即用社会中的冲突现象来解释犯罪的发生,认为犯罪是几乎在任何社会中都存在的利益冲突的一种结果。

从国外犯罪学理论的发展来看,20 世纪前期和中期,是现代犯罪社会学理论发展最为活跃的时期,许多犯罪社会学理论都是在这个时期产生和发展的。

(四) 整合犯罪学理论

整合犯罪学理论(integrated criminological theory)是指吸收不同理论的相关成分后形成的概括性更强、解释力更大的犯罪学理论。这方面的研究往往被称为“整合犯罪学”(integrative criminology)。

整合犯罪学是在 20 世纪后半期发展起来的。这种研究范式的发展与整个科学研究中的综合性趋势相适应。整合犯罪学通过结合多种学科的理论和方法、结合不同理论观点解释犯罪现象。它的目标是吸取若干现有理论的成分,发展出一种更好、更具有综合性的犯罪学理论。正如玛格丽特·法恩沃斯(Margaret Farnworth,1989)所讲的,理论整合的目标是,

① 详细内容参见吴宗宪:《西方犯罪学史》(第二版)(第 3 卷),中国人民公安大学出版社 2010 年版,第 792—974 页。

"基于现有理论的已知的共性，选出两个或者多个现有理论，将它们重新表述为一种单一的理论模型；与构成该理论模型的任何一种理论相比，该理论模型都具有更强的综合性和解释价值"。① 如果理论整合取得成功，那么，理论整合可以减少理论观点的数量，增强单一理论解释犯罪行为的能力。

整合犯罪学理论的代表性成果包括美国政治学家和犯罪学家詹姆斯·威尔逊（James Q. Wilson，1931—2012）以及美国实验心理学家理查德·赫恩斯坦（Richard Herrnstein，1930—1994）的犯罪与人性理论，美国犯罪学家德尔伯特·埃利奥特（Delbert Elliott）等人的整合理论，澳大利亚犯罪学家约翰·布雷思韦特（John Braithwaite）的重整型羞辱理论（theory of reintegrative shaming，也可以直译为"重新整合羞辱理论"），美国犯罪学家罗伯特·阿格纽（Robert Agnew）的犯罪和少年犯罪的一般理论（general theory of crime and delinquency）、瑞典出生的英国犯罪学家珀-奥洛夫·威克斯特龙（Per-Olof H. Wikström）的情境行动理论（situational action theory，SAT）等。②

第四节　中国犯罪学简史

一、古代的犯罪学思想

中国古代的一些思想家有很多关于犯罪的论述。这些论述大体上可以分为四个方面。

（一）人性决定论

人性决定论认为人性的某些特质引起了犯罪行为。

1. 性恶论

性恶论是用恶的人性来解释犯罪的观点。这种观点的代表人物是战国时期的思想家荀子（公元前313—公元前238），他提出了独树一帜的性恶论观点。他认为，人的本性是恶的，善是后天教化学习的结果。"人之性恶，其善者伪也。今人之性，生而有好利焉，顺是，故争夺生而辞让亡焉；生而有疾恶焉，顺是，故残贼生而忠信亡焉；生而有耳目之欲有好声色焉，顺是，故淫乱生而礼义文理亡焉。然则从人之性，顺人之情，必出于争夺，合于犯分乱理而归于暴。"③在他看来，人"生而有疾恶"④。人生来就有的这些"恶"包括"好利""争夺""疾恶""残贼"。"目好色，耳好声，口好味，心好利，骨体肤理好愉佚，是皆生于人之情性者也；感而自然，不待事而后生之者也。……好利而欲得者，此人之情性也。"⑤这些恶的本性、恶的情欲是滋生犯罪的内在根源，是诱发犯罪的最原始的动力。

---

① ［美］亚历克斯·皮盖惹主编：《犯罪学理论手册》，吴宗宪主译，法律出版社2019年版，第429页。

② 关于这些理论学说的具体内容，参见吴宗宪：《西方犯罪学》，高等教育出版社2023年版，第487—509页。

③《荀子·性恶》。

④《荀子·性恶》。

⑤《荀子·性恶》。

东晋的道教理论家葛洪(238—363)继承了荀子的性恶论。他认为,人生而具有的欲望是厚己的,犯罪心理是天生就有的,犯罪行为是自然产生的。①

2. 性三品说

性三品说是用人性的三个品级来解释犯罪的观点。西汉时期的董仲舒(公元前176—公元前104)从其天人感应的神学目的论出发,提出了性三品说,认为人性具有上中下三个品级。他指出,"性者,天质之朴也"②。这种天然素质有三个品级或者三种类型,它们分别与犯罪有不同的联系:

(1)"圣人之性"。具有这种品级的人性的人天生是善的,不接受任何教育就可以遵守律法与道德。因此,"圣人"得天独厚,不存在犯罪的可能性。

(2)"中民之性"。在这种品级的人性中,既有"仁""义"等预防犯罪的因素,也有"贪""利"等引发犯罪的因素,因此,通过教化和刑罚的作用,可以使具有这种品级的人性的人循规蹈矩,不萌生犯罪的念头。

(3)"斗筲之性"。具有这种品级的人性的人,是天生的作恶者,他们本能地"皆忘义而殉利,去理而走邪,以贼其身而祸其家"③。这样的人即使接受了教化,也不可能成为善者,因此,必然会犯罪。

东汉时期的思想家王充(27—约97)也提出了和董仲舒类似的观点。他把人性分为三类:(1)上人的"极善"之性;(2)中人的"无善无恶"之性;(3)下人的"极恶"之性。在他看来,"极善"之性和"极恶"之性都是生来就有的,是不可改变的,无论是后天的习俗,还是圣贤的教化,都不能对其发生任何影响。④ 具有"极善"之性的上人,不教而"自善",他们是天生的品德优良者,不存在犯罪的可能性;具有"极恶"之性的下人,是天生的品德低劣者,后天的教化对他们不起任何作用,他们必定要犯罪。只有"中人之性",是可以改变的,因为他们的善恶是后天形成的。"夫中人之性,在所习焉,习善而为善,习恶而为恶也。"⑤

唐代的思想家韩愈(768—824)也主张性三品说。他认为,人性包含仁、义、礼、智、信五种道德因素;在不同的人的人性中,这五种道德因素的组合是不同的,这样,就形成了三类人性:(1)上品的人性。这类人性以"仁"德为主而兼通其余四德,这是最完善的人性。具有这类人性的人,是天生的"善"者,他们不可能产生犯罪心理和进行犯罪行为。(2)中品的人性。这类人性的仁德有所不足或者对仁德有所违背,其余四德也有些混乱。具有这类人性的人,虽然具有一定的伦理道德,但是,并不完美,后天的教化决定他们究竟是为善还是作恶。(3)下品的人性。这类人性不仅背离仁德,也违背其余四德。具有这类人性的人,是天

① 朱永新、艾永明:《刑罚与教化:中国犯罪心理思想史论》,对外贸易教育出版社1993年版,第8—9页。

②《春秋繁露·实性》。

③《春秋繁露·身之养重于义》。

④ 朱永新、艾永明:《刑罚与教化:中国犯罪心理思想史论》,对外贸易教育出版社1993年版,第126页。

⑤《论衡·本性篇》。

生的恶人，必然会进行多种犯罪行为。[①]

3. 追逐私利说

追逐私利说是用人们追逐私利的欲望来解释犯罪的观点。古代的一些思想家认为，人们普遍具有追逐私利的欲望或者贪欲，这是诱发犯罪的重要因素。

古代的法家认为，人的心理特点是“好利恶害”，人们的各种外部行为，都是由这样的本性决定的，因此，犯罪行为也是由内在的本性决定的。例如，战国时期的法家商鞅（约公元前390—公元前338）认为：“民之求利，失礼之法；求名，失性之常。奚以论其然也？今夫盗贼上犯君上之所禁，而下失臣民之礼，故名辱而身危，犹不止者，利也。”[②]这句话的意思是：人们追求私利时，就会违背礼制的规定；追求名誉时，就会丧失人性的特征。根据什么说他们这样呢？现在盗贼向上违反了君主的禁令，而在下丢失了臣子的礼仪，他们的名声受到损害而生命有危险，但他们仍然不想停止，这是因为利益关系。因此，追逐私利和追求名誉都会导致犯罪。

先秦兵书《六韬》认为，百姓皆有求利之心，如果统治者不“先定其所利”，即不首先满足其基本的物质需求，百姓就不能“各安其所生”，就会为生计所迫而犯罪。[③]“凡人恶死而乐生，好德而归利，能生利者，道也。道之所在，天下归之。”[④]如果人的好利之心过分膨胀，就会引发犯罪。因此，统治者应想办法抑制人的好利之心，否则“争心乃起”。争心一起则会不择手段，从而作奸犯科。这同样是对犯罪的人性原因所作的探讨。[⑤]

1973年出土于湖南长沙马王堆汉墓的帛书《黄帝四经》，是先秦道家“黄学”派的代表作，对犯罪原因和犯罪预防问题进行了较为系统的探索。首先，该书对犯罪的人性原因进行了探索，并提出了相应的预防对策。它认为，贪欲是人犯法作乱的根源。“生有害，曰欲，曰不知足。”[⑥]这句话的意思是，人与生俱来便祸患相随，是因为人的本性中存在欲望，而且这种欲望永无止境，没有能满足的时候。《黄帝四经》并不否定人的一切欲望，对人的合理欲望还是肯定的，它否定的只是那种不知足的欲望即过分的欲望，它在《称》中认为，人若放纵这种欲望，就会不择手段地损人利己，从而作奸犯科。[⑦]

其次，该书对犯罪的经济原因进行了探讨，并提出了相应的预防对策。它认识到，贫穷是百姓犯罪的经济根源。要想防止百姓犯罪，必须采取“富民”的措施，使人民过上富裕的生活。“民富则有佴（耻），有佴（耻）则号令成俗而刑伐（罚）不犯，号令成俗而刑伐（罚）不犯，

---

① 高觉敷主编：《中国心理学史》，人民教育出版社1985年版，第205—206页；朱永新、艾永明：《刑罚与教化：中国犯罪心理思想史论》，对外贸易教育出版社1993年版，第167—168页。

② 《商君书·算地》。

③ 崔永东：《从出土法律史料看古代预防犯罪思想》，载《中外法学》1999年第2期，第98页。

④ 《六韬·文师》。

⑤ 崔永东：《从出土法律史料看古代预防犯罪思想》，载《中外法学》1999年第2期，第99页。

⑥ 《黄帝四经·经法·道法》。

⑦ 《黄帝四经》（汉英对照），余明光校注、今译，张纯、冯禹英译，岳麓书社2006年版，第138页。

则守固单(战)联(胜)之道也。"①这就是说,人民富裕了就会有羞耻心,有了羞耻心就不会触犯法律,就会养成守法的习惯。②

(二)经济决定论

经济决定论是用经济因素来解释犯罪的观点。中国古代的一些思想家注意到经济状况与犯罪行为的密切关系,提出了很多的论述。这些论述大体上可以划分为下列两类观点。

1. 贫穷诱发犯罪论

贫穷诱发犯罪论是认为贫穷引起了犯罪的观点。春秋前期杰出的政治家管仲(?—公元前645)最先明确地提出了贫穷诱发犯罪论。他指出:"仓廪实则知礼节,衣食足则知荣辱。"③意思是,粮食充裕,人们就会注重礼节;衣食丰足,人们就会关心自己的荣辱。接着,他从多个方面将这一观点与犯罪联系起来,阐述了贫穷诱发犯罪的观点。首先,他认为,如果国家奢侈成风,开销就会很大;开销很大,人民就会贫困;人民贫困,就会产生邪恶思想;人民产生了邪恶思想,就会出现奸邪行为。④ 其次,他认为,人民没有粮食储备,国家的禁令就一定不能生效,⑤如果君主在粮仓空虚的情况下仍不改革,那么,抢夺、盗窃、害人、谋取政权的人就会蜂拥而至,⑥犯罪就会变得不可控制。⑦

当然,管仲也认为,缺乏有效管理也是犯罪产生的重要因素。他指出,"州里不鬲,闾闬不设,出入毋时,早晏不禁,则攘夺、窃盗、攻击、残贼之民毋自胜矣。"⑧意思是,如果州里之间没有墙隔,里门没有安设,人们出入不定时,早晚不加以管理,对于那些抢夺、盗窃、殴打、害人的人,就无法加以管制了。

春秋后期的思想家和教育家孔子(公元前551—公元前479)认为,贫穷是犯罪的直接原因。他指出:"贫而无怨难,富而无骄易。"⑨这就是说,贫穷时不产生怨恨比较难,富裕时不产生骄傲则比较容易。"君子固穷,小人穷斯滥矣。"⑩意思是,君子虽穷,仍然坚持着;小人一穷,便什么都干得出来。

战国时期的思想家孟子(约公元前372—公元前289)也持类似的观点。他指出:"民之为道也,有恒产者有恒心,无恒产者无恒心。苟无恒心,放辟邪侈,无不为已。及陷乎罪,然后从而刑之,是罔民也。"⑪意思是,有一定的财产收入的人,才有一定的道德观念和行为准则,没有一定的财产收入的人,便不会有一定的道德观念和行为准则。假若没有一定的道德

---

①《黄帝四经·经法·君正》。

② 崔永东:《从出土法律史料看古代预防犯罪思想》,载《中外法学》1999年第2期,第102页。

③《管子·牧民》。

④《管子·八观》。

⑤《管子·八观》。

⑥《管子·八观》。

⑦《管子·八观》。

⑧《管子·八观》。

⑨《论语·宪问》。

⑩《论语·卫灵公》。

⑪《孟子·滕文公章句上》。

观念和行为准则，百姓就会胡作非为，违法乱纪，什么坏事都干得出来。等他们犯了罪，然后加以惩罚，这等于陷害百姓。

从中国古人的论述中可以看出，贫穷导致犯罪的机制包括：首先，民富则安乡重家，安乡重家则敬上畏罪，敬上畏罪则容易统治；民贫则危乡轻家，危乡轻家则敢于凌上犯禁，凌上犯禁则难以统治。总之，贫穷使人们不安于现实生活而进行犯罪。其次，贫穷使人们对统治者的怨恨加重。孔子说，“贫而无怨难”①。最后，贫穷使人们轻视礼义道德、不顾荣辱羞耻而犯罪。

2. 富裕诱发犯罪论

富裕诱发犯罪论是认为富裕引起了犯罪的观点。中国先秦时代的道家认为，富裕会诱发犯罪。老子（约公元前580—公元前500）从社会经济角度论述了犯罪原因问题，不过，他得出了与管仲、孔子等相反的结论。他认为：“天下多忌讳，而民弥贫；民多利器，国家滋昏；人多伎巧，奇物滋起；法令滋彰，盗贼多有。”②意思是，生产技术愈精巧，物质产品愈丰富，法制禁令愈完善，愈会诱发人们的贪欲之心，盗贼也就愈多。③

同为道家创始人的庄子（约公元前369—公元前286）持类似的观点。他认为：“故绝圣弃知，大盗乃止；擿玉毁珠，小盗不起；焚符破玺，而民朴鄙；掊斗折衡，而民不争。”④意思是，断绝圣人、摒弃智慧，大盗就能中止；弃掷玉器、毁坏珠宝，小的盗贼就会消失；焚烧符记、破毁玺印，百姓就会朴实浑厚；打破斗斛、折断秤杆，百姓就会没有争斗。

（三）环境影响论

环境影响论是用一些社会环境因素来解释犯罪的观点。中国古代的一些思想家认为，人们会因受到不良环境的影响而犯罪。他们提到的不良环境包括混乱的社会秩序、不良的风俗习惯、道德教化缺乏与道德堕落、不恰当的刑罚、统治者的腐败等。

西周初年的政治家周公认为：“我民罔尤违，惟人。”⑤意思是，民众不会无故产生怨恨情绪而犯上作乱，一切都在人为。他还认为：“乱罚无罪，杀无辜，怨有同，是丛于厥身。”⑥意思是，滥用刑罚必然会使百姓产生积怨，甚至会逼民造反，危害统治者的利益。《吕刑》就记载了蚩尤滥刑而招致灭亡的事例。⑦

孔子第一个明确指出：“性相近也，习相远也。”⑧意思是，人的天性本来是相近的，后来之所以产生差别，是因为社会习俗的影响和本人的主观努力不同。⑨

---

①《论语·宪问》。

②《道德经·五十七章》。

③ 朱永新、艾永明：《刑罚与教化：中国犯罪心理思想史论》，对外贸易教育出版社1993年版，第8页。

④《庄子·胠箧》。

⑤《尚书·君奭》。

⑥《尚书·无逸》。

⑦ 曹子丹主编：《中国犯罪原因研究综述》，中国政法大学出版社1993年版，第501页。

⑧《论语·阳货》。

⑨ 朱永新、艾永明：《刑罚与教化：中国犯罪心理思想史论》，对外贸易教育出版社1993年版，第10页。

孟子认为,人性本来善的,但是,在社会环境的影响下,人们会进行犯罪行为。他指出:“人性之善也,犹水之就下也。人无有不善,水无有不下。”[①]意思是,人性是善的,就好像水是向下流的一样。人没有不善良的,水没有不向下流的。但是,他也指出:“富岁,子弟多赖;凶岁,子弟多暴。非天之降才尔殊也,其所以陷溺其心者然也。”[②]意思是,丰年收成,少年子弟多半怠惰;灾荒年成,少年子弟多半强暴,不是天生的资质是这样,而是环境使然。

荀子虽然主张性恶论,认为人人都有犯罪的邪恶本性,但是又强调,恶性是可以通过后天的努力而改变的。一个人究竟顺从原有的恶性的发展而堕落为小人,还是改变原有的恶性而成为君子,完全取决于“注错习俗”(包括环境、师法、风俗等因素)。[③] 他说:“君子注错之当,而小人注错之过也。……是非知能材性然也,是注错习俗之节异也。”[④]意思是,君子的行为举止得当,而小人的行为举止错误,并非智能资质使他们这样,而是风俗习惯不同造成的。

1975 年出土于湖北云梦的秦简提到:“民各有乡俗,其所利及好恶不同,或不便于民,害于邦。”[⑤]这说明,一地有一地的社会习俗,不同的社会习俗使人的行为模式也不相同,不良的社会习俗会把人的行为导向损害民众与国家利益的方面。这是把犯罪原因归结为社会“恶俗”。但是,《语书》中又特别强调了人的“淫失(佚)”“间(奸)私”“私好”之心即各种膨胀的私欲与犯罪的关系;而其中的《为吏之道》则直接把犯罪原因归结为人的“贵货贝”之类的乱欲,这就点明了犯罪的人性原因。[⑥]

在帛书《黄帝四经》看来,刑罚不当、司法专横也是导致犯罪的政治原因之一。《经法·四度》指出“生杀不当胃(谓)之暴”,就是说刑罚不当就等于实行暴政,而“〔暴〕则失人”,即行暴政则会失去民心,失去民心的严重后果当然是天下大乱。

董仲舒虽然主张性三品说,但是,他又认为,犯罪是由贫穷、天性等多种原因造成的。他指出:“积习渐靡,物之微者也。其人人不知,习忘乃为,常然若性。”[⑦]意思是,习惯都是从细微处开始逐渐积累形成的。这些通过积累而形成的变化进入人身,人们并不察觉,积累形成的习惯使人们忘记了常规,经常如此,就好像本性一样。

东汉史学家班固(32—92)结合当时的情况指出了产生犯罪的五种原因。他说:“原狱刑所以蕃(繁)若此者,礼教不立,刑法不明,民多贫穷,豪杰务私,奸不辄得,狱犴不平之所致也。”[⑧]意思是,官司刑法如此之多,是因为礼义教化没有建立,刑法不明确,百姓大多贫苦穷

---

①《孟子·告子章句上》。

②《孟子·告子章句上》。

③ 朱永新、艾永明:《刑罚与教化:中国犯罪心理思想史论》,对外贸易教育出版社 1993 年版,第 10 页。

④《荀子·荣辱》。

⑤《睡虎地秦墓竹简·语书》。

⑥ 崔永东:《从出土法律史料看古代预防犯罪思想》,载《中外法学》1999 年第 2 期,第 97 页。

⑦《春秋繁露·天道施》。朱永新、艾永明:《刑罚与教化:中国犯罪心理思想史论》,对外贸易教育出版社 1993 年版,第 10 页。

⑧《汉书·刑法志》。

困，有地位有势力的人谋求私利，邪恶的人不能立即被追究，判决不公平。所以，治理措施应为尽除上述"五疾"并清源正本删定律令。

东汉思想家王充(27—约97)也承认犯罪的环境原因。他指出，对于绝大多数"中人"而言，究竟变好还是变坏，取决于他们学习的情况，"习善而为善，习恶而为恶也"①。

西晋傅玄(217—278)也曾指出"近朱者赤，近墨者黑"②，这句话包含环境影响人们的心理和行为的思想。

中国古代的习性说，更加重视环境等对犯罪行为的决定作用。③ 例如，明代思想家王廷相(1474—1544)举例分析了社会风气、居住交往与犯罪心理的关系。④ 清代思想家王夫之(1619—1692)提出了"性日生日成"的命题，认为人的生活环境，尤其是"童蒙"的生活环境和早期教育，是决定人的心理的关键条件，风化习俗不变，即使是残酷的肉刑、杀头的死刑都无济于事。⑤

（四）统治者诱发犯罪论

统治者诱发犯罪论是用统治者的不良行为来解释犯罪的观点。中国古代的多位思想家都认为，统治者的不良行为，是诱发犯罪的重要因素。

孔子认为，民众犯罪的主要原因在于为上不正。政治是一种上行下效的关系，执政者应为民表率，以身作则，教化民众，这样民众才会心悦诚服，打消犯罪念头。《论语》记载，季康子问政于孔子。孔子对曰："政者，正也。子帅以正，孰敢不正？"⑥意思是，政就是端正，你自己带头端正，谁敢不端正？

根据《论语》的记载，孟氏使阳肤为士师，问于曾子。曾子曰："上失其道，民散久矣。如得其情，则哀矜而勿喜。"⑦意思是，现今在上位的人不依规矩行事，百姓早就离心离德了。假若能够了解他们犯罪的真情，就应该同情他，一定不要因此沾沾自喜。

孟子要求国君用"仁义"端正自己，这样才能施行仁政。他指出："惟仁者宜在高位。不仁而在高位，是播其恶于众也。上无道揆也，下无法守也。朝不信道，工不信度，君子犯义，小人犯刑，国之所存者幸也。"⑧意思是，只有仁者才适宜处在领导地位。不仁的人处在领导地位就是把他的坏处散播给众人。在上者没有道义准则，在下者就不守法令制度。官员不相信道义，工匠就不相信尺度，君子触犯义理，小人就触犯刑律，而国家还能保存下来，那是侥幸。由此可见，"君子犯义、小人犯刑"现象的产生实是执政者自身不正，不能以仁义自律，播恶于众的结果。

---

①《论衡・本性》。

②《太子少傅箴》。

③ 朱永新、艾永明：《刑罚与教化：中国犯罪心理思想史论》，对外贸易教育出版社1993年版，第10—11页。

④ 朱永新、艾永明：《刑罚与教化：中国犯罪心理思想史论》，对外贸易教育出版社1993年版，第11页。

⑤ 朱永新、艾永明：《刑罚与教化：中国犯罪心理思想史论》，对外贸易教育出版社1993年版，第11页。

⑥《论语・颜渊》。

⑦《论语・子张》。

⑧《孟子・离娄章句上》。

荀子也认为:“多积财而羞无有,重民任而诛不能,此邪行之所以起,刑罚之所以多也。”①意思是,赞许积聚钱财而把一无所有看作羞耻,加重人民的负担而惩处不堪负担的人,这是邪恶行为产生的根源,也是刑罚繁多的原因。这表明,犯罪多是由统治者聚敛无度和滥用民力造成的。

帛书《黄帝四经》认为,统治者的腐败行为是百姓犯罪的政治根源。统治者不行德政、残暴无道、滥施刑罚以及骄奢淫逸、贪财好利、对百姓剥削无度等腐败行为,不但有损法律和国家的权威,而且会使百姓忍无可忍,铤而走险,出现官逼民反、社会大乱的局面。为此,《黄帝四经》对统治者提出了实行德政的要求,希望统治者能有爱民之心,减轻对人民的剥削,在司法上坚持量刑公正,杜绝司法专横等。这些政治主张在当时尽管很难实现,但这种通过澄清吏治预防犯罪的思路是正确的,且不无历史进步意义。②

尽管很多先贤提出了有关犯罪的论述,但是,我国古代并没有形成犯罪学这一学科。

二、犯罪学的引入与起步

犯罪学在我国的引入是从清末开始的,可以把 1906 年作为引入国外犯罪学学说的一个重要年份。从现有资料来看,1906 年发表的多篇文献,向国内介绍了国外犯罪学的很多信息。这一年,《北洋学报》第 18—36 期连载了日本监狱学家小河滋次郎(1861—1915)撰写的《万国监狱之会议》;《新译界》杂志第 2 期刊登了《第六次万国刑事人类学会报告(续前):预防幼年犯罪者之实际的组织》;《东方杂志》第 5 期刊登了小河滋次郎撰写、贺肩佛翻译的《第七次万国监狱会议与狱制改良之前途》。③ “万国监狱会议”是指“国际刑罚与监狱会议”(International Penal and Penitentiary Congress),④1872 年在英国伦敦举行了第一次会议,之后,1878 年在斯德哥尔摩举行了第二次会议,1885 年在罗马举行了第三次会议,1890 年在圣彼得堡举行了第四次会议,1895 年在巴黎举行了第五次会议,1900 年在布鲁塞尔举行了第六次会议,历次会议的主题都包含了丰富的犯罪学内容。⑤ 1905 年 9 月 3—9 日在匈牙利首都布达佩斯举行的第七次会议,讨论的主题包括刑法立法、监狱管理、犯罪预防措施、儿童和未成年人,⑥包含重要的犯罪学内容。因此,向国内介绍这些会议情况的文章,自然也包含国际犯罪学研究的重要内容。同时,上述《第六次万国刑事人类学会报告》应该是指 1906 年 4 月于意大利的都灵举行的第六届国际犯罪人类学大会(International Congress of Criminal

① 《荀子 · 大略》。

② 崔永东:《从出土法律史料看古代预防犯罪思想》,载《中外法学》1999 年第 2 期,第 102 页。

③ 周颖:《近代少年司法制度研究》,华东政法大学 2015 博士学位论文,第 24 页。

④ 1950 年在荷兰海牙举行了第十二次会议,之后被联合国预防犯罪和罪犯待遇大会(Congresses on the Prevention of Crime and the Treatment of Offenders)取代。

⑤ Negley Teeters, *Deliberations of the International Penal and Penitentiary Congress: Questions and Answers* 1872-1935 (Philadelphia, PA: Temple University Book Store, 1949), pp. 13-114.

⑥ Negley Teeters, *Deliberations of the International Penal and Penitentiary Congress: Questions and Answers* 1872-1935 (Philadelphia, PA: Temple University Book Store, 1949), pp. 115-129.

Anthropology)的报告,这次大会被称为意大利犯罪学家"切萨雷·龙勃罗梭的科学庆典"(the scientific jubilee of Cesare Lombroso),[①]龙勃罗梭在致开幕词时,阐述了他的隔代遗传理论发展的第一阶段的主要内容。[②] 所以,对这次会议报告的介绍也包含大量犯罪学的内容。可以说,通过对这些会议内容的介绍,国外犯罪学领域的很多学说和发展情况,也被介绍到中国。

同样是在1906年,国内出版了多部监狱学方面的书籍。法律专家董康(1867—1947)从日本考察监狱回国后,出版了编译的《监狱访问录》,这本书实际上是小河滋次郎的《监狱学》一书的节译本;1906—1907年间出版了区枢组织翻译的小河滋次郎的《监狱学》一书全译本,共有三卷。[③] 这一年出版的监狱学书籍还有京江廷的《监狱要书》、谷野格的《监狱学》、小河滋次郎的《监狱学讲义》《狱事谈摘》《狱务揽要》。[④] 监狱学研究的内容实际上属于应用犯罪学的范畴,可以把监狱学看成广义犯罪学的组成部分,监狱学书籍中包含着大量犯罪学的内容。例如,小河滋次郎的《监狱学》也包含一些犯罪学方面的内容,如犯罪人、犯罪、犯罪预防等。[⑤]

由上可见,国外犯罪学的大量内容,在1906年集中介绍到我国,可以把这一年看作我国犯罪学诞生的重要年份。

更加系统地引入国外犯罪学研究的工作,是在20世纪20年代进行的。进入20世纪20年代后,一些学者通过翻译国外犯罪学书籍,将较为完整的犯罪学学说引入我国。目前看到的最早的犯罪学译著,是意大利犯罪学家切萨雷·龙勃罗梭的《犯罪及其原因和矫治》。[⑥] 由刘麟生翻译的这部著作,于1922年由商务印书馆出版,书名为《郎勃罗梭氏犯罪学》。此后,其他犯罪学译著陆续出版。1929年,徐天一根据切萨雷·龙勃罗梭的女儿吉娜·龙勃罗梭-费雷罗(Gina Lombroso Ferrero,1872—1944)撰写的《犯罪人:根据切萨雷·龙勃罗梭的分类》[⑦][⑧]一书的日译本,翻译出版了汉语的《伦勃罗梭犯罪人论》。[⑨]同一年,郑玑将胜水淳行的《犯罪社会学》翻译成汉语出版。[⑩] 1936年,许桂庭翻译的意大利犯罪学家恩里科·菲

① Robert Ferrari, "Professor Ferri's Comment on the Seventh International Congress at Cologne," *Journal of the American Institute of Criminal Law and Criminology*, Vol. 3, (No. 1, May, 1912):51.

② [意]切萨雷·龙勃罗梭:《犯罪及其原因和矫治》,吴宗宪译,商务印书馆2022年版,第5页。

③ 郭明:《中国监狱学史纲——清末以来的中国监狱学术述论》,中国方正出版社2005年版,第96页。

④ 郭明:《中国监狱学史纲——清末以来的中国监狱学术述论》,中国方正出版社2005年版,第76页。

⑤ 郭明:《中国监狱学史纲——清末以来的中国监狱学术述论》,中国方正出版社2005年版,第332—335页。

⑥ Cesare Lombroso, *Crime: Its Causes and Remedies* (Translated by Henry P. Horton, Boston: Little, Brown, 1912).

⑦ Gina Lombroso-Ferrero, *Criminal Man: According to the Classification of Cesare Lombroso* (New York: Putnam, 1911).

⑧ 该书的新译本,参见[意]吉娜·龙勃罗梭-费雷罗:《犯罪人:切萨雷·龙勃罗梭犯罪学精义》,吴宗宪译,中国人民公安大学出版社2009年版。

⑨ 琴娜女士:《伦勃罗梭犯罪人论》,徐天一重译,南京国民政府立法院编译处1929年出版,上海民智书局发行。版权页上注明"原著者日本水野錬太郎"。

⑩ [日]胜水淳行:《犯罪社会学》,郑玑译,上海北新书局1929年版。

利[①]的《实证派犯罪学》[②]一书,由商务印书馆印行。1937 年,查良鉴将美国犯罪学家约翰·刘易斯·齐林(John Lewis Gillin,1871—1958)的名著《犯罪学及刑罚学》[③]翻译成汉语,由上海商务印书馆出版。这本书内容全面,论述详细,代表了当时北美地区犯罪学研究的水平。

在译介国外犯罪学的同时,我国学者也进行了一些初步的犯罪学研究,国内的犯罪学研究和教育开始发展。一些公立、私立大学的法学院、法律系先后开设了犯罪学课程。第一批由中国学者撰写的犯罪学著作或教材开始出版,1932 年出版的李剑华的《犯罪学》,被看作"我国学者所撰写的第一本犯罪学著作"[④]。他还撰写了《犯罪社会学》[⑤]等书。其他书籍包括鲍如为的《犯罪学概论》[⑥]、许鹏飞的《犯罪学大纲》[⑦]、王克继的《犯罪学》[⑧]、孙雄的《犯罪学研究》[⑨]、赵琛的《少年犯罪之刑事政策》[⑩]。上述著作或教材大多是以西方犯罪学的著作或教材为蓝本撰写的。

这一时期我国一些学者的犯罪学研究较为深入。例如,严景耀对中国社会的犯罪问题做了较为扎实的实证研究。他在燕京大学主修社会学期间,1927 年利用暑假进入京师第一监狱进行介入式调查(即田野调查),与囚犯同吃同住同劳动,对犯人进行访谈式调查,并根据调查资料写成了《北京犯罪之社会分析》《中国监狱问题》等多篇论文。1928 年毕业留校任教后,他又率学生对中国 20 个城市的犯罪情况进行调查,收集整理了 300 多个案例,并从 12 个省的监狱抄编了统计资料。1934 年他在美国芝加哥大学攻读博士学位期间,根据上述调查资料用英文撰写了博士论文《中国的犯罪问题与社会变迁的关系》。[⑪]

抗日战争爆发后,我国的教育事业受到影响,犯罪学研究也进入低谷,很少再有犯罪学著作问世。不过,一些军事院校依然开设了犯罪学课程,并编写了一些教材。

20 世纪中期的犯罪学研究呈现出地区不平衡的特点。国民党政府逃往台湾地区以后,犯罪学研究传统在我国台湾地区被延续下来并有所发展。若干有影响力的犯罪学书籍先后出版,包括《刑事政策学》[⑫]、《犯罪学原论》[⑬]等。在 1949 年之后的大陆,很长时间内缺乏正规的犯罪学研究和系统的犯罪学教育。

---

① 许桂庭翻译为"阜利"。

② Enrico Ferri, *The Positive School of Criminology: Three Lectures Given at the University of Naples, Italy on April* 22, 23 *and* 24, 1901 (Translated by Ernest Untermann. Chicago, IL: Charles H. Kerr & Company, 1906).

③ John Lewis Gillin, *Criminology and Penology* (New York: Appleton-Century Crofts, 1923).

④ 姚建龙:《认真对待近代犯罪学》,载《现代法学》2007 年第 6 期,第 186 页。

⑤ 李剑华:《犯罪社会学》,上海法学编译社 1937 年版。

⑥ 鲍如为:《犯罪学概论》,上海大东书局 1933 年版。

⑦ 许鹏飞:《犯罪学大纲》,上海大学书店 1934 年版。

⑧ 王克继:《犯罪学》,武康群益书局 1936 年版。

⑨ 孙雄:《犯罪学研究》,中华书局 1939 年版。

⑩ 赵琛:《少年犯罪之刑事政策》,商务印书馆 1939 年版。

⑪ 可惜的是,这本书迟迟没能在国内出版,而是一直馆藏于芝加哥大学图书馆和珍藏在严景耀先生的夫人雷洁琼手中,直至 1986 年才由吴桢译成汉语在北京大学出版社出版。

⑫ 林纪东:《刑事政策学》,(台湾)编译馆 1963 年版。

⑬ 张甘妹:《犯罪学原论》,汉林出版社 1976 年版。

三、犯罪学的重建与发展

（一）犯罪学的重建

犯罪学的重建是指犯罪学在中断多年之后重新受到重视和开始研究的现象。我国犯罪学的重建是从 20 世纪 80 年代研究青少年犯罪开始的。1969 年开始的“无产阶级文化大革命”（简称“文化大革命”），是一场由领导者错误发动，被反革命集团利用，给党、国家和各族人民带来严重灾难的内乱，①这场浩劫不仅给国家和社会造成空前的社会、经济、文化等方面的破坏，也给人们的道德、心理造成巨大的毒害，导致各种社会问题和犯罪的急剧增加。虽然“文化大革命”在 1976 年 10 月结束，但是，它带来的后效应源源不断地涌现，其中一个重要方面就是各种犯罪特别是青少年犯罪急剧增加，从当时抓获的作案人员看，14—25 岁青少年的犯罪占犯罪总数的 70%—80%，②逐步形成 1949 年以来的第三次犯罪高峰。为了解决突出的犯罪问题，特别是青少年犯罪问题，1979 年 6 月 19 日，中央宣传部、教育部、文化部、公安部、国家劳动总局、全国总工会、共青团中央、全国妇联八部门联合向中央提交了《关于提请全党重视解决青少年违法犯罪问题的报告》；1979 年 8 月 17 日，中共中央以第 58 号文件形式发出了《中共中央转发中央宣传部等八单位〈关于提请全党重视解决青少年违法犯罪问题的报告〉的通知》，提出“对青少年犯罪问题，绝不能就事论事，孤立地去对待它。……从现在起，各级党委都要把加强对青少年的培养教育，包括解决其中极少数人的违法犯罪问题，放到重要议事日程上来”③。

这个通知及其转发的报告，不仅是预防青少年违法犯罪的工作文件，也是重建我国犯罪学的标志性文件。在这个文件的号召和促进下，各地围绕青少年犯罪问题，进行了大量的工作，有力地促进了犯罪学研究的重建与发展。这些工作主要包括：

第一，调查研究工作。一些部门和很多地方都开展了青少年犯罪问题的调查研究，撰写了一批调查研究报告和文章。④

第二，理论研究工作。一些研究者试图研究青少年犯罪乃至整个犯罪现象的特点、原因、治理等问题，还研究了相关的立法和司法问题以及犯罪研究方法问题，尝试进行具有鲜明理论特点的犯罪学研究工作。⑤

第三，学术研讨活动。1980 年 3 月 20—25 日，共青团中央在北京召开了“青少年保护法座谈会”，会议内容涉及大量犯罪学问题。1981 年 8 月，在青岛举行了全国青少年犯罪研究规划会议，对进一步开展青少年犯罪研究作出规划，提出了建议。自此之后，陆续举行了大量内容涉及犯罪学的会议。

---

① 本书编写组：《中国共产党简史》，人民出版社、中共党史出版社 2021 年版，第 206 页。

② 康树华编著：《新中国犯罪学研究形成与发展》，北京大学出版社 2011 年版，第 6 页。

③ 中国青少年犯罪研究学会编：《中国青少年犯罪研究年鉴（1987 · 首卷）》，春秋出版社 1988 年版，第 14 页。

④ 中国青少年犯罪研究学会编：《中国青少年犯罪研究年鉴（1987 · 首卷）》，春秋出版社 1988 年版，第 81—240 页。

⑤ 中国青少年犯罪研究学会编：《中国青少年犯罪研究年鉴（1987 · 首卷）》，春秋出版社 1988 年版，第 243—905 页。

第四,学会建设工作。1982 年 6 月,在广西南宁召开的全国第一届青少年犯罪学术讨论会上,成立了中国青少年犯罪研究学会(1991 年更名为“中国青少年犯罪研究会”,2010 年更名为“中国预防青少年犯罪研究会”)。同时,一些地方还建立了省级甚至省级以下的地方性青少年犯罪研究会。

第五,期刊创办工作。1982 年,创办了 2 份研究青少年犯罪问题的期刊:一份是中国青少年犯罪研究学会创办的《青少年犯罪研究》月刊(2010 年更名为“《预防青少年犯罪研究》”,2011 年被批准公开发行);另一份是华东政法学院创办的《青少年犯罪问题》季刊(1984 年改为双月刊)。

第六,书籍出版工作。从 1981 年开始,陆续出版了青少年犯罪、犯罪心理学乃至犯罪学等主题的大量书籍,①展示了研究成果。特别是中国青少年犯罪研究会编辑出版的两种年鉴,汇集了大量研究成果,保存了很多原始资料。②

(二)犯罪学的发展

这些年来,中国的犯罪学教育和研究等有了进一步发展,主要表现在下列七个方面。

1. 成立了相关学术团体

学术团体是一门学科发展程度的重要标志。运行良好的学术团体可以发挥凝聚人员、促进研究、传播知识等方面的积极作用。1992 年 4 月 27 日,中国犯罪学研究会在北京人民大会堂成立,③中国犯罪学领域有了另一个涵盖范围更广、名称更为适宜的全国性学术团体。2008 年 7 月 12—13 日,在吉林省辽源市召开的第十七届学术研讨会上,中国犯罪学研究会更名为“中国犯罪学学会”。④ 根据中国犯罪学学会官网的信息,该学会目前有全国会员 2 400 多人。⑤

2. 提供了系统化学术训练

系统化的学术训练是培养研究人员和促进研究工作的重要方面。中国人民公安大学设立了犯罪学学院,提供本科、硕士和博士层次的犯罪学训练。很多大学的法律、警察、社会学等院系开设犯罪学课程并招收犯罪学方向的硕士研究生。北京师范大学、中国政法大学、中国人民公安大学、吉林大学、西南政法大学、华东政法大学、复旦大学、南京大学等大学招收犯罪学方向的博士研究生。全国的政法、公安、警察院校提供硕士、本科和专科层次的犯罪学训练。

3. 进行了大量课题研究

围绕特定课题进行专门研究是提高犯罪学研究水平的重要工作。早在 1994—1995 年,

① 中国青少年犯罪研究学会编:《中国青少年犯罪研究年鉴(1987 · 首卷)》,春秋出版社 1988 年版,第 1042—1054 页。

② 中国青少年犯罪研究学会编:《中国青少年犯罪研究年鉴(1987 · 首卷)》,春秋出版社 1988 年版。中国青少年犯罪研究会编:《中国青少年犯罪研究年鉴(2001 · 第二卷)》,中国方正出版社 2002 年版。

③ 康树华编著:《新中国犯罪学研究形成与发展》,北京大学出版社 2011 年版,第 419 页。

④ 王金贵:《寻求发展中的矛盾解决之策——中国犯罪学学会第十七届学术研讨会综述》,载《人民检察》2008 年第 17 期,第 53 页。

⑤ 具体参见中国犯罪学学会官网。

中国法学会组织实施了重大课题"犯罪心理与对策"的研究工作,研究报告上报中央领导参考。这些年来,犯罪学领域的课题研究大量开展,包括国家提供千万元级别资金的国家重点研发计划项目、国家社会科学基金项目、教育部人文社会科学研究项目、司法部法治建设与法学理论研究部级科研项目等。

4. 发表了大量研究论文

高质量的研究论文是犯罪学研究成果的重要体现形式。这些年来,各类汉语期刊发表了大量犯罪学研究论文。2023 年 10 月 13 日在中国知网和万方数据库中检索到相关信息,参见表 1-2。特别是一些研究者在重要刊物上发表了犯罪学主题的研究论文,如王牧①、白建军②、张小虎③和卢建平④等。

表 1-2 犯罪学文献(论文)的数据库检索结果

主题词	犯罪	犯罪学	犯罪学研究
中国知网	390 162	5 983	1 954
万方数据	325 195	6 208	4 133

5. 出版了很多研究书籍

这些年来出版了大量的犯罪学教材和其他类型的犯罪学研究书籍。2023 年 10 月 13 日在中国国家图书馆网站搜索主题词"犯罪",检索到 19 000 种图书;搜索"犯罪学",检索到 2 200 种图书;搜索"犯罪学研究",检索到 760 种图书。其中,一些教材产生了较大影响,如王牧主编的《新犯罪学》⑤、张远煌主编的《犯罪学》⑥、王宏玉主编的《犯罪学》⑦等。

6. 开展了国际学术交流

与国外学界开展交流是了解信息和促进研究的重要方式。这方面的工作主要体现在三个方面:

(1) 翻译出版汉语书籍。一批重要的犯罪学外语书籍被翻译为汉语出版,极大地促进

---

① 王牧:《学科建设与犯罪学的完善》,载《法学研究》1998 年第 5 期;王牧:《犯罪概念:刑法之内与刑法之外》,载《法学研究》2007 年第 2 期;王牧:《根基性的错误:对犯罪学理论前提的质疑》,载《中国法学》2002 年第 5 期;王牧:《犯罪学与刑法学的科际界限》,载《中国法学》2004 年第 1 期;王牧:《犯罪研究:刑法之内与刑法之外》,载《中国法学》2010 年第 6 期;等等。

② 白建军:《刑罚轻重的量化分析》,载《中国社会科学》2001 年第 6 期;白建军:《犯罪轻重的量化分析》,载《中国社会科学》2003 年第 6 期;白建军:《死刑适用实证研究》,载《中国社会科学》2006 年第 5 期;白建军:《从中国犯罪率数据看罪因、罪行与刑罚的关系》,载《中国社会科学》2010 年第 2 期;等等。

③ 张小虎:《犯罪行为的化解阻断模式论——兼谈违法成本对犯罪行为之影响》,载《中国社会科学》2002 年第 2 期;等等。

④ 卢建平:《犯罪统计与犯罪治理的优化》,载《中国社会科学》2021 年第 10 期;等等。

⑤ 王牧主编:《新犯罪学》(第四版),高等教育出版社 2022 年版。

⑥ 张远煌主编:《犯罪学》(第五版),中国人民大学出版社 2022 年版。

⑦ 王宏玉主编:《犯罪学》(第二版),中国人民公安大学出版社 2021 年版。

了我国研究者对国际社会犯罪学研究成果的了解。这些书籍包括《犯罪及其原因和矫治》[①]、《犯罪学》[②]、《犯罪社会学》[③]、《犯罪学原理》[④]、《犯罪的一般理论》[⑤]、《白领犯罪》[⑥]、《牛津犯罪学指南》[⑦]、《犯罪学理论手册》[⑧]等。

（2）使用外语发表成果。近年来，我国的一些犯罪学研究者发表了一批用外语撰写的期刊论文。华人犯罪学家、澳门大学刘建宏主编的《亚洲犯罪学杂志》（Asian Journal of Criminology），在这方面有突出的表现。同时，还用外语出版了一些反映我国犯罪学研究情况的书籍，包括《劳特利奇中国犯罪学手册》[⑨]、《亚洲犯罪学手册》[⑩]等英语书籍，中国的犯罪学研究者和更多的华人犯罪学研究者参与了这两本书的撰稿。我国的一些研究者在国外还用外语出版了犯罪学专著。[⑪] 这些论文和书籍在国际社会发出了中国研究者的声音，促进了犯罪学领域的国际交流。

（3）参加国际学术会议。我国犯罪学研究者重视通过参加犯罪学领域的国际会议，开展学术交流。参加较多的是国际犯罪学协会（International Society of Criminology，ISC）、美国犯罪学协会（American Society of Criminology，ASC）、亚洲犯罪学学会（Asian Society of Criminology）等学术团体组织的研讨会；也有研究者参加欧洲犯罪学学会（European Society of Criminology）等学术团体组织的会议。

7. 获得了一些重要奖励

来自有关方面的奖励既是对犯罪学研究者的鼓励，也是对其以往研究工作的肯定。我国一些犯罪学研究者获得了中国政府授予的“新世纪百千万人才工程国家级人选”等称号、进入教育部“新世纪优秀人才支持计划”等项目。几位犯罪学家还在国际上获得了一些专业奖项，例如，我国犯罪学家郭翔（1995 年）、王牧（2003 年）和华人犯罪学家刘建宏（2016 年）先后获得美国犯罪学协会国际犯罪学分会（Division of International Criminology of the Ameri-

---

① ［意］切萨雷・龙勃罗梭：《犯罪及其原因和矫治》，吴宗宪译，商务印书馆 2022 年版。

② ［意］加罗法洛：《犯罪学》，耿伟、王新译，商务印书馆 2020 年版；［德］汉斯・约阿希姆・施奈德：《犯罪学》，吴鑫涛、马君玉译，中国人民公安大学出版社 1990 年版；［俄］阿・伊・道尔戈娃主编：《犯罪学》，赵可等译，群众出版社 2000 年版。

③ ［意］恩里科・菲利：《犯罪社会学》，郭建安译，商务印书馆 2018 年版。这本书是郭建安根据英国节译本翻译的。吴宗宪根据美国全译本翻译的《犯罪社会学》一书即将由商务印书馆出版。

④ ［美］埃德温・萨瑟兰等：《犯罪学原理》（第十一版），吴宗宪等译，中国人民公安大学出版社 2009 年版。

⑤ ［美］迈克尔・戈特弗里德森、［美］特拉维斯・赫希：《犯罪的一般理论》，吴宗宪、苏明月译，中国人民公安大学出版社 2009 年版。

⑥ ［美］E. H. 萨瑟兰：《白领犯罪》，赵宝成等译，中国大百科全书出版社 2008 年版。

⑦ ［英］麦克・马圭尔等：《牛津犯罪学指南》（第四版），刘仁文等译，中国人民公安大学出版社 2012 年版。

⑧ ［美］亚历克斯・皮盖惹主编：《犯罪学理论手册》，吴宗宪主译，法律出版社 2019 年版。

⑨ Liqun Cao et al. (eds.), *The Routledge Handbook of Chinese Criminology* (Abingdon, Oxon: Routledge, 2013).

⑩ Jianhong Liu et al. (eds.), *Handbook of Asian Criminology* (New York: Springer, 2013).

⑪ Haiyan Xiong, *Urban Crime and Social Disorganization in China* (Singapore: Springer, 2016); Na Jiang, *Wrongful Convictions in China: Comparative and Empirical Perspectives* (Berlin: Springer-Verlag, 2016); Shuhong Zhao, *The Perpetrator-Victim Relationship: An Important Clue to Understanding Intimate Partner Homicide in China* (Singapore: Singapore, 2022).

can Society of Criminology)向外国犯罪学家颁发的弗雷达·阿德勒杰出国际学者奖(Freda Adler Distinguished International Scholar Award)。刘建宏还在2018年获得美国刑事司法科学学会(Academy of Criminal Justice Sciences,[①]ACJS)颁发的格哈德·米勒杰出学术贡献奖(Gerhard O. W. Mueller Award)。

① "Academy of Criminal Justice Sciences"又被译为"刑事司法研究院""刑事司法科学协会""刑事司法科学学院"等。

第二章　犯罪学思维和方法论

犯罪学研究方法论是指关于犯罪学研究方法的学说。在从事任何规范的犯罪学研究之前，都要首先理解犯罪学研究方法论。犯罪学研究方法论包含不同层次：宏观层次是犯罪学思维，它提示了犯罪学研究的最基本思路和步骤；中观层次是犯罪学研究的方法论原则，这些原则体现了人们认识和研究犯罪的最基本观点，对于恰当开展犯罪学研究具有指导意义；微观层次是犯罪学研究的主要过程和具体方法。

第一节　概　　述

一、基本含义

犯罪学研究方法论（methodology）是关于犯罪学研究的基本思路、基本观点、主要程序和具体方法的学说。

"基本思路"是指在犯罪学研究中需要遵循的逻辑思维和相应路径。这就是犯罪学思维所要论述的内容，它提示了从事犯罪学研究的最基本步骤。

"基本观点"是指根据现有成果总结出来的认识和研究犯罪问题的最基本看法。这类观点通过哲学方法论和一般方法论体现，提示了在犯罪学研究中应当如何看待犯罪和开展犯罪学研究。这方面的内容在本章第三节"方法论原则"中具体阐述。

"主要程序"是指在犯罪学研究中应当经历的过程。合理的研究过程可以划分为不同的阶段，它们之间具有内在的逻辑性，既不能省略，也不能颠倒。

"具体方法"是指在犯罪学研究中使用的专门方法和技术。"主要程序"和"具体方法"的内容在本章第四节"研究过程与方法"中详细论述。

方法论是从事任何犯罪学研究都必须准确了解和恰当应用的内容。犯罪学家弗兰克·哈根（Frank E. Hagan）认为，犯罪学方法论涉及对准确的数据或者事实的收集和分析；在犯罪学研究中，要收集的信息包括犯罪的情况、犯罪人的情况、实施犯罪的情况或者犯罪定义的差别等。如果有关这些事实的信息是错误的，那么，犯罪学理论或者对犯罪的解释就会不准确，进而产生误导。① 不过，将犯罪学方法论归结为收集和分析犯罪事实的内容，似乎过

① Frank E. Hagan, *Introduction to Criminology: Theories, Methods, and Criminal Behavior*, 4th ed. (Chicago, IL: Nelson-Hall Publishers, 1998), p. 22.

于狭窄。

二、重要价值

了解和应用犯罪学研究方法论，具有重要价值。

首先，这是从事犯罪学研究的必要条件。对于研究者来说，熟悉和了解犯罪学研究方法论，是他们科学地从事犯罪学研究的基本条件之一。只有准确掌握和恰当应用犯罪学研究方法论，才能从事规范的犯罪学研究。许多犯罪学研究水平不高的重要原因，就是研究者不能准确地应用犯罪学研究方法论，研究活动属于“业余性”活动，而不具有“专业性”的特点。

其次，这是科学研究犯罪问题的基本保证。真正的犯罪学研究，应当是一种科学的活动；而了解和应用犯罪学研究方法论，可以保证犯罪学研究的科学性。科学的研究，需要依循一定逻辑思路，遵循一些重要原则，按照一整套研究程序和方式等开展。这些思路、原则、程序等，是研究活动科学性的重要保证。在犯罪学研究中，要想获得对犯罪现象的科学认识，就要自觉了解和应用犯罪学研究方法论。

最后，这是快速发展犯罪学学科的重要条件。科学发展的历史表明，任何一门学科要获得突飞猛进的发展，都必须在研究方法上有突破和创新。对于犯罪学来说，同样如此。例如，在犯罪学历史上，意大利犯罪学家切萨雷·龙勃罗梭对观察、测量、统计、解剖等方法的应用，导致了实证主义学派的创立。[①] 在以后的犯罪学研究中，犯罪学的重大发展，仍然有赖于研究方法的突破和创新。因此，对于犯罪学研究方法本身的探讨，也应当成为犯罪学研究的重要内容。

三、主要类型

从犯罪学研究的历史发展来看，可以从犯罪学研究方法论的发展轨迹中区分出三类清晰可辨的研究方法。这三种类型既是对具体研究方法的分类，也蕴含着重要的方法论内容，体现了不同的研究风格、研究取向[②]和研究范式。

（一）思辨方法

思辨方法是依靠直觉、洞察和逻辑推理获取知识的方法。[③] 思辨方法是在现代犯罪学产生之前进行的犯罪研究中普遍使用的方法。早期的犯罪研究者，如意大利犯罪学家切萨雷·贝卡里亚和英国哲学家杰里米·边沁等所使用的研究方法，就具有明显的思辨特点。可以说，古典犯罪学学派的学者们使用的主要研究方法，就是思辨方法。

（二）实证方法

实证方法是重视经验材料而排斥纯先验的或者形而上学的思辨的研究方法。实证方法

---

① 吴宗宪：《西方犯罪学史》（第二版）（第 2 卷），中国人民公安大学出版社 2010 年版，第 394—409 页。

② ［美］劳伦斯·纽曼：《社会研究方法——定性和定量的取向》（第五版），郝大海译，中国人民大学出版社 2007 年版，第 90 页。

③ 袁方主编：《社会研究方法教程》，北京大学出版社 1997 年版，第 10 页。

是以法国社会学家奥古斯特·孔德创立的实证主义哲学为基础发展起来的。在犯罪学中，自觉地、系统地使用实证方法进行研究的重要代表人物，是意大利犯罪学家龙勃罗梭和其同时代的犯罪学家恩里科·菲利、拉斐尔·加罗法洛等人，他们创立了实证主义学派。① 在今天，虽然作为一个学派的实证主义犯罪学已经衰落，但是，作为一套科学研究方法的实证主义，在犯罪学研究中继续存在，构成了犯罪学研究中的"当代实证主义"。当代实证主义是一套在进行犯罪学研究和提出犯罪学理论中都要遵守的程序规则、研究方法或技术，②从这种意义上讲，犯罪学中的实证方法不仅没有衰落，而且日益发展，成为当代犯罪学研究中的主流研究方法或者主要研究方法，是占主导地位的犯罪学——主流犯罪学(mainstream criminology)使用的基本研究方法。

（三）批判方法

批判方法是指对传统犯罪学研究中被忽略或者认为正常的现象进行否定性分析和评价的研究方法。在犯罪学研究中，批判方法的大量应用，与20世纪70年代批判犯罪学(critical criminology)的兴起密切相关。批判犯罪学家对主流犯罪学忽视的一些内容进行了研究，对已有的犯罪学理论以及法律秩序和刑事司法系统的不公正性等，进行了否定性分析和评价。在使用批判方法进行犯罪学研究的过程中，往往使用辩证思维和分析方法。

四、主要层次

根据犯罪学研究方法论的概括程度、适用范围等标准，可以将犯罪学研究方法论划分为包括宏观、中观和微观三个层次。

（一）宏观层次

宏观层次的方法论是概括程度最高、适用范围最广的方法论。这类方法论揭示犯罪学研究的最基本思路和步骤，即犯罪学思维。犯罪学思维是一个在汉语犯罪学文献中几乎没有人探讨的概念，但是，从多方面来看，很有必要研究这个概念和它所包含的内容。在使用具体研究方法进行任何犯罪学研究之前，实际上首先都要有基本的犯罪学思维。犯罪学思维是开展犯罪学研究和解决犯罪学问题的重要引导。因此，在犯罪学研究中，首先要学会用犯罪学思维思考问题，然后，再用恰当的方法开展研究工作。

（二）中观层次

中观层次的方法论是概括程度较高、适用范围较广的方法论。这类方法论体现为一些重要的方法论原则，它们对于很多犯罪学研究工作都有启发和指导意义。中观层次的方法论可以分为两类：(1) 哲学方法论。这是指导犯罪学研究的一般性思想体系。哲学方法论是对几乎所有学科都具有指导意义的理论观点和指导原则。在中国犯罪学研究中，最重要的哲学方法论是辩证唯物主义和历史唯物主义。除此之外，还应当包括客观性原则、伦理与

---

① 吴宗宪：《西方犯罪学史》(第二版)(第2卷)，中国人民公安大学出版社2010年版，第305—307页。

② 吴宗宪：《论西方犯罪学中的当代实证主义》，载陈兴良主编：《刑事法评论》(第6卷)，中国政法大学出版社2000年版，第580页。

价值方面的原则等。(2) 一般方法论。这是指对若干相关学科都具有指导意义的理论观点和原则。一般方法论的典型代表,就是系统论的思想。此外,还应当包括其他一些对犯罪学研究有指导意义的原则。

这两类研究方法论具有密切的联系。哲学方法论具有最高指导性,是从事犯罪学研究的基本指导思想。从一定程度上来看,一般方法论是哲学方法论的进一步发展和具体化,它低于哲学方法论,但是又指导着具体研究方法的使用,因而在犯罪学研究中起着中介和桥梁作用。在使用具体研究方法从事犯罪学研究的过程中,应当自觉地以哲学方法论和一般方法论为指导。当然,这里所说的"指导"是指要在研究中贯彻这些方法论的精神,而不是照搬这些方法论的原则,不是以这些方法论的原则为大前提,机械地进行演绎式"研究"。①

(三) 微观层次

微观层次的方法论是概括程度最低、适用范围最小的方法论。这类方法论体现为一些具体研究方法,它们是指在犯罪学研究中使用的专门方法和技术。犯罪学的具体研究方法有很多,大体上可以分为收集资料的方法、分析资料的方法、解释资料的方法和表述成果的方法等。从研究过程来看,在犯罪学研究的不同阶段,可以使用不同的具体研究方法。

第二节 犯罪学思维

一、基本含义

犯罪学思维(criminological thinking)是指从犯罪学角度认识和解决犯罪问题的思维方式与相应活动。

在英语犯罪学文献中已经有人论述了犯罪学思维。1956 年,美国犯罪学家克拉伦斯·杰弗里(Clarence R. Jeffery,1921—2007)发表《美国犯罪学思维的结构》②一文,这是其博士学位论文《关于犯罪理论的制度观点》(An Institutional Approach to a Theory of Crime)中第一部分的摘要,③论述了不同犯罪学家和犯罪学学派对于什么是犯罪(犯罪的定义)的看法,也论述了如何发展犯罪理论的内容。他所讲的"犯罪学思维",实际上是整个犯罪学学说。斯蒂芬·谢弗在 1976 年出版的《犯罪学导论》一书的第二章中,论述了"犯罪学思维的开端"(the beginnings of criminological thinking),④其内容就是早期的犯罪学思想,因此,他所讲的"犯罪学思维"实际上是犯罪学思想。1992 年,彼得·扬(Peter Young)发表了《乌托邦在犯

① 王牧主编:《新犯罪学》(第四版),高等教育出版社 2022 年版,第 20—21 页。

② Clarence R. Jeffery,"The Structure of American Criminological Thinking," *The Journal of Criminal Law, Criminology, and Police Science*, Vol. 46 (No. 5, 1956):658-672.

③ Clarence R. Jeffery,"The Structure of American Criminological Thinking," *The Journal of Criminal Law, Criminology, and Police Science*, Vol. 46 (No. 5, 1956):658.

④ Stephen Schafer, *Introduction to Criminology* (Reston, VA: Reston Publishing Company, 1976), pp. 37-49.

罪学思维中的重要性》[①]一文,他所讲的"乌托邦"是指犯罪学中的激进犯罪学(radical criminology)一类的"乌托邦心态"(Utopian mentality)或者"乌托邦思维"(Utopian thinking),它们不属于主流犯罪学(mainstream criminology),而在犯罪学中处于边缘状态;他所讲的"犯罪学思维"实际上是指以实证主义学说为代表的主流犯罪学学说。上述三位研究者对于"犯罪学思维"的理解具有共同性,即他们把犯罪学思维理解为犯罪学思想、学说本身或者其中的一部分。

加拿大犯罪学研究者乔纳森·海特(Jonathon Heidt)等人认为:"犯罪学思维是指人们理解和思考犯罪和犯罪学理论的方式。"[②]根据他们的论述,犯罪学思维实际上是认识和理解关于犯罪的犯罪学理论的方式。他们提出了犯罪学思维的七个步骤或者"七步模型"(seven-step model):(1)理解犯罪学理论产生的历史、社会和知识方面的背景。(2)理解犯罪学理论对犯罪的性质和社会现实做出的假设。(3)理解该理论试图解释的内容或者该理论的范围。(4)熟悉犯罪学理论的关键概念和命题。(5)理解创建犯罪学理论时使用的主要研究方法和技术。(6)理解不同犯罪学理论在政治、实效(pragmatic)和实践(practical)方面的后果。(7)通过绘制地图理解犯罪学理论。[③] 他们把犯罪学思维局限于认识犯罪学理论的方式,试图通过图表(diagrams)、概念图(concept maps)和视觉辅助工具(visual aids)等方法清晰地描述和理解犯罪学理论,这种观点似乎过于狭窄。这是因为,犯罪学总体来讲是一门实践型的学科,而不是纯理论的学科,犯罪学不仅有理解犯罪学理论的学术目的,更有解决犯罪问题的实践目的,并且要在解决犯罪问题的过程中形成新的犯罪学理论;如果犯罪学思维不包含如何解决犯罪问题、如何形成新的犯罪学理论的内容,那么,犯罪学思维就是片面的,其内容就是不完整的。

因此,本书基于犯罪学的目标和犯罪学研究的特点等方面的内容,提出了上述的犯罪学思维定义。根据上述定义,犯罪学思维具有下列特点:

第一,内容。犯罪学思维中既有认识犯罪问题的内容,更有解决犯罪问题的内容。实际上,认识犯罪问题是解决犯罪问题的基本前提和重要基础。

第二,功能。犯罪学思维有两个基本的功能:一是科学地认识犯罪问题。通过这样的认识活动,准确了解犯罪现象及其规律和特点。二是有效地解决犯罪问题,这主要通过提出和执行犯罪对策来实现。

第三,构成。犯罪学思维由两大部分内容构成:一是思维方式,即认识和解决犯罪问题的思维方式;二是相关活动,即利用这种思维方式认识和解决犯罪问题的相关活动。通过这样的活动,科学地认识和理解犯罪问题,提出有效的解决犯罪问题的对策。

第四,步骤。犯罪学思维是认识和解决犯罪问题的比较理想的逻辑思路,根据这种逻辑

---

① Peter Young,"The Importance of Utopias in Criminological Thinking," *The British Journal of Criminology*, Vol. 32 (No. 4, 1992):423-437.

② Jonathon Heidt et al., *Introducing Criminological Thinking: Maps, Theories, and Understanding* (Thousand Oaks, CA: Sage, 2015), p. 26.

③ Jonathon Heidt et al., *Introducing Criminological Thinking: Maps, Theories, and Understanding* (Thousand Oaks, CA: Sage, 2015), pp. 32-35.

思路，犯罪学思维应当包括三个具体步骤，即认识犯罪现象、分析犯罪原因和提出犯罪对策。这个步骤构成一种“三段论”模式，它既是认识和解决犯罪问题的逻辑思路，也是撰写犯罪学论著的基本模式，可以按照这种内容和结构撰写犯罪学研究论文和著作。

二、重要价值

了解和应用犯罪学思维，具有重要的价值和意义。

第一，有利于准确认识犯罪。犯罪是人类社会中最为复杂的现象之一，自有人类历史以来，就有犯罪。千百年来，虽然人们对于犯罪的认识有发展和进步，但是，并不能说人们已经完全清楚地认识了犯罪。如果借助犯罪学思维，人们就有可能更加准确地认识犯罪。了解和应用犯罪学思维，不仅有助于犯罪学研究者准确认识犯罪，也有助于相关的研究人员准确认识犯罪，如刑法学研究者、刑事诉讼法学研究者、监狱法学研究者以及社会学、心理学等学科的研究者。

第二，有助于有效治理犯罪。犯罪是和平年代对人类生存和发展危害最大的社会现象。有效、合理地管控犯罪，是人类社会的重要任务，而完成这类任务的重要基础，就是科学地认识和应对犯罪。了解和应用犯罪学思维，不仅有助于人们科学地认识犯罪，也有助于人们提出合理的犯罪治理对策。因此，了解和应用犯罪学思维，对于更加有效地治理犯罪具有重要意义。

第三，有助于科学引导立法。由于犯罪是和平年代对人类生存和发展危害最大的社会现象，当非法律的手段不能有效地治理犯罪时，就要考虑用法律手段治理犯罪。但是，法律是一个由不同类型和层次的规范构成的系统，只有合理地考虑这个系统中不同类型和层次的法律各自的特点和功能，合理地使用相应的法律来应对不同的危害社会行为（也就是广义的、犯罪学意义上的犯罪），才能恰当地发挥不同法律在治理犯罪中的作用。因此，不能把治理犯罪的法律局限于刑法，动辄用刑法处理犯罪。由此可见，准确了解和恰当应用犯罪学思维，有助于科学引导立法，帮助立法者制定出科学合理的相关法律。

第四，有利于合理指导司法。法律的准确实施有赖于合理的司法活动。如果没有合理的司法活动，即使制定了科学的法律，法律的功能也无法发挥，甚至会产生以司法名义进行的危害社会的结果。对于与犯罪有关的法律而言，也是如此。在纷繁复杂的现实面前，任何已经制定的法律都是简略的、僵硬的、有欠缺的，因此，要想准确适用法律，就必须科学地认识犯罪现象及其主要特点，了解犯罪的原因和可能的对策。所以，准确了解和恰当应用犯罪学思维，有利于合理指导司法。

三、主要内容

犯罪学思维的主要内容与基本步骤包括下列三个方面。

（一）认识犯罪现象

犯罪学思维的第一个方面或者进行犯罪学研究的第一个步骤是认识犯罪现象。认识犯罪现象就是从不同角度准确了解犯罪现象的活动。这是要解决犯罪学研究中“是什么”(what)的问题,即准确了解已经发生和即将面临的犯罪现象的具体情况,全面准确地把握犯罪事实。从犯罪事实出发开展研究,是犯罪学研究的重要特点。

认识犯罪现象主要从下列三个方面进行。

1. 认识危害

认识危害是指了解犯罪现象的社会危害性的活动。

在认识犯罪现象时,最重要的内容就是认识和评估特定行为或者现象危害社会的程度。只有达到一定危害程度的行为,才能成为犯罪学研究的对象。如果行为的社会危害性极小,完全可以不被视为犯罪,就没有必要进行犯罪学研究。因此,在犯罪学研究中,对于行为的社会危害性的准确把握,是极其重要的。这方面的内容主要包括两个方面:

(1) 分析有无。这是指衡量特定行为究竟有无社会危害性的活动。要采用不同方法衡量特定行为是否确实具有社会危害性。如果具有社会危害性,就接着进行下面的思考;如果没有社会危害性,那么,这种行为就不是犯罪学研究的内容。

(2) 评估程度。这是指评价特定行为的社会危害性大小的活动。在认识到特定行为确实具有社会危害性的基础上,要进一步评估特定行为所具有的社会危害性的大小,因为只有社会危害性达到一定程度的行为,才能对社会和他人造成不利影响,才能成为犯罪学研究的对象。

在评估犯罪现象的危害程度时,可以使用犯罪成本的概念。犯罪成本(costs of crime)是指犯罪行为造成的损害。可以从两个维度、四个方面认识和评估犯罪成本。评估犯罪成本的第一个维度是损害的表现形态,从这个维度可以将犯罪成本划分为两种:(1) 有形成本(tangible costs),这是指犯罪行为造成的可以看得见的损害,如对被害人身体的伤害、对建筑物或者公共设施的破坏等。这类成本往往可以折算为货币数量。(2) 无形成本(intangible costs),这是指犯罪行为造成的看不见的损害,如对被害人造成的心理压力、恐惧感、名誉损失等。这类成本往往难以换算成货币数量,但是,会引起被害人生活质量的下降、安全感的降低,也会使被害人或公众对社会的看法更加负面等。不过,也有人认为,无论是犯罪的有形成本,还是犯罪的无形成本,都可以进行货币化估算(monetization estimates)。①

评估犯罪成本的第二个维度是损害的影响范围。从这个维度可以将犯罪成本划分为两种:(1) 直接成本(direct costs),这是指犯罪行为直接造成的损害,如犯罪人抢劫给被害人直接造成的财产损失等。(2) 间接成本(indirect costs),这是指以犯罪行为为中介而产生的其他损害,如犯罪行为给公众造成的心理阴影或者恐慌,犯罪行为导致的刑事司法机关在人、财、物等方面的耗费。相较而言,纳入直接成本的受影响对象的范围较小,纳入间接成本的受影响对象的范围较大。

---

① [美]贝思·M. 许布纳、[美]蒂莫西·S. 拜纳姆主编:《犯罪学与刑事司法测量问题手册》,付欣等译,法律出版社2020年版,第543页。

2. 归纳特点

归纳特点是指分析和总结犯罪现象的独特性的活动。归纳特点是进一步认识犯罪现象的重要方面,通过这样的活动,可以帮助人们认识所研究的犯罪行为的突出表现,从而帮助人们更好地认识所研究的犯罪现象。同时,分析和总结犯罪现象的独特性,能够将所研究的犯罪现象与其他现象区分开来,这也会帮助人们更好地认识所研究的犯罪现象。

3. 划分类型

划分类型是指根据一定标准将所研究对象划分为不同类别的活动。这是分析犯罪现象的不同表现、从而准确认识犯罪现象的重要方式。犯罪现象往往是很复杂的,特别是在认识较大范围的犯罪现象时,很难简单地描述它的表现和特点等,或者说,仅仅通过简单归纳其特点的方法,还不足以全面、准确地认识这些犯罪现象。在这种情况下,就要采用划分类型的方法。

划分类型是认识复杂的犯罪现象的重要方法。首先,根据一定标准将复杂的犯罪现象划分为不同的类型;然后,分析每种类型的具体特点。按照这样的方法,对犯罪现象的描述就会更加清楚。

4. 分析趋势

分析趋势是指根据已有信息预测犯罪现象未来变化的活动。分析趋势就是分析犯罪现象变化的不同可能性,这些可能性会表现在不同的方面。

(1) 分析轻重变化。在分析较大范围的犯罪现象的趋势时,最基本的分析内容,就是预测犯罪现象的轻重变化,即犯罪数量是否会增加或者减少,造成的社会危害性是否会加重或者减轻等。

(2) 预测其他变化。这是预测犯罪现象在其他方面的变化的活动。在分析趋势时,还可以预测犯罪现象的其他变化。例如,预测犯罪方式的变化情况,近些年来传统犯罪的网络化就是这样的趋势。又如,预测犯罪人员的变化情况,分析不同年龄、不同性别等人员参与实施犯罪的变化情况。再如,预测犯罪区域的变化情况,分析犯罪现象是否会向其他地区扩散。

(二)分析犯罪原因

犯罪学思维的第二个方面或者进行犯罪学研究的第二个步骤是分析犯罪原因。分析犯罪原因就是探讨犯罪行为发生的相关因素和具体机制的活动。这是要解决犯罪学研究中"为什么"(why)的问题,即阐明为什么会发生犯罪行为。可以把那些促使犯罪行为发生的因素,称为"犯因性因素"(criminogenic factor)。这方面的探讨,是对犯罪现象的更深层次的认识和把握。

可以从不同角度思考犯因性因素等方面的内容。

1. 不同层次的犯因性因素

犯因性因素有不同的层次。例如,既有个人因素、家庭因素,也有社区因素、学校因素、社会因素等。而且,对于每一类犯因性因素,还可以进行进一步的类型划分和深入分析。又如,既有在较小范围内发挥作用的微观因素,也有在较大范围内发挥作用的中观因素,还有在很大范围内发挥作用的宏观因素。或者说,既有影响特定机构或者局部地区的犯因性因素,也有影响较大范围甚至整个国家的犯因性因素。

2. 不同性质的犯因性因素

犯因性因素有不同的性质特点。例如,既有生理、心理等方面的因素,也有经济、文化、历史、制度、宗教等方面的因素。

3. 不同时长的犯因性因素

犯因性因素有不同的存在时间。例如,既有存在时间较短的短期犯因性因素,也有存在时间较长的中期犯因性因素,还有存在时间很长的长期犯因性因素。

4. 不同强度的犯因性因素

犯因性因素有不同的作用强度。例如,既有作用力较小的低强度犯因性因素,也有作用力较大的中强度犯因性因素,还有作用力很大的高强度犯因性因素。

5. 犯罪行为发生机制

犯罪行为发生机制是指犯因性因素相互作用导致犯罪行为发生的基本原理。这方面的内容,可以阐明不同类型的犯因性因素引起犯罪行为的过程和模式。

(三)提出犯罪对策

犯罪学思维的第三个方面或者进行犯罪学研究的第三个步骤是提出犯罪对策。提出犯罪对策就是根据对犯罪现象和犯罪原因的研究以及相关情况提出解决犯罪问题的方法的活动。这是要解决犯罪学研究中"怎么办"(how)的问题,即阐明采取什么方法应对和解决犯罪问题。如果说对犯罪现象和犯罪原因的研究属于理论研究的范畴,那么,对犯罪对策的研究就属于应用研究的范畴,即通过应用犯罪学的理论知识和相关方法处理已经发生的犯罪,预防可能发生的犯罪。由于犯罪对策是要用来解决社会中的实际犯罪问题的,因此,在提出犯罪对策时,还要考虑"相关情况",即与犯罪对策的执行有关的情况,如社会环境、可用资源、成本效益等。

在提出和执行犯罪对策的过程中,要注意下列四个方面。

1. 科学发展犯罪对策

科学发展犯罪对策是指通过认真研究提出并科学设计犯罪对策的活动。

要提出科学的犯罪对策,应当考虑并贯彻发展犯罪对策的一些基本原理:

(1)重视犯罪现象。这是指根据犯罪现象的情况发展犯罪对策的做法。犯罪对策是解决犯罪问题的措施和方法,而犯罪现象是发展犯罪对策的事实基础和基本前提,因此,在发展犯罪对策时,必须首先考虑犯罪现象自身的情况,包括犯罪现象的危害、特点、类型和趋势等,根据这些方面的不同情况选择相应的犯罪对策。传统上认为,主要应当根据犯罪原因发展和选择犯罪对策,这是不全面的;比较合理的做法是,发展和选择犯罪对策既要考虑犯罪原因的情况,也要考虑犯罪现象的情况。犯罪对策既要与犯罪原因相对应,也要与犯罪现象相对应。这还意味着,如果要撰写犯罪研究论著,那么,犯罪对策的具体内容和论述顺序,要与犯罪现象及其原因相对应。只有这样的犯罪对策,才是针对性强的能够解决犯罪问题的对策。

在了解犯罪现象时,应当尽量避免主要以个案为基础认识犯罪现象和判断犯罪状况的做法。个案(case)就是实际发生的个别案件。个案与犯罪现象的关系比较复杂,有不同的情况。有的个案可能是“冰山一角”,实际发生的个案可能是大量即将发生或者已经发生的犯罪案件的一个代表或者样本,这种个案与犯罪现象的关系比较密切,有利于反映犯罪现象的真实情况,是全面了解犯罪现象的重要线索和调查契机,可以从这个个案入手,通过调查研究全面了解犯罪现象,准确把握犯罪状况。不过,也有的个案可能是真正的孤例,即真正孤立发生的犯罪案例,这种个案的发生有很大的偶然性,它与犯罪现象的关系不密切,甚至没有值得研究的关系,不能反映犯罪现象的真实情况。因此,个案既有可能让人们了解到犯罪现象的真实情况,也有可能让人们对犯罪现象产生误判,导致作出有关犯罪治理的错误决策。由此可见,主要以个案为基础认识犯罪现象和判断犯罪状况,难以准确了解犯罪现象的真实情况,存在对犯罪现象发生错误认识的风险。恰当的做法是,以实际发生的个案为基础,进行专门的调查研究。只有这样,才能全面准确地了解犯罪现象和把握犯罪状况,为进行后面的相关决策和提出恰当的犯罪对策,奠定坚实的基础。

(2) 遵循因果规律。这是指根据犯罪现象的因果规律发展犯罪对策的做法。因果规律是事物存在和变化的普遍规律,它意味着,任何事物的存在和变化都是有原因的,这些原因往往影响甚至决定事物的未来变化。因此,在发展犯罪对策时,也要遵循因果规律,要根据犯罪原因寻求犯罪对策;犯罪对策必须与原因相对应。

(3) 广泛选择对策。犯罪学是一门涉及很多学科的综合性学科,在认识犯罪现象、分析犯罪原因和提出犯罪对策方面,没有学科范围的限制,任何学科的概念、理论、方法、技术等,只要有益于阐明犯罪现象、解决犯罪问题,都可以为犯罪学所用。因此,犯罪学研究者要高度关注可能与犯罪有关的学科的情况与发展,只要它们有助于帮助解决犯罪问题,都可以服务于发展犯罪对策。

(4) 关注成本效益。这是指在发展犯罪对策时要认真考虑执行该犯罪对策需要投入的各种成本和可能产生的效益之间的比例关系的活动。成本效益分析(cost-benefit analysis)又称“成本收益分析”,是经济学术语,指在实施某个项目之前,要计算实施该项目需要投入的全部成本和该项目可能产生的所有效益(效果和利益),以便权衡利弊得失的方法与活动。好的项目,必须是成本最小而效益最大的项目;实施项目的最合理方法,应该是追求成本最小化而效益最大化的方法。如果某个项目的投入成本很大而预期效益很小,那么,这样的项目就不具有价值,就不能实施。在发展犯罪对策时,也要充分考虑犯罪对策的成本效益问题,努力设计出成本最小、效益最大的犯罪对策,以最小的投入成本追求最大的犯罪治理效益,坚决避免用成本高昂的对策解决轻微犯罪问题的不明智做法。同时,犯罪学的研究表明,预防犯罪的效益远远大于惩罚犯罪,因此,也要高度重视犯罪预防的研究与实践。

(5) 对策切合实际。这是指要根据犯罪现象及其原因和其他相关因素发展犯罪对策的做法。这里的“其他相关因素”包括社会经济发展水平、人们的思想观念、现实的犯罪治理状况和可用的相关资源等。充分考虑这些因素,是发展切合实际、针对性强的犯罪对策的重要方面。如果犯罪对策不能因地制宜、因时制宜,就有可能出现难以执行或者效果不佳等问题,犯罪对策的合理性、科学性就可能发生问题。因此,发展犯罪对策不仅必须从犯罪现象及其原因出发,还必须从执行犯罪对策的社会环境出发。只有这样,才能发展出既符合科学规律又切实可行的犯罪对策。

2. 合理选择犯罪对策

在选择具体的犯罪对策时,应当充分重视上述原理,特别是要关注犯罪对策的合理顺序问题。重视合理顺序,不仅要符合成本效益原则,以最小的投入成本获取最大的犯罪治理效益,更要符合人类文明演进的大势,追求社会治理中的自治、保护公民个人的自由、重视社会关系的和谐、处理社会事务中的平等。

(1) 选择不同法律性质的对策。可以根据犯罪现象、犯罪原因等的不同情况,首先选择非法律性质对策。非法律性质对策是由司法机关之外的其他力量采用的对策,如批评教育、自行和解、民间调解、心理辅导、行为矫正、医学治疗等;法律对策则是规定在法律中并由司法机关执行的对策。与法律对策相比,非法律性质对策具有投入成本较低(无须司法机关参加,故免除了司法机关投入的成本)、负面后果较小(这类对策往往不涉及国家强制力,更有可能通过说服教育、协商改进等方式实施,因而不会增加对立情绪)、利于修复关系(能够更好地恢复受到影响的人际关系和社会秩序)等优点,应该优先采用。

其次,要合理选择不同法律性质的对策。可以用来解决犯罪问题的法律对策,包括民事法律对策、行政法律对策、刑事法律对策。从成本效益等方面来看,要优先选择民事法律对策,其次选择行政法律对策,最后选择刑事法律对策。只有在用尽民事法律对策和行政法律对策、但仍然不能有效解决犯罪问题时,才能选择刑事法律对策。绝不能在没有用尽民事法律对策和行政法律对策的情况下选择刑事法律对策;优先选择刑事法律对策的做法,会极大地浪费治理犯罪的资源。这也是刑法作为最后法的应有之义。

最后,要节省使用刑事法律对策。刑事法律对策是以刑罚及其应用为核心的犯罪对策。即使在必须选择刑事法律对策时,也要注意慎用刑罚资源。刑罚资源是极其有限的,过度使用不仅不会产生预期效果,反而会产生负面效果。如果能用轻微刑罚解决犯罪问题,就不要用严厉刑罚。以轻微刑罚有效治理严重犯罪,是人类智慧的体现。在治理犯罪方面,应当控制试图用刑法解决所有犯罪问题的冲动。

(2) 选择不同时空范围的对策。可以根据犯罪现象、犯罪原因等的不同情况,选择微观对策(个人层面、小单元层面)、中观对策(学校、社区层面)与宏观对策(社会层面或者文化、法律等层面)。

(3) 选择不同时间阶段的对策。可以根据犯罪现象、犯罪原因等的不同情况,选择犯罪前的预防对策(对不健康心理的干预、重视对人际纠纷的调解等)、犯罪中的预防对策(大量情境犯罪预防的对策都属于这种类型)和犯罪后的处理对策(刑罚对策、非刑罚对策等)。

(4) 选择不同处理性质的对策。可以根据犯罪现象、犯罪原因等的不同情况,选择鼓励型对策（鼓励有利于预防犯罪和减轻犯罪危害的做法）、控制型对策（约束和制止有可能助长不良社会风气甚至犯罪行为的因素的对策）、打击型对策（严厉对待性质极其恶劣、导致严重危害结果的犯罪行为的对策）。

（5）选择不同具体内容的对策。可以根据犯罪现象、犯罪原因等的不同情况，选择生理、心理、经济、文化、历史、制度等不同性质的犯罪对策。

（6）选择不同调整特点的对策。可以根据犯罪现象、犯罪原因等的不同情况，选择政策型犯罪对策（即规定在政策文件中的犯罪对策，具有灵活性、多变性、覆盖范围可以调整等特点）、法律型犯罪对策（即规定在法律条文中的犯罪对策，具有确定性、稳定性、覆盖范围较广等特点）。

3. 恰当提出犯罪对策

在选择了合理的犯罪对策之后，要通过恰当的方式表述和提出犯罪对策，让社会公众和相关机构等准确了解犯罪对策的内容。在提出犯罪对策时，要注意转化犯罪学的研究成果。转化犯罪学（translational criminology）的概念，是由美国犯罪学家约翰·劳布（John Laub）提出的，可以将转化犯罪学定义为探讨如何将相关研究成果转化为治理犯罪的实践、政策和法律的犯罪学分支学科。① 根据转化犯罪学的研究，在提出犯罪对策时，应当注意下列方面：②

（1）注意对策表述方式。应当用通俗易懂的语言表述犯罪对策。我国古代就有"大道至简"的名言，认为宏大、艰深的道理可以用极其简单的话语表述。如果用晦涩难懂的语言表述犯罪对策，以致别人难以看懂，犯罪对策就不可能得到准确执行。同时，还应当注意表述的确定性。对犯罪对策的表述应当是明确、清晰和相互一致的，而不能含糊、笼统和相互矛盾。

（2）注意对策解释问题。国外的研究发现，制约犯罪学成果转化的最常见障碍，是研究成果很难解释和被理解，这是因为研究成果使用了学术术语、复杂的科学方法以及决策者和实务人员通常不熟悉的分析技术。③ 在我国，也存在类似的现象。在犯罪学论著中，应当注意对专业术语、模型、公式、方程、各种符号和缩写字母、统计数值、分析方法等的含义，进行详细、通俗的文字性解释和说明，以便让不具有犯罪学专业知识的人能够理解。在提出犯罪对策时，应当尽可能避免使用深奥、复杂的术语、公式等；如果确实需要这类内容，也要用通俗易懂的语言解释其含义，使人能够很容易地理解。

（3）注意对策的可操作性。提出的犯罪对策应当明确具体，具有很强的可操作性。如果对策抽象、笼统，就很难被采纳；即使被采纳，也很难被准确执行，从而也难以对犯罪治理产生实际效果。

（4）注意评价预期结果。不仅要重视提出解决犯罪问题的对策，也要重视评估执行这

---

① 吴宗宪：《论转化犯罪学的理论脉络与本土化发展》，载《政法论坛》2022 年第 3 期，第 182 页。

② 吴宗宪：《论转化犯罪学的理论脉络与本土化发展》，载《政法论坛》2022 年第 3 期，第 190 页。

③ George B. Pesta et al., "Translational Criminology: Toward Best Practice," *American Journal of Criminal Justice*, Vol. 44 (2019): 504-505.

些对策可能产生的结果,①包括积极结果(显著减少犯罪数量并减轻犯罪危害性的效果)和消极后果(没有改变犯罪状况甚至增加犯罪数量和犯罪危害性的效果)。根据这样的评估和预测,可以在执行对策的过程中,最大限度地促进积极结果,尽可能地控制消极后果。良好的对策应当是消极后果很小的对策。

应当特别重视对犯罪对策消极后果的评估和预警。一般而言,犯罪对策的提出者往往重视对预期的积极结果的展望和论述,甚至有可能夸大预期的积极结果。但是,往往不评估犯罪对策在未来可能产生的消极后果,甚至有可能故意缩小或者完全忽视这类消极后果,这是需要特别警惕的。犯罪对策不仅涉及犯罪问题的解决,还涉及社会秩序的维护、大量资源的耗费以及对很多人自由的影响(如判处监禁刑罚)乃至对生命的剥夺(如判处死刑),因此,犯罪对策的提出者必须具有高度的社会责任感,切实重视对犯罪对策消极后果的评估。在提出犯罪对策时,就要发出对可能发生的消极后果的预警,提醒决策者注意这些消极后果,并提醒执行者注意预防这些消极后果出现,努力最大限度地控制这些消极后果。

4. 重视犯罪对策执行

要认真重视犯罪对策的执行情况。虽然犯罪学研究的主要任务是提出科学的犯罪对策,但是,也要关注犯罪对策的执行,通过多方面的努力,保证犯罪对策的准确执行。具体而言,要重视下列方面:

(1) 准确执行。良好的犯罪对策只有得到准确执行,才能产生预期的积极结果。准确执行实际上包括多方面的内容。首先,要准确理解犯罪对策的内容。这包括组织者、执行人员等对犯罪对策的准确理解,为此目的,可以对执行人员进行必要的培训。其次,要恰当执行犯罪对策。在明确犯罪对策内容的基础上,要适度地执行犯罪对策,既要避免执行力度不足的问题,也要避免过度执行的偏向。最后,要保障执行犯罪对策的资源,包括人、财、物等多方面的资源。

(2) 跟踪评估。这是指应该密切关注犯罪对策执行过程并评价执行效果的活动。在执行犯罪对策的过程中,犯罪对策的提出者要及时关注犯罪对策执行的情况,了解执行活动及其效果是否符合预期,思考和研究增强犯罪对策积极效果的方法与途径。

(3)介绍经验。这是指让人们了解执行犯罪对策的良好做法的活动。由于各地的人员素质、工作基础、相关情况有差异,在执行相同的犯罪对策的过程中,总会有一些地方的做法更合理,成效更明显。这些地方形成的执行犯罪对策的成功经验,可能涉及对犯罪对策的理解、执行人员的素质、执行活动的组织、所需资源的保障等方面。应当对这些成功经验加以介绍,供其他地方学习和借鉴,从而促使犯罪对策在更大范围内取得成功。

(4) 及时纠偏。这是指应该及时解决在犯罪对策执行过程中发生的偏离预期设想的问题的做法。如果在犯罪对策执行过程中发现了偏离预期设想,进而影响实际效果的问题,要及时提出纠正措施,提醒犯罪对策执行者关注可能影响犯罪对策执行效果的事项,保证犯罪

---

① Mark S. Davis, *The Role of State Agencies in Translational Criminology: Connecting Research to Policy* (New York: Springer, 2017), p. 53.

对策的准确执行。

第三节　方法论原则

在犯罪学研究中，要遵循一些基本的方法论原则。[①]

一、唯物辩证法和唯物史观原则

唯物辩证法和唯物史观是马克思主义哲学的组成部分，是关于自然、社会和人类思维运动和发展的最一般规律的科学。唯物辩证法和唯物史观原则，就是指在犯罪学研究中要以唯物辩证法和唯物史观的基本原理和观点为指导的方法论原则。

在犯罪学研究中，特别应当重视以下列原则为指导。

（一）普遍联系观

这是认为世界上的事物和现象之间存在普遍联系的观点。根据这种观点研究犯罪，应当认识到，犯罪不是一种孤立的现象，犯罪与社会中的其他现象之间存在联系。而且，这种联系具有复杂多样性的特点：既有直接的联系，也有间接的联系；既有必然的联系，也有偶然的联系；等等。因此，在研究犯罪原因、犯罪对策等问题时，都要认识到联系的普遍性和多样性，考虑多种因素的不同作用，认识到犯罪处于同其他现象和过程的相互影响、相互依赖的关系之中。

（二）客观规律观

这是认为规律客观存在并且不以人的意志为转移的观点。规律是事物运动过程本身所固有的本质联系和必然趋势。在犯罪学研究中，应当认识到，犯罪现象是一种客观存在，它有自身的客观规律。因此，不能把犯罪现象看成没有任何客观规律的社会现象，要承认犯罪现象中的客观规律，实事求是地研究这些规律，从而科学地认识犯罪现象。同时，在治理犯罪方面，要尊重犯罪现象中的客观规律，根据这些规律制定犯罪对策，而不能采取违背犯罪自身规律的方法和措施来解决犯罪问题。

（三）动态发展观

这是认为世界上的事物和现象处在不断发展变化之中的观点。根据这种观点，事物和现象的动态发展是绝对的，静止不动是相对的。在犯罪学研究中，也应当认识到，犯罪现象及其相关因素处在不断发展变化之中，不能把犯罪现象及其相关因素看成静止僵化的。同时，要看到犯罪现象在不同发展阶段上的相对稳定性。

（四）质量互变观

这是认为任何事物都具有质和量这两种规定性，事物的发展包括质变和量变的观点。根据这种观点，在犯罪学研究中，首先要从质和量两个方面认识犯罪现象。犯罪现象既有质

---

① 王牧主编：《新犯罪学》（第四版），高等教育出版社 2022 年版，第 22—28 页。

的规定性，又有量的规定性，因此，对于犯罪现象的研究，也要使用两类不同的方法：质的研究方法（定性研究）和量的研究方法（定量研究）。只有将两种方法有机结合起来，才能准确地认识犯罪现象。其次，在认识犯罪现象的变化时，也要注意质量互变的关系。在衡量犯罪的严重性、确定犯罪的性质、认识犯罪的原因等方面，要注意有关成分的数量变化、性质变化及其相互关系。

（五）存在决定意识观

这是认为人们的意识由客观存在决定的观点。无论个人意识，还是社会群体意识，都是由社会存在决定的，是社会物质生活条件的一种反映。在犯罪学研究中，应当认识到，犯罪是人的意识的一种表现，犯罪同样是由社会物质生活条件决定的。犯罪的数量、形式和内部结构等，都深受特定社会的物质生活条件的影响。因此，不能离开特定社会的物质生活条件研究犯罪现象。同时，也要看到意识的相对独立性，认识到社会物质生活条件对犯罪的决定作用是以人为中介的，在同样的社会物质条件下是否产生犯罪，在很大程度上取决于个人或者群体的自身条件；社会物质生活条件不可能机械地、直接地引起犯罪。

（六）社会基本矛盾观

这是认为生产力和生产关系之间的矛盾、经济基础和上层建筑之间的矛盾普遍存在并推动社会发展的观点。在犯罪学研究中，要重视对社会基本矛盾与犯罪之间的关系的研究，认识到不仅犯罪现象的产生和变化深受社会基本矛盾的影响，而且对犯罪的反应——控制犯罪的对策与活动，也深受社会基本矛盾的影响。

二、系统论原则

系统论原则是指在犯罪学研究中要以系统论的观点为指导的方法论原则。系统论是指按照事物本身的系统性把研究对象作为具有一定组织、结构和功能的整体对待的理论。系统论是现代科学发展的重要成果，其基本思想已经在很多学科中加以应用，成为很多学科共有的方法论。系统论原则就是指按照系统论的观点从事犯罪学研究的方法论原则。

在犯罪学研究中，要特别注意下列系统论原则的指导意义。

（一）整体性原则

整体性原则是指用系统的整体的观点看待事物的原则。系统是指由相互作用和相互联系的要素结合而成的、具有特定功能的统一的整体。

根据整体性原则，在犯罪学研究中，要树立整体性、层次性的观点。任何犯罪现象都是由不同要素构成的一个整体，而且，犯罪现象中的不同要素又构成不同的子系统，犯罪现象也可以说是由不同的子系统构成的一个整体。同时，犯罪现象是更大的社会系统中的一个子系统，是社会这个整体的组成部分，构成社会的其他子系统对犯罪现象发生多种不同的影响。因此，不能割裂地、局部地看待犯罪现象，必须避免仅仅关注犯罪现象的某一方面而忽略了犯罪现象整体的做法。既要看到犯罪现象内部的各个子系统对整个犯罪现象的影响，也要看到犯罪现象外部的其他因素对犯罪现象的影响。

（二）互动性原则

互动性原则是指犯罪现象内部的不同子系统以及犯罪现象与其他社会子系统之间存在相互作用的原则。

根据系统论的观点，在不同系统以及同一系统的不同子系统之间，不断发生着物质和能量的交换，进行着各种形式和强度的相互作用。“犯罪处于同其他社会现象和过程相互影响、相互依赖的关系之中。必须在社会关系的相互联系中研究犯罪。”①犯罪现象是否产生，犯罪现象的表现和危害性等方面的差别，都与不同系统之间的相互作用密切相关。犯罪人在决定是否实施犯罪的过程中，不断对各种信息进行判断，然后作出有利于自己的决定。同样，犯罪人在实施犯罪的过程中，不断对各种信息作出反馈，根据情境因素调整自己的行为方式。可以说，任何犯罪都是行为人与环境交互作用的产物。犯罪现象的消长，也与相关因素的变化密切相关。犯罪现象是一种充满了互动的社会现象。这种互动不仅包括犯罪现象内部各个子系统之间的互动，也包括犯罪现象与其他社会现象之间的互动。因此，必须“在犯罪学中特别重视社会环境与人的相互作用”②。

（三）动态性原则

动态性原则是指犯罪现象及其相关因素处在不断变化之中的原则。

从系统论来看，实施犯罪行为的主体——犯罪人，是一个根据周围环境的变化而不断进行自我调节的自组织系统。犯罪人不仅根据自己的认识和意愿主动地进行一定的犯罪及相关行为，而且能够在进行这类行为的过程中，对自身进行认识，对自己的意愿进行调节，从而改变犯罪的意愿、目标、手段等。

同时，与个人发生相互作用的周围的环境，也处在不断的变化之中。在社会科学中，特别是在心理学中，环境通常是指在个人心理之外并对心理的形成发生影响的全部条件。环境既包括在个人身体之外存在的客观现实，也包括身体内部的运动与变化。其中，影响心理的体外环境，根据性质与作用，可以分为自然环境与社会环境；社会环境可以继续按照不同的标准进行分类。对个人及其犯罪行为发生影响的往往是社会环境，而社会环境则处在不断的变化之中，这种变化对个人及其犯罪行为有普遍的影响。例如，在社会环境中，社会控制水平的提高，可能会削弱个人犯罪的意愿，从而减少犯罪行为的发生。相反，社会控制系统的破坏和社会控制水平的下降，可能会增强个人犯罪的意愿，从而增加犯罪行为的数量。

在犯罪学研究中，不仅要看到犯罪现象与相关因素的相互作用，更要看到犯罪人及其周围环境的不断变化性，认识到这些变化对犯罪现象发生的不同性质的作用。“不仅要研究静态中的犯罪，而且要研究过去的、现在的犯罪，还要预测未来。”③

---

① ［俄］阿·伊·道尔戈娃主编：《犯罪学》，赵可等译，群众出版社2000年版，第34页。

② ［俄］阿·伊·道尔戈娃主编：《犯罪学》，赵可等译，群众出版社2000年版，第185页。

③ ［俄］阿·伊·道尔戈娃主编：《犯罪学》，赵可等译，群众出版社2000年版，第34页。

三、思辨与实证相结合原则

思辨与实证相结合原则是指在犯罪学研究中要坚持将思辨方法与实证方法有机结合的方法论原则。

思辨方法依靠直觉、洞察和逻辑推理获取知识。直觉就是直观感觉和直接观察,它是指不经过复杂智力操作的逻辑过程而直接迅速地认知事物的思维活动。“洞察”也称为“顿悟”,是指通过长时间的苦思冥想而忽然获得认识的思维方法。逻辑推理则是指依靠一些先验原则或者公理推导出各种认识的思维方法。思辨方法的显著特点,就是过分关注个人的直观感觉和已经存在的学说观点,更多地利用逻辑推理(演绎)来获得具体的认识,因此,思辨方法存在脱离现实情况、不重视实际调查的弊端。在犯罪学研究中,思辨方法曾经是在研究中使用的主要研究方法,古典犯罪学学派所使用的研究方法,主要是思辨方法。古典犯罪学家主要依靠过去的书本知识和逻辑推理来研究犯罪问题。

与思辨方法不同,实证方法重视经验资料的获取和对经验资料的归纳,强调从对经验资料的调查和归纳中获得结论。经验资料不仅包括数据资料,也包括案例资料等反映客观现实的其他多种类型的材料。为了获取准确可靠的经验资料,研究者既要重视经验资料的来源,也要讲究获取经验资料的方法。在具体的研究方法方面,特别重视各种形式的观察,这里的观察是一种有意识的认识活动。在犯罪学历史上,实证犯罪学学派大量使用了观察、实验、比较、测量、统计等方法认识犯罪现象,丰富和发展了犯罪学研究方法。实证方法的基本特征是“客观观察、科学归纳和定量分析”①。

但是,应当看到,思辨方法与实证方法并不是截然对立的。实际上,在当代犯罪学研究中,成功的犯罪学研究,往往是思辨方法与实证方法有机结合的产物。一方面,通过思辨方法,犯罪学研究者分析已有的理论观点,整理自己的思路,提出自己的研究假设和研究方案。另一方面,通过实证方法,犯罪学研究者获取可靠的事实材料,验证自己的研究假设,从而提出有事实根据的理论观点。

从当代犯罪学研究的情况来看,实证方法的应用主要表现在下列方面:(1)从犯罪人与非犯罪人的比较中探讨犯罪原因。(2)经验犯罪学与理论犯罪学的联合。(3)重视数据资料。(4)重新重视基本的相关因素,如犯罪人的体质、性别、年龄、智力、人格(包括人格障碍)、家庭(包括破裂家庭)、学校、社区、社会阶级、劳动力市场、大众传播媒介(特别是电视)、文化、种族、酒精与毒品、刑罚。(5)理论研究中的折中化和多学科化。(6)重视应用研究,包括刑事司法、犯罪对策、评估、验证等方面的研究。

实证调查(empirical inquiry)的主要类型包括三种,即实验研究(experimental research)、准实验研究(quasi-experimental research)和非实验研究(non-experimental research)。②

---

① 白建军:《关系犯罪学》(第三版),中国人民大学出版社 2014 年版,第 59 页。

② Iain Crow et al., *Researching Criminology* (Maidenhead, Berkshire: Open University Press, 2006), p. 36.

四、定性与定量相结合原则

定性与定量相结合原则是指在犯罪学研究中要综合应用定性研究方法和定量研究方法的方法论原则。“定性研究与定量研究相结合，是指导犯罪学研究的一个重要方法论原则。”①

定性研究方法(qualitative method)通常是指对研究对象进行归纳、分类和比较的研究方法。这类研究方法是仅仅产生主观结果或者难以产生量化结果的研究方法，②它不对研究对象进行数量方面的统计分析和比较，而主要进行性质方面的探讨和研究。典型的定性研究方法包括实地调查方法、文献研究方法、案例分析法、资料分类方法、事实归纳方法、不涉及数据资料的事实比较方法等。在犯罪学历史上，也许最有影响力的定性研究者阵营，是芝加哥犯罪学和社会学学派(the Chicago school of criminology and sociology)的一部分人，他们在20世纪上半叶进行的定性犯罪学研究产生了巨大影响。③

定量研究方法(quantitative method)通常是指着重探讨研究对象的数量特征的研究方法。这类研究方法是产生可测量结果的研究技术，④它重视对犯罪现象及其不同侧面进行数量统计和数学分析，试图从数量方面更加准确地把握研究对象。典型的定量研究方法包括统计方法、实验方法、测量方法、问卷调查方法、数据比较方法等。这类研究方法是目前国际社会犯罪学研究大量使用的研究方法，也是主要研究方法。

定性研究方法有其优点和局限性。一般来说，定性研究方法的优点包括：(1) 能够比较深入、全面地认识研究对象，有助于探讨事物的本质特征；(2) 能够用来研究内在的心理问题和具体的社会互动过程；(3) 能够用来研究十分复杂的犯罪现象和犯罪问题。定性研究方法的局限性包括：(1) 对研究对象的认识不够精确；(2) 研究结论的基础不够广泛，往往根据典型的或者少量的个案资料得出结论；(3) 研究过程和研究结论具有明显的主观性，即因人而异，所以，对研究者自身素质的依赖性大；(4) 研究结论缺乏客观性，难以进行重复检验。

定量研究方法也有优点和局限性。一般来说，定量研究方法的优点包括：(1) 能够对研究对象进行更加准确的认识；(2) 能够促进理论层面的抽象和概括，有助于对现象之间的关系进行精确分析；(3) 能够对大量的对象进行研究。定量研究方法的局限性包括：(1) 不能对事物进行深入、全面的研究，甚至有一些人认为，这类方法只能用来研究一些表面的、肤浅的现象，而无法探讨事物的本质特征；(2) 容易忽略研究对象深层次的动机等心理因素和具体的社会互动过程；(3) 很难用来研究十分复杂的社会现象或者社会关系，也很难用来研究十分独特的对象。

通过比较定性研究(qualitative research)与定量研究(quantitative research)，可以更好地

---

① 白建军：《关系犯罪学》(第三版)，中国人民大学出版社2014年版，第14页。

② Frank Schmalleger, *Criminology Today: An Integrative Introduction*, 8th ed. (Boston, MA: Pearson, 2017), p. 44.

③ [美]亚历克斯·皮盖惹主编：《犯罪学理论手册》，吴宗宪主译，法律出版社2019年版，第674页。

④ Frank Schmalleger, *Criminology Today: An Integrative Introduction*, 8th ed. (Boston, MA: Pearson, 2017), p. 43.

了解它们各自的特点。艾伦·布莱曼(Alan Bryman)等人简明扼要地比较了这两类研究(参见表 2-1),对于理解这两类研究方法具有启发意义。

表 2-1 定性研究与定量研究的常见对比①

方面[1]	定性研究	定量研究
成果形式	文字(words)	数字(numbers)
研究观点	研究参与者的观点	研究者的观点
相互关系	研究者与研究对象关系较近	研究者与研究对象关系较远
研究目的	发展理论	检验理论
研究特点	研究无结构(unstructured)	研究有结构(structured)
研究内容	获得局部情境理解(contextual understanding)	获得普遍适用知识(generalizable knowledge)
资料特点	获得丰富、深入的资料(rich,deep data)	获得过硬、可靠的资料(hard,reliable data)
研究范围	进行微观研究	进行宏观研究
研究重点	着重研究人类行为的意义(meaning)	着重研究人类行为(behaviour)
研究环境	在自然环境(natural settings)中调查	在人为环境(artificial settings)中研究

【注】[1]本栏中的文字是本书作者引用时概括和增加的。

由于定性研究方法和定量研究方法都有其优点和局限性,所以,在犯罪学研究中要贯彻定性与定量相结合原则。

首先,要明确两类方法之间的关系,即定性研究方法是定量研究方法的基础,而定量研究方法是定性研究方法的精确化。

其次,要在研究中恰当地将两类方法结合使用。在研究的设计和规划、研究方向的确定、研究对象的选择、对研究资料的解释、研究结论的提出等方面,要更多地依靠定性研究方法;在对研究对象的精确认识、研究资料的收集、对不同事物或者现象之间数量关系的认识等方面,要更多地依靠定量研究方法。

最后,要克服过分偏向某一类方法的不恰当做法。在犯罪学研究中,过分依赖定性研究方法是不恰当的。例如,在当代犯罪学研究中,批判犯罪学的研究就因为缺乏数据资料的支持而受到犯罪学家的批评。但是,过分强调定量研究方法,夸大定量研究方法的重要性的倾向,也是不对的。毕竟,犯罪学研究的是复杂的社会现象,这类现象的很多方面是难以用数量来表示的;仅仅靠抽象的数据资料,是不可能全面、准确地反映复杂多变的社会生活的,也不符合犯罪的实际情况。在犯罪学研究中,美国犯罪学家欧内斯特·胡顿(Earnest Hooton)

① Alan Bryman et al., *Social Research Methods*, 5th Canadian edition. (Don Mills, Ontario: Oxford University Press, 2019), pp. 212-213.

就曾经因为过分依赖不可靠的数据资料而受到批评。胡顿所选择的“犯罪人样本和非犯罪人样本都不具有代表性,从这些原始样本中获得的原始数据也是不可靠的和缺乏代表性的,因而就缺乏进一步分析的坚实基础,对这种不适当的样本的任何分析、研究,都难以获得科学的结论”①。

从国际社会犯罪学研究的状况来看,定性研究方法似乎已经不是主要方法。与早期相比,这类研究方法在当代犯罪学发展中发挥的作用较小。不过,其中的民族志方法(ethnographic method②)仍然是富有成效的,可以为分析犯罪及其来源的基本目的服务。在理解犯罪和犯罪人方面,很少有人怀疑使用不同的民族志方法带来的理论进步。③ 民族志方法就是基于第一手观察和互动而对特定文化进行详细描述的文化人类学研究方法。④ 其中,自我民族志方法在犯罪学特别是罪犯犯罪学(convict criminology)研究中已经得到广泛使用。⑤自我民族志(auto-ethnography)是指回忆、整理和研究个人自己的经历的质性研究方法。

五、理论与实践相结合原则

理论与实践相结合原则是指在犯罪学研究中要将理论研究与理论成果的实际应用密切结合的方法论原则。

首先,在犯罪学研究中,必须十分重视理论方面的探索与研究。作为一门学科,犯罪学必须有自己的一套理论学说和概念体系,这既是犯罪学作为一门学科存在的标志,也是犯罪学研究继续发展和影响社会生活的基础。如果没有一套独特的理论学说和概念体系,犯罪学学科就缺乏存在的基础。发展和完善犯罪学学科的重要方面,就是进一步加强犯罪学理论的研究,提出符合实际情况的理论观点。而且,犯罪学学科对社会生活的影响,也要通过犯罪学理论的指导作用发挥出来。

其次,要注意将犯罪学研究成果应用于解决犯罪问题的实践。犯罪学是一门理论与应用兼顾的学科。与完全致力于发展抽象理论的一些学科不同,犯罪学既要发展自己的理论学说,又要重视利用它们阐明和解决社会生活中的犯罪问题,使犯罪学理论研究对社会生活产生实际的影响。只有这样,犯罪学才能持久地存在和发展。

因此,在犯罪学研究中,要十分重视理论与实践的结合,在努力发展犯罪学理论的同时,关注、研究、阐明和干预社会中的犯罪现象。将犯罪学研究成果应用于解决犯罪问题的实践,是转化犯罪学研究的重要内容,⑥应当重视利用转化犯罪学研究的成果,提升犯罪学理论解决犯罪问题的效果。

---

① 吴宗宪:《西方犯罪学史》(第二版)(第2卷),中国人民公安大学出版社2010年版,第532—533页。

② “ethnographic method”又被译为“人种志方法”。

③ [美]亚历克斯·皮盖惹主编:《犯罪学理论手册》,吴宗宪主译,法律出版社2019年版,第671页。

④ [美]威廉·A.哈维兰等:《人类学:人类的挑战》(第十四版),周云水等译,电子工业出版社2018年版,第354页。

⑤ 吴宗宪:《罪犯犯罪学述评》,载《犯罪研究》2023年第3期,第12页。

⑥ 吴宗宪:《论转化犯罪学的理论脉络与本土化发展》,载《政法论坛》2022年第3期,第181—191页。

六、生物性与社会性相统一原则

生物性与社会性相统一原则是指在犯罪学研究中要重视犯罪人的生物属性和社会属性的方法论原则。

任何犯罪行为都是由犯罪人实施的,而犯罪人则是生物属性和社会属性的统一体。从生物属性来看,犯罪人的生理需要和生理素质等对他们的犯罪心理和犯罪行为有不同程度的影响。生理需要即“生物本能”,它是指个人最原始的基本需要,包括对食物、水、空气、睡眠、性和其他生理机能的需要。追求这些需要的满足,是许多人进行犯罪行为的重要动力。生理素质就是指个人与生俱来的某些解剖生理特性和器质性病变,包括神经系统的特点、各种器官的特点以及生理疾病和身体残疾等。生理素质对于犯罪人的认识活动和犯罪行为的实施,有重要的影响。

从社会属性来看,犯罪人的社会需要和社会关系等对他们的犯罪心理和犯罪行为有重要的影响。社会需要是指反映社会要求的个人需要。当个人认识到社会要求的必要性,并且社会要求转化为个人自身的欲望时,社会要求就转化成为个人的社会需要。社会需要是社会化的产物。常见的社会需要包括对交往、社会活动、友谊、理解、尊重、成就、学习、美、归属、创造等的需要。追求社会需要的满足,是包括犯罪行为在内的大量社会行为的重要动力。社会关系是指个人与个人、个人与群体、群体与群体的结构状态及其互动过程。从静态来看,社会关系表现为社会结构,表明了不同的个人和群体在社会中的位置;从动态来看,社会关系表现为社会互动过程,如亲密、友谊、支配、合作、竞争、冲突等。社会关系具体表现为家庭关系、邻里关系、朋友关系、师生关系、工作关系等。社会关系对于犯罪行为的产生和实施等,起重要的制约作用。

根据生物性与社会性相统一的原则,在犯罪学研究中要注意下列方面:

首先,明确任何犯罪人都具有生物性和社会性,他们的犯罪行为是在生物属性和社会属性的共同影响下产生的。“犯罪原因是各种社会特征和生物特征之现象的综合。”①因此,无论是研究宏观的犯罪现象,还是研究具体的犯罪行为,都要关注犯罪人的生物性和社会性两个方面,“人的生物特征和社会特征无疑参与犯罪的决定”;②单纯研究某一方面,是不可能全面阐明犯罪问题的。

其次,总的来看,社会属性对犯罪行为的影响要大于生物属性对犯罪行为的影响。虽然任何犯罪人都是生物属性和社会属性的统一体,但是,在社会生活中,就一般情况来讲,社会属性对犯罪行为的影响似乎更大一些。国外进行的一项荟萃分析(meta-analysis)③研究估计,41%的反社会行为,包括非法行为、攻击行为、吸毒和其他社会消极行为,可归因于遗传,

---

① [俄]阿·伊·道尔戈娃主编:《犯罪学》,赵可等译,群众出版社 2000 年版,第 261 页。

② [俄]阿·伊·道尔戈娃主编:《犯罪学》,赵可等译,群众出版社 2000 年版,第 263 页。

③ 荟萃分析(meta-analysis)又被译为“元分析”“超级分析”“后设分析”“总分析”“事后整合分析”等,是对大量同类问题的研究成果再次进行综合性定量分析的统计分析方法。

59%的反社会行为可归因于环境。①

最后,在具体的犯罪行为中,生物属性和社会属性所起的作用是不同的。对一些犯罪行为来说,在它们产生与实施的过程中,社会属性所起的作用可能更大一些;对另一些犯罪行为来说,生物属性所起的作用可能更大一些。因此,在研究某个人的犯罪行为的原因等问题时,应当具体情况具体分析,不能笼统地认为社会属性的作用都是最主要的。

七、价值中立原则

价值中立原则(principle of value free)又称“价值无涉原则”,是指在犯罪学研究中要强调客观性,避免让主观因素影响研究活动的方法论原则。

根据价值中立原则,在从事犯罪学研究的过程中,研究者应当以客观的态度,对研究对象进行实事求是的分析和研究,而不能用自己的价值标准和道德观念评价研究对象,不能戴“有色眼镜”看待研究对象。一位犯罪学研究者在家庭生活等非学术研究的场合中,可以表明自己的价值观、政治态度和道德倾向,用它们评判生活中的事物和现象。但是,当从事犯罪学研究时,他们必须放弃自己的价值观、道德倾向和政治信念,严格保持中立的态度,对研究对象进行客观的探讨。价值中立原则意味着,在研究活动中,犯罪学研究者要避免受到个人偏见、个人态度等主观因素的影响,无论是研究对象的选择、研究方法的确定,还是对研究对象的访谈、研究助手的聘请,都要做到如此。在犯罪学研究中,只有贯彻价值中立原则,才能保证研究活动的客观性,增强研究结果的科学性。

追求犯罪学研究中的价值中立应该是一项努力的目标,但是,要真正做到价值中立是很困难的。实际上,犯罪学应否或者是否可以做到价值中立,是困扰这个学科的一个古老争论。② 很多人追求价值中立,认为研究者的意识形态观念和特定理论取向等会影响其思想,进而对犯罪学研究工作产生巨大影响。但是,每个研究者都有自己的价值观和理论取向等,这些主观因素不可避免地影响他们的研究工作。从一些犯罪学家的犯罪学见解中,可以看出他们的价值观的倾向。例如,美国犯罪学家埃利奥特·柯里(Elliott Currie)的政策评论具有鲜明的自由犯罪学理论色彩,而犯罪学家詹姆斯·威尔逊(James Q. Wilson)的建议体现了保守的理论立场。甚至有一些犯罪学家声明其犯罪学研究不是价值中立犯罪学(value-free criminology)。例如,罪犯犯罪学家(convict criminologist)③的话语中充满了个人偏向和积极行动倾向,包含罪犯(convict)、前罪犯(ex-convict)的观点和批评的声音。④

---

① [美]亚历克斯·皮盖惹主编:《犯罪学理论手册》,吴宗宪主译,法律出版社 2019 年版,第 480 页。

② Richard A. Wright et al. (eds.), *Encyclopedia of Criminology* (New York: Routledge, 2005), p. 340.

③ 罪犯犯罪学家(convict criminologist)是从事罪犯犯罪学研究和相关实践的人。罪犯犯罪学(convict criminology)是从罪犯的视角研究犯罪与相关问题的犯罪学分支学科。参见吴宗宪:《罪犯犯罪学述评》,载《犯罪研究》2023 年第 3 期,第 2—14 页。

④ Richard A. Wright et al. (eds.), *Encyclopedia of Criminology* (New York: Routledge, 2005), p. 232.

八、伦理性原则

伦理性原则是指犯罪学研究活动要符合道德标准的方法论原则。

犯罪学研究活动必须符合公认的社会道德准则和犯罪学家的职业道德准则。这方面的内容可以分为两个方面。

（一）对犯罪学研究对象的保护

犯罪学研究者在研究活动中要保护研究对象,特别是要遵循下列原则:

第一,研究活动无害性原则。犯罪学研究活动绝不能损害社会和个人的利益。犯罪学研究的终极目的之一,就是最大限度地减少犯罪现象及其社会危害性,因此,犯罪学研究活动本身必须是无社会危害性的。犯罪学家不能为了从事犯罪学研究而进行危害社会的行为。例如,犯罪学家不能为了观察犯罪行为的规律和特征而让别人进行真正的犯罪活动;不能为了体验犯罪时的心理和情绪特征而自己进行犯罪行为。

第二,研究活动最小干扰性原则。在进行犯罪学研究时,要最大限度地减少对研究对象的干扰和侵害。这意味着,要使用对研究对象没有危害或危害极小的方法收集资料;如果确有必要使研究对象遭受一定的干扰或痛苦,则必须尽可能缩短工作时间,使研究对象少受干扰或痛苦;尽可能减少调查同一个研究对象的次数;不能为了使自己对研究对象的干扰或损害合理化,而有意无意地贬低研究对象,将研究对象说成是“坏的”,而将自己的研究说成是“好的”;等等。①

第三,资料保密性原则。资料保密性原则(principle of data confidentiality)又称“资料机密性原则”,是指在犯罪学研究中要保护研究对象的个人隐私的原则。这个原则要求对在研究中获得的资料保密,除了参与研究的人员合理使用,其他人不能使用、共享研究资料。为了充分实现资料保密性,许多犯罪学家采取了相关措施:(1) 在进行问卷调查时,使用匿名问卷;(2) 在发表研究资料时,仅公布汇总材料,例如,仅公布关于某个地区的整体情况的资料,而不公布个案材料。

第四,知情后同意原则。知情后同意原则(principle of informed consent)是指研究者告诉研究对象有关研究的信息并得到其同意之后才进行研究的原则,特别是要告诉研究对象将要进行的研究的性质、他们在研究中的预期作用以及他们提供的数据的用途。② 这是国际上进行社会科学、医学等研究普遍遵守的原则,其目的是让研究对象充分了解研究的目的和可能的危险,然后自己决定是否作为研究对象参与研究。进行这种告知后,要让研究对象填写和签署“知情后同意表”(consent form)。目前,在国际社会的犯罪学研究中,大多数犯罪学家都遵循这个原则。

犯罪学研究是一项职业活动,因此,在从事这类活动时,还应该遵守这一职业的从业人员必须遵守的职业道德准则。在这方面,犯罪学家弗兰克·哈根提出,职业犯罪学家在研究

---

① 吴宗宪:《西方犯罪学》(第二版),法律出版社 2006 年版,第 27 页。

② Frank Schmalleger, *Criminology Today: An Integrative Introduction*, 8th ed. (Boston, MA: Pearson, 2017), p. 45.

工作中应当遵守下列伦理准则:(1) 避免使用有可能伤害研究对象的研究方法;(2) 信守与研究对象之间的约定,互相尊重;(3) 在进行研究和报告研究结果时,保持客观性和职业诚实性;(4) 保守研究对象的秘密,保护研究对象的个人隐私。① 可以把这些准则看作犯罪学研究者应当普遍遵守的职业道德准则。

(二) 对犯罪学研究者的要求

犯罪学研究者在研究活动中要遵循犯罪学家的职业道德准则。一些研究团体制定的这类准则具有参考价值。例如,英国犯罪学学会(British Society of Criminology)要求犯罪学研究者做到下列方面:(1) 提高对犯罪学问题的认识。(2) 识别并寻求改善限制其专业能力和诚信发展的因素。(3) 寻求适当的经验或者培训,以便提高其专业能力,识别和处理任何可能限制其职业操守(professional integrity)的因素。(4) 避免直接或者间接地声称具有自己所不具备的犯罪学领域的专业知识。(5) 采取一切合理措施,确保自己的资格、能力或者观点不被他人歪曲。(6) 在与机构和同事的所有职业关系中,无论自己的地位如何,都要纠正任何虚假陈述,采用最高标准。(7) 重视履行本文件其余部分所讲的各项职责。(8) 通过阅读研究专著和参加培训活动,及时了解该领域的伦理和方法问题。(9) 检查其信息来源的可靠性,特别是在使用互联网时。②

犯罪学研究者应当自觉遵守这些职业道德准则,确保研究工作的无害性和科学性。

第四节 研究过程与方法

犯罪学研究就是使用一定程序和方法寻求知识和解决问题的活动。一般的犯罪学研究过程通常包括研究准备、资料收集、资料分析、资料解释和成果表述五个阶段。在每个阶段,都要注意相关内容,使用有关方法。

一、研究准备

研究准备阶段是指选择研究主题、选择研究类型和进行研究设计的阶段。这个阶段是从事犯罪学研究的开始阶段,这个阶段工作的质量和成效,对于犯罪学研究的水平和质量有重要的影响。

(一) 选择研究主题

选择研究主题(choosing a topic)就是研究者选择和决定进行研究的具体问题的活动。进行犯罪学研究,首先必须明确究竟要研究什么,这就涉及研究主题的确定。研究主题的确定,可以为整个犯罪学研究活动指明方向、确立目标,从而指导后续的犯罪学研究活动的进行。

在选择研究主题的过程中,要注意下列几个方面的内容:

---

① Frank E. Hagan, *Research Methods in Criminal Justice and Criminology* (New York: Macmillan, 1993), pp. 31-32.

② Tim Newburn, *Criminology*, 3rd ed. (New York: Routledge, 2017), p. 1029.

第一,理论意义。要考虑所要研究的主题在犯罪学发展中的理论意义,尽量选择一些有重要理论意义的主题。例如,重要的基础理论性主题,别人很少关注从而能够填补“空白”的理论主题,预示着犯罪学发展的前沿性理论主题,存在争论的疑难理论问题,很多人都在研究的“热点”理论问题,等等。

第二,应用价值。如果进行应用性研究,则要注意所要研究的主题的应用价值,也就是这类主题在满足社会现实需要、解决犯罪问题方面的价值。应用性研究必须密切结合社会实践的需要,有助于阐明和解决社会中的犯罪问题,对于预防和控制犯罪具有重要的价值。

第三,迫切程度。要尽可能地选择那些能够满足社会的迫切需要、有助于解决社会面临的紧迫问题的主题。

第四,研究条件。要考虑有关的研究条件,包括主观条件和客观条件。对于研究者来说,研究条件的具备情况,往往表明了研究活动的可行性的情况:如果具备多方面的条件,那么,研究活动就容易进行;如果不具备所需要的条件,那么,研究活动就缺乏可行性。研究的主观条件,主要涉及研究者的学识、能力、经验、兴趣、精力、实践经历等。研究的客观条件,主要涉及研究经费情况、资料收集难易程度情况、调查对象的协作情况、研究合作者的情况、研究设备的情况等。研究者应当综合考虑现存的主客观条件,确定研究条件较好、具有较大可行性的主题进行研究。

在选择研究主题方面,主要使用文献调查法(通过阅读相关文献发现研究主题)、专家咨询法(通过向有关专家请教选择研究主题)、小组讨论法(通过与志趣相投的人员一起讨论选择研究主题)、观察法(通过多种形式的观察发现研究主题)等方法。

(二) 进行文献调查

进行文献调查是指通过查阅文献了解对相关主题的研究状况和研究可能的活动。这是研究工作的重要阶段,通过这个阶段的工作,要了解人们在过去已经对相关主题开展研究的情况,大体上包括两个方面的内容:

第一,研究成果情况。这是指已经发表或者出版的涉及相关主题的研究成果的情况。这可以通过成果的类型和数量等方面反映出来,如相关主题的书籍出版了多少种、期刊论文发表了多少篇、学位论文答辩了多少篇等。其中,书籍的数量可以通过中国国家图书馆以及重点大学图书馆等的网站查阅;期刊论文和学位论文的数量,可以通过“中国知网”“万方数据”以及 ProQuest、JSTOR、HeinOnline、Web of Science 等外文数据库查阅。

第二,研究成果评价。这是指研究者对于已经发表或者出版的涉及相关主题的研究成果的分析和评论。这种评价包括两方面的内容:(1) 已有研究取得的成绩,包括研究的主要内容、显著特点、重要观点、启发意义等。(2) 已有研究存在的问题,包括存在的不足或者缺点。这是非常重要的内容,它不仅提示继续开展研究的切入点,也是继续进行研究的重要前提。如果已经进行的研究成绩突出,成果丰硕,内容全面,也没有明显问题,那么,这也意味着继续开展相同主题研究的可能性较小。

文献调查的情况和结果,往往通过文献综述体现。文献综述(literature review)又称“文献回顾”“文献分析”等，是对某一主题的文献进行调查后写出的反映研究状况的文字材料。文献综述的主要内容包括上述的研究成果情况和研究成果评价两个方面。文献综述可以通过两种形式体现：(1) 研究论著的组成部分。规范的研究论文和研究著作的第一部分往往是文献综述，通过这方面的内容，了解前人已做的工作，评价已有成果的得失，为接着开展研究工作奠定必要的基础。(2) 单独发表的研究论著。很多文献综述以论文、书籍的形式单独发表和出版。这类论文或者书籍往往带有“综述”“述评”之类的字样。例如，中国犯罪学学会曾经组织出版《中国犯罪学研究 30 年综述丛书》。①

（三）提出研究假设

在犯罪学研究中，不仅要确定研究主题，还要对研究课题加以提炼和具体化，将其转化为研究假设，然后才能开展下一步的研究工作。从一定意义上来说，科学研究就是提出假设并收集资料去证实假设的过程。

1. 研究假设及其特点

研究假设(research hypothesis)是根据已有信息提出的假定性判断。假设是对研究主题的进一步细化，它将研究主题转化为一种操作性很强的命题，指明了研究主题的可能结果，从而为进一步的研究提出了基础。研究者在确定了一个犯罪学研究主题之后，必须将这个研究主题转化为研究假设，才能开展进一步的研究工作。例如，研究者确定研究“城市犯罪问题”这个主题之后，还要提出一些具体的研究假设，包括“目前的城市犯罪问题很严重”“城市犯罪问题与社会变迁有关”“城市犯罪问题对社会和经济发展有消极作用”等。

研究假设有一些重要的特点。(1) 操作性比较强。研究假设中包含十分具体、容易理解和计量的内容。“根据这个研究假设，研究者可以将相对抽象的理论概念转化成具体的、可操作的统计分析概念。”②(2) 有一定的根据。假设不同于主观臆测，它是有一定的根据的。良好的假设，都是在一定的基础之上提出的，这类基础包括已有的理论观点、个人的知识经验、所观察到的事实情况等。(3) 具有推测性质。假设是对可能结果的一种推断，如果在研究中得到证实，那么，假设就会变为知识或者理论。

可以把研究假设划分为不同的类型。例如，根据假设内容的性质，可以把假设分为三类：

(1) 预测性假设。这是对犯罪现象的未来变化提出的推测性判断。例如，“随着经济的发展犯罪的数量可能会不断增加”“城市化过程可能会引起暴力犯罪的增加”等。

(2) 相关性假设。这是对犯罪现象之间相互联系的性质、方向、密切程度等做出的推测性判断。例如，“犯罪可能与年龄有关”“犯罪可能与学历有关”等。

---

① 该套丛书包括：张小虎主编：《中国犯罪学基础理论研究综述》，中国检察出版社 2009 年版；姚建龙主编：《中国青少年犯罪研究综述》，中国检察出版社 2009 年版；赵国玲主编：《中国犯罪被害人研究综述》，中国检察出版社 2009 年版；吴宗宪主编：《中国犯罪心理学研究综述》，中国检察出版社 2009 年版；卢建平主编：《中国刑事政策研究综述》，中国检察出版社 2009 年版；姚建龙主编：《中国少年司法研究综述》，中国检察出版社 2009 年版。

② [美]杰弗瑞 · T. 沃克、[美]塞恩 · 马旦：《犯罪学与刑事司法统计：实证分析和解释》(原书第四版)，熊谋林、夏一巍译，重庆大学出版社 2022 年版，第 7 页。

（3）因果性假设。这是指对犯罪现象的因果关系提出的推测性判断。例如，“自我控制差是很多人犯罪的原因”“破裂家庭是少年犯罪的重要因素”等。

一个较好的研究假设，应当具备这样几个特点：（1）以明确的概念为基础；（2）假设可以被检验；（3）对假设的使用范围要有界定；（4）与一般理论有关联性。此外，假设应当是简明扼要、通俗易懂的。

研究假设的提出，一般使用这样一些方法：（1）日常观察；（2）直觉或者灵感；（3）对实地调查资料的分析和归纳；（4）从现有理论中进行演绎等。

2. 研究假设与变量

研究假设的操作性或者具体化主要通过其中包含的变量来体现。研究假设实际上是对变量之间关系的表述。确定研究主题仅仅指出了犯罪学研究的方向和目标，还必须将研究内容具体化，明确究竟要探讨研究对象的哪些属性和特征，才能开始进行研究工作。这是因为，犯罪学的研究对象具有很多属性和特征，一项研究不可能探讨研究对象的所有属性和特征，而只能根据研究假设，探讨其中的一部分属性和特征。因此，研究者一般都要根据研究主题和研究假设的要求，进一步明确所要研究的范围，确定想了解的主要项目或者指标。这种将研究假设转换为可以检验的具体项目或者指标的过程，称为“操作化”（operationalization）。

将研究假设操作化或者具体化的过程，必然涉及变量的概念。犯罪学理论是由一系列概念构成的，如“犯罪”“犯罪结构”等。为了更加准确地进行犯罪学研究，必须将一般性的概念转化为具体的、可以测量的概念，这样的概念就是变量。变量（variable）就是具体的可以进行测量的概念。变量表明了研究对象的不同状态或者属性，这些状态或者属性是不断变化着的，因此，变量也是可以有很多变化的量。由于研究对象的不同，一些变量是按照程度或者数量而变化着的，可以用数字表示，如犯罪率、犯罪人数量；另一些变量是按照类别来变动的，如性别（或者男性，或者女性）。犯罪学研究所涉及的一切项目、指标、条件、因素等，都可以被看作变量。

变量有不同的种类。在犯罪学研究中，通常把变量分为三种类型：

（1）自变量（independent variable）。这是指能够影响其他变量发生变化的变量。这类变量尽管可以促使其他变量发生变化，但是，它本身不一定受其他变量的影响。换言之，自变量是可能用来对研究对象进行解释的变量。犯罪学中的犯因性因素（criminogenic factor）往往属于自变量，如犯罪人的性别、年龄等。

（2）因变量（dependent variable）。这是指受其他变量的影响而发生变化的变量。换言之，因变量就是研究者想要解释的变量。在因果关系中，原因就是自变量，结果就是因变量。在犯罪学中，因变量就是所要研究的对象，包括作为整体的犯罪现象以及各种类型的犯罪现象。“犯罪是犯罪学和刑事司法研究的典型因变量。”①

① ［美］杰弗瑞·T. 沃克、［美］塞恩·马旦：《犯罪学与刑事司法统计：实证分析和解释》（原书第四版），熊谋林、夏一巍译，重庆大学出版社2022年版，第34页。

(3) 中介变量(intervening variable,mediator)。这是指介于自变量和因变量之间并对因变量产生作用的变量。这类变量虽然可能隐而不显,但是,也会引起因变量的变化。例如,在研究"受教育程度与警察使用暴力有关系"这个假设时,其中的自变量是"受教育程度",因变量是"警察使用暴力",通过研究可能会发现,虽然在一般情况下这样的假设是成立的,但是,在特殊情况下,这样的假设也可能不成立:警察是否使用暴力还与其职位高低有关系,职位较高的警察可能在办公室中工作,他们缺少进行暴力行为的机会,因此,"职位"就是一种中介变量。

(四) 选择研究类型

在提出研究假设之后,就要根据研究工作的需要进行研究设计,以便用科学的程序和方法开展研究工作。研究设计(research design)是指为了科学地收集数据和研究问题而确定研究思路和制定研究计划的过程。研究设计主要包括两方面的内容:选择研究类型和确定研究方法。

在犯罪学研究中,存在多种不同类型的研究。在研究准备阶段,应当根据研究思路并结合有关情况,确定自己所要进行的研究的类型。

可以根据不同的标准,将犯罪学研究划分为不同的类型。

1. 应用研究和理论研究。

这是以研究工作的性质为标准划分出来的不同研究类型。

应用研究(applied research)是指为了探讨和解决实际问题而进行的研究。例如,预防某些类型的犯罪的研究、控制犯罪危害性的研究等。这类研究的结果,可以促进对实际犯罪问题的解决。

理论研究(theoretical research)又称"纯粹研究"(pure research),是指为了发现科学知识而进行的研究。① 例如,探讨犯罪现象变化规律的研究、阐明犯罪现象本质的研究、解释犯罪现象原因的研究。这类研究的结果,可以推动犯罪学理论的发展,促进犯罪学学科的建设。

不过,应用研究和理论研究的划分是相对的。在实际的犯罪学研究中,这两类研究往往有一定的重叠,即应用研究包含着理论研究的成分,应用研究要以理论思考为指导,理论研究也要以应用研究为基础,在进行理论思考时要考虑应用研究中发现的结果。

2. 第一手研究和第二手研究。

这是以研究工作的特征为标准划分出来的不同研究类型。

第一手研究(primary research)是指以原始的直接的调查为特征的研究。在犯罪学研究中,通常进行的大部分研究,都属于第一手研究,因此,第一手研究是比较典型的犯罪学研究。

第二手研究(secondary research)有时候也称"第二手分析",是指对别人收集的现有资

① Frank E. Hagan, *Introduction to Criminology: Theories, Methods, and Criminal Behavior*, 4th ed. (Chicago, IL: Nelson-Hall Publishers, 1998), p. 24.

料进行新的评价的研究。[①] 第二手研究是较晚才发展起来的研究类型,这类研究的主要目的之一,就是重新分析和解释以前的研究者所收集的原始资料,这类研究具有验证以前的研究的性质。此外,第二手研究也包括对统计资料、新闻报道、政府档案等进行的分析研究。

在犯罪学研究中,第一手研究和第二手研究可以结合起来进行。例如,美国犯罪学家谢尔登·格卢克(Sheldon Glueck,1896—1980)和埃莉诺·格卢克(Eleanor Glueck,1898—1972)曾经研究了500名少年犯罪人和500名非犯罪少年,仔细收集了这些研究对象的各种资料,在1950年出版了著名的《揭开少年犯罪之谜》[②]一书。这是典型的第一手研究。20多年之后,犯罪学家约翰·劳布和罗伯特·桑普森(Robert Sampson)分别于1988年、1991年发表文章,对格卢克夫妇收集的资料重新分析和解释,[③]他们的第二手研究引起了犯罪学界的广泛关注。

3. 描述性研究、解释性研究和探索性研究。

这是以研究目的为标准划分出来的不同研究类型。

描述性研究(descriptive research)是指为了系统了解某一社会现象的状况与发展过程而进行的研究。例如,为了准确了解犯罪现象的现状和变化规律而进行的犯罪学研究。这类研究解决"是什么"的问题。

解释性研究(explanatory research)是指为了对社会现象作出普遍的因果解释而进行的研究。例如,为了揭示犯罪现象的发生原因而进行的犯罪学研究。这类研究解决"为什么"的问题。

探索性研究(exploratory research)是指为了对某一问题进行初步了解而进行的研究。例如,对于某种新型的犯罪进行的初步研究。这类研究既可以是一种独立的犯罪学研究,也可以是为了进一步的深入研究而进行的准备性研究,在这种意义上,可以把探索性研究称为"先导研究"。

4. 横剖研究和纵向研究。

这是以研究时间为标准划分出来的不同研究类型。

横剖研究(cross-sectional study)又称"横断研究",是指在某一时间对研究对象的不同方面进行的研究。进行这种研究时,可以了解一定时空范围内研究对象的基本状况与特征。例如,选定在某一时间和地区进行的犯罪调查,可以了解这一时空范围内犯罪的数量、类型、犯罪人的特征等多方面的信息。这种方法的优点是能够迅速了解大范围内的很多情况,缺点是无法了解研究对象的发展变化情况。

纵向研究(longitudinal study)又称"纵贯研究",是指在不同时间点上多次对研究对象进行观察和资料收集等工作的研究。纵向研究通常是在一个较长的时期内对同一研究对象进

---

① Frank Schmalleger, *Criminology Today: An Integrative Introduction*, 8th ed. (Boston, MA: Pearson, 2017), p. 34.

② Sheldon Glueck et al., *Unraveling Juvenile Delinquency* (Cambridge, MA: Harvard University Press, 1950).

③ Larry J. Siegel, *Criminology: Theories, Patterns, and Typologies*, 5th ed. (Minneapolis/St. Paul: West Publishing Company, 1995), p. 276.

行若干次调查，以便了解其发展状况。这类研究的最大优点是可以了解研究对象的发展变化过程，主要缺点是研究对象不易控制。纵向研究主要包括：(1) 趋势研究(trend study)，即对研究对象随时间推移而发生的变化进行的研究；(2) 同期群研究(cohort study)，即对同一时期同一类型的研究对象随时间推移而发生的变化进行的研究；(3) 追踪研究(follow-up study)，即对同一批研究对象随时间推移而发生的变化进行的研究。20 世纪中期以来得到很大发展的发展犯罪学(developmental criminology)或者生命过程犯罪学(life-course criminology①)的研究，就是纵向研究。

从一定意义上讲，也可以把上述研究类型看成不同的研究方法。犯罪学研究者应该根据研究课题的特点和其他有关的情况，选择合适的研究类型，开展相应的犯罪学研究。

(五) 选择研究方法

在准备阶段所说的“选择研究方法”(selecting methods)，主要是指根据收集和分析资料的需要选择适合方法的工作。这方面的工作在资料收集和资料分析中分别论述。

二、资料收集

资料收集是指根据研究性质和研究目的等方面的要求收集研究所需要的素材的工作。这方面实际上涉及两类不同性质的工作：一是为了开展第二手研究而进行的资料收集工作，这方面的工作是通过文献调查进行的，相对简单，即根据研究需要在数据库、网站、纸质文献等媒介中查找所需要的资料。文献调查既是研究准备工作的组成部分，也是开展研究工作的重要内容。二是为了开展第一手研究而进行的资料收集工作，这方面的工作比较复杂，首先需要选择所要研究的对象，这涉及抽样问题；然后与选定的研究对象接触，获取所需要的资料，这要通过多种方法进行。下面主要论述为了开展第一手研究而进行的资料收集工作及其方法。

(一) 抽样

抽样(sampling)是从数量较多的研究对象中选择数量较少的合适研究对象的活动。

抽样是为了选择合适的研究对象而进行的活动。犯罪学研究中的研究对象在统计学中被称为“样本”(sample)。对所有研究对象或者全样本(总体)都进行研究，是最理想的研究，但是，由于多种条件的限制，往往很难进行这样的研究。因此，为了利用有限的资源开展犯罪学研究，就必须从所有研究对象中选择一部分开展研究，这种选择过程就是抽样。

被抽取的样本至少应当具备两个特点。第一，样本代表性。被选择的样本必须具备所有样本都有的特征、现象与过程，因此，通过研究这些被抽取的样本，可以发现所有样本都具有的情况。第二，样本大小或者样本容量(sample size)。这是指被抽取的样本的合适数量。一般而言，样本越大，代表性越高，反之亦然。数量较大的样本，被称为“大样本”(large sample)。例如，在心理学研究中，样本容量大于 30 的样本就是大样本；②样本容量等于或者小

① “life-course criminology”又被译为“生命历程犯罪学”。

② 林崇德等主编：《心理学大辞典》(上)，上海教育出版社 2003 年版，第 181 页。

于30的样本,就是“小样本”(small sample)。[①] 在犯罪学和刑事司法研究中,样本容量应该更大一些。例如,有的研究者提到,120以上是大样本,120以下是小样本。[②]

样本容量的确定是一个很重要的问题。样本容量过大,会增加调查工作量,造成人力、物力、财力、时间的浪费;样本容量过小,会使样本对总体缺乏足够的代表性,从而难以保证推算结果的精确度和可靠性。在犯罪学研究中,应当根据决策的重要性、调研的性质、变量个数、数据分析的性质、同类研究所用的样本量、发生率、完成率、资源限制等,确定合适的样本容量。具体地说,重要的决策需要更多的信息和更准确的信息,就需要较大的样本容量;探索性研究的样本容量一般较小,而结论性研究(如描述性的调查)就需要较大的样本。

抽样分为两类:第一,随机抽样(random sampling)或者概率抽样(probability sampling)。这是按照随机化原则从总体中抽取样本的方法。它不带任何主观性,具体包括简单随机抽样、系统抽样、整群抽样和分层抽样四种。通常所讲的抽样调查(sampling survey),就是按照这类方法抽样后进行的。这类抽样方法是进行定量研究的重要方法,在定量犯罪学研究中应用得较多。第二,非随机抽样(nonrandom sampling)或者非概率抽样(nonprobability sampling)。这是根据研究者的观点、经验或者有关知识抽取样本的方法。这类抽样方法包括方便抽样、定额抽样、立意抽样、滚雪球抽样、重点调查、典型调查等。这类方法的优点是,简单易行,成本低,省时间,在统计方面也比较简单。但是,由于无法排除研究者在抽样中的主观性等因素,样本的代表性不足,从这类样本中获得的信息,不能应用统计推断的方法进行分析,不能推广应用于总体。这类抽样方法是在定性研究中使用的方法。

在犯罪学研究中使用得较多的抽样方法主要包括下列六种。

1. 简单随机抽样

简单随机抽样(simple random sampling)是指按照同等可能性从总体中选择样本的抽样方法。根据这种方法抽样时,对样本不做任何有意的挑选,所有样本都有被选取的可能性。例如,在调查某个监狱的罪犯时,将罪犯的花名册转化为一个数字表,每个数字代表相应的罪犯姓名,然后按照所需样本容量的大小,随机选取所需要的数字数量。

2. 分层抽样

分层抽样(stratified sampling)是指按照样本总体的某种特点和研究目的将其分为若干部分,然后从每部分中抽取一定数量样本的方法。从样本总体中划分出来的部分,被称为“层”(stratum)或者“子总体”(subpopulation)。按照分层抽样方法选择的样本,被称为“分层样本”(stratified sample)。分层抽样的例子,如将监狱中的罪犯按照年龄划分为不同的年龄群,然后从每个年龄群中抽取一定数量的样本。

分层抽样的方法通常有两种。(1) 按比例分层抽样(proportionate stratification sampling)。这是指按照相同的抽样比例在各层样本中抽取所需要的样本数量的方法。(2) 非

---

① 林崇德等主编:《心理学大辞典》(下),上海教育出版社2003年版,第1378页。

② [美]杰弗瑞·T.沃克、[美]塞恩·马丁:《犯罪学与刑事司法统计:实证分析和解释》(原书第四版),熊谋林、夏一巍译,重庆大学出版社2022年版,第276、282—283页。

比例分层抽样(disproportionate stratification sampling)。这是指不按照相同的抽样比例在各层样本中抽取所需要的样本数量的方法。当某层包含的样本数量在总体中所占比例太小时,为了使该层的特征在样本中得到足够的反映,可以人为地适当增加抽样比例。究竟采用哪种抽样方法,要考虑样本的不同情况。如果不同层的样本数量差别不大,也没有其他需要考虑的方面,就可以采用第一种方法。例如,在犯罪被害调查中,同一区域不同家庭之间的差别可能不是很大,可以采用第一种抽样方法。如果不同层的样本数量差别很大,就要采用第二种方法。例如,考虑到在监狱内的罪犯中,中壮年人数所占比例较大,未成年罪犯和老年罪犯的数量较少,因此,为了使所抽取的分层样本具有更好代表性,适合采用第二种抽样方法。

3. 定额抽样

定额抽样(quota sampling①)是指按照一定标准将总体样本分层然后在各层中完全随机地抽取相同数量样本的抽样方法。这种抽样方法可能是最著名的非概率抽样方法。② 这是分层抽样的一种变化形式,它与分层抽样的最大不同在于,在分层抽样中,各层样本是随机抽取的,而在定额抽样中,各层样本是非随机的。同时,在分层标准方面也有不同,即在分层抽样中,分层的标准是一种,而在定额抽样中,分层的标准可以是多种。例如,在研究自杀问题时,考虑到婚姻和性别可能对自杀有影响,可以将研究对象分为未婚男性、已婚男性、未婚女性和已婚女性四个组(层),然后从各组非随机抽样。由于定额抽样是非随机抽样的,样本缺乏代表性,因此,将研究结果推广到总体时应当十分谨慎。

4. 立意抽样

立意抽样(purposive sampling③)又称"判断抽样"(judgment sampling),是指研究者从总体中选择那些被认为最能代表总体的单位作为样本的抽样方法。当研究者对自己的研究领域十分熟悉,对研究总体比较了解时,可以采用这种抽样方法抽取代表性较高的样本。这是一种由研究者设计的选择性抽样形式,它使研究者能够确保抽取某些类型的研究对象或者具有某些经验的研究对象,以便通过这些被抽取的研究对象研究某些问题或者特点。这种抽样方法是在定性研究中较多使用的抽样方法,往往应用于总体较小而内部差异大的研究对象。同时,也在总体边界无法确定或者研究者的时间、人力和资金等资源有限时采用。例如,当研究者希望对被告人在法庭上的经历进行定性研究,而能够进行深入访谈的对象不能超过 40 人时,如果要确保抽取的访谈样本包括男性被告人和女性被告人、不同年龄的被告人以及因不同原因而出庭的被告人,还要确保访谈对象包括被判有罪的人和被判无罪的人,那么,"成功实现这一目标的唯一方法就是通过立意抽样"④。

① "quota sampling"又被译为"配额抽样"等。

② Tim Newburn, *Criminology*, 3rd ed. (New York: Routledge, 2017), p. 1008.

③ 也可以直译为"目的抽样"。

④ Tim Newburn, *Criminology*, 3rd ed. (New York: Routledge, 2017), p. 1008.

5. 方便抽样

方便抽样（convenience sampling①）又称“随意抽样”，是指用随意选择的对象作为抽取样本进行研究的抽样方法。这是研究者最方便使用的抽样方法。最常见的方便抽样方法就是“偶遇抽样”，即研究者将在某一时间和地点遇到的人员作为所要研究的目标人群（target population）或者调查人群（survey population），从中抽取所要研究的样本。“街头拦人法”就是偶遇抽样的一个例子：如果研究者想研究一些突发性事件或者现象，如违章驾驶、骚乱、聚众闹事等，就当场拦住所遇到的人员（当事者、目击者、旁观者以及过往的行人），询问事件或者现象发生的经过、原因以及对它们的看法和态度等。

方便抽样的优缺点都很明显。它的优点是可以使研究者轻松地找到研究样本并进行访谈，而且，研究者很有可能得到一个不错的应答率（response rate），②访谈对象往往都能够提供研究者所需要的一些信息。它的缺点是由于抽取的样本不具有代表性，研究结果不能推广到任何更大的群体。

虽然方便抽样存在明显的缺点，但是，也不能完全否定其价值，在一些情况下只能使用这种抽样方法开展研究。例如，对于不可重复的突发性事件的研究、对于居无定所的人员或者流浪者的研究等，都只能通过偶然遇到的对象了解情况、收集信息，为后续的研究积累素材。

6. 滚雪球抽样

滚雪球抽样（snowball sampling）是指在研究少量符合需要的研究对象的过程中逐步扩大研究对象数量的抽样方法。在使用这种抽样方法开展研究时，最初只有少量符合需要的研究对象。在研究过程中，根据这些研究对象提供的信息或者通过他们的介绍，研究者得到了更多的研究对象，研究对象的数量像滚雪球一样越来越多。这种方法主要用于目标人群或者调查人群的情况不明等情况。犯罪学历史上使用这种抽样方法的经典例子，是美国犯罪学家霍华德·贝克尔（Howard S. Becker）对大麻使用者的研究，他的这项研究开始于对他对自己认识的音乐界人士的采访。霍华德·贝克尔本人也是一个音乐家，他在最初采访音乐界人士的过程中，知道了音乐界吸毒者的一些情况，他请这些人向他介绍愿意接受访谈的吸毒者，使研究对象如同“滚雪球”那样增加。③

滚雪球抽样方法是定性研究中常用的抽样方法之一。通过这种方法获得的样本，实际上是一种方便样本（convenience sample）。这种方法的优点是，能够找到更多符合需要的研究对象，能够获得有价值的研究信息。它的缺点是，样本与所有通过方便抽样获得的样本一样缺乏代表性，对于研究结论能否推广到更广范围，需要十分谨慎，因为“它通常用于定性研

---

① “convenience sampling”又被译为“便利抽样”。

② 应答率（response rate）又称“回答率”“反应率”“回复率”等，是指调查对象对研究者作出反应和回答的比率，包括对提问作出的反应和回答、对问卷作出的回答等，通常用百分数表示。在发放问卷进行调查时，被称为“回收率”。

③ Howard S. Becker, *Outsiders: Studies in the Sociology of Deviance* (New York: The Free Press, 1963), pp. 45-46.

究,其目的不是对更广泛的人群进行统计概括”①。

(二)调查研究法

调查研究法(survey research)是指有计划性地向许多人询问同样问题以便获取相关信息的研究方法。在使用这种研究方法时,要根据研究计划,通过不同的方式向许多人询问同样的问题,以便获得人们对这些问题的认识、态度、经历等。这些接受调查研究的人,被称为“研究对象”“调查对象”或者“被试”(subject,respondent)。在询问的过程中,研究者要记录所获得的信息,然后,对这些信息进行处理和分析,从而得出调查研究结果。

常见的调查研究方法包括下列三种。

1. 问卷法

问卷法(questionnaire method)是指通过让研究对象填写预先设计的问卷收集资料的方法。这是最常使用的调查研究方法之一。

通常按照一定程序使用问卷法进行调查:

(1)选择或者编制调查问卷。问卷(questionnaire)是研究者按照一定原理编制并包括若干需要回答的问题的信息收集工具。编制问卷,要求研究者具有较高的学术造诣和编制问卷的技术。编制一份高质量的问卷,是考验研究者学术水平和调查技术的挑战性工作。随便列出的一些问题的堆砌,不能构成合格的调查问卷。② 如果研究者自己没有能力编制问卷,最好选择别人已经编制的质量较高的问卷作为调查工具。

问卷通常分为两类。一类是开放式问卷,这是研究对象可以自由回答的问卷。在这类问卷中,没有现成的可供选择的答案,研究对象要根据自己的情况作出回答,他们可以充分发表自己的看法。这类问卷的优点是能够了解到很多信息,特别是能够了解到研究者并不知道的信息;缺点是对问卷的处理难度很大,费时费力。

另一类是封闭式问卷,这是给研究对象设计了相关问题并提供了可供选择的答案的问卷。在这类问卷中,研究者事先设计了一些需要了解情况的问题,要求研究对象作出回答,而且,给出了可供选择的几种答案,让研究对象从中选择一种或者多种答案。这类问卷往往使用“是不是”“对不对”“要不要”“有没有”一类的提问词,或者表明不同程度的数值、词语,要求研究对象选择一种作出回答。这类问卷的优点是,问题比较清楚,答案比较集中,数据容易处理,可以较快地完成调查。这类问卷的缺点是,问卷的质量深受研究者学术造诣和相关技术的制约,收集到的信息很有限,特别是难以收集到深度的详细的信息。究竟使用哪种问卷,要根据研究对象的情况和研究工作的需要确定。

近年来,随着计算机和网络技术的发展,越来越多的问卷被设计成计算机化的问卷。这种问卷可以借助计算机和其他网络媒介、工具(包括手机等)完成,对问卷的统计工作由后台的计算机自动完成,效率极高。

---

① Tim Newburn, *Criminology*, 3rd ed. (New York: Routledge, 2017), p. 1009.

② 关于问卷的编制方法,参见[美]诺曼·布拉德伯恩等:《问卷设计手册——市场研究、民意调查、社会调查、健康调查指南》,赵锋译,重庆大学出版社 2011 年版。

（2）发放问卷进行调查。在选择或者编制好调查问卷之后，要把问卷发放到研究对象手中，让研究对象回答问卷。最常见的发放问卷方式是当面发放，即当面向一个或者多个研究对象发放问卷，让其回答。也可以通过邮寄的方式发放，即将问卷邮寄给研究对象，让其回答之后再邮寄回来，供研究者处理。这些年来，随着网络的发展，产生了新的问卷发放方式，即网络问卷发放方式，这就是在线调查（online survey），即在网络中呈现调查问卷并让人们作出回答的问卷调查方法。

（3）处理问卷包含信息。在通过问卷收集到相关信息之后，研究者要对已经作出回答的问卷进行统计处理，整理出其包含的大量信息，按照要求对这些信息进行汇总、分类、计算等方面的处理，以便研究者更容易地了解调查获得的情况，为下一步的分析奠定基础。

（4）分析信息和得出结论。研究者要对问卷调查中获得并作了一定处理的信息，进行仔细的阅读和思考，了解这些信息的内容，解读这些信息的意义，评定这些信息的价值，领悟这些信息的启发，从而得出问卷调查的结论。

问卷法的主要优点是：第一，调查成本较低，费用比较少。第二，允许进行大样本调查。第三，可以覆盖大片地区，即以邮寄或者发送电子邮件的方式发放调查问卷时，可以对较大的地区进行调查。第四，由于研究者不在场，可以讨论敏感话题。第五，由于研究者不在场，对问题的回答不受研究者个人特征的影响，即不会发生访谈者效应（interviewer effect）。第六，由于研究者不在场，对问题的回答不受研究者的干扰，即不会受到访谈者偏见（interviewer bias）的影响。

问卷法的主要缺点是：第一，问卷的回收率往往很低。很多问卷发放之后没有回音。第二，了解到的信息很有限。为了保证回收率，问卷篇幅往往较小，问题设计得较为简单，且大多为封闭式问卷等，这会限制可以获得的信息的数量和深度。第三，无法纠正对问卷的错误理解和错误回答。第四，研究对象的文化程度和理解能力等影响回答的质量。

2. 访谈法

访谈法（interview method）又称“访问法”“面谈法”等，是指通过与研究对象交谈来收集资料的方法。在进行探索性研究和深入了解相关内容时，可以使用这种研究方法收集资料。

访谈法有不同的类型或者方式：

（1）直接访谈与间接访谈。直接访谈就是面对面访谈（face-to-face interview），即研究者通过与研究对象面对面交谈的活动进行的访谈。这种访谈是最常用的访谈方法之一，其优点是：能够在研究者与研究对象之间建立起融洽关系，而这有利于访谈的进行，特别是有利于进行深度访谈（intensive interviewing），了解到研究对象的很多深层次的信息，包括心理感受等；能够消除误解，澄清困惑，获得准确的信息；能够增强接受调查的意愿，提高反应率。它的缺点是，费时费力，成本高昂。

间接访谈是指研究者通过相关媒介与研究对象交流的访谈。这类访谈包括电话访谈（telephone interview，即通过打电话进行的交谈）、网络访谈或者计算机辅助电话访谈（computer-assisted telephone interviews, CATI)等。其中,电话访谈可能是国外十分常见的犯罪学调查方式。① 但是,在国内,由于电信诈骗案件以及电话推销保险和其他产品等活动的影响,人们似乎普遍厌烦接听陌生人的电话,因此,利用这种方法进行犯罪学研究有较大的难度。

(2) 结构性访谈与非结构性访谈。结构性访谈(structured interview)又称"标准化访谈""正式访谈",是指根据事先设计好的访谈提纲进行的访谈。在进行这类访谈时,研究者事先要拟定详细的访谈提纲,在访谈之前还要熟悉访谈提纲的内容,最好是能够记住其中的问题;在访谈开始时,按照在访谈提纲中设计的程序和问题提问,让研究对象进行回答。这种访谈的优点是,效率较高,能够了解到比较全面的信息。它的缺点是,影响访谈的深度,难以有预想之外的收获。

非结构性访谈(unstructured interview)是指研究者围绕研究问题与研究对象自由交谈的访谈。在进行这类访谈之前,研究者已经有明确的要研究的问题,但是,并不制定详细的访谈提纲;访谈开始时,双方围绕问题自由交流。这种访谈的优点是,交谈在自然状态下进行,有助于进行深入交流,能够发现大量的深层次的信息。它的缺点是,对研究者有较高的要求,访谈的结果往往取决于研究者的素质和临场发挥(互动)情况,且费时费力。

当然,也可以使用介于结构性访谈与非结构性访谈之间的半结构化访谈(semi-structured interview)。半结构化访谈是指事先确定了题目和假设但是并没有准备具体问题的访谈。在访谈过程中,研究者可以围绕题目和假设发问,在交谈中可能会发现新问题,收集到丰富的资料。

3. 测验法

测验法(testing method)是指通过使用量表等方法收集研究对象的资料的方法。

在犯罪学研究中,在研究某些方面的内容时,可以使用相关量表收集资料。量表(scale)是按照科学理论和方法编制的测量某些情况的标准化工具。一般而言,在使用量表进行测量时,不仅要有量表,还要有相应的判断标准——常模(norm),即数量较大的代表性样本的测验分值,用来判定通过量表测量获得的结果的情况。如果测验结果基本符合常模,那么,研究对象的情况就是正常的;如果测验结果与常模差别很大,那么,研究对象的情况就是不正常的。在犯罪学研究中,常用的量表往往是心理学方面的,用来测量人们的情绪、人格、态度、能力、价值观等。

(三) 个案研究法

个案研究法(case study method)是指通过对单个犯罪人或者某种犯罪现象进行深入调查以便收集资料的方法。在使用这种方法时,所选择的研究对象被称为"个案"(case),它们往往具有典型性,例如,某个臭名昭著的犯罪人或犯罪组织、某个监狱、某个犯罪案件等,值得研究者花费很大精力进行深入研究,而研究的结果又可以适用于类似的犯罪现象。

如果以犯罪人为个案研究的对象,那么,在个案研究中经常使用下列两种方法。

---

① Tim Newburn, *Criminology*, 3rd ed. (New York: Routledge, 2017), p. 1000;[美]贝思·M. 许布纳、[美]蒂莫西·S. 拜纳姆主编:《犯罪学与刑事司法测量问题手册》,付欣等译,法律出版社 2020 年版,第 349—250 页。

1. 生活史研究法

生活史研究法(life history method)是深入调查和研究个人的整个生活经历的研究方法。使用这种方法时,要广泛收集个人的历史资料,包括早年的社会化经历、遇到过的重大生活事件等,全面了解个人的发展生长历史。美国犯罪学家埃德温·萨瑟兰(Edwin Sutherland)曾经应用这种方法对职业犯罪人进行了杰出的研究,他深入研究了一个化名为奇克·康韦尔(Chic Conwell)、真名叫布罗德韦·琼斯(Broadway Jones)的职业盗窃犯,合作出版了《职业盗窃犯》①一书,披露了这类犯罪人的大量信息。②

2. 家谱法

家谱法(family tree method)是通过了解犯罪人的几代亲属的情况确定某些因素与犯罪之间关系的方法。家谱法曾经被很多人应用于研究遗传与犯罪的关系。例如,美国心理学家理查德·达格代尔(Richard Dugdale,1841—1883)在19世纪末曾进行了著名的"朱克家族"(the Jukes)研究。③ 这种研究法的适用对象往往是所谓的"犯罪家族",即犯罪人数量特别多的家族。

(四)观察法

观察法(observation method)是指研究者通过自己的感官或者借助工具收集资料的方法。科学的观察具有下列特点:(1)有一定的研究目的或者研究方向;(2)预先有一定的理论准备和较系统的观察计划;(3)有较系统的观察或者测量记录;(4)观测结果可以被重复验证;(5)观察者受过一定的专业训练。④ 观察法的优点是,既具有较高的效度(validity,即了解到所要调查的问题的程度),也具有灵活性(flexibility,即可以根据当时的情况调整研究内容)。它的缺点是,信度(reliability,即可靠性)和可推广性(generalizability,即可以推广适用于其他环境和对象)比较低。⑤ 在犯罪学研究中,这种方法被大量地用于了解与犯罪人和犯罪有关的因素。

观察法主要有下列三类。

1. 直接观察法

直接观察法(direct observation method)是指研究者直接通过自己的感官了解研究对象的研究方法。例如,观察犯罪人的生理特征、性格特点等。这种方法具有很大的主观性和个别差异性,在早期应用得较多。意大利自然哲学家贾姆巴迪斯塔·德拉·波尔塔(Giambattista della Porta,1535—1615)的观相术研究、19世纪的颅相学研究和20世纪上半期的一些犯罪生物学研究,都使用了这种方法。目前,仍然使用观察法,特别是一些经过改进的直接观察法(现场观察、参与观察等)进行犯罪学研究。实际上,每个犯罪学研究者在生活中都有

① Edwin H. Sutherland et al., *The Professional Thief* (Chicago, IL: University of Chicago Press, 1967).

② 吴宗宪:《西方犯罪学史》(第二版)(第3卷),中国人民公安大学出版社2010年版,第924—929页。

③ 吴宗宪:《西方犯罪学史》(第二版)(第2卷),中国人民公安大学出版社2010年版,第660—664页。

④ 袁方主编:《社会研究方法教程》,北京大学出版社1997年版,第334页。

⑤ [美]迈克尔·G. 马克斯菲尔德、[美]艾尔·R. 巴尔:《刑事司法与犯罪学研究方法》(第八版),刘为军等译,中国政法大学出版社2021年版,第433—441页。

机会进行与犯罪相关的各种直接观察,因为与犯罪相关的现象极其复杂多样,在日常生活中会经常遇到。

2. 现场观察法

现场观察法(field observation method)是指在社会生活事件发生的现场进行观察的研究方法。这种观察是在社会生活的自然状态下进行的,研究者不对观察的场所和对象进行任何控制,而仅仅以局外人的身份和态度关注现场的情况。例如,为了研究冒充顾客在商店行窃的行为,研究者在商店的某个隐蔽处进行观察;为了研究机动车违章情况,研究者在容易发生这类事件的地段进行观察;监狱工作者可以在多种场合观察罪犯的表现等。

3. 参与观察法

参与观察法(participant observation method)是指研究者置身于研究对象的环境与活动中进行观察的研究方法。这种观察研究方法又称"田野研究"(field study)或者"民族志"(ethnography)。①

参与观察实际上有两类:

(1)研究者作为观察者进行的参与观察。在犯罪学研究中使用这类观察法进行研究的一个典型是威廉·怀特(William Whyte,1914—2000)在20世纪40年代对美国波士顿一个贫民社区"街角社会"的研究。② 又如,在20世纪80年代,犯罪学家安妮·坎贝尔(Anne Campbell)花了两年时间参与观察女孩帮伙成员的生活方式,然后出版了《帮伙中的女孩:来自纽约市的报告》③一书。

(2)研究者作为完全参与者进行的参与观察。在犯罪学研究中,有一些使用这类方法进行研究的著名例子。在国外,美国犯罪学家、监狱改革家托马斯·莫特·奥斯本(Thomas Mott Osborne,1859—1926)对监狱中犯人生活的调查,使用了这类方法。1913年10月,奥斯本用汤姆·布朗(Tom Brown)的假名,装成犯人进入奥本监狱,和其他犯人生活在一起,对犯人的生活和待遇进行了一个星期的考察。他的真实身份只有监狱长一个人知道。从监狱出来之后,他将自己的观察结果和感受写成了《监狱围墙之内》(1914)一书,开始了他的监狱改革活动。④ 在中国,犯罪学家严景耀曾经在20世纪30年代到北平第一监狱当志愿"犯人",对犯人进行参与观察。⑤ 不过,这种方法的使用有严格的限制:研究者不能以从事犯罪学研究为理由参加真正的犯罪活动,因为"法律并没有规定要免除犯罪学研究工作者的刑事责任和刑事惩罚"⑥。

---

① [美]斯蒂芬·E.巴坎:《犯罪学:社会学的理解》(第四版),秦晨等译,上海人民出版社2011年版,第22页。

② 以这次观察研究为基础写成的著作,就是著名的《街角社会——一个意大利人贫民区的社会结构》一书,由黄育馥翻译的中译本,1994年由商务印书馆出版。

③ Anne Campbell, *The Girls in the Gang: A Report from New York City* (New York: Basil Blackwell, 1984).

④ Hermann Mannheim, *Comparative Criminology: A Text Book*, Volume one (London: Rutledge & Kegan Paul, 1965), p. 193.

⑤ 严景耀:《中国的犯罪问题与社会变迁的关系》,吴桢译,北京大学出版社1986年版,第3页。

⑥ [俄]阿·伊·道尔戈娃主编:《犯罪学》,赵可等译,群众出版社2000年版,第49页。

（五）自我报告法

自我报告法（self-reporting method）又称“自陈法”或者“自我报告调查法”（self-report survey method），是指使用匿名或者记名问卷了解人们在过去一段时间中发生的有关情况的研究方法。

自我报告法通常是在缺乏官方记录的情况下，或者是为了验证官方记录的准确性，由研究者组织收集资料时使用的研究方法。使用这种方法收集资料时，要求研究对象回忆自己在过去一段时间的经历，将有关情况如实填写在由研究人员编制的问卷上。研究者通过处理问卷，就可以获得需要的资料。应用这种方法研究得最多的问题是少年犯罪和青年犯罪，特别是比较轻微的少年犯罪行为，如逃学等。美国犯罪学家特拉维斯·赫希（Travis Hirschi）的社会控制理论，就是在分析自我报告式问卷调查资料的基础上提出的。此外，自我报告法也大量应用于研究犯罪被害情况、犯罪心理问题等。

自我报告法有明显的优点。（1）可以弥补官方资料的不足。官方犯罪记录主要是通过人们报案、警察在执法过程中发现的犯罪情况等编制的，可能遗漏了实际发生的很多犯罪案件，通过自我报告法进行的调查，可以发现这些被遗漏的犯罪情况。（2）可以发现重要的犯罪及相关情况。已经进行的自我报告调查，发现了很多过去不曾了解的情况，纠正了人们的相关认识。例如，自 20 世纪 40 年代以来对少年犯罪和刑事犯罪进行的自我报告调查，驳斥了只有一小部分普通人实施犯罪的传统观点；自我报告调查发现，看似守法的人进行违法行为的比率非常高。几乎每个人在人生的某个时候都会进行违法行为。例如，富兰克林·邓福德（Franklin Dunford）等人的自我报告调查发现，大约 90%的青少年有少年犯罪行为或者刑事犯罪行为，主要是逃学、使用虚假身份证件、酗酒、盗窃、打架和吸食大麻。① 这些发现表明，犯罪人与非犯罪人之间的区别可能是表面上的，而不是真实的。

自我报告法也有明显的缺点。（1）调查对象的范围有限。使用自我报告法进行研究的对象，主要是中学生和大学生。这些人比较单纯，有可能报告自己做过的坏事情。相对而言，其他年龄段的人似乎不适合采用这种方法进行研究。（2）调查研究的内容有限。使用自我报告法进行的研究，主要调查轻微的违法行为和犯罪行为，不可能调查人们实施过的所有犯罪行为。由于人们具有进行自我保护的防卫动机，即使使用匿名问卷，也难以调查到严重的犯罪行为。（3）调查内容的准确性有问题。很多因素会影响自我报告调查内容的准确性，如基于自我保护的防卫动机而不报告严重犯罪行为、记忆失误造成回忆内容失真、由于文化程度较低而对过去犯罪的描述不准确等。

（六）实验研究法

实验研究法（experiment method）是指通过控制情境和变量研究社会现象的研究方法。在使用实验研究法时，研究者通过控制实验现场的环境条件和其他变量，研究社会行为和社

① Franklin Dunford & Delbert Elliott, “Identifying Career Offenders Using Self-Reported Data,” *Journal of Research in Crime and Delinquency*, Vol. 21 (1983): 57-86.

会现象的变化,从而确立不同变量之间的关系。在犯罪学研究中,实验研究法的使用有一定的限制,例如,研究人员不能为了进行研究而进行犯罪行为。但是,可以通过巧妙的设计,进行某些实验研究。

在犯罪学研究中使用的实验研究法,主要包括两种。

1. 模拟实验法

模拟实验法(simulation experiment)是指在人工模拟情境中观察人们的行为反应,从而了解行为相关因素的研究方法。例如,犯罪学家设置具有不同特征的实验情境,让大学生分别扮演不同类型的犯罪人和被害人,报告犯罪时考虑的相关因素或被害体验。在犯罪研究的历史上,曾经有过一个著名的模拟实验,即心理学家菲利普·津巴多(Philip Zimbardo)等人 1971 年在美国加州斯坦福大学进行的斯坦福监狱实验(Stanford Prison Experiment)。他们设立了一个模拟监狱,让招聘来的一部分志愿者担任监狱工作人员,另一部分志愿者担任犯人,在这个模拟情境中观察志愿者各自的行为变化和心理体验等情况。这个模拟实验发现,个人所处的环境对于个人的心理和行为有重要影响。① 多年后,菲利普·津巴多出版了《路西法效应:好人是如何变成恶魔的》②一书,描述这一实验的结果与得失等。普遍认为,这一模拟实验对一些志愿者造成了持久的心理损害。因此,在犯罪学研究中,进行模拟实验必须十分慎重。

2. 现场实验法

现场实验法(field experiment)是指在实际的社会情境中通过控制一定变量来研究这类变量的作用的研究方法。在社区预防犯罪研究中,为了研究某种方法是否具有预防犯罪的效果,可以选择一些在多方面相似的青少年,随机地将他们分为两组,对一组采用这种方法,对另一组不采用这种方法;经过一段时间之后,考察两组青少年的犯罪情况,从而确定这种方法是否有预防犯罪的效果。例如,有关青少年犯罪的一些研究,曾经采用了这样的设计和方法。在美国进行的剑桥—萨莫维尔青少年研究(Cambridge-Somerville Youth Study)③和芝加哥区域计划(The Chicago Area Project,CAP),④都包含现场实验的成分。又如,英国犯罪学家戴维·法林顿(David P. Farrington)等人进行的有关闭路电视监控能否降低犯罪率的研究,也采用了这种方法,他们对英格兰几个不同地区的 14 个闭路电视监控项目进行了分析,这些项目覆盖城市或城镇中心、医院、停车场和居民区。他们回顾了安装闭路电视前后上述

① [德]汉斯·约阿希姆·施奈德:《犯罪学》,吴鑫涛、马君玉译,中国人民公安大学出版社 1990 年版,第 58—60 页。

② [美]菲利普·津巴多:《路西法效应:好人是如何变成恶魔的》,孙佩奴、陈雅馨译,生活·读书·新知三联书店 2010 年版。

③ 剑桥—萨莫维尔青少年研究是指 1937—1945 年在美国波士顿市郊区的剑桥和萨莫维尔两地进行的少年犯罪社区实验研究和计划。这是世界上最早的少年犯罪社区预防研究和计划之一,由哈佛大学的理查德·克拉克·卡伯特(Richard Clark Cabot)发起,研究对象包括 650 名 12 岁以下的问题行为儿童,其中 325 名是实验组,325 名是对照组。这项研究产生了一系列的研究成果。

④ 芝加哥区域计划是由美国学者克利福德·肖(Clifford R. Shaw)和芝加哥社会学派成员发起的一项预防少年犯罪计划,从 1932 年开始一直进行到 1957 年,历时约 25 年之久。当时在 6 个市区里建立起 22 个邻里中心和居民委员会,预防活动由违法地区的居民进行,目的在于鼓励他们获得自信、自尊和参与集体生活。

地区的警察和被害数据。结果表明:闭路电视监控在减少火车站、停车场的犯罪方面很有用,在减少车辆犯罪方面似乎也很有效,但是在减少城市或城镇中心的犯罪方面却没有效果;当闭路电视监控的覆盖率高并且和其他干预措施(如改善照明)结合使用时,闭路电视监控的干预是最有效的。[①] 在监狱研究中,也可以采用这种研究方法了解某种方法对罪犯是否具有改造作用。

由于犯罪现象的特殊性(即它的社会危害性),在犯罪学研究中使用实验研究法时,必须注意两方面的问题:一是不应诱导参加实验的人真正进行犯罪行为;二是实验本身不应损害其他人的合法权益或感情,实验不能对社会产生危害。

(七)资料收集标准

为了保证犯罪学研究资料收集工作的科学性和所收集资料的质量,在研究资料的收集方面,应当注意两个方面的问题,即主体间性和可重复性。科学观察通常是在受控条件下进行的,因此,进行科学观察以及通过观察收集资料的活动,必须符合主体间性和可重复性的标准。

第一,主体间性(intersubjectivity)。这是指研究者通过谨慎使用感觉功能而使所观察到的事物具有一致性的现象。主体间性本来是一个哲学概念,指个人对他人意图的推测与判定。主体间性有不同的级别。例如,一级主体间性是个人对另一个人意图的推测与判定;二级主体间性是个人对另一个人关于其他人意图的推测与判定的认知的认识。在犯罪学等社会科学研究中,主体间性主要用来表示人们在观察等方面的相似性甚至一致性。虽然每个犯罪学研究者有不同的个人特征,在学术训练、年龄、性别、性格、家庭出身、个人经历、态度偏好、价值观等方面有差别,但是,他们在开展犯罪学研究的过程中,对于犯罪和相关现象的观察及其结果应当具有一致性,各自独立的观察者必须报告在相同的情况下看到了相同的现象。只有这样,犯罪学观察才是有效的。"你看见我看到的现象了吗?",如果回答"是",那么,就符合主体间性的标准;如果回答"否",那么,就不符合主体间性的标准。如果不同的犯罪学研究者在类似甚至相同的情况下不能看到相同的现象,那么,就无法获得开展进一步的犯罪学分析所必需的原始资料。

第二,可重复性(replicability)。这是指在大致相同的条件下会出现相同结果的现象。这意味着,科学观察所发现的犯罪和相关事实,应该是可以重复的,只要具备了大致相同的条件,就应该会出现类似的甚至完全相同的结果。例如,在具备某些犯因性因素时,就有可能产生某些犯罪行为。

主体间性和可复制性对犯罪学的科学事业至关重要。要想使犯罪学研究的过程及其结论具有科学性,对于犯罪和相关现象的观察就必须符合主体间性和可重复性的标准。如果每个犯罪学研究者观察到的事实各不相同,他们对这些事实得出的结论也不相同,那么,犯罪学研究就缺乏起码的科学性,人们就无法在犯罪学研究中达成基本的

---

① D. P. Farrington et al., "The Effects of Closed-Circuit Television on Crime: Meta-Analysis of an English National Quasi-Experimental Multi-Site Evaluation," *Journal of Experimental Criminology*, Vol. 3 (2007): 21-38.

共识。虽然在犯罪学研究中,符合主体间性和可重复性的标准并不容易做到,无法像自然科学那样完全达到符合主体间性和可重复性的要求,但是,也要努力按照这一要求去做。

三、资料分析

资料分析是指对已经获得的资料进行汇总和研究,提出理论解释,检验研究假设的工作。在这个过程中,也要注意研究资料显示的新情况、新特点、新问题,提出原来没有预见到的新观点、新假设,为进一步的研究提供参考和课题。

(一)文献分析法

文献分析法(literature/document analysis method)是指对现有资料进行再次分析以获取新的结果的研究方法。

文献分析法的基本特点是,对别人收集的现有资料进行新的分析和研究,从而发现新的研究结果或者得出新的研究结论。所谓文献,就是包含着具有研究价值的信息的各类资料。文献研究法是比较典型的"第二手研究"方法。

可以根据不同的标准对文献进行分类。根据文献的产生主体,可以将文献分为四类:(1)个人文献,这是由个人产生的文献,包括日记、自传、书信、回忆录等;(2)官方文献,这是由政府机构和有关组织产生的文献,包括政府部门和有关组织的活动记录、工作报告、统计资料、公文函件等;(3)大众传播文献,这是由大众传播机构制作的资料,主要指报刊信息和文章、电视、电影等资料。(4)网络文献,这是在因特网上展示的文献。近年来,随着网络的发展,网络文献数量剧增,内容丰富,日益成为犯罪学研究的重要文献来源。这类文献包括在因特网上展示的新闻报道、政府文件、统计资料、研究报告、案例等。实际上,越来越多的传统纸质文献中记载的信息,都刊登在因特网上,变成了网络文献。

根据文献的产生特点,可以将文献分为两类:(1)原始文献,这是指由亲身经历某一事件的人产生的资料,包括所写的文字资料、所录的音像资料等;(2)二次文献,或者称为"第二手文献",这是指利用原始文献产生的新的文献资料,例如,对历史文献进行整理后形成的资料汇编等。

在犯罪学研究中,要注意判定文献的质量。犯罪学研究者要尽可能选择质量较高的文献开展研究,只有在质量较高的文献的基础上开展研究,才能获得较为可靠、科学的研究结果。大体而言,可以从四个方面判定文献质量:(1)真实性(authenticity),这是指文献来源可靠、内容真实的特征。一般来说,来源可靠的文献,其内容往往也比较真实。(2)可信性(credibility),这是指文献不存在错误或被扭曲的特征。可信性高的文献,应当是内容没有错误、也没有被歪曲的文献。(3)代表性(representativeness),这是指文献具有典型性的特征。具有代表性的文献,通常是比较典型的文献,具有大多数同类文献都具有的内容和特点,通过这个文献可以了解其他同类文献的情况。(4) 意义(meaning),这是指文献清晰易懂的特征。①

从不同的角度,可以区分出三种文献分析法:

(1) 二次分析法。这是指对其他人为别的目的而收集和分析过的资料进行再次分析的研究方法。这种方法通常从两个方面分析:一是从不同角度进行分析。例如,现有的一批资料是研究者为了研究犯罪与家庭经济状况的关系而收集的,现在,可以利用这些资料研究犯罪与家庭教育方式的关系等问题;二是利用新的方法和技术进行分析。

(2) 内容分析法。这是指对文献资料的内容进行客观、系统和定量分析的研究方法。通常,可以通过分析现有文献所使用的词语、不同词语的出现频率、不同词语体现的语义强度等,了解现有文献的主要内容。例如,通过对监狱中罪犯所写的有关资料的分析,了解这些资料所使用的词语及其频率和强度,从而了解罪犯的人格、感情等方面的特征和其他相关因素。又如,通过研究某一时期犯罪学研究文章的题目中出现的词汇,了解这个时期犯罪学研究的重点等。

(3) 统计资料分析法。这是指利用现存的各种统计资料进行犯罪学研究的方法。对现存的统计学资料进行再次分析,是进行犯罪学研究的重要方法。例如,通过分析犯罪统计资料,可以了解犯罪率、犯罪结构、犯罪动态变化等情况;通过分析刑事司法资料,可以了解刑事司法的动向、不同刑罚或者非刑罚措施的使用、刑事司法人员的特征、刑事司法机构的特点等情况。

(二) 定性分析法

定性分析方法(qualitative analysis method)又称“逻辑分析方法”,是指对所收集的资料进行质性分析的研究方法。在犯罪学研究中,对于通过很多方法收集到的资料,不仅可以利用统计学方法进行定量分析,也可以利用多种逻辑方法进行定性分析。在一项具体的研究中,定性分析方法和定量分析方法往往结合起来使用。

定性分析方法有一些重要的特点。(1) 定性分析往往是对描述性资料进行的分析。描述性资料包括论述文字、图片以及描述性的数据资料等。(2) 定性分析侧重于揭示研究对象的“意义”。在研究中收集到的资料,往往数量巨大而且杂乱无章,因此,要通过定性分析发现这些资料包含的意义,如作用、特点、规律等。(3) 定性分析更多地使用归纳方法,即从所研究的多种现象中发现具有共性的东西。(4) 定性分析不仅重视对结果和产品的分析,更重视对过程和相互关系的分析。在进行定性分析时,不仅要探讨已经存在或者发生的犯罪和其他现象,更要探讨它们产生和变化的过程,了解导致它们产生或影响它们变化的因素。

基本的定性分析方法主要有下列三种。

1. 比较法

比较法(comparison method)是指分析研究对象之间的异同及其相互关系的研究方

① Tim Newburn, *Criminology*, 3rd ed. (New York: Routledge, 2017), p. 1006.

法。在使用这种方法开展研究时，一方面要找出研究对象之间的相似性，另一方面要找出研究对象之间的差异性。同时，要分析这些相似性和差异性之间的关系，造成这些相似性和差异性的原因，这些相似性和差异性对于理解、处理和预防犯罪人或犯罪行为的意义等。

比较法是犯罪学研究的重要方法，“在犯罪学中比较法具有中心意义”①。“比较法在犯罪学中不是一种边缘性方法，而是一种核心方法……犯罪学始终必须用比较法进行研究。”②“在犯罪学中，比较法在揭示任何问题的特殊性时具有重要意义。”③只有通过比较，才能拓宽犯罪学研究者的视野，消除可能存在的狭隘观念，在更加广泛的范围中对相关问题形成较为恰当的认识，丰富犯罪学的知识。而且，“由于国际政治、经济的密切联系，不充分考虑国外犯罪学研究成果，就不可能论述诸如政治犯罪、经济犯罪以及有组织犯罪等现象。”④当前，在犯罪学领域使用比较方法开展研究变得更加容易。随着全球化的发展，国际交通条件日益改善，国际人员交流不断发展，国际资料分享更加便捷，犯罪学研究者比以往任何时候都更容易开展比较研究，因此，“犯罪学比以往任何时候都在更大程度上成了一门国际性学科”⑤。

在犯罪学研究中经常使用的比较方法有两种：

（1）纵向比较法。这是指比较同一研究对象在不同时期的具体特点的研究方法。例如，通过对不同历史时期犯罪数量、犯罪结构、犯罪人构成特征的比较，对不同历史时期犯罪原因的比较，对不同历史时期犯罪控制措施的比较等，可以发现共同起作用的规律性因素等。

（2）横向比较法。这是指比较同一时期存在的不同现象的研究方法。例如，比较某一个时期不同地区的犯罪状况等特点，从而了解犯罪的原因等方面的规律。在犯罪学研究中进行的横向比较，还包括不同个案的比较、不同文化的比较、不同民族的比较、不同国家的比较等。

横向比较研究的一个重要方面，就是对犯罪人与非犯罪人进行比较。通过这样的比较，了解犯罪人与非犯罪人之间的相似性和差异性，其中的一些差异性可能预示着犯罪发生的原因。

2. 归纳法

归纳法（inductive method）是指从大量的具体事实资料中概括出一般性结论的研究方法。

归纳法是整理和消化研究资料的重要方法。在犯罪学研究中，通过多种研究方法开展

---

① ［德］汉斯·约阿希姆·施奈德：《犯罪学》，吴鑫涛、马君玉译，中国人民公安大学出版社1990年版，第170页。

② ［德］汉斯·约阿希姆·施奈德：《犯罪学》，吴鑫涛、马君玉译，中国人民公安大学出版社1990年版，第28页。

③ ［俄］阿·伊·道尔戈娃主编：《犯罪学》，赵可等译，群众出版社2000年版，第45页。

④ ［德］汉斯·约阿希姆·施奈德：《犯罪学》，吴鑫涛、马君玉译，中国人民公安大学出版社1990年版，第27页。

⑤ ［德］汉斯·约阿希姆·施奈德：《犯罪学》，吴鑫涛、马君玉译，中国人民公安大学出版社1990年版，第27页。

研究活动,有可能会收集到大量的事实资料,包括案例资料、观点论述、统计数据等,这些资料或者反映了不同的研究对象的情况,或者反映了研究对象的不同方面的情况。为了获得一般性的结论,就需要对这些事实资料进行归纳。例如,在研究盗窃犯罪人的过程中,研究者通过访谈的方法,收集到了一个个盗窃犯罪人的具体材料,这些材料内容丰富,既反映了每个犯罪人的不同特点,也包含所有盗窃犯罪人共同具有的特点;为了发现这些共同特点,就需要对这些具体材料进行归纳。犯罪学书籍和文章中对于犯罪心理和犯罪行为的规律性特点的论述,往往都是进行归纳研究的结果。

归纳法有不同的类型。根据归纳的前提是否完全,可以将其分为完全归纳法和不完全归纳法。完全归纳法是指由某类对象中的每一个对象都具有某种属性而推论出该类对象都具有某种属性的方法。不完全归纳法是指由某类对象中的部分对象具有某种属性而推论出该类对象都具有某种属性的方法。不完全归纳法又分为简单枚举法和典型归纳法。简单枚举法是指通过简单列举某类对象中已经观察到的某些属性就推论出该类对象都具有某种属性的方法。典型归纳法是指由某类对象中具有代表性的对象或者事例具有某种属性而推论出该类对象都具有某种属性的方法。在犯罪学研究中,可以根据研究对象和目的,选用恰当的归纳方法。

为了更好地在犯罪学研究中使用归纳法,应当注意下列方面:(1) 注意事实资料的代表性。作出恰当归纳的重要前提,是用来进行归纳的案例等事实资料具有代表性,较好地反映了某一类对象的真实情况。如果用来进行归纳的事实材料缺乏代表性,就很难推论出比较符合实际情况的一般性结论。(2) 注意遵循逻辑推理规律。例如,要遵循英国逻辑学家约翰·穆勒(John Mill,1806—1873)提出的归纳方法——"穆勒五法",包括求同法、求异法、求同求异并用法、共变法和剩余法,①这些方法尤其适用于探讨是否存在因果关系的内容。同时,要遵守同一律、矛盾律、排中律、充足理由律等一般的逻辑规律。

3. 演绎法

演绎法(deductive method)是从一般性原理推论出个别性结论的研究方法。

在犯罪学研究中使用演绎法的基本前提是人类心理和行为具有相似性甚至共同性。作为一个物种,人类在种内成员之间具有类似的甚至是相同的心理和行为。在某些情况下,如果一些人出现某些心理和行为,那么,另一些人也会出现类似的甚至相同的心理和行为。这方面的特性,可能是人类的所有成员都具有的,特别是同一时代的不同人群可能都具有的。尽管由于环境条件、历史传统、文化内容等方面的差别,不同地方或时期的人在心理和行为方面有一定的差异,但是,这种差异并不能否定人类在心理和行为方面的相似性甚至共同性。对于犯罪人和守法者来说,他们之间也存在心理和行为方面的相似性甚至共同性。因此,可以在犯罪学研究中采用演绎法,从一般性原理推论出个别犯罪人可能具有的心理特征和行为特征等。

① 程树铭主编:《逻辑学》,科学出版社 2009 年版,第 130—135 页。

在犯罪学研究中使用演绎法时，应当注意下列方面：(1) 注意犯罪人与守法者之间的差异性。虽然犯罪人具有与守法者类似的甚至相同的心理特征和行为特征，但是，他们与守法者之间肯定有差别，这种差别既是导致他们产生犯罪心理和进行犯罪行为的重要因素，也是他们在心理和行为方面的重要特征。(2) 注意恰当使用演绎法。演绎法包括多种不同的具体方法，既有简单命题的推理方法，也有复合命题的推理方法。在犯罪学研究中，应当根据研究工作的需要，选用恰当的演绎方法进行推理。

(三) 定量分析法

定量分析方法(quantitative analysis method)是指对所收集的资料进行量化分析的研究方法。定量分析方法主要揭示研究对象的数量特征。常见的定量分析方法包括下列三种。

1. 统计分析法①

统计分析法是指利用数理统计学方法对数据资料进行整理和分析的研究方法。

统计分析法是资料分析中最重要和应用最广泛的定量分析方法。如果在犯罪学调查研究中收集到大量的数据资料，就需要使用统计分析法处理和分析这些资料，从中得出研究结论。统计分析方法主要用于描述一个变量的特征，也用于分析两个或者更多变量之间的关系(相关关系、因果关系等)。

一般来说，在犯罪学研究中，常用的统计分析法主要有两类：

(1) 描述统计(descriptive statistics)。这是指通过对资料的整理、分类和简化而描述数据全貌的统计分析方法。这种方法的步骤包括：数据的初步整理，数据集中趋势和离散趋势的分析，对相关关系的分析，等等。通过使用这种方法，可以发现研究对象的某些性质，为进一步的分析提供基础。

在描述统计中，会经常使用若干专门概念，应当注意它们各自的含义：②

① 平均数(mean，以 M 或者 $\bar{x}$ 表示)。平均数又称“均值”，是“算术平均数”(arithmetic mean; arithmetic average)的简称，指一组数值的平均值。其计算方法是所有数值的总和除以数值的数目。例如，5 名犯罪人的年龄分别是 18、23、35、44、56，那么，他们的平均年龄就是这 5 个年龄相加再除以 5，即$(18+23+35+44+56)/5=176/5=35.2$。平均数是描述集中趋势时最广泛使用的统计量，其优点是容易理解，便于计算，灵敏度高，稳定性好；其缺点是易受极端数值(极大值、极小值)的影响，代表性较差。

② 中数(median，以 Md 表示)。中数又称“中位数”，是一组数值从小到大排列后处于数列中间位置的数值。当一组数值中相互差别极大，存在极端数值，或者一组数值中个别数值不准确、不清晰时，中数能够更加准确、更加稳定地反映数值整体的集中趋势。中数的优点是不受极端数值的影响，缺点是反应不灵敏，也不适合进一步的代数运算。

---

① 关于统计方法的更详细内容，参见[美]杰弗瑞·T. 沃克、[美]塞恩·马旦：《犯罪学与刑事司法统计：实证分析和解释》(原书第四版)，熊谋林、夏一巍译，重庆大学出版社 2022 年版，第 1—404 页。

② 侯典牧编著：《社会调查研究方法》，北京大学出版社 2014 年版，第 201—203 页。

③ 众数(mode,以 Mo 表示)。众数又称“范数”,是指一组数值中出现次数最多的数值。众数的优点是概念简单易懂,缺点是比较粗略,不能灵敏地反映一组数值的变化,也不适合进一步的代数运算。

(2) 推论统计(inferential statistics①)。这是指通过对局部数据的分析推论出符合全局的结论的统计分析方法。在使用这种方法时,通过对一组数据的计算分析,推论出这组数据所代表的总体特征。推论统计一般包括对总体参数(反映总体特征的数量)的估计和假设检验两个方面的内容。

此外,还会使用方差分析、协方差分析等统计分析方法。

在进行统计分析时,要在定性分析的指导下,认真整理和分析数据,选择正确的统计方法,防止对统计的“滥用”。

2. 多元分析法

多元分析法(multivariate analysis)又称“多变量分析法”,是指通过分析多种变量之间的关系研究复杂现象的统计学研究方法。

犯罪学中所研究的对象,往往是很复杂的。在很多情况下,犯罪和相关现象的产生和变化是由多种变量引起的。为了准确地了解多种变量之间的关系,就需要进行多元统计分析。多元分析的具体方法包括多元回归分析、因素分析、主成分分析、聚类分析、社会网络分析等。

由于多元统计分析十分复杂,现在通常要借助计算机进行,即通过编制计算机统计分析软件进行。目前常用的计算机统计分析软件主要有两种:社会科学统计软件包(Statistical Package for the Social Sciences,SPSS)和统计分析系统(Statistical Analysis System,SAS)。

3. 荟萃分析法

荟萃分析法(meta-analysis)②是对大量同类问题的研究成果再次进行综合性定量分析的统计分析方法,可以简称为“对分析的分析”。

“荟萃分析”的概念是美国学者吉恩·格拉斯(Gene Glass)在 1976 年最先提出来的。③格拉斯将资料分析分为三个水平:(1) 初始分析(primary analysis)。这是对单个研究资料的最初分析,通常直接用统计方法进行。(2) 二次分析(secondary analysis)。这是指对初始问题的再次研究,或者说是在利用“旧资料”回答新问题时对其进行的再分析。(3) 荟萃分析。这是指对大量分析结果再次进行的综合性或者整合性统计分析。作为荟萃分析素材的大量分析结果,是大量单项研究的成果,即初始分析和二次分析的结果。在吉恩·格拉斯的研究的基础上,荟萃分析法不断完善,目前已经成为十分流行的研究方法。人们利用这种方法进

① “inferential statistics”又译为“推理统计”“推断统计”。

② meta-analysis 又译为“元分析”“超级分析”“后设分析”“总分析”“事后整合分析”等。在心理学中,最常使用的汉语译名是“元分析”;这个译名尽管影响很大,但是,似乎用错了汉语中的“元”字,汉语中的“元”是根本的、首要的或大的意思,meta 的意思和汉语中“元”的含义正好相反。参见辜正坤:《外来术语翻译与中国学术问题》,载《北京大学学报(哲学社会科学版)》1998 年第 4 期,第 46—47 页。

③ Gene V. Glass,“Primary,Secondary,and Meta-Analysis of Research,”*Educational Researcher*,Vol. 5 (1976):3-8.

行了很多研究,发表了很多成果,包括大量与犯罪有关的研究成果,①提升了资料分析研究的科学化水平。甚至可以说,荟萃分析已经成为国际社会中评价已有研究的主要方法和主导范式,几乎任何一项比较规范、严谨的评价研究都使用这种方法。

荟萃分析有很多优点。例如,过去的单项研究的结果,往往是在特定条件下得到的局部的认识,其重复性较差,结果的稳定性不高,可推广性也有限;与此相比,荟萃分析有利于提炼和深化认识,有利于得出可以重复的、稳定性较高、能够推广应用的一般性知识。荟萃分析强调最大程度的精确性和可复制性。由于荟萃分析要处理大量的数据,因此,往往要借助一些电脑软件辅助完成研究工作。

尽管可以在一定程度上把荟萃分析看成针对某个问题的定量化文献综述或者评论,但是,荟萃分析有独特的步骤。根据爱德华·韦尔斯(Edward Wells)的论述,荟萃分析的主要步骤与一项好的研究评论稍有不同,荟萃分析的主要步骤包括:(1) 将所研究问题的内容以及它的基本术语概念化,并且对这些术语进行详细说明;(2) 查阅文献并选择一批与本评论有关的代表性研究;(3) 通过对各个单项研究的特征进行归纳、描述和编码,建立一个相关数据库,并且把各个单项研究的特征转变成可以比较的类别和术语;(4) 对数据库中的各个单项研究进行分析,以便了解不同模式和显著效应,并且对有意义的相关进行理论说明;(5) 对研究结果和一些评价做出总结性描述。②

荟萃分析因其优点已经在犯罪学研究中得到广泛应用。除了发表大量使用荟萃分析方法开展研究的犯罪学论文,一些犯罪学家还出版了主要使用荟萃分析方法进行研究的犯罪学书籍。例如,多丽丝·莱登·麦肯齐(Doris Layton MacKenzie)出版了《矫正中有效的措施:减少犯罪人和少年犯罪人的犯罪活动》,③戴维·韦斯伯德(David Weisburd)等人编写的《犯罪预防和改造中的有效成分:系统评价中获得的经验》。④ 戴维·威尔逊(David B. Wilson)认为,"作为一种系统评价方法,荟萃分析通过量化研究中感兴趣的发现的方向和幅度,并使用专门的统计方法来分析研究结果与研究特征之间的关系,推动研究向前发展。如果使用得当,荟萃分析会给未来的研究奠定坚实的基础。也就是说,通过荟萃分析过程,可以识别已经建立的经验关系,也可以识别正在研究的领域或者有模棱两可研究结果的领域。此外,荟萃分析为总结预防犯罪和干预工作提供了一种合理策略,从而可以提供公共政策方面的信息。尽管这些方法是技术性的,但是,研究结果可以转化为非社会科学研究人员容易理解的汇总统计数据。"⑤

---

① [美]Frank E. Hagan:《犯罪行为研究方法》(第七版),刘萃侠等译,中国轻工业出版社 2009 年版,第 166 页。

② 吴宗宪:《犯罪心理学总论》,商务印书馆 2018 年版,第 88 页。

③ Doris Layton MacKenzie, *What Works in Corrections: Reducing the Criminal Activities of Offenders and Delinquents* (New York: Cambridge University Press, 2006).

④ David Weisburd et al. (eds.), *What Works in Crime Prevention and Rehabilitation: Lessons from Systematic Reviews* (New York: Springer, 2016).

⑤ David B. Wilson, "Meta-Analytic Methods for Criminology," *Annals of the American Academy of Political and Social Science*, Vol. 578 (November, 2001): 85.

四、资料解释

在犯罪学研究中,对于收集到的资料进行解释,也是一项十分重要的工作。几乎所有的犯罪学研究都涉及对研究资料的解释,资料解释就是通过研究所收集的资料而得出研究结论的工作。

对犯罪学研究资料的解释,在很大程度上是对变量之间不同关系的确定和解释。根据变量之间关系的性质,可以把变量之间的关系分为三种类型。

(一) 相关关系

相关关系(correlation)是指变量之间相互影响的关系。不同变量之间的相关关系,可以从方向和强弱两个方面衡量。从方向上来看,可以区分出三种相关关系:(1) 如果一种变量的增加伴随着另一种变量的增加,那么,这两种变量之间就存在正相关(positive correlation),即两个变量之间存在变化方向相同的相关关系;(2) 如果一种变量的增加伴随着另一种变量的减少,那么,这两种变量之间就存在负相关(negative correlation),即两个变量之间存在变化方向相反的相关关系;(3) 如果一种变量的变化并不伴随另一种变量的变化,那么,这两种变量之间就存在零相关(zero correlation),即两个变量之间没有相关关系,也就是不相关。犯罪学研究者已经探讨了很多变量与犯罪之间的相关关系,例如,贫穷、失业、年龄、性别、文化程度、住所、婚姻等与犯罪之间的相关关系。

从强弱上来看,相关关系的强弱可以用相关系数(correlation coefficient)表示。相关系数通常用字母 r 表示,它是表示变量之间线性相关程度的数值或者量。相关系数在-1 到 +1 之间变化:相关系数为+1 时,表示完全正相关;相关系数为-1 时,表示完全负相关;相关系数为 0 时,表示零相关。但是,这三种情况在研究中是很少见的。在相关系数为正数时,数值越大,表示相关程度越高。当相关系数 r 小于 0.3 时,认为基本不相关;当相关系数 r 为 0.3—0.5 时,具有低相关;当相关系数 r 为 0.5—0.8 时,具有显著相关;当相关系数 r 在 0.8 以上时,具有高度相关。①

(二) 因果关系

因果关系(causality)是指一个变量的变化引起了另一个变量的变化的关系。在社会科学中,由于社会现象的复杂性,要确定两种变量之间的因果关系,是十分复杂和相当困难的。在犯罪学研究中也是如此。人们所研究的与犯罪有关系的很多因素与犯罪之间,往往存在相关关系,不过,很难确定它们之间是否存在因果关系。确定变量之间存在相关关系,可以为确定它们之间是否存在因果关系提供线索。但是,即使两个变量之间有强的相关性,也不能一概地认为它们之间存在因果关系。虽然相关性是确定因果关系的一个必要条件,但是,必须认识到,“相关关系并不等同于因果关系”②。

---

① 白建军:《关系犯罪学》(第三版),中国人民大学出版社 2014 年版,第 283 页。

② [美]杰弗瑞·T. 沃克、[美]塞恩·马旦:《犯罪学与刑事司法统计:实证分析和解释》(原书第四版),熊谋林、夏一巍译,重庆大学出版社 2022 年版,第 215 页。

有研究者提出了确定变量间因果关系的一些标准。例如，威廉·沙迪什（William Shadish）等人阐述了因果关系的三项具体要求：（1）两个变量必须同时发生变化，即它们必须具有经验上的相关性；（2）原因必须先于结果发生；（3）原因与结果之间的经验相关性（empirical correlation）不是由其他因素造成的。[①] 又如，斯蒂芬·巴坎（Steven E. Barkan）指出了确定变量间因果关系的四项标准：（1）自变量与因变量之间具有统计学意义上的联系。（2）自变量必须发生在因变量之前。这意味着，不能颠倒因果顺序（causal order）。（3）自变量与因变量之间的关系不是虚假的（spurious）。这意味着，没有另外的变量对自变量和因变量同时产生影响。（4）关于自变量与因变量之间的关系，研究者提供的解释优于其他解释。[②] 在犯罪学研究中，在确定因果关系时，可以参考这些标准。不过，还应当认识到，“从广义决定论的观点看，犯罪不是某些因素单独影响的结果，而是复杂的多方面因素决定的（其中包括自我决定）结果”[③]。所以，在犯罪学研究中确定因果关系时，应当全面地考虑问题。[④]

（三）虚无关系

虚无关系是指变量之间不存在相互影响的关系。这种相关关系相当于上述的“零相关”。这种关系表明，变量之间不存在共变关系。

在分析和解释变量之间的关系时，还要避免两类错误。第一类错误（type Ⅰ error）是指研究者认为存在关系实际上却不存在关系的错误。第二类错误（type Ⅱ error），是指研究者认为不存在关系实际上却存在关系的错误。[⑤] 这两类错误与研究者对待虚无假设的态度有关。虚无假设（null hypothesis）又称“零假设”（zero hypothesis），是认为两个变量之间没有关系或者不相关的假设。第一类错误是错误地拒绝虚无假设的逻辑错误，第二类错误则是错误地接受虚无假设的逻辑错误。

五、成果表述

成果表述是指用符合规范的格式和语言写出研究工作的过程与结果的活动。

成果表述涉及多方面的内容。其中的“规范”主要指学术规范，如引用与注释规范等；同时，也指伦理规范或者职业道德规范。“格式”是指表达研究工作及其结果的具体形式，主要包括研究报告、研究论文和研究著作。“语言”是指对成果表述中所使用的语言的要求。大体而言，语言应当是书面语言，语句应当准确、流畅。如果是写给非专业人员的研究文章，还要求语言通俗，尽量避免使用复杂的专业术语；确实需要用专业术语时，应当用通俗的语言

---

① Michael G. Maxfield et al., *Research Methods for Criminal Justice and Criminology*, 7th ed. (Stamford, CT: Cengage Learning, 2015), p. 85.

② [美]斯蒂芬·E. 巴坎：《犯罪学：社会学的理解》（第四版），秦晨等译，上海人民出版社 2011 年版，第 24—25 页。

③ [俄]阿·伊·道尔戈娃主编：《犯罪学》，赵可等译，群众出版社 2000 年版，第 173—174 页。

④ 更多内容参见[俄]阿·伊·道尔戈娃主编：《犯罪学》，赵可等译，群众出版社 2000 年版，第 186—208 页。

⑤ [美]劳伦斯·纽曼：《社会研究方法——定性和定量的取向》（第五版），郝大海译，中国人民大学出版社 2007 年版，第 451—452 页。

作出解释等。“过程”是指进行研究工作的程序,包括时间、地点、研究对象、研究工具、研究步骤等。“结果”是指通过研究工作收集的信息和得出的结论。

在完成犯罪学研究之后,需要用一定的格式将研究过程与研究结果表述出来,让其他人了解已经进行的研究工作。因此,犯罪学研究的最后一个阶段,就是撰写研究论著,特别是研究报告和研究论文。为了写好犯罪学研究论著,需要注意犯罪学研究论著的撰写方法。

虽然国内犯罪学界没有一个公认的研究论著写作格式,但是,根据犯罪学研究的特点和有关学科研究论著的写法,可以认为,犯罪学研究论著的内容和结构一般应当包括下列七个方面。

(一)标题与作者情况

标题是标明犯罪学论著内容的简短语句。标题是对研究内容的高度概括。一个好的标题,应该具有概括准确(准确反映报告的主要内容)、用词规范、简明扼要、醒目易懂等特点。

在标题下面,应当有作者的姓名和其他相关信息,包括学术职称、单位和通信地址等信息。在一些情况下,可以用脚注的形式反映作者的其他相关信息。

如果研究工作得到了有关机构和人员的帮助,作者需要表示感谢,也可以用脚注①的形式体现出来。

上述两种脚注一般不加编号,而用星号(*)等标注。

(二)摘要

摘要也称“内容提要”,是概括地反映本研究的主要内容的简短文字,包括研究对象、研究方法和研究结果等方面。摘要应当简明洗练,一般不超过300字。

在摘要下面,是关键词,即本研究涉及的最主要的几个概念或者术语。

在一些情况下,还需要将“摘要”和“关键词”翻译为英文。

(三)导言

导言又称“引言”“前言”“序言”,是犯罪学论著开始时的概括性文字,主要包括三个方面:第一,介绍所研究的问题,使读者对本研究的性质、背景、主要内容等有一个基本的了解。第二,文献综述,即回顾文献中对相关研究的论述,对以往的研究进行简要述评,指出以往研究的主要成果和存在的问题。第三,介绍本研究的假设,明确本研究的自变量和因变量。

(四)研究方法

这部分的内容主要包括三个方面:(1)论述研究方法和介绍研究设计。例如,介绍研究中使用的资料收集方法和测量工具、所使用的计算机软件以及研究的程序等。(2)介绍研究对象的有关情况。例如,如果研究对象是犯罪人,要介绍犯罪人的个人情况;如果研究对

---

① 脚注就是在页末标明的注释。通常在本页正文的下方用一条短线和正文分开。

象是某个地区的犯罪情况，要介绍该地区的犯罪及人口、社会经济和地理特征等。（3）研究时间、地点和研究者的情况。介绍进行研究活动的具体时间和地点；介绍研究者的有关情况，包括参与研究的有关人员和机构的具体情况等。

（五）研究结果与讨论

研究结果部分包括在研究过程中观察到的情况、收集到的数据资料、对这些数据资料进行统计分析的结果。

讨论部分包括对本研究中发现的情况和收集到的资料的分析和解释。

在比较短的论文或者研究报告中，研究结果和讨论往往结合在一起，作为“结果与讨论”一个部分。

（六）结论

结论是通过研究获得的结果。这是正文的最后一部分。这部分的内容概括论述本研究得出的结论。结论应当具有两个方面的特点：（1）客观性。这意味着，要客观介绍在研究中发现的情况、问题和获得的数据等资料；（2）概括性。这意味着，要准确概括本研究得出的结论（内部效度），同时要注意本研究的结论可以推广适用的范围（外部效度），防止出现“以偏概全”等问题。

（七）参考文献与附录

研究论著的最后部分是参考文献和附录。在参考文献部分，要根据一定的格式列举在本研究中主要参考和引用的文献。如果是汉语文献，通常按照作者姓名的汉语拼音顺序排列文献；如果是外文文献，通常按照作者姓名的英文字母顺序排列文献。目前，我国学术界缺乏具有权威性的、统一的参考文献书写格式，一般而言，应当包括编著者姓名、篇名或者书名、发表期刊或者出版单位、发表或者出版时间等。

如果在研究论著中还需要介绍其他信息，如有关数据、研究中应用的问卷、图片等，可以用“附录”的方式，将不便在正文中介绍的内容放在这一部分加以介绍。

上述内容仅供参考。在实际写作中，要根据研究论著的类型（调查研究报告、理论研究文章、学位论文、报刊文章、专题著作等），有所取舍，有所侧重，有所变通。

此外，在犯罪学成果的表述中，必须重视注释工作。注释就是用来解释某些内容或者注明资料来源的文字。注释通常包括两类：（1）解释性注释，即对正文中出现的名词作进一步说明的注释。（2）资料性注释，即标明所引用资料的来源或者出处的注释。在规范的犯罪学研究论著中，凡引用别人的观点、数据等资料的，必须用脚注或者尾注①的方式标明，这是一项起码的学术规范。

关于注释和参考文献的书写格式，已经有一些规范。一些重要的期刊编写了自己的引注规则。例如，《中国社会科学》编写了《关于引文注释的规定》。② 一些学术组织也编写了相关的规范。例如，中国法学会法学期刊研究会 2019 年 11 月发布了《法学引注手册》，在统

① 尾注就是在全文末尾标明的注释。

② 《〈中国社会科学〉关于引文注释的规定》，载《中国社会科学》2006 年第 3 期，第 202—203 页。

一法学文献的引注格式方面作出了努力，在撰写汉语犯罪学论著时可以参考其内容。

《法学引注手册》

按照传统的犯罪学研究情况，表述成果往往是研究工作的最后一个环节。不过，在此之后，还有相关的后续工作：对于学术型研究来讲，还需要发表研究成果，包括在期刊上发表论文，在出版社出版书籍等。对于所有犯罪学研究者来讲，特别是对于应用型研究者来讲，还需要转化研究成果，用研究成果促进犯罪治理工作，这就涉及犯罪学研究成果的转化问题。实际上，近年来，对这一问题的研究已经成为犯罪学研究的一个新的领域——转化犯罪学。①

① Leslie W. Kennedy et al., *Translational Criminology and Counterterrorism* (New York: Springer, 2014); Mark S. Davis, *The Role of State Agencies in Translational Criminology: Connecting Research to Policy* (New York: Springer, 2017); George Mason Police Research Group with David Weisburd (eds.), *Translational Criminology in Policing* (New York: Routledge, 2022).

第二编　原　因　论

犯罪原因论(etiology of crime，criminal etiology)是阐述犯罪发生原因的学说。自人们开始犯罪学方面的思考和研究以来，这方面的探讨就是其中的重要内容。现代犯罪学诞生之后，人们更是把探讨犯罪原因作为重要方面来研究，这方面的内容甚至就是狭义犯罪学的主体部分(狭义犯罪学往往是指研究犯罪发生原因的学科)。完整的犯罪原因论，应当包括各类犯因性因素和犯罪行为发生机制，是它们的总称。还要注意的是，探讨犯罪原因的内容，是犯罪学中控制理论(control theory)之外的其他理论研究的重要内容，因为对于控制理论取向的研究者来讲，人人都是潜在犯罪人(latent criminal，latent offender)，是注定要犯罪的人，因此，不需要研究人们为什么犯罪的问题，需要研究的是人们为什么不犯罪的问题。

第三章 犯罪原因与犯因性因素

犯罪原因(crime causation,causes of criminality)是促使犯罪行为发生的因素(犯因性因素)和犯罪行为发生机制的总称。这方面的研究是犯罪学研究的重要内容,中外犯罪学研究者都进行了这方面的探讨。本章首先论述以往的犯罪原因研究情况,然后论述犯因性因素的内容,介绍犯因性个人因素的具体内容(包括犯罪人因素和被害人因素)。

第一节 犯罪原因研究与犯因性因素

一、犯罪原因研究概况

犯罪原因研究是犯罪学研究的重要组成部分。以往的犯罪学文献用很大篇幅论述这方面的问题,之所以这样,是因为在很多犯罪学研究者看来,对犯罪原因的研究,是认识犯罪现象和预防、控制犯罪行为的基础。只有在全面、系统、深入地研究犯罪原因的基础上,才能有效地预防和控制犯罪行为。在犯罪学历史上,犯罪原因研究也是最重要的内容之一,甚至是早期欧洲犯罪学研究的主要内容。[①] 一些欧洲犯罪学研究者认为,犯罪学就是研究犯罪的原因与表现的学科。例如,波兰犯罪学家布鲁诺·霍利斯特(Brunon Holyst)[②]认为:"犯罪学是一门研究犯罪与犯罪人、犯罪及其他相关的社会病理现象的表现和原因,消除犯罪及其他相关的社会病理现象的方法的学科。"[③]他根据这个定义,把犯罪学划分为三个分支或主要部分:(1)犯罪症状学(criminal symptomatology)或者犯罪现象学(criminal phenomenology)。主要研究犯罪行为的不同表现形式。(2)犯罪原因论(criminal etiology[④])。主要研究犯罪的原因因素,这方面的研究可能会涉及对犯罪人人格的分析。(3)犯罪预防(criminological prevention)。主要内容是发展各种预防犯罪的措施。[⑤]

进入20世纪后,人们更加重视研究犯罪预防和控制,对犯罪原因研究的重视程度有所降低。20世纪以来,在美国等国的犯罪学研究中,犯罪学研究者开始更多地重视研究犯罪预

---

① 吴宗宪:《西方犯罪学史》(第二版)(第1卷、第2卷),中国人民公安大学出版社2010年版。

② "Holyst"又被译为"霍维斯特"。

③ Brunon Holyst, *Comparative Criminology* (Lexington, MA: D. C. Heath & Co., 1979), p. 6.

④ "criminal etiology"也可被译为"犯罪原因学"。

⑤ Brunon Holyst, *Comparative Criminology* (Lexington, MA: D. C. Heath & Co., 1979), pp. 6-8.

防和控制问题，对犯罪原因的研究有所降温，或者说将犯罪原因研究调整到一个比较合适的程度。在美国20世纪上半期最重要的犯罪学教科书——埃德温·萨瑟兰(Edwin Sutherland)等人的《犯罪学原理》一书中，有关犯罪原因的论述仅占很小的篇幅。该书第十一版分为两个部分，第一部分是“犯罪和少年犯罪研究”，共12章；第二部分是“对犯罪和少年犯罪的处理”，共14章。在全书26章中，真正论述犯罪原因的内容，仅仅有7章(第5—11章)。①

美国犯罪学界对于犯罪原因研究的降温，可能与美国实用主义哲学的影响有关。实用主义(pragmatism)哲学是一种在美国形成并且产生了世界性影响的哲学学说。这种学说强调实际效果、功用，认为理论学说是否有价值、有用和有效果，要看它对于行动是否有贡献；有助于行动成功的理论学说，就是有价值的、有用的和有效果的理论学说，反之亦然。在这种哲学的影响下，美国的犯罪学研究者意识到，以往的犯罪原因研究似乎没有对预防和控制犯罪产生理想的作用，这些犯罪原因学说的实际效果似乎是有限的。因此，他们转移研究的方向，更加重视应用犯罪学的研究，探讨那些切实对犯罪预防和控制有实际效果的方面。

即使如此，对于犯罪原因的研究仍然在犯罪学研究中占据重要地位。从犯罪学历史来看，犯罪学历史上的大多数理论学说，都是关于犯罪原因的。在很多时候，所谓的“理论犯罪学”(theoretical criminology)往往被看成有关犯罪原因的学科。这种观点甚至影响到了对犯罪原因研究的重视程度不如早期欧洲的美国犯罪学界。例如，美国犯罪学家乔治·沃尔德等人合著的《理论犯罪学》②一书的主体部分或者绝大部分内容，都是关于犯罪原因学说的论述；只是在每章的最后，才设置“政策意义”(policy implications)部分，解释所论述的理论学说对于刑事政策和刑事司法实践的意义。

中国的犯罪学研究也很重视对犯罪原因问题的探讨，并且发展了很多相关的概念。例如，除“犯罪原因”这个概念外，还普遍使用“犯罪根源”“犯罪因素”“犯罪条件”“罪因”“罪因结构”“罪因系统”等概念。③ 中国犯罪学界对犯罪原因问题的研究，在20世纪八九十年代时，达到了一个高潮，一些研究者出版了概括那时候的犯罪原因研究情况的书籍。④ 此后，对犯罪原因的研究有所降温。

二、中国学者的主要观点

(一) 概述

多年来，中国犯罪学研究者对犯罪原因进行了大量探讨，提出了一系列观点。这些观点的核心假设是，犯罪原因具有一定的结构和层次。根据这种观点，犯罪原因是一个较为复杂的系统，在这个系统内部有不同的结构和层次。

---

① [美]埃德温·萨瑟兰等：《犯罪学原理》(第十一版)，吴宗宪等译，中国人民公安大学出版社2009年版，第1—702页。

② George B. Vold et al., *Theoretical Criminology*, 5th ed. (New York: Oxford University Press, 2002).

③ 这些概念参见吴宗宪：《罪犯改造论——罪犯改造的犯因性差异理论》(第二版)，商务印书馆2019年版，第78—81页。

④ 曹子丹主编：《中国犯罪原因研究综述》，中国政法大学出版社1993年版。

犯罪原因的结构层次观点是一个具有一定地域特色的观点。在苏联—俄罗斯、中国等国家的犯罪学研究中,较多地主张这种犯罪原因观点。在苏联—俄罗斯不同时期的犯罪学书籍中,都区分犯罪的原因和条件。① 中国有关犯罪原因的早期研究,受到苏联—俄罗斯学说的影响。在中国的犯罪学书籍中,明确使用犯罪原因的“结构层次”一类的概念,并且区分出不同结构和层次的犯罪原因概念。例如,犯罪根源;犯罪现象原因、犯罪类型原因和个案犯罪原因;犯罪的一般原因、条件和相关因素;内部因素和外部因素;等等。② 有人认为,我国对犯罪原因层次的研究,经过了一个发展过程:早期研究单一因素,然后逐渐转入研究多种因素的阶段;多因素研究又从平面的综合研究逐渐走向立体原因层次系统论的研究。③

王牧从三个方面区分了犯罪原因的相关概念。(1) 横向结构。可以区分出犯罪原因和犯罪条件、引起犯罪的其他因素。(2) 纵向结构。可以区分出犯罪根源、犯罪的基本原因、犯罪的直接原因和条件、犯罪诱因、犯罪人的犯罪个性。(3) 主观因素和客观因素。④

许章润等提出了“罪因结构”的概念,包括犯罪根源、犯罪场以及犯罪的自然原因、社会原因、文化原因和个体原因。⑤

大体而言,研究犯罪原因的结构层次,对于从宏观上预防和控制犯罪,具有十分重要的作用。这是因为,这类研究可以揭示出与很多犯罪行为的发生有密切关系的犯因性因素,从而可以为决策者指出需要重点解决的问题和干预的对象,有助于预防和控制犯罪。不过,这类研究对于具体犯罪的解释和干预,作用是比较有限的。因为就每一个犯罪人而言,犯罪行为发生的原因都是独特的,对于其他人是次要的犯因性因素,对于特定个人可能是主要的犯因性因素,这是犯罪原因个体差异性的具体体现。只有认识了个人犯罪行为发生的主要犯因性因素,才能对该犯罪人进行合理的处理和有针对性的干预。

(二) 基本概念

在犯罪原因结构层次观点中,有一些重要的基本概念或者基本范畴。

1. 犯罪根源

犯罪根源是引起犯罪发生的最深层的终极原因。⑥ 也有人认为,犯罪根源就是对犯罪发生起根本作用或者主要作用的原因。还有人认为,犯罪根源是犯罪发生和存在的根本原因。

对于犯罪根源的具体内容,存在不同的看法。有人认为,犯罪根源是物质生活的生产方式,特别是一定的生产力状况以及与之相适应的私有制。有人认为,犯罪根源是个人与社会的对立矛盾。有人认为,犯罪根源是阶级矛盾和阶级斗争。有人认为,犯罪根源是私有制、

---

① [苏]B. K. 茨维尔布利等主编:《犯罪学》,曾庆敏等译,群众出版社 1986 年版,第 71—77 页;[俄]阿·伊·道尔戈娃主编:《犯罪学》,赵可等译,群众出版社 2000 年版,第 203—206、293—297 页。

② 康树华主编:《犯罪学通论》,北京大学出版社 1992 年版,第 360—365 页。

③ 张小虎主编:《中国犯罪学基础理论研究综述》,中国检察出版社 2009 年版,第 140 页。

④ 王牧主编:《新犯罪学》(第四版),高等教育出版社 2022 年版,第 120—122 页。

⑤ 许章润主编:《犯罪学》(第四版),法律出版社 2016 年版,第 140—245 页。

⑥ 王牧主编:《新犯罪学》(第四版),高等教育出版社 2022 年版,第 120 页。

阶级斗争、社会基本矛盾。也有人认为,犯罪根源是个人的人性和本能。还有人认为:“犯罪的根源,或曰终极原因,就是社会生产方式中的生产力与生产关系的矛盾运动。这是一切社会形态下,犯罪共通的终极原因。不同社会制度下的犯罪,根源相同但犯罪原因各不同。”①

大体而言,中国学者关于犯罪根源的探讨和论述,有两种不同的取向或者路径。一些人从犯罪人之外寻找犯罪根源,特别是从社会中寻找犯罪根源;另一些人从犯罪人自身寻找犯罪根源,特别是从人的本性或者本能中寻找犯罪根源。

应当说,关于犯罪根源的探讨具有浓厚的哲学意味。这方面研究的理论意义似乎大于实践意义,因为这方面的研究成果对于预防和控制犯罪的价值有限:犯罪根源往往是难以改变的,所以,很难通过改变这类因素预防和控制犯罪。

2. 犯罪原因

这里的“犯罪原因”是指与“犯罪条件”相对而言的狭义的犯罪原因,即直接引起犯罪行为的因素。它是引起犯罪行为的直接动因,对犯罪现象和犯罪行为的发生起决定作用。也有人认为,犯罪原因是决定犯罪发生的社会现象和过程,它同犯罪现象之间存在因果关系。这种看法和表述有一定道理,但是,仅仅把犯罪原因归结为“社会现象”,可能是不全面的。

这类犯罪原因包含十分复杂的内容,人们从不同角度对其进行了探讨。例如,根据犯罪原因引起的犯罪的特征和犯罪原因的作用范围,将犯罪原因分为三类,即犯罪现象原因、犯罪类型原因和个别犯罪原因;根据犯罪原因存在的情况,将犯罪原因分为两类,即社会性犯罪原因和个体性犯罪原因。

也有人参照哲学上主体与客体的概念,将犯罪原因分为两类:一类是主观原因,即犯罪人的不良人格和犯罪动机体系等;另一类是客观原因,即主体以外的犯罪原因。客观原因又具体分为两类:一是行为人所处的社会环境中的消极因素、腐败因素、矛盾和冲突等;二是助长、促使、便利犯罪发生的各种情境因素,涉及犯罪人在实施犯罪行为的前夕遇到的时空条件、目的物保护状态、被害人状态以及行为环境的气氛等。②

应当注意到犯罪原因与犯罪行为之间关系的复杂性。首先,同样的犯罪原因不一定引起同样的犯罪行为。这是因为,犯罪行为的实施,还受许多犯罪条件的影响,这些条件有可能会影响犯罪行为的方向、方式和危害程度等。其次,同样的犯罪行为也不一定是由同样的犯罪原因引起的。例如,在同为抢劫犯罪的情况下,有的人是受生活所迫,为了解决紧迫的吃饭、住宿和交通等问题而进行抢劫犯罪;有的人是为了满足虚荣心或获取更多的财物而进行抢劫犯罪。③

3. 犯罪条件

犯罪条件是影响犯罪行为实施情况的外部因素。犯罪条件虽然不引起犯罪行为,但是,对于犯罪行为实施的具体情况,包括犯罪行为的进行时间、犯罪行为的具体方式、犯罪行为

① 周良沱:《犯罪根源论》,载《湖北公安高等专科学校学报》2001 年第 3 期,第 33 页。

② 魏平雄主编:《犯罪学》,中国政法大学出版社 1989 年版,第 127—128 页。

③ 张远煌主编:《犯罪学》(第五版),中国人民大学出版社 2022 年版,第 137 页。

的危害程度、犯罪行为的进行过程等，都会发生影响。虽然犯罪原因可能相同或者类似，但是，在不同条件下进行的犯罪行为，都会带有与其外部条件相适应的特征。

也有人认为，犯罪条件是指影响犯罪发生和变化的外部因素。换言之，犯罪条件也就是社会原因和个体原因之外的因素，大致包括四类因素：时间因素、空间因素、犯罪侵害对象因素和社会控制机制弱化因素。任何犯罪都是在特定条件下发生的，因此，犯罪条件对于犯罪行为的实施，起着"犯罪场"的作用。这是因为，存在犯罪原因并不等于实施犯罪行为，从"可能犯罪"变成"实施犯罪"，需要在特定领域进行，犯罪场就是犯罪原因实现为犯罪行为的特定领域。①

犯罪原因和犯罪条件之间既有区别，又有紧密的联系。一方面，犯罪原因和犯罪条件在犯罪行为发生过程中所起的作用是有区别的，犯罪条件本身不能引起犯罪行为，它只能影响结果，促使犯罪原因能够发挥作用。还有人对犯罪原因与犯罪条件之间的区别，进行了更加细致的论述。② 另一方面，两者相互联系、相互作用。犯罪条件为犯罪原因发挥作用提供了重要的可能性；不具备有利的犯罪条件，犯罪原因就不可能引起犯罪行为。因此，"从狭义上讲，条件加原因就构成某种后果的所谓完全的原因"③。

还应当看到，犯罪原因和犯罪条件会相互转化。某一犯罪行为的原因，可能是其他犯罪行为的条件，反之亦然。同时，在犯罪行为的因果链条中，某一具体因素既有可能是犯罪原因，也有可能是犯罪条件。例如，一个犯罪集团的成员去作案，如果是被犯罪集团所利用，那么，犯罪集团就是他犯罪的主要原因；如果只是在犯罪集团的协助下实施犯罪，那么，犯罪集团就是他犯罪的条件。

从理论上讲，犯罪原因和犯罪条件的区别与联系似乎是很清楚的，但是，在具体的犯罪行为中，要准确区分其原因和条件，却是有困难的。因此，研究犯罪原因和犯罪条件的关系，只有有限的价值。

4. 犯罪相关因素

犯罪相关因素是指对犯罪的发生具有一定影响的因素。在犯罪行为发生的过程中，这类因素不是必要的因素，没有它们，犯罪行为也会发生。但是，这类因素对犯罪的发生有一定的影响，或者说，与犯罪的发生和变化有某种联系。从引起犯罪行为的角度讲，犯罪相关因素所起的作用要小于犯罪原因、犯罪条件。那些与犯罪行为的发生和变化有一定联系，但是，既不属于犯罪原因，也不属于犯罪条件的因素，都可以归入犯罪相关因素之中。④

（三）主要问题

以往关于犯罪原因的研究，提出了很多见解，给人们不少启发，不过，也存在一些明显的问题，其中的主要问题是：

---

① 储槐植：《刑事一体化》，法律出版社 2004 年版，第 20—21 页。

② 康树华：《犯罪学——历史·现状·未来》，北京大学出版社 1998 年版，第 93—94 页。

③ ［苏］B. H. 库德里亚夫采夫：《违法行为的原因》，韦政强译，群众出版社 1982 年版，第 11 页。

④ 张远煌主编：《犯罪学》（第五版），中国人民大学出版社 2022 年版，第 137—138 页。

第一，忽视原因因素的时空变化性。同样的犯罪原因因素在不同的时间和空间中所起的作用是不同的，这类作用是会变化的。但是，以往的研究忽视了这种时空变化性，机械地把犯罪原因因素划分为犯罪根源、犯罪原因和犯罪条件等类型，似乎它们是难以改变的。

第二，忽视犯罪原因的个体差异性。同样的犯罪原因因素对于不同个人的犯罪行为所起的推动作用可能是不同的，但是，以往的研究忽视了这种个体差异性。

第三，呈现出诡辩式思维和论述的特征。以往关于犯罪原因的研究，在一些时候呈现出诡辩式思维和论述的特征。概念的确定性，是科学研究的基本要求。随意地根据需要解释概念，就违背了科学研究的基本要求。但是，以往关于犯罪原因的研究，为了让僵化的观点适合复杂的犯罪情况，就诡辩式地论述有关概念。关于犯罪原因与犯罪条件的转化学说就是如此。本来，原因就是原因，条件就是条件，两个概念应当具有基本的确定性，但是有人提出了犯罪原因和犯罪条件在一定条件下转化的观点；而对于究竟在什么条件下发生这样的转化的问题，往往缺乏具体的论述。

三、犯因性因素观点

为了克服以往关于犯罪原因论的研究中可能存在的问题，本书作者提出了犯因性因素的观点。本书作者在 2006 年完成的博士论文和 2007 年出版的同名专著《罪犯改造论——罪犯改造的犯因性差异理论初探》[①]一节中，系统论述了“犯因性因素”的观点，以后，又在相关书籍[②]中介绍和发展了这一观点。在国外，早在 1916 年出版的荷兰犯罪学家威廉·邦格的名著《犯罪与经济条件》一书的英译本中，就使用了“犯因性因素”(criminogenic factor)这个术语，把酗酒(alcoholism)作为一种“犯因性因素”。[③] 美国犯罪学家莫里斯·帕米利(Maurice Parmelee，1882—1969)在 1918 年出版的美国第一本《犯罪学》中，详细论述了“环境中的犯因性因素”(criminogenic factors in the environment)，[④]还从犯罪预防的角度，论述了“个人型和社会型犯因性因素”(individual and social criminogenic factors)。[⑤] 1993 年，英国犯罪心理学家菲利普·费尔德曼(Philip Feldman)在出版的《犯罪心理学》一书中，用“criminogenic factor”(犯因性因素)一词指容易引起犯罪行为的酒精、毒品等精神活性物质和枪支等物品。[⑥]

本书认为，犯因性因素(criminogenic factor)是指可能诱发犯罪心理和导致犯罪行为的因素。简言之，犯因性因素就是促使犯罪行为发生的因素；对于犯罪行为的发生而言，它们是

---

① 吴宗宪：《罪犯改造论——罪犯改造的犯因性差异理论初探》，中国人民公安大学出版社 2007 年版，第 69—98 页。

② 吴宗宪：《罪犯改造论——罪犯改造的犯因性差异理论》(第二版)，商务印书馆 2019 年版，第 80—103 页。

③ Willem Adriaan Bonger, *Criminality and Economic Conditions* (Translated by Henry P. Horton. Boston, MA: Little, Brown, 1916), p. 619.

④ Maurice Parmelee, *Criminology* (New York: The Macmillan Company, 1918), pp. 40-124.

⑤ Maurice Parmelee, *Criminology* (New York: The Macmillan Company, 1918), p. 489.

⑥ Philip Feldman (1993), *The Psychology of Crime: A Social Science Textbook* (Cambridge: Cambridge University Press, 1993), pp. 275-278.

具有犯罪原因性质或者作用的因素。

这个定义指出了犯因性因素所起的不同作用。“诱发”是指引诱、激发个人产生原来没有或者未被意识到的犯罪心理的过程，主要是就犯罪心理而言的；“导致”是指通过复杂机制增强个人已经产生的犯罪心理并使其转化为犯罪行为的过程，主要是就犯罪行为而言的。

与犯因性因素类似的概念还有“犯因性条件”(criminogenic conditions, crime-causing conditions)①、“犯因性效果”(criminogenic effect)②、“犯因性功能”(criminogenic functions)、③“犯因性作用”(criminogenic role)④、“犯因性影响”(criminogenic influence)、⑤“犯因性特征”(criminogenic features)⑥等。

犯因性因素概念的主要特点是：

(1) 推动性。这是指犯因性因素对于犯罪心理的产生和犯罪行为的实施所起的诱发、推动和助长等方面的作用。没有犯因性因素，就不会产生犯罪行为。

(2) 指向性。犯因性因素是指可能诱发犯罪心理和导致犯罪行为的因素；那些虽然客观存在于犯罪人自身以及周围环境，但是并没有对犯罪心理产生和犯罪行为实施起这种作用的因素，不属于犯因性因素。

(3) 笼统性。犯因性因素是一个笼统的概念，这个概念并不机械地、静态地区分犯罪相关因素对于犯罪行为的实施发挥的作用力的大小，也不区分特定的犯因性因素究竟是犯罪根源、犯罪原因，还是犯罪条件等。因为在现实社会中，犯罪人及其犯罪行为的情况有极大的个体差异性，如果不对具体犯罪案件进行具体分析，很难确定在具体案件中起主要作用的犯因性因素。对于在所有犯罪案件中都起作用的因素进行一般性分析的价值是有限的。因此，在对犯罪行为和犯罪现象进行一般性的原因分析时，如果不想区分某种因素所起的确切作用，或者很难区分某种因素的确切作用，可以使用“犯因性因素”的概念。

(4) 复杂性。犯因性因素包含复杂的内容，凡是可能诱发犯罪心理和导致犯罪行为的因素，都是犯因性因素，其中既有心理、生理等个人自身的因素，也有社会、自然等外部环境的因素。犯因性因素包括一切与犯罪心理的形成和犯罪行为的实施有关的因素。大体而言，可以把“犯因性因素”划分为两类：犯因性个人因素和犯因性环境因素。不过，应当看到，这两类因素不是单独地、孤立地发挥作用的，而是以犯罪人为核心相互作用、相互影响的，因此，如果将这种互动性也包括进来的话，那么，犯因性因素实际上还有第三类因素，即犯因性互动因素。

---

① Steven E. Barkan, *Criminology: A Sociological Understanding*, 8th ed. (New York: Pearson, 2023), p. 6.

② Steven E. Barkan, *Criminology: A Sociological Understanding*, 8th ed. (New York: Pearson, 2023), pp. 6, 128, 147, 194; Gerben Bruinsma et al. (eds.), *Encyclopedia of Criminology and Criminal Justice* (New York: Springer, 2014), p. 82.

③ Steven E. Barkan, *Criminology: A Sociological Understanding*, 8th ed. (New York: Pearson, 2023), p. 192.

④ Gerben Bruinsma et al. (eds.), *Encyclopedia of Criminology and Criminal Justice* (New York: Springer, 2014), p. 82.

⑤ Steven E. Barkan, *Criminology: A Sociological Understanding*, 8th ed. (New York: Pearson, 2023), p. 167; Gerben Bruinsma et al. (eds.), *Encyclopedia of Criminology and Criminal Justice* (New York: Springer, 2014), p. 2496.

⑥ Gerben Bruinsma et al. (eds.), *Encyclopedia of Criminology and Criminal Justice* (New York: Springer, 2014), p. 1685.

犯因性互动因素是指犯罪人与环境之间互相影响并且可能诱发犯罪心理和导致犯罪行为的因素。这类因素大体上可以分为两类：

（1）犯因性认识倾向。这是指个人更加关注符合其反社会性的事物的现象。反社会性(antisociality)是推动个人进行危害社会行为的心理倾向。类似的概念还有“社会危险性”(soziale Gefaehlichkeit)①、“反社会倾向”(antisocial tendency)②、“反社会倾向”(antisocial inclination)③④、“反社会冲动”(antisocial urge)⑤、“反社会定向”(antisocial orientation)⑥、“反社会潜能”(antisocial potential)⑦等。这是一类普遍存在的个人特征，它不仅存在于实施了犯罪行为的人中，也存在于大量并未实施犯罪行为的人中。如果把人们与生俱来的一些本能视为反社会性的最初表现，那么，反社会性就存在于一切人中。这些普遍存在的反社会性，是人们进行各种违反社会道德和法律的行为的重要心理基础。一些反社会性比较明显或者强烈的人，很有可能在与他人和周围环境互动时，表现出犯因性认识倾向，更加关注与其反社会性相关甚至一致的事物，并且有可能夸大他人和周围环境中的反社会性质，进而形成自己的犯因性互动的结果，包括犯因性认识(错误的犯罪观念、错误的法律意识等)、犯因性状态(犯罪人与其他人之间形成的可能导致犯罪行为的人际关系)等。例如，当看到无人看管的财物时，反社会性强烈的人马上会想到，这是一个可以进行盗窃等犯罪活动的机会，就有可能产生盗窃犯罪动机和实施盗窃犯罪行为；相反，反社会性不明显甚至具有亲社会倾向(prosocial tendency)⑧的人，则会想到应该提醒物主注意看管。

（2）犯因性反应方式。这是指个人表现出的具有反社会性的行为。这类具有反社会性的言行举止，可能会破坏互动气氛，损害人际关系，进而有可能引起更加严重的危害社会结果。例如，在与别人相处时，嘲弄、蔑视、暴力或者欺骗等行为可能激发对方作出类似反应，从而诱发报复等动机并导致相应的犯罪行为。

可以说，犯因性互动既存在于犯罪人自身的有关心理因素甚至生理因素之间，也存在于犯罪人与环境相互作用的任何环节和方面，内容极其复杂。因此，本书不单独论述这方面的内容，而是将相关内容融合到对不同类型犯因性因素以及犯罪行为发生机制的论述中。

---

① 蔡墩铭：《犯罪心理学》(上)，黎明文化事业股份有限公司1979年版，第60页。

② Donald W. Winnicott, *Through Paediatrics to Psychoanalysis* (London: Hogarth Press, 1956), pp. 306-315.

③ David Abrahamsen, *The Psychology of Crime* (New York: Columbia University Press, 1960), pp. 33-36.

④ “antissocial tendency”和“antissocial inclination”的意思基本相同，都可以翻译为“反社会倾向”。在汉语中，很难找到更恰当的词语将它们翻译为不同的术语。

⑤ Anthony R. Mawson, *Transient Criminality: A Model of Stress-Induced Crime* (New York: Praeger, 1987), p. 131.

⑥ Jozsef Vigh, *Fundamentals of Criminology* (Budapest: Eotvos Lorand University Press, 1994), p. 216.

⑦ D. A. Andrew et al., *The Psychology of Criminal Conduct*, 5th ed. (New Providence, NJ: Matthew Bender & Company, 2010), p. 57.

⑧ 亲社会倾向(prosocial tendency)是个人愿意帮助他人和群体的心理和行为倾向。

第二节 犯因性个人因素

一、概述

长期以来,犯罪学研究者普遍认为,犯罪人自身存在的一些特征,是促使人们实施犯罪行为的重要原因。这些存在于犯罪人自身的可能诱发犯罪心理和导致犯罪行为的因素,就是犯因性个人因素(criminogenic individual factor)。例如,有研究发现,"与非犯罪同伴(non-criminal peer)相比,犯罪人在行为、情绪和精神疾病方面都有问题"①。

犯因性个人因素在犯罪原因中具有独特的地位。从一定意义上讲,犯因性个人因素是居于主导地位的甚至是最主要的犯因性因素。这是因为:首先,犯因性个人因素包括了犯罪行为的主体。尽管在刑法中有单位犯罪的概念,在犯罪学中也使用有组织犯罪(organized crime)的概念,但是,犯罪行为的典型主体或者主要实施者,是作为个人的自然人。如果没有具体的犯罪人,就不会有犯罪行为。其次,犯因性个人因素包含最主要的犯因性因素。从一定意义上讲,犯罪行为是人的本能的表现。人们都有求乐避苦、趋利避害等自我保护的本能,但是,人们不加克制、不加选择地满足这些本能欲望,必然与社会规则产生冲突,此时就会产生犯罪行为。正是在这种意义上,犯罪学中的控制理论认为,驱使个人犯罪的动机,是个人人性的一个部分,每个人都是潜在的犯罪人;如果放纵个人欲望,任何人都会自然而然地犯罪,因此,犯罪学研究的关键问题应当是"大多数人为什么不犯罪"的问题。人们之所以不犯罪,是由于存在抑制或控制人们不犯罪的各种力量;人们之所以犯罪,是由于抑制或控制人们不犯罪的力量薄弱,而不是由于存在驱使人们犯罪的力量。② 犯罪控制理论的观点,对于认识犯因性个人因素具有重要的启发意义。

在以往的犯罪学文献中,人们使用了若干类似的概念,如"主体因素""个人因素"等。这些概念的提出,对于认识犯罪原因具有一定的积极意义。但是,应当认识到:并非所有的主体因素或者个人因素都与犯罪行为有关;与犯罪行为有关的,仅仅是其中的一些因素。因此,本书采用"犯因性个人因素"的概念。这个概念表明,只有那些具有犯罪原因性质的个人因素,才是犯罪学在探讨犯罪原因问题时需要重点关注的内容。

犯因性个人因素主要可以划分为三类:犯因性生物因素、犯因性心理因素和犯因性其他因素。它们之间具有密切的联系:犯因性生物因素是基础性因素,没有这类因素,犯罪行为就缺乏产生的物质基础;犯因性心理因素是中介性因素,这类因素是个人进行犯罪行为的中间环节;犯因性其他因素是犯因性生理因素和犯因性心理因素的综合表现。

---

① [美]亚历克斯·皮盖惹主编:《犯罪学理论手册》,吴宗宪主译,法律出版社 2019 年版,第 24 页。

② 吴宗宪:《西方犯罪学史》(第二版)(第 4 卷),中国人民公安大学出版社 2010 年版,第 1141 页。

二、生物因素

生物因素是与人的身体及其发育和机能有关的因素。一些生物因素具有犯因性作用，构成了犯因性生物因素。

（一）犯因性年龄因素

犯因性年龄因素是指很有可能发生犯罪行为的年龄阶段。年龄(age)是影响犯罪心理与犯罪行为的因素之一。“年龄在任何情况下都与犯罪相关。年龄对犯罪的影响并不依赖犯罪的其他人口统计学相关因素。”①李·埃利斯(Lee Ellis)等人的一项评论性研究发现，在进行过的验证性研究中，100%的研究证实年龄与犯罪行为相关。② 不过，不同的年龄与犯罪的关系是不同的，一些年龄与犯罪的关系更为密切，特别是在“犯罪活动的高峰年龄”(peak age of criminal activity)，③会发生一生中最多的犯罪行为，这个年龄阶段就是犯因性年龄因素。

一般认为，年龄与犯罪成反比关系。这意味着，在一定年龄范围内，年龄越小，犯罪越多，年轻人实施的犯罪行为往往多于老年人。犯罪学研究者很早就认识到这种现象。比利时天文学家和犯罪学家阿道夫·凯特勒在1831年发表了第一个有记录的年龄—犯罪曲线(age-crime curve)，并且认为“在所有影响犯罪倾向发展或者减少犯罪倾向的原因中，年龄无疑是最有力的因素。的确，人的体力和激情是随着年龄的增长而发展起来的，然后，它们的能量随着年龄的增长而减小。”④英国犯罪学家戴维·法林顿(David P. Farringtan)等人主持的“剑桥少年犯罪发展研究”(Cambridge Study in Delinquent Development)发现，犯罪往往在十七八岁左右达到顶峰，然后下降；到35岁时，许多研究对象尽管经常分居或者离婚，并且就业记录不佳，居住不稳定，但是，都形成了遵纪守法的生活方式。⑤ 我国1993年发表的犯罪调查资料表明，我国犯罪率最高的犯罪高峰年龄阶段在18—25岁之间，这个年龄阶段实施犯罪的人占总数的50%—55%；其次是14—17岁，这个年龄阶段实施犯罪的人占总数的19%—22%；60岁以上的犯罪人占总数的1.2%—2.1%。⑥ 美国犯罪学家戴维·马茨阿(David Matza，1930—2018)在1964年出版的著作中，将随着年龄的增加人们犯罪的可能性越来越小的现象，称为“成熟改良”(maturational reform)。⑦

青少年期容易发生犯罪是有重要原因的。第一，身心发展的影响。这个阶段是生理迅

---

① Travis Hirschi & Michael Gottfredson, "Age and the Explanation of Crime," *American Journal of Sociology*, Vol. 89 (1983):581.

② Lee Ellis et al., *Criminology: A Global Perspective* (Needham Heights, MA: Allyn and Bacon, 2000), p. 108.

③ Larry J. Siegel, *Criminology: Theories, Practice, and Typologies*, 13th ed. (Belmont, CA: Cengage Learning, 2018), p. 45.

④ Adolphe Quételet (1842), "Of the Development of the Propensity to Crime," in J. Muncie, E. McLaughlin et al. (eds.), *Criminological Perspectives: A Reader* (London: Sage Publications, 1996), p. 537.

⑤ Frank Schmalleger, *Criminology Today: An Integrative Introduction*, 8th ed. (Boston, MA: Pearson, 2017), p. 209.

⑥ 俞雷主编：《中国现阶段犯罪问题研究》，中国人民公安大学出版社1993年版，第279—280页。

⑦ David Matza, *Delinquency and Drift* (New Brunswick, NJ: Transaction Publishers, 1990), pp. 22-24.

速发育的阶段,也是心理快速变化和动荡不安的阶段,这种状态使青少年容易实施冲动型违法犯罪行为。如果一些人青春期提前(early puberty)①,他们的冲动不安等会更加强烈,犯罪的可能性更大。第二,家庭影响减弱而其他联系尚未建立。在这个阶段,青少年的独立意识增强,他们不再愿意听父母的话,但是,对于他们有重要约束作用的社会联系尚未建立,不能发挥作用。例如,他们尚未结婚,没有工作等。第三,个人需要与可用资源失衡。在青少年期,由于青少年社会交往增加和自我意识觉醒等因素的影响,他们对于金钱、人际交往等方面的需要大大增加,但是,他们可以利用的合法资源有限,如他们没有工资收入等,这迫使他们以违法犯罪的方式获取资源。

(二)犯因性性别因素

犯因性性别因素是指很容易实施犯罪行为的性别。

性别(sex)是男女两性的区别。在英语文献中,区分两种性别:sex 指生理性别,即男女两性在身体或者生理方面的特征和区别;gender 指社会性别,即男女两性在社会或者文化方面的特征和区别。② 在汉语中,似乎不作这样的区分。

大量研究一致地表明,性别是影响犯罪心理与犯罪行为的因素之一,男性更容易犯罪。“人们已经发现,全世界的男性参与犯罪的都比女性多。”③犯罪学研究者普遍认为,“男性实施犯罪的比率高于女性,男性的犯罪行为更严重、更暴力,而且更容易再犯”④。我国的研究资料表明,尽管女性占人口总数的 48.4%,但是,女性犯罪人仅占犯罪人总数的 2.5%。⑤ 国外的资料也显示了类似的趋势。1988 年,美国因指数犯罪⑥而被逮捕的犯罪人中,男性是女性的 3.7 倍,女性财产犯罪占财产犯罪总数的 3.1%,女性暴力犯罪占暴力犯罪总数的 7.7%;犯罪性别差异最小的年龄阶段是 10—14 岁和 21 岁以后(女性犯罪占犯罪总数的 3.8%),犯罪性别差异最大的年龄阶段是 17—18 岁(女性犯罪占犯罪总数的 4.7%)。英国同一年的资料表明,女性犯罪占犯罪总数的 5.6%;犯罪性别差异最大的年龄阶段是 17—21 岁(女性犯罪占犯罪总数的 7.2%),犯罪性别差异较小的年龄阶段是 10—13 岁(女性犯罪占犯罪总数的 4.8%)和 21 岁以后(女性犯罪占犯罪总数的 5.3%)。⑦

同时,男性和女性在犯罪人数量方面的这种性别差异,具有很大的稳定性,在不同的时

① 青春期提前(early puberty)又被译为“性早熟”,是指在正常性发育年龄之前出现了生殖器官发育和副性征的现象。“副性征”又称“第二性征”(secondary sexual characteristics),是指男女两性除生殖器官外的外貌特征差异,表现为身高、体态、相貌等方面的差异。一般认为,如果女孩在 8 岁以前、男孩在 10 岁以前性发育已经开始,就是青春期提前。

② Gary R. VandenBos (ed.), *APA Dictionary of Psychology*, 2nd ed. (Washington, DC: American Psychological Association, 2015), p. 970.

③ Lee Ellis et al., *Criminology: A Global Perspective* (Needham Heights, MA: Allyn and Bacon, 2000), p. 102.

④ Mike Maguire et al. (eds.), *The Oxford Handbook of Criminology*, 5th ed. (Oxford: Oxford University Press, 2012), p. 336.

⑤ 俞雷主编:《中国现阶段犯罪问题研究》,中国人民公安大学出版社 1993 年版,第 281 页。

⑥ 指数犯罪(index crime)是指杀人、强奸、伤害、抢劫、夜盗、纵火、盗窃和盗窃汽车八种严重犯罪。

⑦ Ronald Blackburn, *The Psychology of Criminal Conduct: Theory, Research and Practice* (Chichester: John Wiley & Sons, 1993), pp. 50-51.

间阶段没有很大变化。例如,美国晚近的数据表明,在因严重暴力犯罪而被逮捕的人中,大约 80%是男性;在因严重财产犯罪而被逮捕的人中,65%是男性;在因谋杀而被逮捕的人中,男性和女性的比率是 7:1。① 而且,犯罪越严重、越持久,男性犯罪人的数量越多;随着犯罪严重性的增加,女性犯罪人的数量在下降。②

由于男性中实施犯罪的人数多于女性,男性实施的犯罪数量多于女性,男性犯罪的严重性也往往超过女性,因此,可以把男性看成犯因性性别因素。

男性的犯罪率大大高于女性有多方面的原因。首先,男女之间存在生理差异。犯罪是需要体力的活动,而男性比女性更加强壮,也更容易冲动,因此,他们犯罪的可能性更大。其次,男女之间存在心理差异。社会化过程中对于男性和女性的不同教育和训练,使他们形成了各自的心理特点。相对而言,男性攻击性、独立性、主动性更强,更具有野心,也更缺乏情感(特别是同情等情感),更容易具有"霸道男性气质"(hegemonic masculinity,主要表现为武断、控制欲强等特点),③这些心理特点使得男性更容易犯罪。最后,男女之间存在社会差异。男女之间在参加工作、参与亚文化群等方面也有明显差异,这些差异也会影响他们的犯罪情况。可以说,男性犯罪多于女性的"这种现象实际上是一种以生理差异为基础、多因素共同作用的结果"④。

(三)犯因性遗传因素

犯因性遗传因素是指通过遗传获得的具有犯因性作用的特质。遗传(heredity)是指亲子间通过基因传递生理和心理性状的现象。换言之,遗传是生物体的构造和生理机能等通过基因传递给后代的现象。在犯罪学研究中,人们通过犯罪家族研究、孪生子研究(twin study)、收养研究(adoption study)等方法,试图确定遗传与犯罪的关系,获得了一些重要的研究结果,其核心内容是,某些遗传特质更容易导致犯罪。例如,对 XYY 综合征(XYY Syndrome)的研究发现,具有这种综合征的人似乎更容易犯罪。1961 年,桑德伯格(A. A. Sandberg)等人首先报道了 XYY 型性染色体(47,XYY sex chromosome abnormality)的存在,他们发现,在最高安全级别的国立医院收治的囚犯中,XYY 染色体出现的频率大约是正常 XY 染色体的 20 倍。⑤ 此后,进行了很多这样的研究。

从已经进行的关于遗传与犯罪关系的研究中,可以得出下列结论:⑥

第一,犯罪本身是不能遗传的。早期的研究者如切萨雷·龙勃罗梭(Cesare Lombroso)认为,存在生来犯罪人(born criminal),犯罪人是隔代遗传的结果。但是,后来的研究一般都否定了这样的结论。

第二,确实存在一些遗传特质(inherited trait)和差异。例如,精神病态(psychopathy)、冲

① Larry J. Siegel, *Criminology: Theories, Practice, and Typologies*, 12th ed. (Boston, MA: Cengage Learning, 2016), p. 49.

② Lee Ellis et al., *Criminology: A Global Perspective* (Needham Heights, MA: Allyn and Bacon, 2000), p. 102.

③ Rick Linden (ed.), *Criminology: A Canadian Perspective*, 9th ed. (Toronto, Ontario: Nelson, 2020), p. 184.

④ 吴宗宪:《犯罪心理学总论》,商务印书馆 2018 年版,第 297—302 页。

⑤ A. A. Sandberg et al., "An XYY Human Male," *Lancet*, Vol. 2 (August, 1961): 488-489.

⑥ 吴宗宪:《犯罪心理学总论》,商务印书馆 2018 年版,第 306—307 页。

动性、控制不足、不友好(unfriendliness)、易激惹、缺乏共情、易受挫折倾向、神经质等特质和自主神经系统、生理等方面的差异,是可以遗传的,具有这些特质和差异的人更容易犯罪。[①] 这样的遗传特质,可以称为"犯因性遗传特质"(criminogenic inherited trait)。国外的研究发现,有五类因素或者特质是可以遗传的。

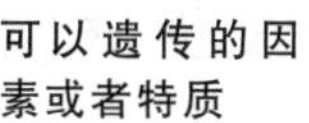

第三,从犯罪研究的历史来看,文献中论述的遗传对于犯罪的作用,有逐步减小的趋势。

第四,犯因性遗传特质往往与不利的环境因素结合起来,共同导致犯罪心理和犯罪行为。

第五,在犯罪心理和犯罪行为的产生中,遗传因素所起的作用是有限的。通常认为,遗传因素在犯罪中所起的作用小于环境因素和心理因素。

第六,科学地研究遗传与犯罪的关系是极其困难的,因为很难恰当区分遗传影响与环境影响。在相关研究中即使采用极其复杂的方法,也很难准确区分遗传影响与环境影响。研究发现,在兄弟姐妹和同伴之间,存在一种"传染效应"(contagion effect),这使他们之间有类似的合法行为和反社会行为;同卵孪生子之间的关系极为密切,在他们之间的传染效应也比在其他兄弟姐妹之间更加明显;由于孪生关系具有持续性,如果孪生子一方进行反社会行为,就会认可和支持另一方的犯罪行为,直到进入成年期。[②] 这种现象使遗传与犯罪的研究变得更加困难。

(四)犯因性神经生理学因素

犯因性神经生理学因素是指具有犯因性作用的神经生理学因素。神经生理学(neurophysiology)是研究神经系统的生理现象与功能的学科。20世纪60年代后期以来,人们开始将神经生理学的研究方法应用于犯罪研究中,进行了一些有益的探讨,结果发现,一些神经生理学因素(neurophysiological factor)具有犯因性作用。随着这方面研究的发展,"神经犯罪学"(neurocriminology)[③]的概念已经出现。

1. 神经递质分泌异常

神经递质(neurotransmitter)[④]是神经细胞释放出的具有生物活性和药理活性的化学物质。这类物质能够传递神经细胞的信息或者冲动。已经识别出来的神经递质包括乙酰胆碱、去甲肾上腺素、多巴胺和血清类。[⑤] 神经递质属于内分泌素或者激素。[⑥] 各种递质不仅

---

① Richard Wortley, *Psychological Criminology: An Integrative Approach* (London: Routledge, 2011), p.116; Lawrence S. Wrightsman et al., *Psychology and the Legal System*, 5th ed. (Belmont, CA: Wadsworth, 2002), pp. 120-121.

② Larry J. Siegel & Brandon C. Welsh, *Juvenile Delinquency: Theory, Practice, and Law*, 11th ed. (Belmont, CA: Wadsworth, 2012), p. 105.

③ Freda Adler et al., *Criminology*, 9th ed. (New York: McGraw-Hill, 2018), p. 82.

④ "neurotransmitter"又被译为"神经介质""神经传递素"。

⑤《不列颠百科全书(国际中文版)》(第12卷),中国大百科全书出版社1999年版,第84页。

⑥ 荆其诚、林仲贤主编:《心理学概论》,科学出版社1986年版,第80—81页。

对人的感觉、知觉、情绪、学习、记忆等心理活动有影响,而且与中枢神经系统调节和控制的各种技能活动有关,包括睡眠和觉醒、饮水、摄食等。

研究发现,一些神经递质的分泌情况与犯罪行为有关。安东尼·沃尔什(Anthony Walsh)等人认为,在多种神经递质中,犯罪学家需要了解的三种最重要的神经递质是多巴胺、5-羟色胺和去甲肾上腺素,①这三种神经递质对于犯罪行为的影响最明显。

多巴胺(dopamine)是存在于大脑中的一种兴奋性神经递质,是人体快乐—奖励系统不可或缺的一部分。多巴胺的释放增加了突触后神经元的活动,并伴随着强烈的欣快感。进食、性交和睡眠带来的愉悦效果在很大程度上归因于多巴胺的释放。然而,当多巴胺水平偏离正常水平时,无论它们太高还是太低,都会出现许多问题。精神病(psychosis)、精神分裂症(schizophrenia)、帕金森病(Parkinson's disease)、厌食症(anorexia)、贪食症(bulimia)、躁狂症(mania)和抑郁症(depression)都与多巴胺水平异常有关。特别重要的是多巴胺对反社会表型(antisocial phenotype)②的影响。研究人员假设,高水平的多巴胺应该与攻击性、暴力和冲动行为的增加有关。③ 其中,多巴胺转运蛋白基因(dopamine transporter gene,DAT1)与多动症、赌博、犯罪行为、暴力型少年犯罪(violent delinquency)有关;多巴胺 D2 受体基因(dopamine D2 receptor gene,DRD2)与酒精中毒、反社会人格障碍、赌博、冲动、多种物质使用(polysubstance use)④、被害和暴力犯罪有关;多巴胺 D4 受体基因(dopamine D4 receptor gene,DRD4)与多动症、品行障碍、外化行为、赌博和寻求新奇有关。⑤ 不过,研究发现,多巴胺与反社会行为之间的关系是曲线的,其中多巴胺的高水平和低水平都是导致不当行为和犯罪行为的因素。⑥

5-羟色胺(serotonin,又称"血清素")是一种具有很强血管收缩作用和抑制特性的神经递质。它可以调节行为并充当人体的自然制动系统。当它在大脑中释放时,神经元活动减少,攻击性倾向和原始冲动等先天驱力(innate drive)就会受到抑制;相反,如果 5-羟色胺分泌太少,它的调节和抑制行为的功能就难以发挥,就无法阻止个人实施各种犯罪行为和反社会行为。因此,生物社会研究人员认为,低水平的 5-羟色胺应该与更多地参与反社会行为

---

① Anthony Walsh et al. (eds.), *Biosocial Criminology: New Directions in Theory and Research* (New York: Routledge, 2009), p. 19.

② 反社会表型(antisocial phenotype)是基因与环境相互作用形成的反社会特征和表现。"表型"(phenotype)又称"表现型",是基因与环境相互作用而形成的一组生物特征,是可以观察到的生物体性状。这些性状受基因型(genotype,是生物体全部基因组合的总称,它反映生物体的遗传构成,即从双亲获得的全部基因的总和,包含不同的等位基因 allele)的控制,也受环境的影响。基因型相同的个体在不同的环境中可以有不同的表型。

③ Anthony Walsh et al. (eds.), *Biosocial Criminology: New Directions in Theory and Research* (New York: Routledge, 2009), p. 23.

④ 多种物质使用(polysubstance use)是指使用多种精神活性物质的现象,换言之,就是吸食和使用多种毒品的现象。

⑤ Anthony Walsh et al. (eds.), *Biosocial Criminology: New Directions in Theory and Research* (New York: Routledge, 2009), p. 46.

⑥ Anthony Walsh et al. (eds.), *Biosocial Criminology: New Directions in Theory and Research* (New York: Routledge, 2009), p. 62.

有关。两项荟萃分析显示,5-羟色胺分泌减少与反社会行为和暴力行为的风险增加显著相关。[①] 研究发现,犯罪人中的5-羟色胺分泌往往较少。一些研究表明,在实施了暴力型人身犯罪行为的反社会者中,都会发现5-羟色胺分泌减少的现象。[②] 美国国立卫生研究院(National Institutes of Health,NIH)关于酗酒和酒精中毒的一项研究表明,有低水平5-羟色胺的人易犯冲动罪行,如谋杀陌生人。[③] 此外,5-羟色胺分泌减少或者活性降低,会导致抑郁症;5-羟色胺分泌过多或者活性过大,会导致偏头痛和恶心等症状。

去甲肾上腺素(norepinephrine)是一种能够产生兴奋和欣快情绪的生理活性物质。它是一种常见的神经递质,也起着激素的作用,但对它的研究不如5-羟色胺多。研究发现,去甲肾上腺素的分泌为身体进行快速行动做好准备,这种功能本身就会导致潜在的攻击行为。动物研究表明,高水平的去甲肾上腺素与攻击性有关。一些对人类的研究也表明了类似的关系:[④]去甲肾上腺素分泌过多引起的过度兴奋可能导致躁狂与攻击行为。一些犯罪学研究表明,犯罪人的去甲肾上腺素的分泌往往较多。去甲肾上腺素分泌过多的人,更有可能产生冲动、寻求感觉的现象,更具有攻击性、支配性,从而更容易引起和增加犯罪行为。例如,在格鲁吉亚进行的一项小型人体研究发现,攻击性较强的囚犯体内去甲肾上腺素水平高于攻击性较弱的囚犯。[⑤] 同时,也可以从药物测试等研究中推断去甲肾上腺素的作用。例如,利血平(reserpine)可以降低去甲肾上腺素的水平,并被证明可以减少攻击行为。又如,已知能提高去甲肾上腺素水平的药物(如三环抗抑郁药,tricyclic antidepressants),通常会增加烦躁、抑郁患者的攻击行为。总的来说,去甲肾上腺素水平的提高会导致攻击性的增加,而去甲肾上腺素水平的降低会导致攻击性的减少;不过,在这方面还没有足够的研究来给出强有力的证明。[⑥] 此外,研究表明,只有在情感不稳定和饮酒成瘾的反社会者中,才发现去甲肾上腺素分泌减少的现象。[⑦]

另外,肾上腺素的分泌情况也影响犯罪行为。肾上腺素(adrenaline,epinephrine)是由人体分泌的一种可以为身体活动提供更多能量并使反应更加快速的激素。当人经历某些刺激(如兴奋、恐惧、紧张等)分泌出这种化学物质时,人的呼吸会加快(提供大量氧气),心跳与血液流动会加速,瞳孔会放大。戴维·马格纳森(David Magnusson)等人在20世纪80年代后期和90年代初期发表的纵向研究成果表明,13岁时肾上腺素分泌少的男孩在后来的发展中,比肾上腺素分泌多的男孩更有可能实施频繁的犯罪活动;有持续型犯罪生涯的男性在青

---

① Anthony Walsh et al. (eds.), *Biosocial Criminology: New Directions in Theory and Research* (New York: Routledge, 2009), p. 66.

② Adrian Raine, *The Psychopathology of Crime: Criminal Behavior as a Clinical Disorder* (San Diego, CA: Academic Press, 1993), p. 289.

③ [美]杰里米·里夫金:《生物技术世纪——用基因重塑世界》,付立杰等译,上海科技教育出版社2000年版,第162页。

④ Gail Anderson, *Biological Influences on Criminal Behavior*, 2nd ed. (Boca Raton, FL: CRC Press, 2020), p. 200.

⑤ Gail Anderson, *Biological Influences on Criminal Behavior*, 2nd ed. (Boca Raton, FL: CRC Press, 2020), p. 200.

⑥ Gail Anderson, *Biological Influences on Criminal Behavior*, 2nd ed. (Boca Raton, FL: CRC Press, 2020), p. 201.

⑦ 吴宗宪编著:《国外罪犯心理矫治》,中国轻工业出版社2004年版,第30页。

少年时期都具有高的活动过度和低的生理反应性(低的肾上腺分泌)模式。①

2. 性激素分泌不平衡

性激素(sex hormone)是由性腺分泌的激素。其中,主要由睾丸和肾上腺皮质分泌的性激素称为“雄激素”(androgen),包括睾酮(testosterone,又称“睾丸素”“睾丸酮”)、雄烯二酮、去氢异雄酮等,雄激素可以促进男性特征的发育。主要由卵巢分泌的性激素称为“雌激素”(estrogen)。不过,睾丸、胎盘和肾上腺也能分泌雌激素。雌激素主要促进女性特征的发育。

研究表明,男性和女性在雄激素的分泌方面有显著的差异,这种差异是造成男女之间在犯罪方面的差异的重要因素。男性犯罪远远多于女性的重要原因,可能就是男性的雄激素分泌多于女性。大多数研究一致地发现,血液中的睾酮过多与男性中攻击性的增加有联系;这种化学物质的数量与性犯罪人使用暴力的程度有直接的联系。② 同时,研究也发现,在很多犯罪人中,存在激素分泌不平衡的现象。例如,研究发现,在男性暴力型犯罪人、累犯型性犯罪人中,往往存在睾酮分泌太多的现象。③ 盖尔·安德森(Gail Anderson)指出:“在现代人中,睾酮与行为之间的关系似乎更多地与支配、竞争和社会地位有关……对支配、竞争和社会地位的渴望很容易激发暴力和犯罪。睾酮在冒险中也有作用,虽然这可能是无害的,但是它也会导致对自己或者他人的伤害。”④

睾酮还有可能与其他激素结合起来对暴力犯罪产生犯因性作用。例如,保罗·伯恩哈特(Paul C. Bernhardt)在 1997 年发表的一项研究表明,男性中的攻击行为可能是睾酮分泌过多与大脑中的神经递质 5-羟色胺分泌过少相结合的产物。他假定,睾酮的真正作用在于产生谋求支配行为(dominance-seeking behavior),而不必然会引起外部的攻击行为。不过,当个人由于无法获得支配权而遭受挫折时,5-羟色胺就会降低挫折的消极心理影响,使人平静下来。然而,大脑中缺乏 5-羟色胺的男性会体验到更加强烈的挫折感,因此,会对挫折情境产生更加暴力型的反应,在睾酮分泌较多时更会如此。⑤

研究人员也探讨了睾酮对于女性行为的影响。妇女身体中具有的睾酮数量大约为男性的 1/10;妇女身体中睾酮数量的微小变化,可能与她们人格和性行为方面的变化有联系。小詹姆斯·达布斯(James M. Dabbs, Jr.)等人在 1997 年发表的一项研究发现,监狱内女犯人血液中睾酮分泌多,与她们在监狱中的攻击型支配行为有关。⑥

研究还发现,妇女性激素分泌的波动,与她们的违法行为有密切关系。例如,已有的研

---

① [美]L. A. 珀文:《人格科学》,周榕等译,华东师范大学出版社 2001 年版,第 201 页。

② Frank Schmalleger, *Criminology Today: An Integrative Introduction*, 3rd ed. (Upper Saddle River, New Jersey: Prentice Hall, 2002), p. 150.

③ 吴宗宪:《西方犯罪学史》(第二版)(第 2 卷),中国人民公安大学出版社 2010 年版,第 714—717 页。

④ Gail Anderson, *Biological Influences on Criminal Behavior*, 2nd ed. (Boca Raton, FL: CRC Press, 2020), p. 149.

⑤ Frank Schmalleger, *Criminology Today: An Integrative Introduction*, 3rd ed. (Upper Saddle River, New Jersey: Prentice Hall, 2002), p. 150.

⑥ Frank Schmalleger, *Criminology Today: An Integrative Introduction*, 3rd ed. (Upper Saddle River, New Jersey: Prentice Hall, 2002), p. 150.

究发现，月经分泌异常是重要的犯因性因素。妇女在来月经之前，会体验到难以形容的紧张，也容易情绪激动等，这些症状被称为“经前综合征”（premenstrual syndrome）。这种内分泌异常及其伴随的症状，很容易引起违法行为，导致妇女在经前和月经期间犯罪行为增多。①

（五）犯因性生物化学因素

犯因性生物化学因素是指具有犯因性作用的生物化学因素。生物化学（biochemistry）是研究生物体内的化学反应过程及其相关物质的学科。生物犯罪学家（biocriminologist）认为，人们需要适当的化学物质和矿物质，以保证大脑功能的正常发育，在幼年时期更是这样。如果这类需要不能得到满足，人们就会产生心理和行为问题，从而会引起犯罪行为；相反，人们过多摄入一些物质，也有可能助长犯罪行为的发生。人们已经研究了维生素、碳水化合物、糖以及钠、钾、钙、氨基酸、一元胺（monoamine）、肽（peptide）、铜、镁、锌等与犯罪的关系。

1. 维生素与犯罪

维生素（vitamin②）是生物的生长和代谢所必需的微量有机物。如果人们对化学物质和矿物质的正常需要没有得到满足，人们就会患维生素缺乏症（vitamin deficiency）。如果一些人具有需要更多化学物质和矿物质的遗传素质，而他们的这类需要没有得到满足，他们也会患维生素缺乏症。患维生素缺乏症的人，会出现许多生理、心理和行为问题。例如，有关维生素缺乏症与犯罪关系的研究似乎已经发现，反社会行为与维生素 B3、维生素 B6 和维生素 C 的缺乏有关。研究也表明，许多精神分裂症患者和有学习与行为障碍的儿童缺乏维生素 B3 和维生素 B6。③ 伦纳德·希普切（Leonard Hippchen，1978）认为，医学上的研究已经证实，维生素 B3 依赖症是造成青年人高度活跃的主要因素，如果这种疾病延续到 25 岁还没有得到治疗，就可能会导致严重的精神疾病。希普切甚至认为，维生素 B3 依赖症是导致青少年有无穷精力，并且进行吸烟、饮酒、药物滥用、逃学、破坏活动以及其他违法犯罪行为的主要因素。后来的研究发现，维生素 C、维生素 B6 和锰（manganese）可以减轻注意缺陷多动障碍（Attention Deficit and Hyperactivity Disorder，ADHD，过去被称为“儿童多动症”，1987 年改称现名），从而也可以减少反社会行为。④

2. 碳水化合物与犯罪

20 世纪 70 年代以来的若干研究发现，个人摄入过多的碳水化合物和糖，也与暴力行为和犯罪有关。碳水化合物（carbohydrate）又称“糖类”，是为人体提供能源和热量的有机化合物，包括单糖、双糖和多糖。人们普遍认为，糖的摄入会增加攻击性。⑤ 大量摄入糖和高果

---

① 吴宗宪：《西方犯罪学史》（第二版）（第 2 卷），中国人民公安大学出版社 2010 年版，第 712—714 页。

② “vitamin”过去音译为“维他命”。

③ Larry J. Siegel, *Criminology: Theories, Patterns, and Typologies*, 5th ed. (Minneapolis/St. Paul, MN: West Publishing Company, 1995), p. 142.

④ Anthony Walsh et al. (eds.), *Biosocial Criminology: New Directions in Theory and Research* (New York: Routledge, 2009), p. 257.

⑤ Richard Wortley, *Psychological Criminology: An Integrative Approach* (London: Routledge, 2011), p. 84.

糖玉米糖浆(high fructose corn syrup),会增加反社会行为和攻击行为。西蒙·莫尔(Simon Moore,2009)等人在英国进行的一项关于儿童饮食对成年暴力行为的长期影响的研究发现,10 岁的儿童过度食用糖果(糖果和苏打水等富含糖分的食品),最有可能在成年后被判暴力罪。① 萨拉·索尔尼科(Sara Solnick,2012)等人在波士顿对高中生进行的一项研究发现,每周饮用 5 罐以上软饮料的青少年,更有可能携带武器,也更有可能对同伴、家庭成员或亲密伴侣实施暴力行为。② 不过,这方面的研究结果并不完全一致。另一些人认为,许多喜欢吃含有很多糖和碳水化合物的食物的人,并没有暴力或者犯罪倾向。

3. 低血糖症与犯罪

低血糖症具有犯因性作用。低血糖症(hypoglycemia)是由多种原因引起的血液中葡萄糖浓度低于正常值的综合征,主要表现为思睡、痴呆、行为异常、易激惹、焦虑、狂躁、癫痫等神经精神症状和饥饿、心慌、手抖、出汗等交感神经过度兴奋症状。当血液中的葡萄糖浓度低于维持脑功能正常需要的水平时,就会产生低血糖症。一些研究认为,低血糖症与反社会行为和暴力行为有关。早在 1943 年,登茨·希尔(Dents Hill)等人报道了一起杀母亲的案例,指出低血糖症与杀人有关。③ 后来的一些研究将低血糖症与伤害和严重的性犯罪联系起来。低血糖症还与一种以攻击行为、伤害行为、血糖紊乱和脑功能障碍为特征的综合征有关。亚尤拉-托拜厄斯(J. A. Yaryura-Tobias,1975)等人研究了看守所和监狱中犯人的血糖浓度,发现他们中有低血糖症的比率高于正常人。马蒂·弗库南(Matti Virkkunen,1986)在习惯型暴力犯罪人(habitually violent offender)和冲动型犯罪人(impulsive offender)中,发现了很高的反应性低血糖症(reactive hypoglycemia)。④ 20 世纪 70 年代以来的研究发现,在有严重犯罪历史的人中,特别是在有暴力犯罪历史的人中,有低血糖症的人显著多于一般人。⑤

三、心理因素

一些心理因素具有犯因性作用,它们构成犯因性心理因素。犯因性心理因素是指犯罪人自身存在的心理活动方面的犯因性因素。

(一) 犯因性动力因素

犯因性动力因素是指推动个人进行犯罪行为的犯因性心理因素。这类因素能够推动个人产生犯罪心理和进行犯罪行为,其中,首要的动力因素可能是本能,很多犯罪行为是个人

---

① Simon Moore et al.,"Confectionary Consumption in Childhood and Adult Violence," *British Journal of Psychiatry*, Vol. 195 (2009):366-367.

② Sara Solnick & David Hemenway,"The 'Twinkie Defense':The Relationship between Carbonated Non-Diet Soft Drinks and Violence Perpetration Among Boston High School Students," *Injury Prevention*, Vol. 18 (2012):259-263.

③ Dents Hill and William Sargent,"A Case of Matricide," *The Lancet*, Vol. 244 (1943):526-527.

④ Larry J. Siegel, *Criminology: Theories, Practice, and Typologies*, 13th ed. (Belmont, CA: Cengage Learning, 2018), pp. 145-146.

⑤ Lee Ellis et al., *Criminology: A Global Perspective* (Needham Heights, MA: Allyn and Bacon, 2000), p. 274.

的一些本能的反映。此外，个人的需要、动机[①]、兴趣、信念、人生观、价值观等，也具有动力作用，会推动个人进行犯罪行为。

1. 犯因性本能因素

通常认为，本能（instinct）是人类在进化过程中形成并通过遗传固定下来的不学就会的行为模式和行为倾向。本能是人类的生理需要在心理上的表现。人类的本能具有下列特点：（1）自动性。自动性又称“自发性”，是指本能自动地引起相关行为的特点。现代心理学认为，本能行为是一种在生理性内驱力的推动下产生的自动性行为。（2）目的性。这是指本能具有保护自我的基本倾向的特点。本能行为并非完全是盲目的，而具有一定的目的性。人类本能行为的经常的和最主要的目的，是保护自己的安全，包括自己的人身安全、财产安全以及家人的安全等。为了达到保护自己的基本目的，个人会派生多种相关的行为动机，进行多种衍生性的相关行为。（3）固定性。这是指本能具有高度稳定性的特点。本能是经过长期的遗传过程而固定下来的行为倾向，尽管人的本能有很大的个体差异，但是，人的本能倾向以及本能行为模式是大体相同的，而且，基本的本能倾向的种类和表现也是有限的。例如，在中国古代，孟子提出了“食色，性也”[②]的观点，把人的本能归纳为吃饭和性欲两种本能，这种观点在今天仍然具有合理性。

犯因性本能因素是指具有犯因性作用的本能特质。很多本能是犯囚性囚素，有不少犯罪来源于人类的本能。[③] 人类的不少本能都有可能引起犯罪行为，如父母本能（养育和保卫子女的本能）、逃避本能（避免危险物的本能）、饮食本能（摄取饮食的本能）和性本能（爱异性和产生性反应的本能）。因此，“一些人认为，自我保护或者生存的本能本身就需要攻击冲动和性冲动”[④]，而这些冲动导致的一些结果，就是犯罪行为。

攻击与防卫本能引起犯罪行为的可能性更大，是大量犯罪行为产生的内在基础。这类本能包括六种更加具体的本能：（1）战斗本能，即进行战争与攻击的本能。（2）暴行本能，即使用暴力的本能。（3）敌对本能，即与他人发生冲突的本能。（4）逐退本能，即逐退来犯者的本能。（5）报复本能，即遭受侵害后进行回报的本能。（6）争斗本能，即遭受侵害或侮辱之后起而与之相斗的本能。[⑤] 这些本能，尤其是攻击本能（aggressive instinct）导致的本能冲动（instinctive urge），往往是引起犯罪心理和犯罪行为的重要原因。如果个人在出生和生活的早年中，没有经过适当的社会化，没有学会和形成抑制本能的内在力量，如道德感、良

---

① 动机（motivation）是直接激发个人活动并引导活动朝向一定目标的心理倾向。动机是推动个人进行活动（行为）的内在动力，往往在需要的基础上产生，是个人需要的具体表现，具有许多与需要类似甚至相同的内容和特点。引起动机必须有内在条件和外在条件，内在条件就是需要，外在条件就是诱因（incentive），即能够满足个人需要并诱发个人行为的外部因素。同时，人的兴趣、信念等，都是动机的不同表现，是重要的动机形式。因此，这里不专门论述动机。关于动机的更多内容，也可以参看有关犯罪动机的论述。

② 《孟子·告子上》。

③ 蔡墩铭：《犯罪心理学》（下），黎明文化事业股份有限公司 1979 年版，第 522 页。

④ Matt DeLisi et al.（eds.），*The Routledge International Handbook of Biosocial Criminology*（New York：Routledge，2018），p. 530.

⑤ 蔡墩铭：《犯罪心理学》（下），黎明文化事业股份有限公司 1979 年版，第 525—527 页。

心、超我等，上述本能很容易转化为犯罪心理和引起犯罪行为。

实际上，存在一类本能型犯罪，即主要在本能欲望的驱使下发生的犯罪行为。意大利犯罪学家拉斐尔·加罗法洛（Raffaele Garofalo）所讲的自然犯罪（natural crime），大部分都属于本能型犯罪，这类犯罪主要是为了满足个人的本能欲望而进行的，背后往往具有明显的本能型犯罪冲动（natural criminal impulse）。①

2. 犯因性需要

需要（need）是个人对其存在和发展所必需的条件的依赖状态。需要在人的生活中具有极为重要的作用，它是个人积极性的源泉，也是个人积极性的最重要推动力。需要推动个人进行各种各样的活动，既包括指向自我的身心活动，也包括指向外界的外显行为，其中也包括侵害社会的活动。当需要引起犯罪动机进而导致犯罪行为时，需要就具有了犯因性作用，这样的需要就是犯因性需要。

犯因性需要（criminogenic need）是指可能诱发犯罪心理和导致犯罪行为的需要。这类需要具有下列特点：（1）需要内容具有低级性。这是指在犯罪人的需要结构中低级需要占主导地位的现象。低级需要主要是与满足生理欲望相关的需要，主要是物质需要和性需要。犯罪人的低级需要不仅数量多，而且强烈程度往往压倒其他较高层次的需要。（2）需要满足具有危害性。这是指犯罪人往往用危害社会的或者不道德的方式满足其需要的情况。从一定程度上讲，“犯罪就是把个人利益同社会利益对立起来，把个人利益看得高于社会利益，采取与社会发生冲突的方法来满足自己需要的最危险的情形”②。可以说，“反社会行为，首先由反常的、畸形的或臆想的需要引起。如果为了满足正常的需要却选择反社会的和违法的方式方法，那么正常的需要也可以成为反社会行为的基础”③。

3. 犯因性兴趣

兴趣（interest）是指个人力求认识某种事物或者从事某种活动的心理倾向。人类的兴趣有很大的个体差异，这种差异突出地表现在兴趣的指向性、广度、稳定性和效能等方面。同时，人们的兴趣是多种多样的，可以按照不同标准进行分类。例如，可以分为物质兴趣（致力于追求特定物质或者物质生活条件）和精神兴趣（致力于认识事物），也可以分为高尚（高雅）兴趣和庸俗兴趣，等等。兴趣具有动力性作用，会使个人积极从事感兴趣的活动或者追求感兴趣的物质等。“兴趣是带有情绪色彩的需要”④，对于个人发挥着类似于需要的作用。

犯因性兴趣（criminogenic interest）是指可能诱发犯罪心理和导致犯罪行为的兴趣。其特点是：

（1）低级性。这是指一些兴趣的内容指向低级、庸俗的对象的特性。犯因性兴趣通常是指向低级、庸俗的对象的不良兴趣，这样的兴趣会引导个人追求满足本能欲望、有违主流

---

① Richard Wortley, *Psychological Criminology: An Integrative Approach* (London: Routledge, 2011), p. 15.

② ［苏］B. K. 茨维尔布利等主编：《犯罪学》，曾庆敏等译，群众出版社1986年版，第98页。

③ ［苏］斯·塔拉鲁欣：《犯罪行为的社会心理特征》，公人、志疆译，国际文化出版公司1987年版，第39页。

④ ［俄］阿·伊·道尔戈娃主编：《犯罪学》，赵可等译，群众出版社2000年版，第272页。

社会价值观和行为准则的物质、活动、体验等,有可能在这个过程中引发犯罪动机和犯罪行为。例如,对于淫秽色情内容充满兴趣的人,有可能产生性犯罪动机和进行性犯罪行为。

(2) 危害性。这是指满足一些兴趣的活动会导致危害社会结果的特性。人的兴趣有多样化的表现,并非所有的兴趣都是低级庸俗或者危害社会的,但是,犯因性兴趣引起的行为肯定是具有社会危害性的行为。在少数情况下,如果不能用合法的方式满足个人的高雅兴趣,高雅兴趣也会引起犯罪动机和犯罪行为。

4. 犯因性信念

信念(belief)是坚信某种观点的正确性并支配自己行动的个性倾向。① 信念通过直接经验、间接经验(阅读书报杂志、观看影视等)和推论等形成,一旦形成之后就具有稳定性,指导个人进行自己认为正确的行为。当个人的一些信念有可能推动犯罪行为发生时,这样的信念就变成了犯因性信念。

犯因性信念(criminogenic belief)是指与社会道德和法律规定相冲突的信念。这类信念主要是指个人形成的不同于主流社会道德准则和法律规范的另一套信念,也有可能是指个人曾经具有的主流价值体系的信念受到削弱的情况。当个人形成这样的信念时,它们就有可能促使个人产生犯罪动机和进行犯罪行为。美国犯罪学家特拉维斯・赫希(Travis Hirschi)认为,在社会或者群体中存在一种共同的价值体系和道德观念,生活在这种社会或群体中的人们通常都相信、遵循这些价值体系和道德观念。如果这样的信念缺乏或者受到削弱,个人就有可能进行越轨及犯罪行为。他对少年犯罪原因的研究表明,当个人关于社会规范的道德适当性的信念受到削弱时,进行少年犯罪的可能性就会增强。② 因此,错误信念具有犯因性作用。"与少年犯罪关系最密切的信念,就是那些与少年犯罪行为好或者坏的评价有关的信念。"③一些人的信念体系构成了犯因性信念体系(criminogcnic belief system),这类信念体系支持个人的犯罪生活方式,导致个人不负责任、自我放纵(self-indulgence)、侵犯他人、长期进行违法活动等。④

此外,个人的一些具有犯因性作用的人生观、价值观等,也对个人实施犯罪行为发挥动力性作用,促使个人进行犯罪行为。⑤

(二) 犯因性人格因素

人格(personality)是个人在适应环境过程中形成的相对稳定的行为和心理反应模式。稳定的行为反应模式指的是人格的外显方面,而稳定的心理反应模式指的是人格的内隐方面。人格的构成成分可以称为"人格特质"(personality traits),有时候也称为"人格特征"(personality characteristics)。在犯罪研究文献中,一般把人格特质和人格特征看成近义词或

① 叶奕乾等主编:《普通心理学》(第四版),华东师范大学出版社 2010 年版,第 289 页。

② [美]特拉维斯・赫希:《少年犯罪原因探讨》,吴宗宪等译,中国国际广播出版社 1997 年版,第 19 页。

③ [美]特拉维斯・赫希:《少年犯罪原因探讨》,吴宗宪等译,中国国际广播出版社 1997 年版,第 173 页。

④ Francis T. Cullen et al. (eds.), *Encyclopedia of Criminological Theory* (Thousand Oaks, CA: Sage, 2010), pp. 989-990.

⑤ 吴宗宪:《犯罪心理学总论》,商务印书馆 2018 年版,第 220—225 页。

同义词。一般认为,人格具有整体性(多种成分结合而成)、稳定性(形成后持续一定时间)、独特性(每个人的人格都有自己的特点)和社会性(人格是社会化的结果)的特点。①

犯罪学研究者对人格特质与犯罪的关系进行了大量的研究。② 这些研究发现,一些人格特质与犯罪的关系更加密切,这样的人格特质就构成了犯因性人格因素或者犯因性人格特质,即可能诱发犯罪心理和导致犯罪行为的人格特质。这类人格因素主要包括下列四个方面。

1. 攻击性

攻击性(aggressiveness)是指个人有意进行侵犯、争夺或者破坏行为的心理特性。

攻击性是重要的犯因性人格特质。攻击性特质很有可能引起犯罪行为,很多犯罪行为都是攻击性的直接表现,"大多数研究发现,少年犯罪人和成年犯罪人比他们的相对守法的同龄人更具攻击性"③。同时,攻击性具有本能性质。"许多心理学家认为攻击是本能的,人类天生就有进行攻击行为的需要"④。"攻击性……与行为障碍和犯罪行为相联系"⑤。

同时,研究发现,男孩和女孩都可能具有很高的攻击性,只不过他们表现的方式有所不同。男孩更有可能采取直接的攻击方式,用竞争性、工具性的行为直接表现其攻击性;而女孩主要采取间接的攻击方式,例如,进行关系攻击(relational aggression),拒绝接纳对方、排斥对方,或者破坏对方友谊与同伴地位(通过散布谣言等方式),等等。⑥

2. 冲动性

冲动性(impulsiveness,impulsivity)是指受到刺激后不加思考地立即行动的心理倾向。冲动性强的人在受到刺激时,立即对刺激作出行为反应,在刺激与行动之间缺乏一个思考、延缓的过程。冲动性强意味着个人的自我控制差、理性思考能力差,个人经常在激情推动下行动,很少考虑行为的方式和后果。"情绪肤浅、快速和不反思,是犯罪人的反应风格,犯罪人很少考虑其行为的后果或者长期影响。"⑦

冲动性是重要的犯因性人格特质。冲动性强的人具有比一般人更大的犯罪可能性。⑧冲动性与犯罪的许多相关因素都有联系,它不仅造成青少年的犯罪率远远高于其他年龄组人群(青少年的冲动性比其他年龄组人群强),也会妨碍个人的内化过程(冲动性强的人不容易进行内化过程),从而引起一系列犯因性后果:冲动性使个人不能很好地将道德规范内化,妨碍了个人的道德发展;冲动性制约个人言语能力的发展,使那些难以用语言表达自己

---

① 黄希庭、郑涌:《心理学导论》(第三版),人民教育出版社 2015 年版,第 589—591 页。

② 有关人格特质与犯罪关系研究的更详细情况,参见吴宗宪:《犯罪心理学总论》,商务印书馆 2018 年版,第 230—236 页。

③ Lee Ellis et al., *Handbook of Crime Correlates* (San Diego, CA: Academic Press, 2009), p. 117.

④ David Clarke, *Pro-Social and Anti-Social Behaviour* (London: Routledge, 2003), p. 69.

⑤ [美]亚历克斯·皮盖惹主编:《犯罪学理论手册》,吴宗宪主译,法律出版社 2019 年版,第 31 页。

⑥ [美]David R. Shaffer:《发展心理学——儿童与青少年》(第六版),邹泓等译,中国轻工业出版社 2005 年版,第 512 页。

⑦ Vincent B. Van Hasselt et al. (eds.), *Handbook of Behavioral Criminology* (Cham, Switzerland: Springer, 2017), p. 52.

⑧ Lee Ellis et al., *Criminology: A Global Perspective* (Boston, MA: Allyn and Bacon, 2000), p. 217.

的愿望和情绪的人,更容易用攻击行为和其他冲动性暴发(impulsive outburst)解决问题;冲动性阻碍个人对多方面内容的学习,从而对个人的社会化产生广泛的消极影响,进而影响个人的社会适应,促使犯罪的产生。已经有几项研究发现,"冲动性对少年犯罪倾向有促进作用"①。一项评论性研究发现,在进行过的验证性研究中,97.5%的研究证实冲动性与犯罪行为或者反社会行为有关。② 国外的研究也发现,冲动性是重要的犯因性人格特质,犯罪人比非犯罪人更加冲动,无论男女都是如此;攻击性强的犯人比攻击性弱的犯人更加冲动;早发犯(early onset offender)③比迟发犯(late onset offender)④更加冲动;冲动性与自我报告的犯罪行为和少年犯罪、吸毒、问题型赌博(problem gambling)呈正相关;⑤早期的冲动性可以预测后来的暴力行为。⑥

3. 敌意

敌意(hostility⑦)是对他人或者团体怀有的一种持久性的仇恨、对抗、怀疑和不相容的负面态度。敌意是一种包含多方面消极情绪的消极态度。有的研究者将敌意与攻击(aggression)交替使用,但是,多尔夫·齐尔曼(Dolf Zillmann,1979)将两者加以区别:攻击是一种要造成实际伤害的行为;而敌意仅仅是一种心理态度或评价。⑧ 不过,敌意与攻击有密切的联系,敌意是攻击行为产生的重要心理基础,怀有敌意的人总想寻找机会发泄它,而发泄时往往就采取攻击的方式。因此,敌意是攻击行为的一种潜在准备状态,怀有敌意的人在遇到不利情境时,随时都会将敌意转化为犯罪动机,进行侵害他人的犯罪行为。因此,敌意也是一种重要的犯因性人格因素。

4. 追求刺激倾向

追求刺激倾向(stimulation seeking, stimulus seeking)又称"感觉寻求"(sensation seeking)⑨或者"寻求刺激"(excitement seeking)倾向,类似于"冒险"(risk taking),是一种寻求和探索新奇的刺激与体验的内在倾向。"感觉寻求"这个概念是美国心理学家马文·朱克曼(Marvin Zuckerman)在1994年提出的,他指出,感觉寻求是"一种特质,其特征是寻求多样的、新颖的、复杂的、强烈的感觉和经验,并且愿意为这种体验而冒身体的、社会的、法律的和

---

① [英]Ronald Blackburn:《犯罪行为心理学:理论、研究和实践》,吴宗宪等译,中国轻工业出版社2000年版,第169—170页。

② Lee Ellis et al., *Criminology: A Global Perspective* (Needham Heights, MA: Allyn and Bacon, 2000), p. 218.

③ 早发犯(early onset offender)是在早年开始犯罪行为的人。

④ 迟发犯(late onset offender)是在较晚开始犯罪行为的人,通常指25岁以后开始犯罪行为的人。

⑤ Richard Wortley, *Psychological Criminology: An Integrative Approach* (London: Routledge, 2011), pp. 99-100.

⑥ 刘建宏主编:《国际犯罪学大师论犯罪控制科学》(1),人民出版社2012年版,第55页。

⑦ "hostility"又被译为"敌视"。

⑧ [英]Ronald Blackburn:《犯罪行为心理学:理论、研究和实践》,吴宗宪等译,中国轻工业出版社2000年版,第182页。

⑨ "sensation seeking"又被译为"寻求刺激"。

金融的风险"①。这种特质包括四种成分:(1)寻求刺激和冒险(thrill and adventure seeking),这是指用合法的方式追求刺激,如体育运动和其他活动;(2)寻求体验(experience seeking),这是指探索的欲望,如通过旅行进行探索;(3)抑制解除(disinhibition),这与犯罪、酗酒和吸毒有联系;(4)厌倦易感性(boredom susceptibility),这是指很容易感到厌倦无聊。②

追求刺激倾向具有犯因性作用。研究表明,在追求刺激倾向、冒险与犯罪和反社会可能性之间,存在密切关系。③ 这是因为,犯罪人有一种更加强烈的追求刺激倾向,他们的心理唤醒水平低于正常人的平均水平,因而具有比正常人更大的追求刺激的需要。如果缺乏社会可以接受的刺激性行为,他们就会为了追求刺激而进行犯罪行为。一些研究者假定,低唤醒水平、追求刺激倾向与越轨行为之间存在联系。例如,赫伯特·奎伊(Herbert C. Quay, 1965,1977)明确指出,"渴望追求刺激"(stimulus hunger)与病态人格有关;法利(F. H. Farley,1986)指出,少年犯罪人通常更有可能是一些唤醒水平低的刺激追求者;李·埃利斯(2000)等人的一项评论性研究发现,在进行过的验证性研究中,98.4%的研究证实追求刺激倾向与犯罪行为或者反社会行为有关,100%的研究证实冒险与犯罪行为或者反社会行为相关。④ 很多研究者也发现,追求刺激倾向与很多问题行为,包括自我报告的少年犯罪、吸毒、饮酒、危险驾驶和赌博之间存在正相关。⑤

此外,不能延迟满足(inability to delay gratification)、缺乏共情(lack of empathy)、外倾性(extroversion)、缺乏焦虑(lack of anxiety, absence of anxiety)、神经质(neuroticism)或者情绪不稳定(emotional instability)等,都具有一定的犯因性作用;⑥多动性(hyperactivity)或者注意缺陷多动障碍(ADHD)可以预测以后的犯罪行为。⑦

(三)犯因性感情因素

感情(affection)是情绪和情感的总称。情绪(emotion)是指与人的生物性需要的满足相联系的短暂而剧烈的态度体验。最基本、最原始的情绪有四种:快乐、愤怒、恐惧和悲哀。情感(feeling)是指与人的社会性需要的满足相联系的一种复杂而又稳定的态度体验。情感通常分为道德感、理智感、美感等。情绪和情感的区分主要在苏联以及中国等国家流行;在西方,心理学以及医学、精神病学等学科常常不作这样的区分,而是往往将其统称为"情绪"。

---

① Francis Pakes et al., *Psychology and Crime: Understanding and Tackling Offending Behavior* (Portland, OR: Willan Publishing, 2007), p. 8.

② Francis Pakes et al., *Psychology and Crime: Understanding and Tackling Offending Behavior* (Portland, OR: Willan Publishing, 2007), pp. 8-9.

③ Lee Ellis et al., *Criminology: A Global Perspective* (Boston, MA: Allyn and Bacon, 2000), p. 217.

④ Lee Ellis et al., *Criminology: A Global Perspective* (Needham Heights, MA: Allyn and Bacon, 2000), p. 219.

⑤ Richard Wortley, *Psychological Criminology: An Integrative Approach* (London: Routledge, 2011), p. 99.

⑥ 具体参见吴宗宪:《犯罪心理学总论》,商务印书馆2018年版,第241—249页。

⑦ 刘建宏主编:《国际犯罪学大师论犯罪控制科学》(1),人民出版社2012年版,第54页。

情绪和情感与犯罪的产生有密切的联系。研究表明,某些情绪和情感对犯罪心理的形成和犯罪行为的实施有不同程度的影响,这样的感情就构成犯因性感情。

1. 犯因性情绪

犯因性情绪(criminogenic emotion)是指可能诱发犯罪心理和导致犯罪行为的情绪。伴随犯罪动机的强烈情绪对犯罪行为具有驱动作用,不仅会加速犯罪行为的实施,也会使犯罪行为的实施更趋强烈。[①] 这样的情绪往往具有下列特点:第一,极端性。这是指情绪的强度很大、紧张度很高等方面的特性。强烈的情绪冲动会导致个人丧失理智,而丧失理智就会导致肆无忌惮的犯罪行为。[②] 第二,消极性。这是指这类情绪往往引起不愉快的心理体验和破坏性后果的特性。第三,复杂性。这是指情绪包含多方面的内容的特性。由于这些特性,人们往往用“极端情绪”“消极情绪”等概念称呼犯因性情绪。

研究发现,在调节情绪方面存在困难的人,会产生多种恶性循环(vicious cycle),从而导致犯罪。例如,在家庭中,调节情绪困难可能会加剧父母与兄弟姐妹之间的冲突;在极端情况下,这可能会导致一种恶性循环,即愤怒的父母变得过于严厉,引发孩子进一步的负面情绪,从而进一步激怒父母。在学校中,调节情绪困难可能会引起教师的负面反应,并可能进一步导致青少年以过度敌对的方式解释这些反应。在同伴群体中,调节情绪困难可能会增加社会压力,特别是在青少年时期。在工作场所中,调节情绪困难同样可能导致个人将无害的主管指示视为敌意的指示,并将责任分配视为不公平的分配。[③] 这种恶性循环会造成一种很容易发生犯罪行为的心理基础。

犯因性情绪与消极情绪(negative emotion)有密切联系。消极情绪又称“负性情绪”,是指伴随不适甚至痛苦体验的情绪。消极情绪是由精神创伤、挫折或者不愉快刺激引起的个人对刺激产生消极态度与反应的体验。消极情绪包括愤怒、憎恨、忧愁、悲伤、恐惧、焦虑、消沉、松懈、颓唐、灰心、羞耻、厌恶等。与此相对的积极情绪,则是指伴随快乐甚至幸福体验的情绪。犯因性情绪往往具有消极情绪的性质,很多消极情绪往往属于犯因性情绪,会产生犯因性作用。

犯因性情绪的表现较多。前面论述的攻击性、冲动性、敌意等人格特质,实际上也可以看成犯因性情绪的表现形式,除此之外,还有几种突出的犯因性情绪。

(1) 愤怒(anger)。这是个人在受到挫折时产生的一种紧张而不愉快的极端性情绪反应。愤怒是许多犯罪行为,特别是暴力型犯罪行为的重要心理基础和犯因性因素。

愤怒具有一些明显的特点。第一,程度差异性。愤怒有不同的程度,从轻微不满、生气、激愤到大怒、狂怒等。第二,内容原始性。愤怒是一种原始的、基本的情绪。在人的成长过程中,很早就分化出愤怒情绪,这种情绪可以延续人的一生。第三,挫折引发性。愤怒产生

---

① 蔡墩铭:《犯罪心理学》(下),黎明文化事业股份有限公司 1979 年版,第 550 页。

② [苏]B. H. 库德里亚夫采夫:《违法行为的原因》,韦政强译,群众出版社 1982 年版,第 221 页。

③ Matt DeLisi et al. (eds.), *The Routledge International Handbook of Biosocial Criminology* (New York: Routledge, 2018), pp. 21-22.

的基本原因是遭受挫折。当个人在因某种目的不能达到、需要不能满足而体验到挫折时,就会产生愤怒。第四,应对差异性。对愤怒的应对因人而异。有些人不大容易产生愤怒情绪,或者在产生愤怒情绪时能够控制自己,以恰当的方式宣泄愤怒情绪。相反,有些人很容易产生愤怒情绪,在产生愤怒情绪之后,也很可能采取不理智的行为发泄愤怒情绪。人们应对愤怒的不同情况,往往与个人的修养等有关。第五,表现多样性。愤怒有多种表现形式,其中,最有可能产生的表现方式是攻击行为。产生了强烈的愤怒情绪的人进行的攻击行为,如果造成严重危害后果,就会构成犯罪。

研究也发现,愤怒与犯罪的关系似乎有性别差异。例如,卡特·海伊(Carter Hay,2003)进行的一项研究发现,在遭受家人虐待(family-perpetrated abuse)时,男孩与女孩自我报告的愤怒程度并无不同,但是,男孩更有可能外化他们的愤怒并将其转化为少年犯罪,而女孩更有可能内化她们的愤怒并将其转化为内疚(自责)。① 这意味着,愤怒更有可能引起男性的犯罪行为。

(2)恐惧(fear)。这是个人面临或者预期面临危险刺激时产生的企图逃避和摆脱这类刺激的情绪反应。恐惧往往伴随着内心极度不安的主观体验以及肌肉紧张、呼吸急促、心跳加速等生理反应。

恐惧是一种具有明显犯因性作用的消极情绪。这是因为,在极度恐惧的情况下,个人很有可能产生逃避和摆脱危险刺激的冲动,但是,当发现自己无法逃避和摆脱时,就有可能产生攻击的欲望,以保护自己免受危险刺激的侵害。在一些情况下,恐惧会迅速诱发攻击和自卫动机,导致某些犯罪行为的发生。不仅对于精神状态正常的人是这样,对于精神异常甚至有精神疾病的人也是这样,精神病人的大量攻击行为往往是恐惧情绪引发的自卫行为。当然,强烈的恐惧也会引起严重的心理创伤甚至会威胁人的生命。从这种意义上,可以认为,“恐惧是最有害的情绪”②。同时,研究发现,恐惧症与犯罪有一定关系。恐惧症(phobia)是一种非理性的恐惧,会产生强烈的焦虑和恐慌。一项研究调查了青春期晚期和成年期恐惧症与反社会行为之间的关联,报告了恐惧症与反社会行为之间的正相关关系,这意味着反社会行为在有恐惧症的人中比没有恐惧症的人更常见。③

同时,无恐惧感(fearlessness)也是重要的犯因性因素。这是因为,从另一个方面来看,适度的恐惧具有约束人们进行冒险行为的作用,使人们因为感到害怕而不敢进行危害行为。但是,假如一个人无恐惧感,对什么也不感到害怕,那么,就有可能无所顾忌地进行各种冒险行为,包括犯罪行为。

(3)仇恨(hatred),又称“憎恨”(hate)。这是指由强烈的利害冲突和偏见引起的极端反感和愤怒交织并且往往有伤害欲望的敌意型情绪。

仇恨是一种犯因性作用极端突出的负面情绪。这是因为,无论是什么情况引起的仇恨

① [美]亚历克斯·皮盖惹主编:《犯罪学理论手册》,吴宗宪主译,法律出版社 2019 年版,第 400 页。

② 孟昭兰主编:《情绪心理学》,北京大学出版社 2005 年版,第 161 页。

③ Lee Ellis et al., *Handbook of Crime Correlates* (San Diego, CA: Academic Press, 2009), pp. 173-174.

情绪,都有可能导致犯罪动机的产生和犯罪行为的发生。大体而言,仇恨情绪的产生原因主要有三类:一是利益冲突。这是指由于金钱和其他物质利益方面的冲突而产生仇恨情绪的情况。例如,当个人拥有的财物等被他人夺取,或者个人可能得到的物质利益由于他人的阻挠而不能得到时,就会对他人产生仇恨情绪。二是感情冲突。这是指在人际交往中由于感情受到伤害而产生仇恨情绪的情况。例如,当个人被他人羞辱、谩骂时,就会对他人产生仇恨情绪。三是偏见。这是指由于片面信息引起不公正看法而产生仇恨情绪的情况。仇恨情绪包含强烈的反感和厌恶,会伴随极想伤害对方(仇恨的对象)的冲动,因此,会引发仇恨动机和复仇行为,从而会产生大量的暴力型犯罪行为。

尽管在大多数情况下,仇恨情绪具有冲动性的特点,会迅速引起相应的行为反应,不过,也有一些仇恨情绪会转化为长期的怨恨情绪,即积怨,这种情绪会在个人内心中不断积累、发酵,最后可能在细微诱因的作用下转化为犯罪动机和引起犯罪行为。一些犯罪人受积怨的驱使,会在多年之后实施犯罪行为。

20 世纪 90 年代以来在国外大量发生的“仇恨犯罪”(hate crime)或者“偏见犯罪”(bias crime),①是一类主要在仇恨情绪作用下实施的犯罪,它已经成为国际社会中广受关注的犯罪类型。② 1990 年,美国国会通过了《仇恨犯罪统计法》(Hate Crime Statistics Act),促进了对于这类犯罪的关注,也使这类犯罪成为研究的热点。从国外的情况来看,那里的仇恨犯罪主要是由各种各样的偏见引起的,如种族、性别、身体和心理残疾、宗教、性取向、年龄等。③

(4) 嫉妒(jealousy)。这是个人在与他人比较中发现自己不如他人时产生的羞愧、愤怒和怨恨交织的复杂情绪。

嫉妒有一些重要的特点。第一,比较性。嫉妒是一种在人际比较中产生的情绪,最容易在各种条件相当、相互比较熟悉的人们之间产生。用来比较的内容相当广泛,几乎生活中的任何方面都可以成为比较的内容,包括财富、地位、家庭条件、相貌、经历、学历等,甚至琐碎的生活细节也有可能成为比较的内容,如讲话的语气和声音、走路的姿态、衣着的样式等。第二,指向性。嫉妒往往指向那些嫉妒者认为比自己能干、比自己优越的人,尤其容易指向那些原来比自己差但是现在比自己好的人。第三,复杂性。嫉妒是一种羡慕和恼怒交织的复杂情绪,包含羞愧、猜忌、自卑、超越(不甘居人之下)、破坏欲望等情绪。第四,传染性。群体中的某个人产生嫉妒情绪后,会将这种情绪带给其他人,从而损害群体的心理气氛,造成群体成员的相互猜忌,导致“窝里斗”(群体成员之间发生的相互损害现象)等。第五,有害性。嫉妒是一种有害的消极情绪,其危害性首先表现为会损害嫉妒者自己的身心健康,使嫉

① Curt R. Bartol et al., *Criminal Behavior: A Psychological Approach*, 11th ed. (Upper Saddle River, NJ: Pearson, 2017), pp. 30-31.

② Neil Chakraborti et al., *Hate Crime: Impact, Causes and Responses*, 2nd ed. (Thousand Oaks, CA: Sage, 2015); Nathan Hall et al. (eds.), *The Routledge International Handbook on Hate Crime* (Abingdon, Oxon: Routledge, 2015); Joanna Jamel, *Transphobic Hate Crime* (Cham, Switzerland: Palgrave Macmillan, 2018).

③ Curt R. Bartol et al., *Criminal Behavior: A Psychological Approach*, 10th ed. (Upper Saddle River, NJ: Pearson, 2014), p. 9.

妒者产生紧张、焦虑、烦恼等情绪症状，内分泌系统紊乱、肠胃功能失调、神经衰弱等身心症状，生活兴趣减退、精神萎靡不振、丧失生活动力甚至抑郁等心理症状；其次表现为会引发对嫉妒对象的攻击行为，使嫉妒者通过侵害嫉妒对象来缓解、平息其嫉妒情绪。因此，嫉妒情绪具有犯因性作用，“嫉妒心理很容易转化为人的犯罪意识，导致犯罪行为”①。

嫉妒通过多种机制引起犯罪。第一，嫉妒别人的成就而犯罪。这样的人会因为直接侵害成就高的人而犯罪（直接攻击），也会因为通过其他方式发泄嫉妒情绪而犯罪（间接攻击）。第二，嫉妒别人的幸福而犯罪。这样的人会因为直接侵害幸福的人而犯罪，也会因为通过其他方式发泄嫉妒情绪而犯罪。第三，嫉妒别人的财富而犯罪。这样的人会因为直接侵害别人的财富而犯罪，也会因为通过其他方式发泄嫉妒情绪而犯罪。第四，因性嫉妒而犯罪。性嫉妒（sexual jealousy）是人们在两性关系中表现出来的嫉妒心理和行为。一些因为恋爱不成而毁坏对方容貌的案件，就是这类嫉妒导致犯罪的例子。② 性嫉妒导致的暴力行为，被称为“嫉妒暴力”（jealous violence），③是导致人际暴力犯罪的最常见因素之一。已有研究发现，性嫉妒是最重要的基本情绪之一，这种情绪具有腐蚀效应（corrosive effect），会使嫉妒者产生悲伤、抑郁、愤怒、尴尬、恐惧和羞辱等一系列消极情绪，从而导致大量的破坏行为，引发很多亲密伴侣暴力（intimate partner violence），从羞辱、殴打配偶、前配偶、前女朋友到杀害这些人，甚至会导致侵害与这些人有密切关系的其他人。④

除了上述具体的情绪，激情、应激一类具有普遍性、弥漫性的激动情绪，往往也有一定的犯因性作用。激情（intensive emotion，passion）是由重要生活事件引起的短暂而爆发性的情绪状态。应激（stress）是由出乎意料的紧张情况引起的情绪状态。在这些情绪状态下，个人都会出现心理失衡、行为冲动、理性控制严重减弱甚至暂时丧失的情况，从而导致个人的认识和行为失当。这种状况很容易引起激情犯罪。激情犯罪实际上是主要由强烈情绪引起的犯罪行为。

2. 犯因性情感

犯因性情感（criminogenic feeling）是指可能诱发犯罪心理和导致犯罪行为的情感。在这类情感中，特别值得关注的是下列情感：

（1）缺乏爱。爱（love）是指人们相互喜欢、接纳、接近、共存的情感。爱是人类最普遍的感情之一，有很多种类型，如亲子之爱、伴侣之爱、家人之爱、激情之爱。个人在生活中形成的爱，对于个人的健康成长和正常发展，具有重要价值。相反，如果个人在生活中没有得到正常的爱，处于缺乏爱的状态，那么，这种状态就具有犯因性作用，会引起犯罪动机和犯罪行为。

心理学家很早就注意到缺乏爱的犯因性作用。例如，瑞士精神分析学家奥古斯特·艾

---

① 蒋艳菊：《嫉妒犯罪的心理分析及其预防》，载《河南大学学报（社会科学版）》1994 年第 6 期，第 40 页。

② 蒋艳菊：《嫉妒犯罪的心理分析及其预防》，载《河南大学学报（社会科学版）》1994 年第 6 期，第 39—40 页。

③ Richard Wortley，*Psychological Criminology*：*An Integrative Approach* （London：Routledge，2011），p. 31.

④ David M. Buss，“Sexual Jealousy，” *Psychological Topics*，Vol. 22 （No. 2，2013）：160-161.

希霍恩(August Aichhorn,1878—1949)认为,犯罪和少年犯罪的原因是发展不足型超我(underdeveloped superego),发展不足型超我形成的原因,则是他们的父母缺乏爱,以至于他们不能形成关爱依恋(loving attachment),而关爱依恋是适当发展他们的超我所必需的。[①] 此后,很多犯罪心理学家都认为,儿童对父母缺乏依恋等因素,会导致他们无法感受到他人的爱;他们缺乏爱的这种状况,也使他们不知道去爱别人,因而很容易在人际交往等情境中发生冲突时,倾向于用攻击型、暴力型的方法加以解决,这是很多暴力型犯罪动机和犯罪行为产生的重要心理因素。

(2)自卑感(feeling of inferiority,inferiority feeling)。这是指个人因为体验到自己的缺点、无能或者低劣而产生的不如别人的消极心态。自卑感是与优越感相对的一种情感体验。奥地利精神病学家阿尔弗雷德·阿德勒(Alfred Adler,1870—1937)首先系统探讨了自卑问题,并且论述了自卑与犯罪的关系。阿德勒使用了“自卑情结”(inferiority complex)的术语,用来指完全无意识或部分无意识的自卑感。阿德勒(1912)指出:“体质低劣(constitutional inferiority)和具有同样效果的童年状况会产生一种自卑感,这种自卑感需要通过增强自尊进行补偿。”[②]自卑感的产生,与两类因素有关:实际存在的身体或者器官缺陷,如身体残疾、肥胖、丑陋、发育畸形等;个人对自己某些方面的不满意感。根据阿德勒的观点,产生自卑感的人在过度补偿心理的作用下,也会产生强烈的优越情结(superiority complex),夸大自己的能力和成就,并且为此进行相应的行为;如果用病态的方法追求优越,就会产生犯罪心理和犯罪行为。犯罪人实际上是通过追求优越感隐藏其自卑情结。[③]

自卑感具有一定的犯因性作用。研究表明,自卑感与犯罪心理的联系是以过度补偿机制为中介的。过度补偿(over-compensation)是个人为了克服自卑感而采取过分的补偿行动的一种心理防御机制。补偿(compensation)最初是一个生理学术语,指有生理缺陷的人用身体上完好器官的极端发展来弥补缺陷器官的机能,结果使某些完好器官的机能超过一般人的机能的现象。例如,盲人由于眼睛的缺陷,就用触觉和听觉器官的极度发展来补偿视觉器官的缺陷,结果使盲人的触觉和听觉大大超过正常人。阿德勒将过度补偿的概念应用于心理方面,认为儿童的心理往往具有过度补偿的性质;当人进入青春期之后,一般都会产生强烈的自卑感,为了克服这种自卑心理,就会表现出超过常人容忍程度的自尊、傲慢,或者通过进行反抗和其他攻击行为加以补偿,有的甚至会为此而进行暴力型犯罪行为。在这种情况下,自卑感就会转化为犯罪动机,促使个人进行犯罪行为。挪威出生的美国犯罪心理学家戴维·亚伯拉罕森(David Abrahamsen,1903—2002)认为,自卑感会引起杀人和性犯罪。[④]

(3)罪恶感(guilty feeling,sense of guilt)。这是指个人的观念或行为与其道德标准、价值观念发生冲突时产生的感到有罪和羞耻的情感体验。在犯罪心理学中,罪恶感一词实际

① George B. Vold et al., *Theoretical Criminology*, 4th ed. (New York: Oxford University Press, 1998), pp. 93-94.

② Andrew M. Colman, *A Dictionary of Psychology* (Oxford: Oxford University Press, 2015), p. 1302.

③ [奥]A. 阿德勒:《自卑与超越》,黄光国译,作家出版社 1986 年版,第 196 页。

④ David Abrahamsen, *The Psychology of Crime* (New York: Columbia University Press, 1960), p. 204.

上有两种用法,表达了不同的意思,对于犯罪也有不同的作用。

第一,精神分析学术语。作为精神分析学术语的罪恶感又称"罪疚感",是在个人感到心理和行为违反道德标准时产生的认为自己有罪和应当受到惩罚的情感体验。这种罪恶感往往是一种无意识的心理现象。

这种意义上的罪恶感具有犯因性作用。精神分析学家特别强调罪恶感的概念与作用,认为罪恶感起因于无意识的乱伦心理与超我的冲突。当个人幼年时形成的恋母情结(oedipus complex)[①]或者恋父情结(electra complex)[②]没有得到良好克服而产生固着现象时,恋母情结或者恋父情结就会在无意识中牢固地保留到成年,使个人无意识中的恋母情结或者恋父情结与已经形成的超我发生冲突,导致个人由于乱伦心理而产生很深的罪恶感。这种罪恶感在无意识中迫使他们进行各种违法犯罪活动,以便由此招致惩罚,通过接受惩罚来减轻或者消除罪恶感,从而为自己违反超我并被社会道德所禁止的欲望赎罪。可以说,这种罪恶感促使个人渴望受到惩罚,而遭受惩罚会给个人带来一段时间的平静和满足,[③]有助于减轻乱伦心理引起的焦虑。对一些漫不经心地实施犯罪并且很容易被逮捕的犯罪人来说,他们的犯罪行为可能就是由无意识中的罪恶感引起的。对于一些神经症型犯罪人(neurotic offender)来说也是如此,他们无意识中有通过实施犯罪行为而受到惩罚的愿望。罪恶感是精神分析学家解释犯罪心理的基本概念之一。"罪恶感似乎是激发反社会倾向和导致个人进行犯罪行为的一种主要力量。"[④]其他的心理学家也广泛用罪恶感来解释犯罪心理和犯罪行为,特别是解释暴力型犯罪行为。

第二,一般术语。人们在日常生活中所讲的罪恶感是指感到个人的心理和行为违反道德和法律时产生的自我谴责的情感体验。这种罪恶感往往是一种被意识到的心理现象。这种罪恶感是一种亲社会因素(prosocial factor),是对社会有利的;适当的罪恶感具有抑制人们的越轨行为及犯罪行为的作用。这种罪恶感是正常人及健康社会中一种正常的心理反应,在社会生活中时常发生。如果个人在实施了犯罪行为之后产生强烈的罪恶感,那么,这种罪恶感就会有利于犯罪人的积极转变,能够有效防止他们再次犯罪。

(四)犯因性思维模式

思维模式(thinking pattern)是人们在长期的思维活动中形成的习惯性的思考方式与倾向。犯因性思维模式(criminogenic thinking pattern)又称"错误思维模式"(faulty thinking pattern)、"诱发犯罪思维模式"(criminovalent thinking pattern)、"犯罪思维方式"(criminal think-

---

① 恋母情结(Oedipus complex)是精神分析学术语,又被译为"俄狄浦斯情结"等,是指儿子亲母反父的复合情绪,3至6岁的儿童会强烈体验到这种情感。

② 恋父情结(Electra complex)是精神分析学术语,又被译为"伊莱克特拉情结"等,是指女儿亲父反母的复合情绪。

③ Arnold Goldberg,"Addendum to Freud's 'Criminals from a Sense of Guilt'," *The Psychoanalytic Quarterly*, Vol. 72 (No. 2, 2003): 465.

④ David Abrahamsen, *The Psychology of Crime* (New York: Columbia University Press, 1960), p. 134.

ing style),[①]是指可能诱发犯罪心理和导致犯罪行为的思维模式。

研究发现,犯罪人具有下列一些独特的犯因性思维模式。

1. 过分自我中心倾向

过分自我中心倾向是指个人在考虑和解决问题时完全以自己为中心,不考虑社会和他人的思维和行动倾向。具有这种心理倾向的人在考虑问题时,以个人的利益得失为标准区分是非善恶、衡量周围的一切,而不考虑社会规范和他人的利益。由于犯罪人的自我中心性(egocentricity)心理,“犯罪人相信世界围绕着他运转,其他人的财产、性和地位都是他的”[②]。

过分自我中心的另一种表现是自恋(narcissism)。这是一种过分自我专注和自我欣赏的心理现象。自恋是由自我中心性、浮夸感(grandiosity)、权利感(sense of entitlement)、对批评过分敏感、谴责别人等因素构成的复合心理,是犯罪思维方式中的重要成分。自恋的犯罪人往往自我陶醉和倨傲自大,认为自己的一切都好。他们如果得不到自认为应该得到的钦佩和尊重,就会进行恶性自恋型攻击性行为(aggressive acting-out of malignant narcissism),在这种情况下,犯罪人有可能在眨眼之间从具有诱人魅力的人变成进行爆炸型暴力的人。[③]

2. 高度自我服务偏向

高度自我服务偏向是指人们在分析事物原因时过分地把积极结果归于自己并把失败结果归于外界的思维倾向。研究发现,许多犯罪人存在高度自我服务偏向,他们在分析事物原因时,缺乏理智、客观的态度,这是造成他们社会适应不良的重要心理因素,也是重要犯因性因素:由于把自己的失败归于外界,所以也就向外界发泄愤怒等情绪,从而产生犯罪动机和犯罪行为。在实施犯罪行为之后,犯罪人又普遍具有把犯罪归因于社会或他人的倾向。

3. 自我评价偏向

自我评价偏向是指个人对自己的思想、能力、行为等进行不恰当判断和评价的心理现象。研究发现,犯罪人总是过高地估计自己的能力、长处等,容易盲目自信和骄傲自大,与此同时,他们又过分地贬低、轻视他人。这种心理倾向也是一种犯因性因素。对自己的过高估计,会助长犯罪人的冒险倾向;而对别人的贬斥,又会加剧犯罪人的攻击性和残忍性,可能会导致严重的犯罪行为。

4. 偏颇的合理化现象

偏颇的合理化现象是指个人将自己不合理的心理和行为转变为合理的现象。合理化是一种普遍存在的心理现象,人们在日常生活中经常有意识或无意识地产生这种心理。在犯罪人中,也普遍存在用似是而非的理由为自己的犯罪心理和行为辩解,将自己的犯罪心理和犯罪行为合理化的现象。偏颇的合理化,使犯罪人减轻或消除了罪恶感、紧张感等,从而能

---

① Vincent B. Van Hasselt et al. (eds.), *Handbook of Behavioral Criminology* (Cham, Switzerland: Springer, 2017), pp. 50–51; Virgil Zeigler-Hill et al., "Pathological Personality Traits and Criminogenic Thinking Styles," *Personality and Individual Differences*, Vol. 110(2017): 41.

② Vincent B. Van Hasselt et al. (eds.), *Handbook of Behavioral Criminology* (Cham, Switzerland: Springer, 2017), p. 52.

③ Vincent B. Van Hasselt et al. (eds.), *Handbook of Behavioral Criminology* (Cham, Switzerland: Springer, 2017), p. 52.

心安理得地实施犯罪行为,“坦然”地面对犯罪结果。犯罪人在犯罪行为的任何阶段(犯罪前、犯罪中和犯罪后),都有可能进行犯罪的合理化过程。

5. 道德解脱

道德解脱(moral disengagement)①是个人为了摆脱良心谴责而将道德准则与自己的犯罪心理和犯罪行为分离开的过程。很多人往往在内心经历了这种摆脱道德束缚的过程后,才“心安理得”地进行不道德的、邪恶的行为。② 犯罪人通过这种心理机制说服自己,使道德标准在特定环境中不适用于自己,从而将道德反应与不道德行为分离开,以致自我谴责机制不能发挥抑制犯罪的作用。道德解脱与合理化偏向有一定重叠,但是,其内容比合理化偏向更为广泛。

美国心理学家艾伯特·班杜拉(Albert Bandura,1925—2021)指出,道德解脱机制的关注点(focus)是不同的。在大多数时候,大多数人都不愿意从事伤害他人的行为,因为每个人都受到自我价值感(sense of self-worth)的约束,这种自我价值感使人们相信,自己是按照道德标准采取行动的道德行为人(moral agent),不能进行违反道德标准的行为。因此,在一些情境中,个人在要进行伤害他人的违反道德标准的行为时,就会激活各种社会认知机制,使其在面对极端有害的行为时,也能够维护其道德自尊。根据班杜拉的论述,个人在进行有害行为时采用的道德解脱机制,会指向三个方面:③

(1) 指向应谴责行为(reprehensible conduct)的道德解脱机制。这是指个人试图将其进行的应受道德谴责的行为本身加以合理化的机制,包括五种具体机制:一是道德合理化(moral justification),即将其行为解释为符合道德的现象。例如,犯罪人会认为,“社会是邪恶的”,被害人也是邪恶的,他们是在与邪恶做斗争。二是优势比较(advantageous comparison),即认为自己的生活方式和文化等要优于被害人的生活方式和文化等的现象。例如,犯罪人会认为,自己之所以采取行动,就是为了用优越的生活方式和文化等取代低劣的生活方式和文化等。通过这种机制,论证自己的有害行为的合理性。三是委婉贴标签(euphemistic labelling),即用委婉的词语称呼其有害行为的现象。通过这种机制,减轻其行为的危害性。例如,把无辜平民的死亡称为“附带损害”(collateral damage),把爆炸活动称为“为目标服务”(servicing the target),等等。四是转移责任(displacement of responsibility),即将其行为的责任转移到其他人身上的现象。例如,犯罪人将犯罪行为的责任归结到领导人或者其他人身上,认为自己仅仅是具体的执行者等。五是责任扩散(diffusion of responsibility),即让其他人分担有害行为的责任的现象。例如,犯罪人会认为自己仅仅是作为群体的一员而进行有害行为的,其他人对危害行为的进行也有责任。

---

① “moral disengagement”又被译为“道德推脱”“道德脱离”“道德解除”等。

② Curt R. Bartol et al., *Criminal Behavior: A Psychological Approach*, 10th ed. (Upper Saddle River, NJ: Pearson, 2014), p. 101.

③ Albert Bandura, “Moral Disengagement in the Perpetration of Inhumanities,” *Personality and Social Psychology Review*, Vol. 3 (No. 3, 1999): 193-209; Albert Bandura, “Selective Moral Disengagement in the Exercise of Moral Agency,” *Journal of Moral Education*, Vol. 31 (No. 2, 2002): 101-118.

（2）指向有害后果（detrimental effects）的道德解脱机制。这是指个人试图减轻其行为导致的有害后果的机制，包括三种具体机制：一是减小、忽略或者误解后果（minimising, ignoring, or misconstruing the consequences），即以不同方式减小、忽略或者误解被害人可能遭受的实际痛苦的现象。例如，假装没有看见被害人，使用定时炸弹进行犯罪行为，等等。二是转移责任（displacement of responsibility），即将危害结果发生的责任转移到其他人身上的现象。三是责任扩散（diffusion of responsibility），即认为其他人也对危害结果的发生承担责任的现象。

（3）指向被害人（victim）的道德解脱机制。这是指贬低和谴责被害人的机制，包括两种具体机制：一是将被害人非人化（dehumanize victims），即在心理上不把被害人看成活生生的人的现象。犯罪人通过给被害人贴上一些消极的标签，如把被害人看成某种制度的工具、压迫者等，贬低被害人，将被害人非人化。二是责任归因（attribution of blame），即将有害行为的责任归结到被害人身上的现象。

犯罪人通过使用这些道德解脱机制，摆脱内心的道德准则对其心理和行为的约束，使其能够顺利地进行犯罪行为。

乔恩·曼德拉基亚（Jon T. Mandracchia, 2007）等人研究了 435 名罪犯的思维模式，发现了 77 种思维错误，他们将这些错误因素分析为三大类：①

（1）控制（control）。大多数犯罪人习惯在生活的各个方面都掌握权力，他们回避任何弱点。为了保持这种感觉，犯罪人试图控制、操纵和恐吓他人，同时从他们的意识中消除任何焦虑、多愁善感的想法或者感受。

（2）认知不成熟（cognitive immaturity）。与他们的硬汉形象形成讽刺对比的是，这些犯罪人中的许多人都有一种孩童般的自怜态度和一套不成熟的认知模式，他们以此来解释世界并作出决定。他们反应冲动，不考虑后果；他们计划不周，无法履行承诺；他们依赖一般感觉和直觉，忽视了分析和反思；他们将他人视为盟友、敌人或者受剥削的被害人，但是，这些看法可能会突然改变；他们指责环境和他人，为自己的行为辩解。

（3）自我中心主义（egocentrism）。这是一切以自我为中心并自我感觉良好的现象。犯罪人认为世界应该围绕着他们转。他们认为自己是特殊的和有资格的。他们避免任何不能快速轻松地取得优异成绩的活动。他们认为人们总是在谈论他们，这可能会产生偏执的品质，迫使他们对所感知的轻视和对抗进行报复。

劳伦斯·米勒（Laurence Miller, 2012）论述了更为复杂的犯罪思维（criminal thinking）内容。主要包括：（1）犯罪思维方式（criminal thinking style），这是最早由塞缪尔·约奇逊（Samuel Yochelson, 1976）等人描述的现象，包括切断（cutoff，在即将实施犯罪行为的最后关头用简短的自我暗示语言打消顾虑，如“就这样干吧！”）等。（2）犯罪认知模式（criminal cognitive pattern），这是由格伦·沃尔特斯（Glen D. Walters）从 1990 年开始论述的现象，包括

① Jon T. Mandracchia et al., "Inmate Thinking Patterns: An Empirical Investigation," *Criminal Justice and Behavior*, Vol. 34 (Issue 8, 2007): 1040–1041.

缓和(mollification,通过指责外部力量来合理化犯罪行为)等。(3) 敌意归因偏见(hostile attribution bias),即倾向于将他人无害的或者中立的言语和行为解释为具有恶意的现象。(4) 荣誉文化(culture of honor),即用荣誉相关图式(honor-related schemata)的概念来解释暴力犯罪行为,把暴力犯罪行为作为维护荣誉和自我形象的手段。这是由达夫·科恩(Dov Cohen,1996)发展起来的观点。(5) 我与他们(Me vs. Them)思维,即为了利己而损人的思维,这是由汉斯·托奇(Hans Toch,1992)论述的现象。(6) 犯罪认知与人格特征(criminal cognitive and personality traits),这是乔治·巴勒莫(George B. Palermo,2005)等人归纳出的一系列特征,包括自我中心性(egocentricity)、冲动性(impulsivity)等。(7) 适应不良型犯罪思维模式(maladaptive criminal thinking pattern),这是由上述乔恩·曼德拉基亚等人归纳出的思维模式。①

(五) 智力与犯罪

智力(intelligence)又称“智慧”“智能”,是个人获得知识以及运用知识解决实际问题时必须具备的综合能力。在中国,通常把智力理解为认识方面的各种能力,即观察力、记忆力、思维能力、想象能力的综合,其核心成分是抽象思维能力。

智力的高低通常用智商(intelligence quotient,IQ)表示,智商可以通过使用智力量表进行测验而获得。一般认为,智商越高,人越聪明:智商 70 以下为“临界缺陷”;70—79 为“临界状态”;80—89 为“中下(迟钝)”;90—109 为“中等”;110—119 为“中上(聪明)”;120—129 为“优秀”;130 以上为“非常优秀”。②

智力与犯罪的关系是人们长期讨论的问题。人们对于智力与犯罪关系的认识,似乎经历了一个肯定—否定—再次肯定的过程。19 世纪末 20 世纪初,随着智力测验的发展,人们运用智力测验方法研究智力与犯罪的关系,认为智力低下与犯罪有密切的关系。后来,在第二次世界大战期间及以后,人们发现大多数犯罪人智力正常,犯罪人的智力与正常人之间没有多大差别。20 世纪 70 年代以来,人们重新支持智力与犯罪特别是少年犯罪有关的假设;研究普遍发现,言语智商(verbal IQ)③低与犯罪的关系更为密切,④因为言语智商低的人口头表达能力较差,在人际冲突中很难通过攻击性言语占据优势,因而有可能通过攻击性行为解决问题。

过去一般认为,低智商与犯罪的关系更密切。首先,低智商意味着个人的学习能力较差,难以学会社会规则,无法有效地用法律规范指导自己的行为,从而容易实施违反法律规范的行为,其中就包括犯罪行为。其次,低智商意味着个人无法在学习中占据优势地位,低智商的人学习成绩往往较差,只好通过进行犯罪行为建立自己在同辈群体中的威信,满足自

① Laurence Miller, *Criminal Psychology: Nature, Nurture, Culture* (Springfield, IL: Charles C. Thomas, 2012), pp. 72-76.

②《中国大百科全书·心理学》,中国大百科全书出版社 1991 年版,第 563 页。

③ 言语智商(verbal IQ)是表示个人运用语言方面的智力的指标。言语智商高的人能够更好地运用语言,口头表达能力强,往往表现出能言善辩等特征。

④ [美]亚历克斯·皮盖惹主编:《犯罪学理论手册》,吴宗宪主译,法律出版社 2019 年版,第 488 页。

己的自尊心等。再次,低智商意味着个人无法从事吸引力大和报酬高的工作,在这种情况下,合法工作由于报酬太低而失去吸引力,一些人便从犯罪行为中寻求更大的报酬和奖赏。最后,低智商也会制约个人人际关系的发展和对社会生活的适应,导致个人由于社会适应不良而发生犯罪行为。在进行过的验证性研究中,79.5%—83.5%的研究发现智力与犯罪行为或者反社会行为相关;①智商与犯罪呈现负相关,犯罪人的智商往往较低。犯罪学家特拉维斯·赫希等人在1977年发表了著名的对研究文献的系统评论,认为犯罪人的智商与非犯罪人的智商之间存在大约9分的微小但是一致而可靠的差异;②后来的研究也认为,犯罪人的智商平均比一般人口低8分。③ 心理学家理查德·赫恩斯坦等人在引起很大争议的著作《钟形曲线:美国人生活中的智力和阶级结构》中认为:"无论是以监禁还是以自我承认的犯罪来衡量犯罪行为,低智商都是犯罪行为的风险因素。"④戴维·法林顿(2012)等人认为,低智商和学业成绩差(low school achievement)可以预测犯罪。⑤

不过,研究表明,高智商也与犯罪行为有关。这种关系主要表现在两方面:第一,高智商引起轻率的态度和追求刺激的动机,会导致冒险型犯罪行为。一些过于自信的过失犯罪和故意犯罪,就与犯罪人的高智商造成的轻率态度有关。第二,高智商创造了某些独特的犯罪机会和条件,使高智商的人更容易进行犯罪行为。例如,计算机犯罪、利用一些高技术手段进行的犯罪,都与犯罪人的高智商有关,低智商的人无法获得这样的犯罪机会与条件。此外,高智商的人犯罪之后往往很难被抓获,即使被抓获,也由于他们具有较强的反审讯能力和抗拒审判能力,很难被恰当定罪和判刑,因此,被监禁在监狱中的高智商犯罪人往往很少,这也给研究高智商与犯罪的关系带来了困难,在一定程度上导致人们对高智商与犯罪关系的忽视。

由于低智商与高智商都有可能引起犯罪,现在来看,要区别出犯因性智力特征是比较困难的。

(六)犯因性变态心理

变态心理(abnormality)是指偏离正常范围达到一定程度的异常心理现象。变态心理的表现形式多种多样,可以表现为心理与行为;异常程度也极为不同,程度严重的变态心理构成精神疾病(mental illness)或者精神障碍(mental disorder)。可以通过心理量表等工具检测和评价变态心理。

一些犯罪人具有犯因性变态心理,即可能诱发犯罪心理和导致犯罪行为的变态心理。苏联的统计发现,在实施故意杀人、重伤害和性犯罪的人中,62%的人在心理上有某些异常:

---

① Lee Ellis et al., *Criminology: A Global Perspective* (Needham Heights, MA: Allyn and Bacon, 2000), p. 231.

② Travis Hirschi & Michael J. Hindelang, "Intelligence and Delinquency: A Revisionist Review," *American Sociological Review*, Vol. 42 (August, 1977): 571-587.

③ Lee Ellis et al., *Criminology: A Global Perspective* (Needham Heights, MA: Allyn and Bacon, 2000), p. 230.

④ Richard Herrnstein et al., *The Bell Curve: Intelligence and Class Structure in American Life* (New York: Free Press, 1994), p. 235.

⑤ 刘建宏主编:《国际犯罪学大师论犯罪控制科学》(1),人民出版社2012年版,第55页。

14%的人有心理变态;24%的人表现出心理异常的特征;16%的人有病理性醉酒。① 西方国家在统计中区分狭义和广义的精神疾病(mental illness②),狭义的精神疾病包括精神分裂症、精神病性障碍(psychotic disorders)、重度抑郁和双相障碍(bipolar disorder,即躁狂抑郁症),广义的精神疾病包括更多的精神疾病;他们发现,被监禁罪犯的广义精神疾病发病率超过了 50%,社区犯罪人的广义精神疾病发病率为 48.6%。③

犯因性变态心理主要包括下列六个方面。

1. 一些人格障碍

人格障碍(personality disorder,PD)又称“病态人格”“变态人格”等,是指由于人格明显偏离正常而使个人形成的反映其生活风格和人际关系的异常行为模式。最有可能引起犯罪行为的人格障碍,是反社会型人格障碍(antisocial personality disorder)或者无情型人格障碍(affectionless personality disorder)。

2. 一些思维内容障碍

思维内容障碍是指在思维活动的内容方面发生严重异常的精神病症状。这类障碍主要表现为妄想(delusion),即个人坚信不疑的错误认识。有可能引起犯罪行为的妄想包括被害妄想(delusion of persecution,persecutory delusion,④又称“迫害妄想”)、嫉妒妄想(delusion of jealousy,又称“奸情妄想”)和夸大妄想(delusion of grandeur)等。一些研究者用“偏执狂”(paranoia)概念表达类似或者相同的内容,偏执狂就是系统性的和持久的妄想。有的研究者探讨了偏执狂的犯因性作用,认为具有偏执狂的犯罪人,不信任他人,以怀疑的态度看待每一次人类互动;他们通常不诚实,自欺欺人,利用投射的防御机制将这些品质归因于他人,经常引发对抗,而且,这只会进一步证实和巩固他们已经感到厌倦的那些观点。⑤

3. 一些认知过程障碍

认知过程障碍是指个人的感觉和知觉过程发生严重异常的精神病症状。这类障碍主要表现为多种形式的幻觉(hallucination),即在没有外来刺激的情况下出现的虚假知觉。有可能引起犯罪行为的幻觉包括幻听、幻视等。一些精神病人的危害行为就是由幻觉引起的。

4. 一些性变态

性变态(sexual deviation)又称“性欲变异”(sexual variation)、“性行为异常”(sexual anomaly)、“性倒错”(paraphilia),⑥是指性满足的对象和方式与正常人不同并且违反社会规范甚至造成社会危害的性行为。具有性变态心理和进行性变态行为的人,被称为“性变态者”(sexual deviate)或者“性欲变异者”(sexual variant)等。有可能引起犯罪行为的性变态主

---

① [俄]阿·伊·道尔戈娃主编:《犯罪学》,赵可等译,群众出版社 2000 年版,第 431 页。

② “mental illness”又被译为“心理疾病”。

③ Beth M. Huebner et al., *The Handbook of Measurement Issues in Criminology and Criminal Justice* (Chichester, West Sussex: Wiley Blackwell, 2016), pp. 212-213.

④ Daniel Freeman et al., Paranoia: *The Psychology of Persecutory Delusions* (New York: Psychology Press, 2004).

⑤ Vincent B. Van Hasselt et al. (eds.), *Handbook of Behavioral Criminology* (Cham, Switzerland: Springer, 2017), p. 52.

⑥ Hans J. Eysenck et al., *The Causes and Cures of Criminality* (New York: Plenum Press, 1989), p. 222.

要是恋童癖(pedophilia)、性施虐癖(sadism)、恋物癖(fetishism)等。例如,对施虐癖犯罪人(sadistic criminal)的研究发现,施虐癖的本质是权力,即通过对脆弱的被害人施加痛苦和羞辱来享受权力。这种控制和支配的感觉是施虐癖犯罪人所渴望的,这解释了为什么许多犯罪都是通过无故使用暴力实施的,而不是为了达到功利目的,例如,在抢劫过程中抽打被害人。这类犯罪从表面来看似乎是为了获得财物而实施的,其实,隐含着很强的性变态成分,犯罪人进行这类犯罪的深层动机是为了获得性方面的权力感。这种权力感为许多犯罪人周期性地经历的挫折感和失败感提供了强有力的解药,而且可能是某些类型的系列犯罪人动机的关键组成部分。①

5. 一些冲动控制障碍

冲动控制障碍(impulse control disorders,ICD;disorders of impulse control)又称"意向控制障碍",是一组在病理性冲动或者意向的作用下急剧产生并且很快终止的冲动型行为综合征。有可能引起犯罪行为的冲动控制障碍主要是纵火癖(pyromania)、偷窃癖(kleptomania)等。例如,研究发现,一些犯罪人具有强迫症(obsessive-compulsiveness),他们通过发展僵化、固执己见和刻板的思维和行为方式,来弥补他们生活中的冲动、受挫后的无方向感;从本质上讲,他们在冲动与强迫之间来回切换,但实际上从未达到适应性反思(adaptively reflective)的中间点;在一些系列犯罪人的仪式化行为中,也可以看到强迫性僵化(obsessive rigidity)现象。②

6. 一些精神病

精神病(psychosis)是个人的心理功能严重受损、已经达到自知力严重缺失、不能应付日常生活要求并且无法保持与现实适当接触的一组严重精神障碍。精神病相当于英语文献中的"重性精神障碍"(major mental disorder)。③ 与犯罪行为关系密切的精神病主要是精神分裂症(schizophrenia)、精神发育迟滞(mental retardation,MR)、偏执性精神病(paranoid psychosis)等。

四、其他因素

除了犯因性生物因素和犯因性心理因素,还有一些其他的犯因性个人因素也可能诱发犯罪心理和导致犯罪行为,这些因素具有综合性和长期性的特征。综合性是指这些因素涉及很多方面的特性,不仅涉及心理方面,也涉及生理方面;不仅有内在心理方面,也有外显行为方面。长期性是指这些犯因性因素往往是在较长时间中形成并长时间发挥作用的特性。例如,童年期的经历会对少年期和成年期的个人产生影响,学业失败会对终身的发展与状况产生影响。

---

① Vincent B. Van Hasselt et al. (eds.), *Handbook of Behavioral Criminology* (Cham, Switzerland: Springer, 2017), p. 52.

② Vincent B. Van Hasselt et al. (eds.), *Handbook of Behavioral Criminology* (Cham, Switzerland: Springer, 2017), p. 52.

③ Allan Tasman et al., *Psychiatry*, 4th ed. (Chichester, West Sussex: John Wiley & Sons, 2015), p. 1190.

(一) 犯因性早年经历

犯因性早年经历(criminogenic early experience)是指个人在童年及人生早期体验到的可能在以后引起犯罪心理和犯罪行为的不幸经历。虽然在论述犯因性家庭因素时会涉及这方面的内容,但是,犯因性早年经历并不限于家庭,还涉及其他一些方面。早年的这种不幸经历,会给个人身心的健康发展和成长,带来多方面的消极影响,导致个人在少年期和更晚的时候容易产生犯罪心理和实施犯罪行为。萨诺夫·梅德尼克(Sarnoff Mednick)等人在20世纪90年代对丹麦同生群(Danish Birth Cohort)的大规模研究中,已经发现了不少犯因性早年经历。丹尼尔·肖(Daniel S. Shaw,2008)等人通过对以往进行的多项纵向研究的评论,也发现童年早期的危险因素与以后的严重反社会行为之间存在联系。①

文献中提到的犯因性早年经历的例子主要包括:

第一,围产期因素(perinatal factor)。围产期是指怀孕后期和产后一周的时间阶段,通常从怀孕28周起算。围产期因素包括围产期并发症(perinatal complications)和分娩并发症(delivery complications)、产前接触有毒物质(如孕妇吸烟、饮酒)等。

第二,童年早期的不幸经历。包括出生后不久与母亲长时间分离以致没有形成正常的母子依恋、幼年时遭受成人虐待、幼年时被同伴排斥或者欺凌、母亲有精神疾病、家庭极为贫穷等。

第三,目睹亲人被害经历。在早年目睹自己的亲人遭受他人侵害,特别是致命的侵害,会使个人遭受严重精神创伤,这种创伤可以长期影响个人以后的生活与发展,促使个人形成偏执性格、复仇心理等,在以后诱发犯罪心理和导致犯罪行为。例如,1996年8月27日,13岁的陕西男孩张扣扣目睹自己的母亲汪秀萍在一起纠纷中被同村王家人砸死。二十多年后,在2018年除夕之夜,35岁的张扣扣"为母报仇",以极端的方式杀害了当年参与案件的三名王家男子。2019年1月8日,张扣扣经一审被判处死刑。②

第四,其他相关因素。包括语言和智力发展问题、早期的学业失败等。

(二) 不良行为习惯

行为习惯(behavioral habit)是指个人在一定情境下自动化地进行某种行为的倾向。行为习惯代表了个人已经形成的典型的行为模式,这种行为模式会在特定情境中自动化地出现。不良行为习惯是指行为的方式和内容违反社会准则的行为习惯。

不良行为习惯违反的社会准则既包括伦理道德、文化传统、社会习俗等方面的准则,也包括很多法律规定包含的行为准则。许多犯罪人都养成了不良行为习惯,这些不良行为习惯会促使犯罪心理的形成和导致犯罪行为的实施,因此,具有犯因性作用。而且,不良行为习惯的犯因性作用,会因犯罪类型的不同而有区别:对一些犯罪的犯因性作用较大,对另一些犯罪的犯因性作用较小。

---

① 吴宗宪:《犯罪心理学总论》,商务印书馆2018年版,第325—327页。

② 陈茜:《论刑事被害人近亲属心理救助问题——以张扣扣复仇杀人案为例》,载《法制与社会》2019年第5期下,第218页。

犯罪人养成的不良行为习惯主要有：①

第一，攻击习惯。有些犯罪人言语表达能力差，在生活中形成了用身体攻击行为解决矛盾或者摆脱困境的习惯。他们遇到挫折时，往往不能通过说服、协商解决问题，而是常常诉诸身体行动，使用暴力行为，这样的人容易进行暴力型犯罪。

第二，偷窃习惯。有些犯罪人从儿童少年时代起就开始偷窃，形成了偷窃习惯，随时将别人的财物据为己有。随着年龄的增加，有的人甚至还形成了病态偷窃心理——偷窃癖（kleptomania），表现为：经常产生不可克制的偷窃冲动，不偷别人的东西，就会感到强烈的焦虑和抑郁；所偷的东西往往对自己没有使用价值，他们常将偷窃的东西弃之不用或者偷偷放回原处；偷窃之后有悔恨感，但是下一次偷窃冲动产生时，又情不自禁地进行偷窃活动。这种习惯和心理，是盗窃等犯罪的犯因性因素。

第三，说谎习惯。有些犯罪人在生活中形成了用说假话解决问题或者摆脱困境的习惯。这种习惯是诈骗等犯罪的重要犯因性因素。

第四，赌博习惯。有些犯罪人受不良环境的影响，沾染上赌博习气，养成了赌博习惯。有的人甚至形成了病态赌博心理——病理性赌博（pathological gambling），表现为经常产生不可遏止的赌博冲动，不赌博就会情绪紊乱。赌博习惯助长个人的投机冒险心理，是赌博相关犯罪以及其他一些财产犯罪和暴力犯罪的犯因性因素。

第五，饮酒习惯。一些人在生活中形成了饮酒习惯，他们喜欢和渴望饮酒，随时都有可能饮酒。他们会在情绪激动（高兴或者愤怒）的时候饮酒，也会在情绪郁闷、精神萎靡的时候饮酒。酒精对于他们的日常生活影响极大，很多时候他们都处于麻醉状态之中。但是，酒精显而易见是一种犯因性物质，它的犯因性作用是多方面的，包括：解除个人的自我抑制，使个人变得胆大妄为，容易进行攻击行为，也很容易进行冒险行为；损害个人的判断能力，使个人过高估计自己的能力，过分乐观，甚至对于自己逃避打击的能力也估计过高；降低行为操作的准确性。所有这些方面，都具有犯因性作用。

第六，吸毒习惯。多次吸毒后产生的吸毒习惯和吸毒成瘾，与犯罪行为有非常密切的联系。在那些进行了抢劫、伤害和盗窃等行为的街头犯罪人中，吸毒者的比例很高。

第七，好逸恶劳习惯。这种习惯突出地表现为渴望舒适安逸的生活，但是又不愿意参加正常的劳动和工作。这种习惯造成的贪图吃喝玩乐与厌恶工作劳动之间的矛盾，是大量财产型、牟利型犯罪的犯因性因素。

第八，自由散漫习惯。这种习惯表现为：不遵守纪律，不愿意受规章制度的约束，在生活与工作中不遵守社会规范；做事随心所欲、自行其是、不负责任；在工作和学习中不服从指挥；缺乏时间观念；等等。这种习惯会引起社会适应不良和多种犯罪行为。

第九，马虎草率习惯。这种习惯表现为做事马虎，对工作和学习内容不求甚解，敷衍了事，盲目轻率。这种习惯是多种过失犯罪的犯因性因素。

---

① 吴宗宪：《犯罪心理学总论》，商务印书馆 2018 年版，第 328—330 页。

第十,随意按摸习惯。一些人对开关、按钮、阀门等有特殊的好奇心,特别喜欢按压、触摸它们。这种习惯会成为灾害型过失犯罪的犯因性因素。

第十一,依赖习惯。一些人缺乏自信、独立性和主见,遇到事情时没有自己的判断,总想听从别人的意见,按照别人的暗示和指挥行事。具有这种习惯的人很容易加入少年帮伙,在别人的暗示和指挥下进行犯罪行为。

第十二,流浪习惯。这种习惯往往从小开始,表现为个人喜欢到处游逛,不参加正常的社会化活动,随着年龄的增加,一些人甚至发展到不愿意参加正常的工作,居无定所,随地谋生。在流浪过程中,个人很可能参加涉及犯罪活动的亚文化群体,学会犯罪技能和形成犯罪态度,参与多种犯罪活动。

(三)不当生活方式

生活方式(life style)是指个人满足自己生存和发展需要的活动形式与行为特征。简言之,就是个人日常生活的活动方式。

不当生活方式是指违反社会生活准则的生活方式。有可能引起犯罪行为的不当生活方式主要包括:

1. 不当谋生方式

谋生方式是获取生活资料或者经济收入的方式。不当谋生方式是指违反社会生活准则的谋生方式。很多犯罪人把违法行为当作自己获取收入的方式,为了通过这种方式获取收入,甚至"苦练劳动技能",如长期学习或练习犯罪技能;还有一些犯罪人鄙视正当劳动,迷恋过寄生生活等。这种生活方式最终会导致犯罪。

2. 不当消费方式

消费是人们为了满足生存和发展的需要而使用和消耗物质资料的活动。不当消费方式是指违反社会生活准则和超出个人经济能力的消费方式,主要包括:(1)寄生型消费。这是指使用和消耗以他人资金购买的商品和服务的活动。(2)攀比型消费。这是指为了与别人对比和竞争而进行的消费。(3)挥霍型消费。这是指随意进行的超出满足个人需要的合理标准的消费。(4)情绪型消费。这是指出于一时的情绪冲动而进行的消费。(5)情境型消费。这是指在情境因素的引诱和暗示下进行的消费。(6)破坏型消费。这是指以破坏资源和环境的方式进行的消费。例如,社会上的一些企业和个体业主为了谋取私利,违章开采煤炭等自然资源,破坏了矿床,使大量自然资源无法再开采。又如,一些人随地乱扔瓜果皮、纸屑,乱丢用过的废弃物品等。(7)超前型消费。这是指超过人们目前的经济能力而进行的消费。这些消费方式会使个人入不敷出,一些人为了维持这种消费方式会进行犯罪行为。因此,不当消费方式是重要的犯因性因素。①

3. 不当交往方式

不当交往方式是指违反社会生活准则的人际交往方式。例如,经常发生人际冲突的交

① 鲁加伦主编:《中国未成年罪犯改造研究》,吉林人民出版社 2000 年版,第 288—291 页。

往,缺乏“底线”或者原则的人际交往。这类交往方式会导致两类后果:(1) 不和谐人际关系。与人交往的状态存在问题,不能与人友好相处。这种情况容易产生消极情绪(失望、烦闷、抑郁、愤怒等)和人际冲突。(2) 不健康人际关系。与人相处的内容存在问题,容易导致违法行为。例如,很多犯罪人热衷于结交臭味相投的“狗朋狐友”,与这些人沆瀣一气从事违法犯罪活动;或者过分强调“哥们义气”,把朋友义气看得高于一切,为了朋友而不惜违法犯罪。在犯罪研究中很早就证实,结交犯罪人是走向犯罪的重要步骤,对于未成年人尤其如此;晚近的研究进一步证实了这种观点,发现青少年加入帮伙(gang)具有重要的犯因性作用。① 还有一些人醉心于和异性的同居生活,不是选择与合适的对象结婚,而是选择过未婚同居生活,频繁地更换异性伴侣。这种同居关系是引发人际冲突和引起犯罪行为的重要因素。

4. 不当休闲方式

休闲是指度过空闲时间的方式。不当休闲方式又称“越轨休闲”(deviant leisurc),②是指用违反社会生活准则的活动度过空闲时间的现象,其特点是:(1) 无益性。对个人的生存和发展缺乏积极的价值,是非建设性的休闲活动。很多犯罪人在业余空闲时,不是进行一些具有建设性的文体娱乐等方面的活动,而是缺乏对自己行为的适当控制,与不良朋友交往,经常出入于高消费或者不健康的娱乐场所,迷恋颓废的享乐生活,进行吃喝坑乐、淫乱、赌博、酗酒、打架斗殴等活动。(2) 犯因性。这类休闲活动很有可能导致犯罪心理和引起犯罪行为。犯罪学研究发现,大量的犯罪活动都是在个人工作之外的闲暇时间中进行的,休闲活动具有很高的危险性,因此,社会控制理论的重点观点就是,用尽可能工作占用个人的闲暇时间,有利于预防犯罪。

① Adam M. Watkins & Terrance J. Taylor, “Prevalence, Predictors, and Criminogenic Effect of Joining a Gang among Urban, Suburban, and Rural Youth,” *Journal of Criminal Justice*, Vol. 47 (2016): 133-142.

② Oliver Smith & Thomas Raymen, “Deviant Leisure: A Criminological Perspective,” *Theoretical Criminology*, Vol. 22 (Issue 1, February, 2018): 63-82.

第四章　犯因性环境因素

犯因性环境因素(criminogenic environmental factor)是指存在于犯罪人之外的可能诱发犯罪心理和导致犯罪行为的因素。也有人将这类因素称为“犯因性环境条件”(criminogenic environmental conditions)。[①] 对于环境和环境因素,有不同的划分。例如,有的文献中使用了总环境、宏观环境、中观环境和微观环境的概念;[②]有的文献将作为环境的社会系统(social system)划分为四个层次:微观系统(microsystem)、中观系统(mesosystem)、外观系统(exosystem[③])和宏观系统(macrosystem);[④]有的文献使用了犯因性社会环境(criminogenic social environment)[⑤]、犯因性社会条件(criminogenic social condition)[⑥]、犯因性结构条件(criminogenic structural conditions)[⑦]、犯因性社会过程(criminogenic social process)[⑧]等概念。本书将犯因性环境因素划分为两大类:(1) 犯因性微观环境因素,即对个人有直接影响的犯因性环境因素。鉴于学界对于“中观环境”的认识并不统一,本书将一些论著中作为中观环境的社区等也包括在微观环境中。(2) 犯因性宏观环境因素,即对个人有间接影响的犯因性环境因素。此外,还有一些存在形态特殊(不属于传统的环境因素)、对于犯罪行为的发生具有独特作用的其他犯因性环境因素,将单独论述。

第一节　犯因性微观环境因素

一、犯因性家庭因素

(一) 概述

犯因性家庭因素是指在家庭中存在的可能诱发犯罪心理和导致犯罪行为的因素。

---

① Gerben Bruinsma et al. (eds.), *Encyclopedia of Criminology and Criminal Justice* (New York: Springer, 2014), p. 2958.

② [俄]阿·伊·道尔戈娃主编:《犯罪学》,赵可等译,群众出版社 2000 年版,第 212、213、227 页。

③ “exosystem”又被译为“外系统”“外部系统”“外围系统”“外环境”。

④ [美]乔斯·阿什福德等:《人类行为与社会环境:生物学、心理学与社会学视角》(第二版),王宏亮等译,中国人民大学出版社 2005 年版,第 128—129 页。

⑤ Steven E. Barkan, *Criminology: A Sociological Understanding*, 8th ed. (New York: Pearson, 2023), pp. 94, 371.

⑥ Steven E. Barkan, *Criminology: A Sociological Understanding*, 8th ed. (New York: Pearson, 2023), p. 148.

⑦ Steven E. Barkan, *Criminology: A Sociological Understanding*, 8th ed. (New York: Pearson, 2023), p. 152.

⑧ Steven E. Barkan, *Criminology: A Sociological Understanding*, 8th ed. (New York: Pearson, 2023), p. 152.

家庭(family)是由婚姻、血缘或者收养关系组成的社会生活的基本单位。家庭是对儿童早期的心理和行为影响最大的环境,在儿童进入其他社会化机构和有关系密切的同伴之前,家庭对于儿童的影响最大,是最重要的社会化机构之一。家庭对个人早年心理的发展起着尤其重要的作用,是将生物意义上的人转变为社会意义上的人的关键性机构。良好的家庭环境,会促使个人健康成长,培养他们形成亲社会心理,抑制他们产生反社会态度和犯罪心理。相反,存在犯因性家庭因素的家庭,则会妨碍个人健康成长,促使个人形成犯罪心理和进行犯罪行为,这样的家庭就是犯因性家庭(criminogenic family),①它构成了一种犯因性家庭环境(criminogenic home environment),②导致家庭成员进行犯罪行为。

犯罪学研究已经证明了犯因性家庭因素对个人的巨大影响。"没有一个孩子在出生时就注定要成为一名少年犯罪人或者不会成为少年犯罪人,在这一点上,家庭是影响孩子发展方向的最初机构。"③一个人是否变成犯罪人,最初的巨大影响就来自家庭。因此,"在反社会行为的相关因素和可能原因中,研究得最多的,也是普通公众最为关注的一种相关因素和可能原因,就是早年的家庭特征。在对犯罪进行的许多优秀的理论解释中,都涉及家庭影响(family effect)"④。大体而言,家庭的犯因性作用主要通过五种过程或者机制发挥出来:(1) 父母的行为示范作用。父母是孩子的行为示范者,在孩子人生的早年中,这种示范作用具有更大的影响力。如果家庭中父母进行违法犯罪行为,他们就会引导孩子走上同样的人生道路。(2) 父母的教育行为缺失。如果父母不教育孩子用合法的方式处理所遇到的问题,对孩子的不良行为不加过问,不予纠正,而是长期疏忽、漠不关心,那么,孩子就有可能在外部不良因素的影响下变成犯罪人。(3) 家庭的人际关系影响。如果家庭中缺乏亲密、融洽的人际关系,孩子对家庭缺乏感情依恋,他们就会疏远家庭,结交坏朋友甚至离家出走,而这是走向犯罪的重要前奏。(4) 家庭的社交环境作用。家庭所在社区的情况,包括地理位置、社会经济状况等,在很大程度上决定了孩子的成长和交往环境;如果家庭处在犯罪高发社区中,孩子就会与环境中的违法犯罪人员进行交往,形成可能引发犯罪的价值观,遇到更多的违法犯罪机会,因而更有可能走上违法犯罪的道路。

家庭的犯因性作用很大程度上是父母的问题。父母的个人素质和在对待子女方面存在的多种问题,都会导致子女的犯罪行为。研究发现,父母监督差(poor parental supervision)、父母的严厉管教(harsh discipline)或者惩罚型管教(punitive discipline)、对子女漠不关心等,都是导致子女犯罪的重要预测因子。⑤ 詹姆斯·德宗(James H. Derzon,2010)进行的一项荟萃分析发现,对犯罪行为或者暴力行为最强有力的预测因子是父母教育(parental educa-

① Amanda Holt, *Family Criminology: An Introduction* (Cham, Switzerland: Palgrave Macmillan, 2021), pp. 29-61.

② Abigail Novak, "Neuropsychological Deficits, Adverse Home Environments, and Cascading Behaviors and Consequences: An Examination of Relationships from Childhood through Adolescence," *Journal of Criminal Justice*, Vol. 86(2023): 9-10.

③ [美]埃德温·萨瑟兰等:《犯罪学原理》(第十一版),吴宗宪等译,中国人民公安大学出版社 2009 年版,第 239 页。

④ [美]亚历克斯·皮盖惹主编:《犯罪学理论手册》,吴宗宪主译,法律出版社 2019 年版,第 38—39 页。

⑤ 刘建宏主编:《国际犯罪学大师论犯罪控制科学》(1),人民出版社 2012 年版,第 58—59 页。

tion,与犯罪行为的相关系数 r=.03)、父母监督(parental supervision,与暴力行为的相关系数 r=.29)、儿童养育技能(child rearing skills,与犯罪行为的相关系数 r=.26)、父母不和(parental discord,与犯罪行为的相关系数 r=.26)、家庭规模(family size,与暴力行为的相关系数 r=.24);最弱的预测因子是年轻父母、家庭破裂和社会经济地位。① 谢丽尔·比勒(Cheryl Buehler,1997)等人的荟萃分析发现,父母冲突(parental conflict)和人际暴力行为(interpersonal violence)可以预测青少年的反社会行为。②

(二)家庭功能因素

家庭功能因素是指家庭能够发挥积极作用的现象。家庭本来应该在养育子女等方面发挥积极作用,但是,一些家庭没有发挥这样的作用,而是存在一些可能诱发犯罪心理和导致犯罪行为的因素,这样的家庭就具有犯因性家庭功能因素。这些因素主要包括下列八种。

1. 犯罪行为

家庭成员的犯罪行为,是促使其他家庭成员形成犯罪心理和进行犯罪行为的最重要犯因性家庭因素。大量的调查研究表明,“影响一些少年走上犯罪道路的最为显著的‘因素’之一,就是他们家庭中的其他成员存在犯罪行为”③。犯罪人比正常人更有可能有犯罪的父母和兄弟姐妹。例如,谢尔登·格卢克和埃莉诺·格卢克(Eleanor Glueck)夫妇的研究表明,在500名少年犯罪人中,90.4%的人家中有犯罪人、酒鬼或者道德败坏者,而在500名非犯罪少年中,54.0%的人家中有犯罪人、酒鬼或者道德败坏者。④ 他们也发现,65%的少年犯罪人有犯罪的兄弟姐妹,而非犯罪少年中仅有26%的人有犯罪的兄弟姐妹。⑤ 又如,戴维·法林顿(David P. Farrington)和唐纳德·韦斯特(Donald J. West)在英国剑桥进行的长期追踪研究表明(1990),37.9%的少年犯罪人10岁时,他们的父亲或母亲一方有犯罪记录;而非犯罪少年的父母中有犯罪记录的仅占14.6%。⑥ 其他研究也发现,兄弟姐妹之间会相互模仿,弟妹更有可能模仿兄姐的少年犯罪行为;当兄弟姐妹之间的关系密切时,这种效果更为明显;当兄弟姐妹之间的关系不密切时,可能会产生相反的效果,即如果兄姐进行少年犯罪行为,弟妹更不可能进行类似行为。⑦

家庭成员的犯罪行为的犯因性作用主要表现为:

(1)心理影响作用。家庭成员进行的犯罪行为,会使其他家庭成员破除对犯罪行为的神秘感,了解犯罪行为可能带来的利益和好处,形成对犯罪行为的赞许态度,获得进行犯罪

---

① 刘建宏主编:《国际犯罪学大师论犯罪控制科学》(1),人民出版社2012年版,第59—60页。

② 刘建宏主编:《国际犯罪学大师论犯罪控制科学》(1),人民出版社2012年版,第62页。

③ [美]埃德温·萨瑟兰等:《犯罪学原理》(第十一版),吴宗宪等译,中国人民公安大学出版社2009年版,第241页。

④ Sheldon Glueck et al., *Unraveling Juvenile Delinquency*(Cambridge, MA: Harvard University Press, 1950), p. 110.

⑤ [英]Ronald Blackburn:《犯罪行为心理学:理论、研究和实践》,吴宗宪等译,中国轻工业出版社2000年版,第148页。

⑥ [英]Ronald Blackburn:《犯罪行为心理学:理论、研究和实践》,吴宗宪等译,中国轻工业出版社2000年版,第147页。

⑦ Curt R. Bartol et al., *Criminal Behavior: A Psychological Approach*, 11th ed. (Upper Saddle River, NJ: Pearson, 2017), p. 66.

行为的心理支持，消除对被害人的同情与怜悯态度，学会对犯罪行为的合理化技巧，从而很容易在他们的影响下形成犯罪心理和进行犯罪行为。

（2）行为示范作用。家庭成员进行的犯罪行为，为其他家庭成员进行犯罪行为提供了示范，使其他家庭成员了解如何进行犯罪行为、如何避免被别人发觉等，甚至可以直接模仿家庭成员的犯罪行为实施犯罪。

（3）其他消极作用。家庭成员进行犯罪行为，会对其他家庭成员社会心理的健康发展和行为模式的正常发展，产生不利影响。例如，父母如果进行犯罪行为，就会对子女疏于管教，或者管教无力（子女轻视他们因而不服从他们的教育）等，以致在父母与子女之间缺乏积极的感情交流和恰当的行为影响，妨碍子女形成良好的社会性情感和行为模式。①

2. 溺爱子女

溺爱子女是指过分宠爱自己孩子的现象。随着我国社会经济的发展，溺爱逐渐成为一种十分普遍但是危害极大的子女养育方式。被溺爱的孩子在年龄增加之后仍然不能顺利适应社会生活，变成心理上长不大的“巨婴”。其中的一部分人可能会变成过度依赖父母的寄生型人物，成为社会上的废物；另一部分人可能成为犯罪后备军，具有很大的犯罪可能性。因此，溺爱子女已经成为我国目前最严重的社会问题之一，甚至可以说是我国特有的重要社会现象之一。② 如果不高度重视和有效解决这一问题，可能会引发大量犯罪。

溺爱子女现象大体上可以分为以下几种类型：

（1）纵容型溺爱。这是指无限度满足子女欲望的溺爱现象。纵容型溺爱的家长，几乎满足子女的所有要求，子女要什么就给什么，不管子女的要求多么大、多么不合理，他们都会全力去满足。

（2）包办型溺爱。这是指代替子女去做本来应该由子女自己处理的事情的溺爱现象。包办型溺爱的家长千方百计地为孩子安排好一切，孩子自己不动手就可以得到他们想要的一切；这样的父母不鼓励甚至不喜欢孩子自己去解决问题。这类溺爱现象实际上剥夺了子女学习知识、培养技能和进行锻炼的机会。

（3）偏袒型溺爱。这是指无原则地偏爱子女的溺爱现象。偏袒型溺爱的家长在对待子女的言行举止时，不论是非对错，不讲道德和法律原则，只是一味地偏袒；即使在子女的言行举止有明显问题甚至严重错误时，也会不分是非地支持或者保护自己的子女。有的父母总以“孩子还太小，不懂事”为理由将孩子置于自己的羽翼之下，不让孩子受到任何批评。

（4）聚焦型溺爱。这是指把子女作为日常生活中关注焦点的溺爱现象。聚焦型溺爱的家长过度关注子女，家庭生活以孩子为中心，把孩子当成“小太阳”“小霸王”，不仅满足孩子的所有欲望，而且唯恐孩子受到委屈，担心孩子吃苦受累，把家中好吃的、好穿的、好用的等一切好的东西或者机会都留给孩子，自己宁肯少吃、少穿、受累，甚至也要其他长辈这样做，

---

① 吴宗宪：《犯罪心理学总论》，商务印书馆 2018 年版，第 353 页。

② 以“spoiling”（溺爱）为关键词检索英语文献和相关数据库，找不到相关内容，这从一个侧面说明，在外国研究者眼中，这方面的问题并不突出。

委曲求全地给子女提供高人一等的特殊待遇。这样的子女会越来越看重自我，在生活中变得目中无人、不懂得照顾他人的感受。

(5) 隔代型溺爱。这是指祖辈对孙辈的溺爱现象。现在，很多家庭都是“4+2+1”结构，即四位祖辈（祖父母和外祖父母）、父亲和母亲、一个孩子。在这种情况下，不仅父母有可能溺爱孩子，祖辈更有可能溺爱孙辈。祖辈溺爱孙辈的主要原因是：第一，争宠。一些祖辈溺爱孙辈是为了让孙辈与自己关系更密切，对自己更亲近，试图通过溺爱的方式让孙辈对自己产生更深的感情。第二，补偿。一些祖辈觉得过去因为家里经济等方面的条件不好而对子女的关爱不够，或者过去对子女要求太严格，影响了亲子关系，因此，在与孙辈相处时，试图在孙辈身上加以弥补，给孙辈更多的物质满足，对孙辈更加宽容。第三，安全。一些祖辈在与孙辈相处时，很担心孙辈的安全出问题，唯恐孙辈发生安全问题后不好向子女交代，因此，只要孙辈听话、不出安全问题，就满足孙辈的任何要求，用溺爱来换取安全。第四，敷衍。一些祖辈对孙辈心存敷衍态度，在与孙辈相处时，缺乏让他们正常发展和健康成才的责任感，而是满足于眼前的亲昵关系，贪图“隔代亲”，把这种状态看成享受天伦之乐。因此，只要孙辈与自己和谐相处，就满足孙辈的很多要求；甚至在子女管教孙辈时，也横加干涉和阻挠。从内容来看，隔代型溺爱几乎包括了上述四类溺爱的所有方面。

溺爱子女潜藏着多方面的巨大危害：

(1) 妨碍子女掌握规范。家庭是个人社会化的最重要机构之一，承担着让子女逐渐掌握社会行为规范、从生物人变成社会人的重要使命。但是，溺爱子女使家庭不能发生这样的作用，导致子女不能在父母和其他长辈的教育下掌握应该学会的各种行为规范。这样的子女在进入社会后，必然发生各种问题，不断遇到多种挫折，无法顺利适应社会生活。

(2) 纵容孩子放纵欲望。溺爱子女会不断激发子女的各种欲望，使他们不懂得自我克制。随着年龄的增加，子女的欲望会越来越多，“胃口”会越来越大。当父母和其他长辈无法用自己的收入满足子女的欲望时，他们就可能走上违法犯罪的道路，因为他们有可能通过违法犯罪行为满足自己的欲望。

(3) 剥夺孩子发展机会。包办型溺爱实际上有意无意地剥夺了子女的各种学习机会，使他们无法掌握应该懂得的知识和技能，变成缺乏知识和技能、无法在社会上自食其力、难以对社会作出贡献的人。这样的子女在长大后，难以获得独立和自我发展，很有可能变成社会上的“废物”，变成依赖父母生活的“啃老族”之类的人。同时，包办型溺爱实际上也有意无意地剥夺了子女进行实践锻炼的机会。他们没有机会在社会生活中接受各种体验和锻炼，无法通过吃苦耐劳、遭受挫折等经历磨炼意志，难以养成坚忍不拔、百折不挠等良好的品质。这样的人长大之后，很难应对复杂的社会生活，无法在社会中正常发展，而是很有可能不断遭受挫折和产生社会适应不良，并且很容易在遭受挫折后产生多种不恰当的应对行为，包括进行违法犯罪行为。对于国家和民族而言，如果这样的人在人口总数中占有很大比例，必然对社会发展和民族复兴产生消极影响。

(4) 影响孩子心理成熟。儿童少年时期是一个人的心理品质和行为方式形成的关键时期,良好的家庭教育有助于子女形成良好的心理品质和行为方式,使他们在心理上逐步走向成熟。但是,溺爱子女会严重妨碍子女的心理成熟,使他们不能具备应该具有的心理品质,变成心理上长不大的“巨婴”。这样的子女在长大后,无法克服遇到的困难,难以解决遇到的问题,不能顺利适应社会。

(5) 误导孩子混淆现实。被溺爱的子女既不懂得正常的社会行为规范,也不了解正常的社会生活情况,他们走出家门之后,很有可能分不清家庭中的待遇与社会中的现实之间的差别,很有可能错误地把家庭生活情况当成社会生活情况,这必然导致他们在社会生活中到处碰壁,遭受挫折。这种情况又会使他们产生种种心理问题:有的在不断遭受挫折之后,变得自卑、内向甚至抑郁;有的则会变得暴躁逆反,出现多种攻击型问题行为,主要表现为不遵守纪律、行为粗暴、与同学不合作、破坏公物、学习上有困难、做事残忍、欺骗或偷窃等。

(6) 放任子女违法犯罪。对子女的溺爱,实际上是一种“软暴力”。溺爱是孩子成长的毒药,是父母以“爱”的名义对孩子进行的满足自己占有欲和控制欲的行为。这种行为一方面妨碍了子女的正常发展,剥夺了子女的学习和锻炼机会,使他们不能形成在社会上正常生存和获得发展的能力,另一方面纵容子女放纵欲望,使他们的自我控制能力低下。随着年龄的增加,当这样的子女走出家庭,踏入社会,而父母再也不能满足他们的欲望时,他们就有可能走上违法犯罪的道路。因此,溺爱实际上是父母无意之中放任子女违法犯罪的行为。溺爱不仅是父母在培育自己的敌人,也是在培养“他人的地狱”和“社会的敌人”①。已经发生大量子女因父母溺爱而变成犯罪人的案例。②

3. 虐待子女

父母对子女的体罚虐待,会使子女的暴力行为倾向大大增加,他们在成年之后更有可能进行暴力行为和暴力犯罪。默里·斯特劳斯(Murray A. Straus, 1981)等人认为,存在一种“家庭暴力的社会遗传”现象:凡是在儿童时期受过肉体惩罚的人,不管是男性还是女性,长大之后都更有可能使用同样的暴力行为对待家人;凶暴的父母会将暴力“传给”下一代,存在“暴力产生暴力”的趋势。③ 已有的研究发现,父母对孩子的严厉管教或者惩罚型管教(punitive discipline),可以预测以后子女的犯罪行为。例如,约翰·纽森(John Newson, 1989)等人对英国诺丁汉(Nottingham)近700名儿童的一项追踪研究发现,在7岁和11岁时的体罚,可以预测以后被定罪的情况;40%的犯罪人在11岁时遭受过体罚或者挨过打,而非犯罪人中有这种情况的人仅占14%。④ 研究发现,“犯罪人的父母极多地对子女表现出忽略、排斥、敌视行为,对子女进行心理攻击(psychological aggression)、言语攻击(verbal aggression)和身体攻击(physical aggression)”⑤。

---

① 莫冰洁:《溺爱:一种中国家庭普遍存在的教养方式》,载《中小学心理健康教育》2015年第10期,第51页。

② 王丛:《溺爱的教育可以休矣——李天一事件的警示》,载《内蒙古教育》2013年第7期,第68—72页。

③ James Q. Wilson et al., *Crime and Human Nature*(New York: Simon & Schuster, 1985), p. 257.

④ John Gunn et al. (eds.), *Forensic Psychiatry: Clinical, Legal and Ethical Issues*, 2nd ed. (Boca Raton, FL: CPC Press, 2014), p. 174.

⑤ [美]亚历克斯·皮盖惹主编:《犯罪学理论手册》,吴宗宪主译,法律出版社2019年版,第40页。

4. 控制子女

长辈特别是父母对于子女的过度控制具有重要的犯因性作用,可能阻碍子女形成良好的性格,会导致他们在以后进行犯罪行为。过度控制子女的言行、过多干预子女的生活等行为,会使子女胆小怕事、自卑、神经质、不愿与人交往、缺乏勇气和毅力、唯唯诺诺、严重依赖别人等,进而使他们难以进行正常的人际交往和探求活动,无法成长为合格的社会人。遇到困难和挫折时,他们首先想到的可能是求助父母;达不到目的时,则有可能自暴自弃,进行被动攻击行为,变成犯罪人。马赫特尔德·霍夫(Machteld Hoeve,2009)等人对 161 项内容涉及父母养育与少年犯罪之间联系的研究进行的荟萃分析发现,父母养育中控制子女的一些做法,具有犯因性作用,可以预测儿童的少年犯罪行为。这些控制包括:(1) 权威控制(authoritative control),包括使用奖励和诱导技术,父母在正常的家庭环境中利用这些技术对子女进行"教育"。(2) 专制控制(authoritarian control),包括进行体罚(physical punishment)、惩罚和言语攻击。(3) 行为控制(behavioral control),包括使用纪律约束(纪律可能是相互一致的,也可能是相互不一致的)、确立规则、作出决定、给予许可、进行监控。(4) 心理控制(psychological control),包括过度保护(overprotection)和其他心理强制(psychological coercion)形式,如诱导内疚(guilt trip)。①

5. 忽视子女

父母不关心、不重视子女的做法很容易引起子女的反社会性和犯罪心理。罗伯特·霍根(Robert Hogan,1978)等人根据热情与冷淡、宽容与严格两个维度将父母养育方式分为四类,即热情—严格型父母(warm-restrictive parents)、热情—宽容型父母(warm-permissive parents)、冷淡—严格型父母(cold-restrictive parents)和冷淡—宽容型父母(cold-permissive parents);②同时发现,冷淡—宽容型父母的子女,会充满敌意并拒绝遵守社会准则,很有可能进行少年犯罪行为。③ 黛安娜·鲍姆林德(Diana Baumrind,1991)识别出四种父母养育方式,即独裁型(authoritarian)、宽容型(permissive)、权威型(authoritative)和忽视型(neglecting);④同时发现,忽视型父母不关心、不参与子女的生活和活动,既不对子女提出要求,也不对子女作出反应,他们对于子女往往更加宽容,无意控制和监视子女的行为,因此,这类父母的子女更有可能缺乏自律、社会责任和认知能力,最有可能进行反社会行为、少年犯罪行为和开始犯罪生涯。⑤ 也有研究表明,来自专制型家庭的青少年,很有可能进行犯罪行为。⑥

父母忽视子女的重要表现是缺乏对子女的监督。这样的父母平时很少或者根本不过问

---

① [美]亚历克斯·皮盖惹主编:《犯罪学理论手册》,吴宗宪主译,法律出版社 2019 年版,第 40 页。

② 吴宗宪:《犯罪心理学总论》,商务印书馆 2018 年版,第 336—337 页。

③ Robert Hogan et al.,"A Socioanalytic Theory of Moral Development," New Directions for Child Development, Vol. 2 (1978):1-18.

④ 吴宗宪:《犯罪心理学总论》,商务印书馆 2018 年版,第 337—338 页。

⑤ 犯罪生涯(criminal career)是个人的犯罪行为持续一定时间的现象。——引者注

⑥ Curt R. Bartol et al., *Criminal Behavior: A Psychological Approach*, 10th ed. (Upper Saddle River, NJ: Pearson, 2014), pp. 39-41.

子女的情况，不监督子女的行为，对子女的状况缺乏了解和监督。戴维·法林顿等人认为，在所有儿童养育方法中，父母监督差通常是犯罪行为的最强有力、最经常重复出现的预测因子；在剑桥少年犯罪研究中，8 岁时父母监督差的男孩，61%的人在 50 岁之前会被判犯罪，而在其他人中，这个百分数为 36%。①

6. 母爱剥夺

母爱剥夺（maternal deprivation）是指儿童失去母亲或者不能与母亲交往因而在生理和心理方面得不到母亲照料与关怀的现象。母爱剥夺对个人的负面影响很大，是导致犯罪心理的重要早期因素。1951 年，英国精神病学家约翰·鲍尔比（John Bowlby，1907—1990）为世界卫生组织写了一份报告——《母亲照料与心理健康》②，这份报告对 20 世纪 30 年代和 40 年代的文献进行了评论。鲍尔比在评论了学者们的大量研究之后发现，人们普遍认为，任何形式的母爱剥夺（在出生后头几年中与母亲的完全分离、部分分离以及母亲或母亲般人物③不断变更）都会导致异常人格和行为，包括少年犯罪行为，下列三种情况的消极影响尤其明显：④

（1）在出生后的头 3 年中缺乏对母亲般人物形成依恋的机会；

（2）在出生后的头 3 年或头 4 年中，至少 3 个月和可能是 6 个月以上的母爱剥夺；

（3）在出生后的头 3 年或头 4 年中，母亲般人物的变更。

鲍尔比认为，上述三种情况中的任何一种情况，都会导致无感情性格（affectionless character）、精神病态性格（psychopathic character）或者病态人格（psychopathic personality）。不过，母爱剥夺的消极效果在程度上是不同的。部分剥夺（partial deprivation）与焦虑、对爱的过度需求、报复心理、罪恶感和抑郁情感密切相关；儿童少年处理这些情绪问题的方式，又会对他们情绪障碍和人格障碍的形成产生作用。完全剥夺（complete deprivation）则会损害儿童少年建立良好人际关系的能力，导致病态人格的形成。在这份报告中，鲍尔比提出，幼儿与其母亲或者他们能够获得满足与乐趣的母亲般人物之间持续的、温暖的、亲密的关系，对他们的健康发展至关重要；这种关系的缺乏，会导致后来的各种心理和行为问题，包括抑郁症和少年犯罪。经历过母爱剥夺的儿童，由于形成无感情性格和病态人格，可能会残忍地、缺乏同情心地对被害人进行犯罪行为。鲍尔比还指出，孩子与母亲分离或者被母亲拒绝时，就会产生焦虑型依恋（anxious attachment）。焦虑型依恋会影响与他人深情相处和发展亲密关系的能力。后续的研究发现，由于母爱剥夺而产生的焦虑型依恋与以后的行为问题之间有密切的关系。⑤

---

① 刘建宏主编：《国际犯罪学大师论犯罪控制科学》（1），人民出版社 2012 年版，第 58 页。

② John Bowlby, *Maternal Care and Mental Health*（Geneva：World Health Organization，1951）.

③ 母亲般人物（mother figure）是指被他人当作母亲的妇女或者像母亲一样对待他人的妇女。

④ John Bowlby, *Maternal Care and Mental Health*, 2nd ed.（Geneva：World Health Organization，1952），p. 47.

⑤ Freda Adler et al., *Criminology*, 9th ed.（New York：McGraw-Hill，2018），p. 89.

7. 矛盾管教

这里所讲的“矛盾管教”是指父母在养育和管教子女方面相互矛盾和前后不一的现象。在有的家庭中,父母双方对子女的要求、期望不同:一方对子女要求过严,期望太高,而另一方对子女采取放纵、娇惯的态度,甚至袒护子女的不良行为。这种情况会造成子女以说谎、在父母之间制造矛盾等方式,进行自我防卫,难以形成恰当的行为准则和是非标准。同时,在有的家庭中,父母对子女的要求前后不一致,一段时间中要求子女这样去做,在另一段时间中又要求子女那样去做。这样做的结果是,父母在子女心目中的威信降低,子女感到无所适从,失去对家庭的兴趣,缺乏精神上的安定,容易对父母产生抗拒态度。有研究发现,不一致的管教,可以预测少年犯罪:在这种情况下,父母双方态度不一致,一方宽容或者纵容,而另一方进行严厉惩罚,或者父母对子女的管教不一致,有时候对不良行为视而不见,有时候又进行严厉惩罚。① 也有研究发现,反复无常的管教,可以预测少年犯罪。实际上,父母在养育和管教子女中“相互矛盾”和“前后不一”的态度和做法往往是交织在一起的,进行区分只是相对而言的。

8. 病态表现

父母的病态表现会对子女产生犯因性作用。父母有抑郁症、饮酒成瘾、过分敏感多疑等精神病态表现,不仅限制了父母对子女的良好养育行为,也会对子女的心理和行为产生消极影响。如果父母在临床上被诊断为患抑郁症,特别是如果母亲被诊断为患抑郁症,他们的子女就很有可能出现情绪问题和行为问题,包括反社会行为、情绪失调、认知发展缺陷等。如果母亲在子女的婴儿期时患抑郁症,那么,随着年龄的增加,他们的子女会出现行为问题,并且往往会进行各类犯罪行为。如果父母在子女的童年早期都患抑郁症,那么,他们的子女在以后出现行为问题的可能性会成倍增加。同样,父母饮酒成瘾也会给子女带来消极后果,包括反社会行为和子女饮酒成瘾。此外,父母的过分敏感多疑,不仅会妨碍良好亲子关系的建立和维持,也会使子女形成类似的心理和行为特征,这会给他们的人际交往等带来问题,影响他们的社会适应。

(三)家庭结构因素

正常的家庭结构意味着父母和子女健全,这样的家庭结构能够保证家庭功能的正常发挥,有利于子女的健康成长和家庭的生活幸福。但是,如果正常的家庭结构出于不同原因发生变化,就会产生可能诱发犯罪心理和导致犯罪行为的家庭结构因素。犯罪学中特别重视探讨家庭结构不完整造成的破裂家庭的犯因性作用。

破裂家庭(broken home)主要是指因死亡或者离婚而造成父母一方缺失的家庭。这种缺少父亲或者母亲的家庭,被称为“单亲家庭”(single-parent home)。破裂家庭(尤其是离婚造成的破裂家庭)往往是重要的犯因性因素之一。约瑟夫·兰金(Joseph Rankin,1983)对2 242 名青少年的调查表明,破裂家庭与某些少年犯罪有重要的联系:失去父母一方或者双

① John Gunn et al. (eds.), *Forensic Psychiatry: Clinical, Legal and Ethical Issues*, 2nd ed. (Boca Raton, FL: CPC Press, 2014), p. 174.

方，可能会造成孩子经济困难、缺乏关爱、缺少正确的行为榜样，并且会使孩子有过多的自由与少年犯罪同伴进行交往，从而更容易进行犯罪行为；父母的支持、指导和监管的减少，会增加少年犯罪的可能性；在缺乏生身父母的家庭中长大的青少年，更有可能进行某些特定的违法行为，包括离家出走、逃学、打架斗殴和盗窃汽车。破裂家庭对男性子女和女性子女的这种效果，是相同的。① 有的研究者认为，在家庭中缺少母亲的有害影响要大于缺少父亲。②不过，迈克尔·特内伊克（Michael F. TenEyck，2023）等人的研究表明，出生前生父缺失与成年后的犯罪行为有关；童年早期（从出生到5岁）缺少父亲与成年早期的犯罪行为和被捕有关；在青春期晚期（14至18岁）没有亲生父亲与被捕有关；生父在任何时候缺席的负面影响，可能直到成年后才会出现。③ 晚近的研究普遍认为，仅仅失去父亲或者母亲而形成的单亲家庭的犯因性作用是有限的，因为造成破裂家庭或者单亲家庭的原因是复杂的，这类家庭中的家庭气氛等情况有很大的差异；这类家庭结构与其他不利因素结合时，才会产生很大的犯因性作用。

我国研究者发现，破裂家庭对子女成长有重要的消极影响，对男孩子的影响尤其显著。例如，纪桂萍（1995）对70名破裂家庭儿童与70名完整家庭儿童的对比研究发现，破裂家庭的儿童一般表现出精神不愉快、性情烦躁、有心事、睡觉不好、经常做梦、容易惊醒、很少体验到家庭生活的温暖、羡慕别人的欢乐、说谎、不爱帮助别人、经受挫折的能力差的特征，同时，在独立思考能力及伙伴威望方面也不及完整家庭的儿童。如果区分性别进行比较的话，破裂家庭的男孩攻击性更强，体验更多的不愉快和烦躁情绪，不满意自己的家庭，经受挫折的能力也较差，说谎；破裂家庭的女孩睡眠不好，经常说谎，对家庭现状极为不满；破裂家庭儿童与完整家庭儿童在学习方面的差异非常显著，破裂家庭儿童不如完整家庭儿童的学习成绩好，破裂家庭男孩的学习成绩更差。④ 由此可见，破裂家庭儿童中较为明显的这些特征，都是一些犯因性因素，因此，这样的儿童更容易进行犯罪行为。1994年对广州市少年犯管教所800名学员的调查发现，因父母离异、家庭破裂而走入歧路的人占40%。⑤

造成家庭破裂的重要因素是离婚，而离婚与犯罪的关系十分密切。国外的研究发现，离婚实际上与少年犯罪和身份犯罪（status offending）⑥有关；如果离婚使孩子与关系亲密的父亲或者母亲分离，这种关系更加明显。同时，他们的研究发现，离婚对于不同性别孩子的影响似乎是不同的：（1）离婚后父亲离开家庭，对于男孩的影响更大。在离婚后，父亲似乎不太可能去解决问题、讨论行为标准或者加强管教。如果一个离异的父亲仍然能够积极地参与孩子的生活，则儿子犯罪的机会会减少。（2）女孩更有可能受到母亲养育活动的质量和

---

① Joseph Rankin，"The Family Context of Delinquency，" *Social Problem*，Vol. 30（1983）：466-479.

② Richard Wortley，*Psychological Criminology*：*An Integrative Approach*（London：Routledge，2011），p. 121.

③ Michael F. TenEyck et al.，"Absent Father Timing and its Impact on Adolescent and Adult Criminal Behavior，" *American Journal of Criminal Justice*，Vol. 48（2023）：193.

④ 纪桂萍：《破裂家庭对儿童成长的影响》，载《心理学动态》1995年第4期，第37—42页。

⑤ 张清友：《谈破裂婚姻家庭与未成年人违法犯罪》，载《青年探索》1995年第2期，第31页。

⑥ 身份犯罪（status offending）是只有未成年人才能构成的违反少年法的有害行为，如逃学、不服从管教等。

离婚后父母冲突(post-divorce parental conflict)的影响。父母冲突的极端情形可以成为年轻女孩仿效的样板,使其按照父母的样子应对父母分居后的后果。(3)离婚或者分居对于青年的影响有种族和民族差异。一些人群,如西班牙裔和亚裔,是在很少发生离婚的文化中长大的,父母在发展养育子女的实践中很少体验到家庭破裂对青少年问题行为造成的影响。①

从已经进行的研究来看,破裂家庭对子女(特别是未成年子女)的消极影响主要是:②(1)缺乏监督和管教。在这样的家庭中,父母一方的缺失大大减少了对子女的监督和管教,使子女的良好品质和行为得不到及时鼓励,不良心理和行为得不到及时制止。(2)缺乏感情发展的条件。由于父母一方的缺失,子女在幼小的时候,缺乏感情依恋的对象,体验到与母爱剥夺类似的感情经历,这使子女正常的感情得不到适当的发展,产生与母爱剥夺相同的消极心理效果。(3)家庭破裂前后的创伤性体验的消极影响。在破裂家庭产生前后的阶段中,家庭往往要经历痛苦的感情体验,如父母离婚前的激烈冲突、父亲或者母亲去世时的悲哀气氛,这些都会给正常的家庭生活蒙上一层阴影,影响子女良好性格的形成。正如迈克尔·拉特(Michael Rutter,1984)等人指出的:"现在我们非常清楚,'破裂家庭'之所以与少年犯罪和品行障碍相关,是因为破裂家庭会导致家庭不和,而不是因为破裂家庭本身。"③(4)缺乏心理认同的对象。在子女社会化的过程中,对父母的心理认同和模仿具有十分重要的作用,这种认同和模仿能够帮助子女形成恰当的性别角色、感情特征和行为模式。而缺失父母一方,会使子女得不到适当的心理认同对象,容易在认同父母一方中形成不太恰当的感情特征和行为模式,甚至会引起性别角色混乱。(5)得不到有效的经济和社会心理支持。破裂家庭中仅仅有父亲或者母亲一方与子女生活,父亲或者母亲一人的工资收入,通常不能给子女的成长提供充分的经济支持,从而制约子女的成长和发展。同时,子女在遇到挫折、失败时,也不能从父母那里获得必要的社会心理帮助。在这样的家庭中生活的子女,很容易形成自卑心理和封闭性格。

在国外,对于破裂家庭与少年犯罪关系的解释主要有三种观点。(1)创伤理论(trauma theory)。这种学说认为,失去父亲或者母亲会对儿童产生伤害效果,这种伤害效果通常是儿童失去对父亲或者母亲的依恋造成的。(2)生命过程理论(life course theory)。这种学说认为,父母分离会带来一系列压力体验(stressful experiences),这种家庭的子女会受到多种压力因素的影响,如父母冲突、父母丧失(parental loss)、经济状况下降、父母形象改变、父母养育子女方法较差。(3)选择理论(selection theory)。这种学说认为,破裂家庭之所以产生少年犯罪人,是因为之前就已经存在与其他家庭不同的风险因素,如父母冲突、犯罪父母或者

① Larry J. Siegel et al., *Juvenile Delinquency: Theory, Practice, and Law*, 11th ed. (Belmont, CA: Wadsworth, 2012), pp. 283—284.

② 吴宗宪:《犯罪心理学总论》,商务印书馆 2018 年版,第 347—348 页。

③ Michael Rutter et al., *Juvenile Delinquency* (New York: Guilford Press, 1984), p. 190.

反社会父母(antisocial parents)、家庭收入低、父母养育子女方法较差。① 这些观点可以在探讨破裂家庭与犯罪关系时加以参考。

不过,也有一些国外研究者认为,“破裂家庭与少年犯罪之间的关系较弱,破裂家庭最多只能算是引起少年犯罪的一种次要因素”②。这种观点可以从三个方面来解释。(1) 破裂家庭的犯因性作用因人而异。破裂家庭对某些类型的少年犯罪和少年犯罪人的影响,要大于其他因素,因此,通过破裂家庭与一般少年犯罪关系的研究,可能会发现它们之间的关系较弱。破裂家庭与少年犯罪之间的关联程度还因犯罪人的性别、年龄和种族的不同而不同。破裂家庭对女孩的影响要比对男孩的影响更大一些,对处于青春前期的孩子的影响要比对青少年的影响更大一些;破裂家庭对黑人少年犯罪人的影响要比对白人少年犯罪人的影响更大一些。(2) 破裂家庭的犯因性作用因统计而异。不同的统计方法会影响人们对破裂家庭的犯因性作用的看法。早期的研究以官方统计为依据,统计的标准是被警察逮捕、被法庭审判等,而破裂家庭对这些官方机构的处理有重要影响,导致它们对不同家庭人员的处理有明显差别,如破裂家庭的犯罪少年更容易受到逮捕等刑事司法处理。与实施了同样的少年犯罪行为而来自完整家庭的孩子相比,来自破裂家庭的孩子也更容易被提交到少年法庭。(3) 破裂家庭对于少年犯罪来说并非是那么重要的因素。对少年犯罪具有显著影响的,是家庭关系的性质,而不是家庭的构成。与家庭构成不完整相比,家庭中的冲突、不和与少年犯罪有更为密切的联系。③ 这些观点对于准确理解破裂家庭与犯罪的关系,具有启发意义。

二、犯因性社区因素

(一) 概述

犯因性社区因素(criminogenic community factor)是指可能诱发犯罪心理和导致犯罪行为的社区特征。

社区和邻里是一对关系密切的概念。社区(community)是具有一定关系的人们及其共同生活的区域。换言之,社区是指聚居在一定地域范围内的人们所组成的社会生活共同体。在社区中居住和生活的人们构成“邻居”(neighbor)或者“邻里居民”(neighborhood resident)。邻里(neighborhood)就是地缘相邻并构成互动关系的初级群体。不过,社区和邻里之间既有密切联系又有一定区别。它们之间的主要联系在于:(1) 都有一定的空间范围。这两个概念都指一定的区域,因此,从地理学意义来看,社区和邻里往往被作为同义词使用。④ (2) 其中的人们之间都有互动关系。由于这些联系,可以将这两个概念看成近义词甚至同义词,在一些文献中这两个概念交替使用。它们之间的区别在于:(1) 邻里的空间范围

---

① 刘建宏主编:《国际犯罪学大师论犯罪控制科学》(1),人民出版社 2012 年版,第 64 页。

② [美]埃德温·萨瑟兰等:《犯罪学原理》(第十一版),吴宗宪等译,中国人民公安大学出版社 2009 年版,第 244 页。

③ [美]埃德温·萨瑟兰等:《犯罪学原理》(第十一版),吴宗宪等译,中国人民公安大学出版社 2009 年版,第 244—247 页。

④ Steve Bruce et al., *The Sage Dictionary of Sociology* (London: Sage, 2006), p. 44.

比社区小,可以把“邻里”看成“社区”的组成部分。(2) 邻居之间的关系比社区居民之间的关系更密切。

社区和邻里对个人具有重要影响。由于人们很多时间都是在社区中度过的,与邻居往往有密切的交往,特别是在传统社区中,邻居之间的交往更频繁,相互之间的影响更大,因此,不良的社区环境和邻里,往往会对个人的成长与发展产生较大的消极影响,有可能导致犯罪心理,引发犯罪行为。这类可能诱发犯罪心理和导致犯罪行为的社区,就是“犯因性社区”(criminogenic community);这类容易引起和助长犯罪心理并导致犯罪行为的邻里,就是“犯因性邻里”(criminogenic neighborhood);①这类容易引起犯罪心理和导致犯罪行为的街道,就是“犯因性街头环境”(criminogenic street context)。② 研究表明,“犯罪率高、条件差的邻里,会妨碍良好的父母养育活动,破坏父母与子女之间的关系,使青少年受到其他犯罪人的影响,提供进行犯罪的机会”③。晚近以来的荟萃分析已经表明,“坏的”邻里及其普遍性的物质贫困(material Poverty)和行为贫困(behavioral Poverty),与犯罪显著相关。④ 犯因性社区因素主要表现在社区环境、社区功能以及集体效能等方面。

(二)社区环境问题

社区环境存在的一些问题具有犯因性作用。社区是人们进行日常生活的重要区域和场所,其中存在的违法犯罪现象以及与其关系密切的现象,都会构成重要的犯因性因素,对个人产生潜移默化的影响或者直接显著的诱导作用,从而会激发人们的犯罪心理,导致人们进行犯罪行为。

具有犯因性作用的社区环境因素主要包括下列五个方面。

1. 犯罪人

社区中存在的犯罪人,特别是有组织犯罪人,是犯因性作用最大的社区环境问题之一。他们的存在,会给社区中的其他人,特别是青少年树立恶劣的榜样,使青少年有意无意地进行模仿,从而引发大量的犯罪行为。研究表明,社区中存在的有组织犯罪人,会通过三种机制导致犯罪行为:(1) 树立了犯罪获益的榜样。犯罪人通过犯罪活动过上富裕生活的现象,向邻里居民(特别是青少年)表明,犯罪是有回报的,人们可以通过犯罪生活甚至致富。(2) 贬低了诚实工作的价值。社区中犯罪人的存在及其逃避惩罚和获得利益的情况表明,政府部门和执法机关中存在大范围的腐败,由于这个原因,人们很难通过出色的、努力的和诚实的工作就能够过上好的生活。(3) 抵消了守法教育的效果。有组织犯罪人的存在,不仅降低了邻里居民的地位,也使守法教育变成一种无效的工作,因为现实的例子说明,过守

---

① Gregory M. Zimmerman,“Impulsivity,Offending,and the Neighborhood:Investigating the Person-Context Nexus,” *Journal of Quantitative Criminology*,Vol. 26(Issue 3,September,2010):306.

② Stacy De Coster et al.,“Neighborhood Disadvantage,Social Capital,Street Context,and Youth Violence,” *The Sociological Quarterly*,Vol. 47(No. 4,Autumn,2006):723-753.

③ D. A. Andrews et al.,*The Psychology of Criminal Conduct*, 5th ed.(New Providence,NJ:Matthew Bender & Company,2010),p. 268.

④ Alex R. Piquero(ed.),*The Handbook of Criminological Theory*(Malden,MA:John Wiley & Sons,2016),p. 32.

法生活的价值有限，而进行犯罪行为也可以生活，即使他们被判有罪，也不会失去什么。①

2. 不良同伴

同伴(peer)是指在年龄、性别、身份和社会地位等方面十分接近的人员。在文献中，同伴尤其指符合这些特征的青少年，因为这类青少年之间的相互影响更大。由于同伴之间具有多方面的相似性，他们往往具有很多相似的认识，能够有很多时间一起相处和交往，因而互相之间有很大的影响。从童年期的社会交往开始，同伴就对个人产生重要影响，良好的同伴关系会促进个人的健康发展。但是，如果社区中有不良同伴，即进行违法犯罪行为或者具有其他不良品行的同伴，个人在与他们的交往中形成了不良的同伴关系，那么，这种不良交往会引导个人走上违法犯罪的道路，这就是所谓的"犯因性同伴效应"(criminogenic peer effects)。②

不良同伴是重要的犯因性因素。犯罪学研究发现，"在邻里影响中，最重要的影响之一是同伴的影响。许多研究都表明，与少年犯罪人同伴的交往和参与少年犯罪之间，有着很强的关联性"③。格卢克夫妇在20世纪40年代的研究发现，在他们研究的500名少年犯罪人中，有98.4%的人与其他少年犯罪人有过深入的交往，而在作为对照组的500名非少年犯罪人中，这一比例只有7.4%。④ 特拉维斯·赫希在20世纪60年代后期的研究发现，在有4个或更多亲密朋友曾经被警方逮捕过的少年中，有75%的人自己此前也曾经有过少年犯罪行为；而同一时期，在没有少年犯罪人朋友的少年中，有27%的人此前有少年犯罪行为。⑤ 安德鲁斯(D. A. Andrews)等人认为，反社会同伴(antisocial associates)是四种主要的犯罪原因之一，也是预测重新犯罪行为的四种主要预测因子之一(其他三种原因和预测因子是反社会态度、反社会人格和犯罪历史)。⑥ 戴维·法林顿等人认为，"有少年犯罪朋友是后来进行犯罪行为的重要预测因素"⑦。

个人与不良同伴进行交往的犯因性作用主要表现为：⑧

(1) 助长不良交往。个人开始不良交往之后，往往会更多地寻找与其类似的人进行交往，从而促使其进行更进一步的不良交往。国外犯罪心理学研究提出的"选择假设"(selection hypothesis)认为，与少年犯罪同伴(delinquent peer)进行交往的反社会者，会寻求与其类

---

① [美]埃德温·萨瑟兰等：《犯罪学原理》(第十一版)，吴宗宪等译，中国人民公安大学出版社2009年版，第236页。

② Helmut Hirtenlehner et al., "Do Morality and Self-Control Protect from Criminogenic Peer Influence? Testing Multidimensional Person-Environment Interactions," *Justice Quarterly*, Vol. 39: (No. 1, 222): 100-103.

③ [美]埃德温·萨瑟兰等：《犯罪学原理》(第十一版)，吴宗宪等译，中国人民公安大学出版社2009年版，第220页。

④ Sheldon Glueck et al., *Unraveling Juvenile Delinquency* (Cambridge, MA: Harvard University Press, 1950), pp. 163-164.

⑤ Travis Hirschi, *Causes of Delinquency* (Berkeley, CA: University of California Press, 1969), pp. 98-99.

⑥ D. A. Andrews et al., *The Psychology of Criminal Conduct*, 5th ed. (New Providence, NJ: Matthew Bender & Company, 2010), pp. 55, 307.

⑦ 刘建宏主编：《国际犯罪学大师论犯罪控制科学》(1)，人民出版社2012年版，第65页。

⑧ 吴宗宪：《犯罪心理学总论》，商务印书馆2018年版，第364—365页。

似的同伴进行交往,而这种交往会导致更多的少年犯罪行为。①

(2)形成犯罪心理。人们通过与其他进行违法犯罪行为的人交往,消除内心对进行犯罪行为的道德抑制,学会对犯罪行为采取中立的或者功利主义的态度,甚至形成赞同的态度、价值观,这会消除对犯罪行为的抗拒心理和不赞同态度,有可能导致犯罪动机的产生。

(3)学会犯罪技能。与犯罪人的交往使个人学会一系列进行犯罪行为的技能,包括如何选择犯罪对象和目标、如何实施犯罪行为、如何应对被害人的反抗、如何消除犯罪的痕迹、如何在犯罪后进行销赃等。

(4)鼓励犯罪行为。与犯罪人的交往以及与犯罪亚文化群的接触,不仅能使个人在犯罪过程中获得犯罪朋友的心理支持,下决心开始和继续实施犯罪行为,也能使个人得到犯罪朋友的行动帮助,顺利进行犯罪行为。国外犯罪心理学研究提出的"促进假设"(facilitation hypothesis)认为,与少年犯罪同伴的交往,对于少年犯罪人具有原因作用,因为这种交往会增加个人进行犯罪行为的可能性。②

(5)维持犯罪生涯。个人结交的犯罪朋友不仅鼓励、帮助个人实施某一次犯罪行为,还会通过物质奖赏、精神鼓励甚至强制与胁迫等,促使个人将犯罪行为继续下去,使个人将犯罪行为变成其生活的组成部分,形成犯罪生涯,个人也就变成了习惯型犯罪人。

3. 犯因性机构

犯因性机构是指可能诱发犯罪心理和导致犯罪行为的机构。机构是指具有特定功能的企业、机关、团体等社会组织。社区中存在的良好机构,会对社区品质的提升、社区面貌的改善等发挥积极作用。相反,社区中存在的不良机构,即其业务活动不符合社会规范并且与违法犯罪行为关系密切的机构,则会降低社区品质,败坏社区风气,对社区居民特别是青少年产生不利影响,有可能诱发他们的犯罪心理,导致他们实施犯罪行为。以往的犯罪学研究发现,夜总会、网吧、棋牌室等娱乐机构,往往发挥犯因性作用,诱导人们进行犯罪行为。根据不同交往理论(theory of differential association),犯罪行为是在交流过程中通过与他人的相互作用而习得的,因此,一些娱乐机构的存在,可能会对人们产生一些犯因性影响:(1)提供犯罪榜样。这些娱乐机构往往是违法犯罪人员聚集的场所,人们在这里更有可能遇到犯罪人,特别是有一定"名气"的甚至是臭名昭著的犯罪人,并有可能把他们作为仿效的对象,模仿他们进行犯罪行为。(2)支持犯罪行为。这类机构的负责人、经常光顾这类机构的人员等,有可能表现出赞同犯罪行为的态度,或者有可能散布赞同犯罪行为的价值观,甚至有可能交流犯罪方式、销赃途径等方面的信息,这些都会对个人进行犯罪行为产生支持作用,使个人在这类机构的影响下进行犯罪行为。

按摩室、废品收购站等机构,也具有犯因性影响。首先,这类机构中的一些机构有可能从事犯罪活动(如性犯罪或者销赃活动),直接吸引人们进行犯罪行为。其次,这类机构中的一些机构有可能提供犯罪机会。在这类机构中开展的活动、交流的信息、受到的暗示等,有

① Russil Durrant, *An Introduction to Criminal Psychology*, 2nd ed. (London: Routledge, 2018), p. 68.

② Russil Durrant, *An Introduction to Criminal Psychology*, 2nd ed. (London: Routledge, 2018), p. 68.

可能引诱人们犯罪，使人们在这类机构的支持、帮助下进行犯罪行为。

4. 社区环境差

社区环境差是指社区的物理环境和社会环境状态不佳的现象。社区物理环境差突出地表现为居民住房简陋，社区公共场所建设不足，缺乏娱乐休闲设施，废旧建筑多，照明条件差，社区环境脏乱差，居民发病率和未成年人死亡率等都较高。这些环境特征会极大地影响社区居民的自我概念和自信心、自尊感，很有可能使他们对生活前景、未来发展等产生消极看法，容易产生沮丧、绝望等情绪，这些心理很有可能转变为犯罪动机、犯因性感情等犯罪心理，最终可能引发犯罪行为。犯罪学家詹姆斯·威尔逊（1982）等人提出的犯罪的破窗理论（broken windows theory）①，揭示了脏乱差的环境引起和助长犯罪心理的机制。根据他们的观点，社区中的脏乱差等问题如果不加处理，就会引起居民的关注，使居民开始感到害怕，并且有可能离开社区；脏乱差的环境削弱了非正式的社会控制，犯罪人一旦发现这里的社会控制薄弱，就容易产生犯罪心理并开始实施犯罪行为；随着犯罪活动的增加，这个地区的脏乱差问题和犯罪都会进一步增加。社区社会环境差突出地表现为犯罪人、不良同伴、犯因性机构多，社区组织不能发挥积极功能，人们之间缺乏良好人际关系，社区缺乏集体效能等。

5. 越轨地点

越轨地点（deviant place）是指社会环境差、越轨者聚集并且容易发生犯罪行为的区域。这些区域的环境脏乱差，街道照明普遍不好，居住和活动的人口稠密，居民的流动性很大，其中的商业机构和居民住所交错并存，这为犯罪人提供了犯罪目标，因此，这些区域的犯罪率很高。这些区域的名声很差，有可能聚集了道德堕落的各类人员，因此，成了“污名化区域”（stigmatized area）。

美国社会学家罗德尼·斯塔克（Rodney Stark）在1987年提出了越轨地点理论（deviant place theory）来解释这些区域成为犯罪热点地区（hot spots）的现象。这个理论又称“犯罪生态学理论”（theory of the ecology of crime），其核心观点是，邻里中聚集的大量不利条件，使特定邻里变成了名声不好的污名化邻里（stigmatized neighborhood），这种邻里有很高的犯罪率。这种邻里的特点是，房屋拥挤、破旧，有很多临时性住所，缺乏成功的榜样。这种理论是在总结一个多世纪以来芝加哥学派和类似的犯罪生态学研究的基础上发展起来的，有30个假设，其中比较重要的假设包括：邻里的密度越大，最有可能越轨的人与最不可能越轨的人之间的交往就更密切；邻里越密集、越贫穷，家庭就越拥挤；家庭越拥挤，人们就越倾向于聚集在家庭之外的地方，这会增加越轨的诱惑与机会；家庭越拥挤，对孩子的监管水平就越低，孩子的学业成绩就会越差；家庭越拥挤，家庭内部的冲突就会越严重，这会削弱对家庭的依恋，从而降低遵从的奖赏，人们也就越不可能进行遵从行为；贫穷、密集的邻里往往是不同用途设施混杂的邻里，如住宅、公寓、零售店甚至轻工业混合在一起，这种混杂现象使人们很容易

---

① James Q. Wilson & George L. Kelling, “Broken Windows: The Police and Neighborhood Safety,” *Atlantic Monthly*, Vol. 211 (March, 1982): 29-38.

找到进行越轨行为的机会。①

（三）社区功能问题

社区不能发挥正常的建设性功能的现象也具有犯因性作用。社区不仅是有相互关系的人们共同生活的地方，也应该是发挥积极作用保障生活安全、增进生活幸福、预防犯罪行为的地方。如果社区不能适当发挥积极作用，就会形成一种社会解组（social disorganization）②的状态，从而可能导致犯罪行为的发生。

社区不能发挥正常的建设性功能的现象，主要表现为下列三个方面。

1. 社区组织涣散

社区组织涣散是指社区组织缺乏工作效率的现象。社区组织在社区的正常运行和建设发展中应当发挥重要的作用。如果社会组织能够有效履行职责，那么，它们就可以解决社区中发生的很多问题，从而有效预防在社区中发生的犯罪行为。但是，如果社区组织工作效率低下、表面应付工作、不积极履行职责、缺乏工作责任感或服务意识、工作作风粗糙、与居民不和谐甚至有冲突等，那么，它们就不能发挥保障社区正常运行和不断发展的积极作用，也就难以预防在社区中发生的犯罪行为等。可以说，如果合法的社区组织缺乏组织能力，不能组织、引导居民进行建设性活动，不能对社区中的不良现象进行有效管控，社区风气就会发生消极变化，甚至歪风盛行，这不仅会降低社区环境的质量，也会使社区居民的心理发生消极变化，从而助长犯罪的发生。

2. 社区凝聚力缺乏

社区凝聚力是群体凝聚力的一种表现。群体凝聚力（group cohesion）是指群体将群体成员团结起来的吸引力。在有凝聚力的社区，居民相互熟悉、融洽相处甚至彼此喜欢，对很多集体事务有较多的共识，有一些共同的生活目标，会为了社区的安全和发展而采取建设性的行动。在这样的社区中，居民会有建立无犯罪社区（crime-free community）的渴望，并会为了预防社区中的犯罪而采取非正式、非官方的行动。例如，社区居民会盘问行为可疑者，或者劝诫行为不端的年轻人，以及将孩子的不当行为告诉家长。从本质上讲，在这样的社区中，居民充当了社区的“眼睛和耳朵”，他们的非正式监管，甚至是单纯的出现，都可以防止其他人进行犯罪行为。③

3. 社区风气不良

社区风气不良是指在社区中存在大量违反道德和法律规范的观念与行为的状态。这是社会风气不良情况在社区中的表现，在具有这种特征的社区中，人们之间可能充斥着不健康、不道德的思想观念、言行举止，居民中经常发生争执吵闹、打架斗殴、偷盗欺骗等行为，人们精神涣散，消极悲观，愤世嫉俗，冷嘲热讽，普遍缺乏积极向上的进取精神。这样的状态妨

① Rodney Stark, “Deviant Places: A Theory of the Ecology of Crime,” *Criminology*, Vol. 25(No. 4, 1987): 895-898.

② 社会解组（social disorganization）是指社会规范和制度对社会成员的约束力减弱从而使社会凝聚力降低的一种社会状态。

③ ［美］亚历克斯·皮盖惹主编：《犯罪学理论手册》，吴宗宪主译，法律出版社 2019 年版，第 160—161 页。

碍了社区正常功能的发挥，对居民产生潜移默化的消极影响，会助长大量犯罪行为的发生。

（四）集体效能问题

集体效能（collective efficacy）是指居民相互信任并且为了共同利益而进行干预的意愿和行为。[①] 这是综合衡量社区的建设性特征的一个概念，有利于进一步分析社区的犯因性作用。

缺乏集体效能是一种犯因性因素。美国犯罪学家罗伯特·桑普森等人在1997年提出的集体效能理论（collective efficacy theory），深入探讨了集体效能现象与社区犯罪之间的关系。其基本观点是，一个地区犯罪率的高低与该地区的集体效能密切相关；集体效能就是激活或者转换（activating or converting）邻里居民之间的社会联系（social ties）以实现集体目标的过程；在集体效能强的邻里中，居民相互信任并且具有积极参与社会控制的共同意愿，这样的邻里容易实现维护公共秩序、控制犯罪等集体目标。反之，就会发生大量犯罪。因此，集体效能将居民的相互信任、凝聚力与文化驱动的邻里动力（也就是对控制的共同期望）结合在一起。"效能"是指实现预期效果或者达到预期结果的能力，因此，集体效能的核心是邻里解决犯罪问题的预期能力（perceived ability）。

桑普森等人认为，集体效能包含下列两个重要的组成成分：[②]

第一，居民为了邻里的公共利益去主动进行干预的意愿（willingness）。这种意愿是建立非正式社会控制的必要的先决条件，体现了居民愿意采取实际行动处理和预防犯罪的程度。为了测量集体效能的这一成分，或者测量进行干预的意愿，桑普森与其同事在一个调查项目——芝加哥邻里人类发展项目[③]中，走访了芝加哥343个邻里中的8 782位居民，调查了他们的邻居在下列（假设的）场景中进行干预的可能性：（1）孩子逃学并正在街头闲逛；（2）孩子正在当地的建筑物上用喷漆涂鸦；（3）孩子正在对成年人实施不敬的行为；（4）他们的房屋前面爆发了打架冲突；（5）离他们家最近的消防站正面临预算削减的危险。受访者用利克特五级量表（five-item Likert-type scale）进行回答。[④] 这一实验的假设是，那些在集体干预意愿方面得分较高的邻里在面对这些以及类似的场景时，更有可能进行干预行为，因此，在这些社区中进行犯罪的可能性也会降低。

第二，凝聚力和相互信任的结合体（combination of cohesion and mutual trust）。居民的共同价值追求和相似目标对于社区而言是很重要的。当居民大多自私并且很少关心社区的时候，邻里自身很难获得资源来激活能够预防犯罪的社会联系。但是，当居民存在相互信任和凝聚力时，居民就有可能认识到社区中存在的问题，就会对如何处理这些问题形成共识，也

① Robert J. Sampson et al.,"Neighborhoods and Violent Crime: A Multilevel Study of Collective Efficacy," *Science*, Vol. 227 (No. 5328, August 15, 1997): 921.

② 吴宗宪：《西方犯罪学》，高等教育出版社2023年版，第325—326页。

③ 芝加哥邻里人类发展项目（Project on Human Development in Chicago Neighborhoods），简称"PHDCN调查"（PHDCN Survey），始于1990年代初期，是一个跨学科的研究项目，研究家庭、学校和邻里如何影响儿童和青少年发展。

④ Robert J. Sampson et al.,"Neighborhoods and Violent Crime: A Multilevel Study of Collective Efficacy," *Science*, Vol. 227 (No. 5328, August 15, 1997): 919-920.

会以更加集体性的方式解决问题。桑普森与其同事在他们的调查中，通过询问受访者对下列表述的同意程度来测量集体效能的这一成分：(1) 周围的人都愿意帮助他们的邻居；(2) 这是一个联系密切的邻里；(3) 这个邻里中的人是可以信任的；(4) 这个邻里中的居民普遍不能和谐相处；(5) 这个邻里中的人们没有相同的价值观。① 社会凝聚力的测量标准和对控制的共同期望，在芝加哥的不同邻里之间都是高度相关的。上述两种成分结合起来，可以简要地测量集体效能。

邻里的集体效能水平受许多因素影响。这些因素包括住所流动性、经济不平等、种族或者经济地位产生的住所隔离(residential segregation)等。桑普森(2012)注意到，影响集体效能的核心因素是他所讲的"集中劣势"(concentrated disadvantage②)，即多种不利因素交织与结合的现象，这类不利因素包括接受公共援助基金(救济金)、贫困、失业、女性户主家庭(female-headed households)、种族构成(racial composition)、密集生孩子。在集中劣势表现突出的地区，这六种因素使得居民难以发展，也难以形成对社会控制的共同期待和凝聚力。集中劣势在很大程度上导致社区组织和志愿团体的不足，进而对集体效能产生负面影响。③

集体效能理论具有重要的价值。首先，对理解社区与犯罪的关系提供了重要的启发。他们的研究表明：集体效能对暴力犯罪有显著的负向效应(negative effect)；④集中劣势和住所不稳定与暴力犯罪的联系，在很大程度上是以集体效能为中介发挥作用的。其次，也给社区预防和减少犯罪提供了启发。根据这一理论，集体效能是一种动态因素，是一种在需要的时候可以调动的资源，⑤可以通过增强社区的集体效能来预防和减少犯罪。这是因为，集体效能所蕴含的亲密关系和信任，有时被称为"社会资本"(social capital)，它们是将社区作为一个群体动员起来，清除街道上的麻烦制造者和混乱的重要资源。集体效能高的社区可以通过密切关注街道上的麻烦制造者，告诉他们去别的地方，并在必要时通过施加政治压力，以警察介入等方式，形成统一战线，让邻里中的那些麻烦制造者生活得不舒服。这样，就可以预防和减少犯罪。

三、犯因性学校因素

(一) 概述

犯因性学校教育(criminogenic schooling)是指可能诱发犯罪心理和导致犯罪行为的学校教育。学校是仅次于家庭的重要社会化机构，对个人的良好心理品质和行为模式的形成与发展，起着极其重要的作用。对处于儿童少年期的人来说，学校的作用往往超过家庭。因

---

① Robert J. Sampson et al., "Neighborhoods and Violent Crime: A Multilevel Study of Collective Efficacy," *Science*, Vol. 227 (No. 5328, August 15, 1997): 920.

② "concentrated disadvantage"又被译为"集中贫困""集中不利条件"。

③ [美]亚历克斯·皮盖惹主编：《犯罪学理论手册》，吴宗宪主译，法律出版社 2019 年版，第 259 页。

④ 负向效应意味着，集体效能越强，暴力犯罪就会越少。

⑤ Francis T. Cullen et al. (eds.), *Criminological Theory: Past to Present: Essential Readings*, 6th ed. (New York: Oxford University Press, 2018), p. 38.

此,学校教育存在的缺陷会产生犯因性作用;有缺陷的学校教育在促使儿童少年形成犯罪心理和实施犯罪行为方面所起的作用,也往往超过不良家庭。

有问题的学校教育是重要的犯因性因素。“消极的学校经历是严重少年犯罪的预测因素。”①“有证据表明,学校在少年犯罪中扮演着重要角色。一项为期 11 年的纵向研究表明,学校关系(school relationships)是少年犯罪中第三重要的关系,仅次于家庭关系和同伴群体关系。另一个纵向研究甚至将学校列在家庭和同伴群体之前,它发现学校才是产生少年犯罪行为最关键的社会背景,而不是家庭或者‘街头’。”②“研究一再表明,与逃学、有纪律问题的儿童和高中辍学者相比,那些经常上学、上课不捣乱、高中毕业的人,进行犯罪和少年犯罪的人更少。”③有问题的学校教育的犯因性作用可以通过多方面表现出来。

(二)学校环境问题

学校如果不能给师生提供一个团结合作、积极向上的正常环境,就有可能产生一种犯因性学校环境,导致犯罪行为的产生。犯因性学校环境主要表现在下列四个方面。

1. 师生关系不融洽

融洽的师生关系是学校最重要的社会心理环境,而不融洽的师生关系则是重要的犯因性因素。在师生关系不融洽的学校中,教师与学生之间充满不信任、冲突和敌意,学生对教师缺乏感情认同和真正的尊重,以致教师在学生中没有威信,教师的教育活动在学生中不能产生预期的效果,教师对学生没有适当的影响力。雷湘竹等人(2009)的研究发现,未成年犯与老师交谈、交流的数量明显少于普通学生;在未成年犯中,没有得到提问机会的比例远高于普通学生;在未成年犯中,被老师打骂过的比例高于普通学生,没有得到老师尊重的比例也高于普通学生。④

2. 教师素质有问题

教师素质的高低是能否办好学校的最关键因素之一,教师素质低是导致其他学校问题的重要根源。这是因为,教师是学生的表率,在各个方面都应当是学生学习的榜样。同时,教师承担着重要的管理职能,对学校风气和面貌具有极为关键的影响。因此,教师素质差会产生多方面的犯因性作用。

(1)缺乏示范性。教师是学生在人生发展中的重要榜样,应该给学生提供多方面的示范,成为学生学习的表率。教师素质差,就会严重影响教师在学生心目中的形象,使教师不能给学生提供正面的示范作用,也不能给学生施加多方面的积极影响。

(2)业务能力差。这突出地表现为教师对自己所讲授的内容不精通,不能帮助学生掌握教材上的内容。这样的教师增加了学生的学习困难,很容易引起学生的不满情绪。

---

① David P. Farrington et al. (eds.), *Early Prevention of Adult Antisocial Behaviour* (Cambridge: Cambridge University Press, 2003), p. 162.

② [美]埃德温·萨瑟兰等:《犯罪学原理》(第十一版),吴宗宪等译,中国人民公安大学出版社 2009 年版,第 275 页。

③ Lee Ellis et al., *Handbook of Crime Correlates* (San Diego, CA: Academic Press, 2009), p. 239.

④ 雷湘竹、蒋小霓:《未成年人犯罪成因分析——以学校教育为例》,载《社会科学家》2009 第 10 期,第 129 页。

（3）道德品质差。这突出地表现为教师缺乏个人修养，在学生面前举止失当，言行轻率，不讲起码的礼貌；或者教师相互轻视，在学生面前贬低对方。这样的教师很容易引起学生的轻蔑心理。

（4）教学态度差。这突出地表现为教师对学生缺乏积极的期望，低估学生的道德品质和学习能力，对学生的进取心和适应能力没有信心，在心理上蔑视学生，动辄对学生进行消极的标定（即给学生贴上坏的标签），例如，认为某个学生没有发展前途，说某个学生不可救药，等等。这样的教师不愿意为学生的进步而努力，不能发挥"皮格马利翁效应"（Pygmalion effect）①在学校教育中的作用。

（5）管理水平差。素质差的教师不仅难以胜任教学工作，也难以履行管理职能。他们不能维持良好的教学秩序，不能建设健康的学习风气，不能发现学生中的矛盾冲突和欺凌现象，不能给学生创造良好的学习环境。这样的环境会助长不正之风，变成犯罪行为的温床。

3. 同学关系不正常

同学关系不正常也是犯因性因素。在同学关系不正常的学校中，存在大量的打架斗殴、相互告密、嫉妒敌视、欺凌弱小等现象，学生中流言蜚语层出不穷，相互攻击、拆台的事情经常发生。雷湘竹等人（2009）的研究发现，未成年犯与同学打过架、吵过架的比例远高于普通学生。②

4. 学习风气不健康

学习风气不健康突出地表现为教师和学生都不重视学习问题。教师不认真教课，学生不认真学习，以致学生的学习动机弱、学习成绩差，在考试中大量存在作弊等现象；学习差的同学可能会孤立、讽刺挖苦甚至打击学习好的同学；在学习成绩差的基础上，会产生其他不良行为。雷湘竹等人（2009）的研究发现，未成年犯由于对学业失去信心，易受不良社会因素诱惑，加上学校和家庭监管不力，经常逃课去上网或者看暴力、色情影片。经常或者偶尔玩与看的比例分别达到60%至80%以上，远高于普通学生，均与普通学生存在显著差异。③

（三）学校管理问题

学校不仅是进行知识教育的机构，也是重要的社会化机构，要通过多方面的管理工作，让学生学习和掌握必要的行为规范，避免发生违反规范的行为。学校如果在管理上出问题，就无法在教育学生学习和应用行为规范方面发挥积极作用，就有可能使学生进行犯罪行为。学校管理问题突出地表现在下列三个方面。

1. 纪律约束问题

培养学生的纪律观念是学校的重要职责，维护学校的纪律权威是学校管理工作的重要内容。学校不重视这方面的教育和管理，就会导致学生缺乏纪律观念，造成学校纪律状况差。在这种情况下，学生中迟到、早退、旷课、打架斗殴、拉帮结派、耍流氓与进行破坏行为等

① 皮格马利翁效应（Pygmalion effect）是指教师的积极期望可以使学生发生积极变化的现象。

② 雷湘竹、蒋小霓：《未成年人犯罪成因分析——以学校教育为例》，载《社会科学家》2009第10期，第130页。

③ 雷湘竹、蒋小霓：《未成年人犯罪成因分析——以学校教育为例》，载《社会科学家》2009第10期，第130页。

现象的发生率高，而学校对不遵守纪律的学生的处理往往简单、粗暴，动辄使用体罚等手段。在这样的学校中，学生缺乏必要的学习秩序和健康的成长环境。雷湘竹等人(2009)的研究发现，在未成年犯中，所在班级纪律差的比例高于普通学生。① 国外的研究也发现，“学校纪律问题与少年犯罪行为和刑事犯罪行为呈正相关”②。

2. 学生流失问题

学生流失是指学生在完成学业之前离开学校的现象。其中，短期离开学校的现象被称为“逃学”(truancy)，长期离开学校的现象就是“辍学”(dropping out)。学生流失问题对学生遵守法律和健康成长具有重大影响，是极为重要的犯因性因素。风气不良的学校动辄采用劝退、开除等方式对待有行为问题的学生，或者对自动离校学生不进行必要的劝阻、劝返和帮助活动，导致这些学校的不少学生在未完成学业的情况下离开学校。这使学校难以发挥作为社会化机构的积极作用，也使流失学生不仅以后的生活和工作不顺利，而且有可能在社会上游荡和进行不良交往，从而很容易陷入违法犯罪的泥潭。赵军等人(2012)对966名未成年犯和1 076名普通中学生的研究表明，由旷课、逃学、辍学所表征的学校联系紧密度与未成年人犯罪之间具有高度的相关性。③ 国外的研究发现，逃学与少年犯罪有密切关系，很多少年犯罪人都是逃学者；逃学也是成年人越轨的重要预兆。④ “逃学与少年犯罪和刑事犯罪呈正相关。”⑤辍学者(dropout)实施了很多少年犯罪和刑事犯罪，辍学导致青少年过上违法犯罪的生活；在监狱犯人和死刑犯中，辍学者的比例都很高；辍学的不同理由可能影响后续的行为，那些因为经济原因或者社会原因(如有了小孩)而辍学的人较少进行犯罪行为，那些因为行为问题而辍学的人则更有可能进行犯罪行为；引起辍学的那些社会问题，也有可能导致反社会活动。⑥

3. 学生犯罪问题

在校学生犯罪既是学生个人的重大挫折和问题，也是学校管理的极大失败。在校学生犯罪与很多犯因性因素有关，其中，学校管理问题发挥着重要作用。在校学生犯罪数量多的学校，肯定也是管理问题突出、管理水平低下的学校。学校管理不善，会使学校变成犯罪行为的温床，给学生进行不良交往和犯罪行为提供机会和条件，放任甚至促使学生进行犯罪行为。

（四）教育内容问题

学校不仅是传授知识和培养技能的机构，也是促进学生全面发展的机构，应当对学生进

---

① 雷湘竹、蒋小霓：《未成年人犯罪成因分析——以学校教育为例》，载《社会科学家》2009第10期，第130页。

② Lee Ellis et al., *Handbook of Crime Correlates* (San Diego, CA: Academic Press, 2009), p. 105.

③ 赵军、祝平燕：《学校联系紧密度与未成年人犯罪因果性经验研究——以旷课、逃学、辍学为指标》，载《教育研究与实验》2012年第1期，第51页。

④ [美]埃德温·萨瑟兰等：《犯罪学原理》(第十一版)，吴宗宪等译，中国人民公安大学出版社2009年版，第278页。

⑤ Lee Ellis et al., *Handbook of Crime Correlates* (San Diego, CA: Academic Press, 2009), p. 105.

⑥ Larry J. Siegel et al., *Juvenile Delinquency: Theory, Practice, and Law*, 11th ed. (Belmont, CA: Wadsworth, 2012), p. 374.

行多方面的教育和训练。从犯罪学视角来看，学校在教育内容方面的犯因性作用主要体现在缺乏对于学生健康成长和预防犯罪极为重要的相关教育内容。

1. 缺少挫折教育

挫折（frustration）是个人的动机、愿望、需要和行为受到内外因素阻碍的情境和相应的情绪状态。[①] 换言之，挫折就是在学习、生活和工作中遇到的困难和伴随的情绪。如果学校重视开展挫折教育，让学生了解挫折及其产生的原因等内容，掌握恰当应对挫折的方法，那么，学校就能够帮助学生顺利成长。相反，如果学校不重视开展挫折教育，那么，学生的挫折耐受力就较差，他们不仅更有可能遇到挫折，而且在遇到挫折时难以恰当应对，一些错误的应对方式很有可能构成犯罪。从犯罪学研究来看，大量的青少年犯罪，都是由对挫折的不恰当应对导致的。学生在学习和生活中，有可能遇到很多挫折，包括考试失败、升学落榜、同学矛盾、师生误会、丢钱失物、患病伤残等，如果缺少挫折教育，这些挫折都有可能引发犯罪行为。

2. 忽视公德教育

公德即社会公德，又称“社会公共生活准则”，是指人们在日常生活中应当遵守并得到社会公认的最基本、最起码、最简单的道德准则。[②] 这些社会公共生活准则，是千百年来逐步积淀起来的，是为了维持正常的生活秩序而必须由人们共同遵守的公共生活规范。社会公德的内容十分广泛，涉及社会生活的各个方面。最主要的社会公德包括：(1) 礼貌谦逊，和气待人；(2) 坦诚相见，诚实守信；(3) 成人之美，与人为善；(4) 遵守秩序，爱护公物；(5) 尊老爱幼，尊师亲贤。[③] 社会公德的功能在于，维持和保障社会公共生活的正常秩序，促使人们相互尊重、友好相处、协力共事。学校忽视对学生的公德教育，不仅使学校的正常教学秩序难以得到保障，也使学生不懂得基本的社会公德，不能用它们指导自己的行为。而一个缺乏公德的人，更有可能进行犯罪行为。

四、犯因性职场因素

犯因性职场因素（criminogenic workplace factor）是指工作场所存在的可能诱发犯罪心理和导致犯罪行为的不良风气和违法犯罪等问题。可以把“职场”看作“工作场所”的简称。这些问题的存在，不仅严重影响工作单位或者机构的正常运行，而且会引发员工中更多的人实施犯罪，因此，必须重视研究这些问题。

（一）违法犯罪问题

工作场所中高级管理人员的违法犯罪行为，是最严重的犯因性职场因素。在任何工作单位或者机构中，高级管理人员进行违法犯罪行为，会给其他人员树立可以仿效的实例，影响一批人进行违法犯罪行为，从而导致“窝案”，即同一单位或者部门的多名高级管理人员和其他人员都进行犯罪行为的现象。窝案的发生，会使这些单位或者部门成为犯罪人聚集的

---

① 林崇德等主编：《心理学大辞典》（上），上海教育出版社 2003 年版，第 172 页。

② 《中国大百科全书・哲学》，中国大百科全书出版社 1987 年版，第 757 页。

③ 魏英敏主编：《新伦理学教程》，北京大学出版社 1993 年版，第 364—366 页。

地方,就像动物聚集在巢穴中那样。窝案的发生会引起“塌方式腐败”,即一定时空范围内出现的涉及很多人的系统性腐败现象,也就是常说的“一窝黑”“一班蛀”等案件现象。这是当代腐败犯罪的一种新形态,其重要特征是:(1) 从职位来看,高、中级别干部特别是一把手腐败犯罪的多。(2) 从资金数目来看,涉及金额数目庞大。(3) 从地区与行业领域来看,多发生在经济较发达地区与垄断性行业。(4) 从层级和部门来看,往往涉及多个层级,有时候横跨多个部门。① 在国际上,这类犯罪往往是白领犯罪(white collar crime)研究涉及的内容,因为公司、企业和其他机构中的高级管理人员的犯罪行为,都可以纳入白领犯罪的范畴。随着反腐败工作的进行,我国已经挖出了一系列窝案,包括“中石油窝案”②、“中移动窝案”③、“深航窝案”④等。

(二) 职场风气问题

职场风气是指在工作场所中流行的观念和作风。不良的职场风气是重要的犯因性因素,它会对单位或者机构中的工作人员产生潜移默化的影响,使他们也持有类似的观念,表现出类似的作风,从而进行违法犯罪行为。

在犯罪学中研究得较多的职场风气问题,主要是职场亚文化。职场亚文化又称“职场文化”或者“工作场所文化”(workplace culture),是指在工作场所中流行的价值观念和行为方式。这种亚文化与主流文化有一定的差异,并且往往带有明显的职场特点。例如,在一些机构中,流行长时间加班或领导不下班没人敢下班的文化;流行干事多的人更容易受批评等文化。不过,对于犯罪的发生而言,另一些职场亚文化的犯因性作用更明显。例如,在一些工作场所中流行小偷小摸(pilferage)文化,突出地表现为,一些员工在工作的过程中随手偷窃单位的价值不大的物品,包括食物、钢笔和铅笔、衣服、小型电子产品和工具等。这种偷窃发生的常见原因是员工对工资、工作条件、主管和公司本身的待遇不满意;还有一个原因可能是所谓的职场文化,即员工对偷窃行为的可接受性和不可接受性形成了非正式的规范,形成了一种文化现象。这些规范通常认为,不应该盗窃昂贵的、重要的财产,但是,可以偷窃便宜的、不那么重要的财产。职场文化还包括一些中和“技巧”,帮助员工为自己的盗窃行为找借口,把违法的行为变成合理的行为。这些借口包括单位付给的工资不够、单位对员工太苛刻、单位不会在乎这些财物等。在这些亚文化影响下发生的行为,往往是严重犯罪行为的早

---

① 张玉强、李祥:《塌方式腐败及其治理之策》,载《领导科学》2016 年 6 月下,第 53 页。

② “中石油窝案”是指 2013 年开始查处的中国石油天然气集团有限公司及下属企业多名高级管理人员贪污腐败的案件。被查处的人员包括中国石油天然气集团有限公司原董事长和时任国务院国资委主任的蒋洁敏,中国石油天然气集团有限公司副总经理王永春、李华林、冉新权、王道富等。参见郭燕:《中石油老虎窝案行为分析及其治理》,载《中国管理信息化》2016 年第 5 期,第 102—103 页。

③ “中移动窝案”是指 2009 年开始查处的中国移动通信集团有限公司多名高级管理人员贪污腐败的案件。在 4 年多的时间内,该公司的 14 名高级管理人员被查处。参见孙永杰:《中移动遏制腐败 监管与自律应并行》,载《通信世界》2013 年第 12 期,第 11 页。

④ “深航窝案”是指 2013 年查处的深圳航空有限责任公司多名高级管理人员贪污腐败的案件。该公司的董事长赵祥、总经理李昆、监事会主席徐海伟、董事刘文彪和财务总监谢云双挪用资金 20.3 亿元。参见《深航窝案首个高管获刑 12 年》,载新浪网。

期表现,如果不加以控制,很有可能发展为严重的犯罪行为。这些具有犯因性作用的亚文化,就是“犯因性亚文化”(criminogenic subculture)。

第二节 犯因性宏观环境因素

一、犯因性经济因素

犯因性经济因素(criminogenic economic factor)是指可能诱发犯罪心理和导致犯罪行为的经济因素,其核心是经济不平等。经济不平等(economic inequality)或者收入不平等(income inequality)是指人们在经济生活中存在相互差别的现象。这种差别是其他社会不平等的基础和根本原因。“收入不平等显然是造成与贫困、相对剥夺或者社会地位低下相关的根深蒂固的那些社会问题的核心。”①经济不平等的结果是,社会中的一部分人富裕,一部分人贫困。尽管富裕的人和贫困的人都有可能犯罪,但是,人们普遍认为,贫困的人更有可能进行犯罪行为。“下层阶级的官方犯罪率比中产阶级和上层阶级高。”②因此,以往更多地探讨了贫困与犯罪的关系。不过,这种研究现象似乎是有问题的。

研究经济不平等与犯罪关系的更好方法,可能是区分不同的贫穷或者贫困③类型。贫困实际上包括两类情况。

(一)绝对贫困

绝对贫困(absolute poverty)又称“绝对贫穷”“赤贫”,是指收入无法满足衣、食、住等方面的基本需要的状况。绝对贫困者是实际收入低于政府部门根据当地经济发展水平规定的最低生活保障标准(即贫困线,poverty line)的人,他们的收入不能满足基本需要,在一些情况下,他们会为了获得维持生存所必需的物资而进行犯罪。因此,绝对贫困具有犯因性。不过,随着社会经济的发展,人们的收入水平会逐步提高,由于贫困而犯罪的人员会逐步减少。

绝对贫困引起犯罪的机制有不同的情况。绝对贫困达到一定程度时,就陷入极端贫困(extreme poverty)或者经济剥夺(economic deprivation)状态,这种状态通过两种机制与犯罪发生关系。第一种机制是直接引起犯罪。陷入绝对贫困的人,无法解决最基本的衣、食、住、行等生存问题,同时,会遇到歧视等问题,因此,他们会产生沮丧、愤怒、绝望等消极情绪,进

---

① Richard G. Wilkinsona & Kate E. Pickett, “The Problems of Relative Deprivation: Why Some Societies Do Better than Others,” *Social Science & Medicine*, Vol. 65(2007): 1965.

② [美]埃德温·萨瑟兰等:《犯罪学原理》(第十一版),吴宗宪等译,中国人民公安大学出版社2009年版,第258页。

③ 在汉语中,“贫穷”和“贫困”是近义词甚至是同义词,细微的区别可能在于,“贫穷”主要指物质贫乏的情况,而“贫困”是物质和精神等方面都贫乏的一种综合性状态,也包含了希望改变却有心无力的意思。近年来,文献中更多地使用“贫困”一词,2009年出版的《中国大百科全书》(第二版)、2015年发布的联合国文献《变革我们的世界——2030年可持续发展议程》中文版和中国国务院新闻办公室2021年发布的《人类减贫的中国实践》白皮书,都使用了“贫困”(poverty)。

而会在生存欲望和消极情绪的驱使下进行暴力犯罪和财产犯罪。第二种机制是间接引起犯罪。贫困会造成局部地区的社会混乱,破坏该地区的传统社会控制机制,也会引起局部地区社会环境的恶化,造成该地区的集中劣势(concentrated disadvantage),在这些因素的综合作用下,该地区的犯罪率会显著增加。

在当代社会中,虽然人们的物质生活水平有了显著提高,处在绝对贫困状态的人数不断下降,但是,人们由于特殊情况而陷入绝对贫困状态时,仍然会因此而进行犯罪行为。例如,到城市打工的人遭受到职业介绍中介的欺骗,花光自己所带的资金后仍然找不到工作时,会在短时间内陷入绝对贫困状态,进而有可能犯罪。

(二)相对贫困

相对贫困(relative poverty)又称"相对贫穷""主观贫困"(subjective poverty),是指个人的实际收入低于所属群体平均收入标准的情况。这种平均收入标准是不断提升的。[①] 对于相对贫困的人而言,他们的收入虽然能够满足基本的食物需要,但是无法满足在当地条件下被视为最基本的其他生活需求。由于相对贫困是一种通过比较而产生的状态,是一种主观感受,所以,无论社会经济发展到什么程度,都有可能存在。

处在相对贫困状态的人,会面临两类问题。(1)客观方面的问题,即他们往往不能完全地参与社会生活的问题。处在相对贫困状态的人往往会遭受社会排斥(social exclusion),即不能充分行使政治、教育、民事等方面的权利和利用这些方面的机会。受到社会排斥的人,处在社会生活的边缘,遭受多方面的不利条件。(2)主观方面的问题,即个人缺少足够收入并且在与别人比较后产生的己不如人的主观感受,又称"相对剥夺"(relative deprivation)。有的作者认为,[②]相对剥夺的概念是由社会学家朱迪思·布劳(Judith Blau)和彼得·布劳(Peter Blau)提出的,认为他们将社会失范理论的概念与来自社会解组模型的概念结合起来,提出了这个概念,并引用了布劳等人在1982年发表的论文。[③] 这个说法可能是不准确的,布劳等人的这篇论文中就引用了1968年发表的一篇论文,该文探讨了"大都市犯罪率与相对剥夺"的关系。[④] 根据相对剥夺观点,相对剥夺感是在与他人进行社会比较后产生的,任何人都有可能产生这种感受。"一般认为,当个人相信自己拥有的资源比近似他人(proximate other)[⑤]和类似他人(similar other)[⑥]少而他们都需要并且都感到自己有权拥有这些资源时,就会产生相对剥夺。"[⑦]如果进行社会比较的方法有问题,个人更有可能产生相对剥夺

① Martin Ravallion, *The Economics of Poverty: History, Measurement, and Policy* (New York: Oxford University Press, 2016), p. 106.

② Larry J. Siegel, *Criminology: Theories, Practice, and Typologies*, 13th ed. (Belmont, CA: Cengage Learning, 2018), p. 210.

③ Judith Blau & Peter Blau, "The Cost of Inequality: Metropolitan Structure and Violent Crime," *American Sociological Review*, Vol. 147(1982): 114-129.

④ Paul Eberts & Kent P. Schwirian, "Metropolitan Crime Rates and Relative Deprivation," *Criminologica*, Vol. 5(1968): 43-52.

⑤ 近似他人(proximate other)是指朋友、邻居、同学等与自己近似的人。

⑥ 类似他人(similar other)是指同属一个种族群体等因而与自己类似的人。

⑦ [美]亚历克斯·皮盖慈主编:《犯罪学理论手册》,吴宗宪主译,法律出版社2019年版,第281页。

感;相对剥夺感会导致挫折感、愤怒一类的消极情绪,而这些消极情绪如果得不到正确处理,就有可能引发犯罪心理和导致犯罪行为。在相对贫困基础上产生的相对剥夺感,更具有犯因性。可以说,这种观点的提出和发展,为分析社会各阶层(而不仅是穷人)人们的犯罪,提供了有价值的思路和方法,因为相对贫困和相对剥夺感不仅会在穷人中产生,也会在中产阶级成员甚至富人中产生。富人可能追求超出其能力范围的经济目标,追求永无止境的成就,当他们追求的经济目标和成就无法实现时,他们就会产生相对剥夺感,就可能为了消除相对剥夺感伴随的消极情绪而实施犯罪行为。

应当准确理解经济不平等引起犯罪的心理机制。贫困本身并不是最具犯因性的因素,通常并不会直接引起犯罪,将犯罪等同于绝对贫困是错误的;绝大多数穷人都是守法的公民,不会因为缺乏食物而进行盗窃活动。[①] 经济不平等或者贫困引起犯罪行为往往需要一定的中介机制,一些人已经探讨了这类中介机制。例如,加拿大犯罪学家格温·内特勒(Gwynn Nettler,1984)认为,存在这样一种因果链条,即"不平等→怨恨→犯罪"。[②] 这意味着,不平等会导致怨恨等消极情绪,而这些消极情绪会导致犯罪行为,这些消极情绪是贫困与犯罪之间的重要中介。因此,可以把经济不平等引起犯罪的心理机制概括为:经济不平等(贫困状态及其伴随的相对剥夺感)引起怨恨、愤怒等消极情绪,这些消极情绪转化为犯罪动机或者促使犯罪动机产生,犯罪动机引起犯罪行为。

关于经济因素与犯罪,特别是相对剥夺感与犯罪关系的研究,再次证明了"不患寡而患不均"[③]的古老见解。这个见解是我国古代思想家孔子讲的,意思是不怕财富不多而怕分配不均匀。现代犯罪学的研究证明,"作为犯罪的一种原因,比贫困或者失业更重要的可能是穷人或者失业者对自己处境的看法"[④]。个人虽然处境不好,比较贫困,但是,如果他认为别人也同样如此时,就不会产生心理不平衡;相反,虽然自己的处境已经有大幅度改善,但是,认为自己应该得到更多时,就会产生犯罪动机和犯罪行为。

二、犯因性制度因素

犯因性制度因素(criminogenic institutional factor)是指可能诱发犯罪心理和导致犯罪行为的办事规章和行动准则。制度是指要求大家共同遵守的办事规章和行动准则,制度的重要作用就是约束人们的欲望,指引人们的行为。从理论上来讲,所有人都是潜在犯罪人,都有犯罪欲望,都有可能进行犯罪行为;如果缺乏有效的制度约束和指引,个人的欲望就会膨胀起来,就有可能转化为犯罪动机,进而引起实际的犯罪行为。

大体而言,犯因性制度因素主要包括下列三个方面。

---

① Francis Pakes et al., *Psychology and Crime: Understanding and Tackling Offending Behavior* (Portland, OR: Willan Publishing, 2007), p. 14.

② Gwynn Nettler, *Explaining Crime*, 3rd ed. (New York: McGraw-Hill, 1984), p. 237.

③《论语·季氏》第十六篇。

④ John Conklin, *Criminology*, 11th ed. (Boston, MA: Pearson, 2013), p. 132.

（一）制度缺失

制度缺失是指没有建立起相关制度的情况。在缺乏必要的制度约束的情况下，只有一部分人能够依靠自律约束自己的欲望；那些自律性较弱、意志力较差的人，难以约束自己的欲望，很有可能在制度缺失的环境中，利用制度的漏洞满足自己的欲望。在这种情况下，制度缺失成为犯罪的助推剂，一旦出现能够满足欲望的外部诱因，个人就可能产生犯罪动机，进行贪利型犯罪行为。

（二）制度失灵

制度失灵（institutional failure）是指已有的制度因为存在缺陷和问题而不能发挥作用的情况。制度失灵有不同表现：缺乏刚性，人们可以随意解释或者变通；缺乏严密性，导致可以轻易规避；缺乏问责规定，违反制度不会被追究责任；等等。这些都是犯因性制度因素的重要方面。自中华人民共和国成立以来，尽管已经建立了大量的管理制度，但是仍有大量贪官涌现，这表明有些制度没有发挥应有的作用。国外研究者认为，国家干预不当造成的制度失灵，是一种犯因性危险因素。①

（三）制度漏洞

制度漏洞是指利用制度存在的漏洞进行损公肥私的犯罪行为的现象。制度是在处理事务过程中形成的行为准则，是对人们从事相关活动的成功经验的总结，完善的制度有利于保证活动的高效运行和公平公正。但是，制度永远具有滞后性，不可能预防以后会产生的所有危害行为。因此，任何制度都是有漏洞的、不完善的。一些人就利用这些漏洞，在从事职务、职业活动的过程中，进行损公肥私的犯罪行为。他们进行这类犯罪或是为了谋取经济利益，或是为了谋取政治利益，包括得到政绩、获得晋升或提拔等。制度腐败导致的犯罪行为，已经给社会造成了巨大的危害。例如，政府官员为了政绩、提拔等大搞"面子工程"和"政绩工程"，②或者为了经济利益违规进行人事任命，将不符合任职要求的人员提拔到重要岗位上。又如，银行等金融机构的管理人员为了谋取私利而违规发放贷款，造成巨额资金流失。这类腐败的根本问题之一，是主要负责人或者"一把手"权力太大，缺乏有效的制约和监督，以致他们恣意妄为，敢于突破一切制度约束。

三、犯因性自然因素

犯因性自然因素是指可能诱发犯罪心理和导致犯罪行为的自然环境因素。这类因素是犯罪学研究探讨的重要内容，人们从很早就开始关注这类因素的犯因性作用。例如，意大利犯罪学家恩里科·菲利（Enrico Ferri）在其《犯罪社会学》一书中系统论述了犯罪原因三元论，认为"犯罪不是某种自由意志和邪恶意志的'产物'，而是一种由人类学因素、自然因素

① Craig Haney, *Criminality in Context: The Psychological Foundations of Criminal Justice Reform* (Washington, DC: American Psychological Association, 2020), pp. 135-157.

② "面子工程"和"政绩工程"的意思大体相同，一般是指为了表面好看而修建的超出经济能力或者没有合理功能的建筑、景观等设施。

和社会因素所决定的自然现象,因此,犯罪是个人病理现象和社会病理现象的一种症状”①。有时候,菲利也将这三类因素称为“犯罪的三类原因”(three groups of the causes of crime)。② 菲利所讲的犯罪的自然因素,又称“宇宙—大地因素”(cosmo-telluric factor)③或者“大地环境条件”(conditions of the telluric medium),④是指自然环境和与其密切相关的因素。这些因素主要包括气候、土壤性质、昼夜变化、季节、年温度、大气条件和农业生产。当代犯罪学中的犯罪生态学(ecology of crime)分支继续研究这方面的内容。犯罪生态学从人与环境的关系中探讨犯罪问题,对这些因素的犯因性作用进行了研究。

(一)犯因性气象因素

犯因性气象因素是指可能诱发犯罪心理和导致犯罪行为的气象变量(meteorological variable)。气象是指大气对流层⑤和平流层⑥下层的大气现象。大气层特别是距离地表最近的对流层的气象变化,对于人类的心理和行为有较大的影响,其中的一些变化具有一定的犯因性作用。

1. 气温

气温(temperature)或者“温度”是表示空气冷热程度的物理量。气温是天气变化的重要表现,而天气(weather)是一定地方短时期内的大气状态。天气发生于大气的最低层对流层内,即从地表面向上,在极地至6—8千米高度以内,在赤道至约17千米高度以内。⑦

气温变化引起的天气效应(weather effect),如温度波动,可能对暴力犯罪率产生影响。这是因为,空气温度是人们生存的重要环境因素,空气温度会对人体产生影响,引起人体温度的变化。研究表明,人体温度要求核心温度保持为37摄氏度,核心温度高于45摄氏度或者低于25摄氏度时,人就会死亡;只有将体温维持在正常水平,人才能存活。⑧ 周围环境温度的异常变化,也会对个人的心理和行为产生影响,其中最为常见的现象是高温(heat)或者“热”,即较高的空气温度。高温会引起不适的生理反应和消极情绪,进而会引起暴力行为和暴力犯罪的增加,因此,一定范围内的高温具有犯因性作用。首先,高温会引起一系列生理不适,如虚弱、头晕、恶心、呕吐等热衰竭现象,迷糊、头痛、走路摇晃等中暑现象以及心跳加速等反应。同时,高温会导致应激激素(stress hormone,主要是肾上腺素和睾酮)分泌增多,以便使人体对高温作出反应,而应激激素与攻击行为有密切关系。其次,高温诱发消极情绪,而消极情绪导致攻击行为和暴力犯罪。高温引起的生理不适反应,使个人变得紧张、急

① Enrico Ferri, *Criminal Sociology*(Translated by Joseph I. Kelly & John Lisle. Boston, MA: Little Brown, 1917), p. 564.

② Enrico Ferri, *Criminal Sociology*(Translated by Joseph I. Kelly & John Lisle. Boston, MA: Little Brown, 1917), p. 171.

③ Enrico Ferri, *Criminal Sociology*(Translated by Joseph I. Kelly & John Lisle. Boston, MA: Little Brown, 1917), p. 187.

④ Enrico Ferri, Criminal Sociology(Translated by Joseph I. Kelly & John Lisle. Boston, MA: Little Brown, 1917), p. 117.

⑤ 对流层(troposphere)是指最接近地球表面的一层大气,也是大气的最下层,密度最大,距离地表10—13千米。

⑥ 平流层(stratosphere)亦称“同温层”“等温度层”,是对流层之上几乎呈等温状态的大气层,位于离地表6—50千米的高度。

⑦《不列颠百科全书(国际中文版)》(第18卷),中国大百科全书出版社1999年版,第142页。

⑧ [美]保罗·贝尔等:《环境心理学》(第五版),朱建军等译,中国人民大学出版社2009年版,第169页。

躁、敏感、易怒、冲动、充满攻击性,这些消极情绪构成了暴力犯罪产生的重要基础。克雷格·安德森(Craig A. Anderson,1989)对实验室研究和现场研究的评论指出,尽管实验室研究的数据不完全一致,但是现场研究的结果一致表明:较热的地区,较热的年度、季节、月份和日期,与谋杀、强奸、伤害、骚乱和毒打妻子的比率上升是一致的。① 安德森根据在美国休斯敦进行的一项为期两年的研究认为,高温会引起攻击行为;特别是当气温由舒适变热时,侵害他人犯罪(如伤害、家庭暴力)和性犯罪(如强奸)都会增加;日常气温越高,暴力犯罪的发生率就越高。②

其他的研究发现,气温与犯罪之间的关系呈现倒 U 形曲线。这意味着,随着气温的上升,消极情感不断增强,犯罪率也增加;当气温上升到一个临界点(85 华氏度、29.5 摄氏度)后,犯罪会减少,因为在这种情况下人们由于气温太高而身体不适,首先要做的是逃避痛苦的情境,而不是进行犯罪。③ 研究表明,"气温是唯一与犯罪行为始终可靠相关的天气变量"④。

2. 气压

特定的气压与犯罪有一定关系。气压(barometric pressure)又称"大气压强",是指作用在单位面积上的大气压力。气压有日变化和年变化。一年之中,冬季比夏季气压高。一天中,气压有一个最高值和一个最低值,分别出现在 9—10 时和 15—16 时,还有一个次高值和一个次低值,分别出现在 21—22 时和 3—4 时。⑤ 研究发现,气压与暴力犯罪之间存在明显的联系,低气压的犯因性作用比较明显。托马斯·肖里(Thomas J. Schory)等人利用 1999 年美国肯塔基州路易斯维尔地区自杀和暴力犯罪的数据发现,"暴力行为和紧急精神病就诊的总数与低气压显著相关"⑥。低气压的犯因性作用主要表现为:(1)低气压影响冲动。低气压似乎与脑血流量的变化有关,有可能导致冲动增加,从而引起暴力犯罪的增加。(2)低气压影响情绪。出现低气压天气时,人们会感到胸闷、头晕、气喘、头痛等,这些症状很容易诱发人们的消极情绪,使人们容易在消极情绪的基础上发生暴力行为和暴力犯罪。(3)低气压影响行为。出现低气压天气时,人们不愿意外出,难以利用户外环境调整情绪,而更愿意待在家里或者室内,而在拥挤的空间中容易发生家庭暴力和其他暴力行为。

3. 气候

气候的变化与犯罪有一定关系。气候(climate)是一定地区长时期(通常是 30 年)盛行

① [英]Ronald Blackburn:《犯罪行为心理学:理论、研究和实践》,吴宗宪等译,中国轻工业出版社 2000 年版,第 187 页。

② David Clarke, *Pro-Social and Anti-Social Behaviour*(London:Routledge,2003),p. 106.

③ [美]保罗·贝尔等:《环境心理学》(第五版),朱建军等译,中国人民大学出版社 2009 年版,第 176 页。

④ Frank Schmalleger, *Criminology Today:An Integrative Introduction*, 8th ed.(Boston,MA:Pearson,2017),p. 117.

⑤ 周淑贞主编:《气象学与气候学》(第三版),高等教育出版社 1997 年版,第 87 页。

⑥ Thomas J. Schory et al.,"Barometric Pressure, Emergency Psychiatric Visits, and Violent Acts," *Canadian Journal of Psychiatry*, Vol. 48(October, 2003):624.

的天气的综合状况。① 大气发生的持久而剧烈的波动,被称为“气候变迁”(climate change)。由于气候是很长时期内的天气变化现象,所以,与长期的犯罪率变化趋势有关;这方面的基本趋势是,随着气候变暖,犯罪率逐步增加。2013 年,美国加州大学伯克利分校的研究人员分析了古代战争、路怒症(road rage)和其他形式的攻击行为的数据,发现高温、极端降雨模式与暴力之间存在历史关联。他们在根据这一发现推断未来时,得出了这样的结论:由于全球变暖和伴随而来的天气模式的变化,从现在到 2050 年,战争和国内骚乱的发生率可能会增加 56%。② 实际上,气候变迁已经成为国际犯罪学领域的重要研究课题,已有《从犯罪学视角看气候变迁》③、《气候变迁犯罪学》④、《碳犯罪人、气候犯罪》⑤等书籍先后出版。

(二)犯因性时间因素

犯因性时间因素是指可能诱发犯罪心理和导致犯罪行为的时间段。时间(time)是指物质运动的持续性和顺序性,通常用年、月、日等衡量。时间与犯罪的关系,是犯罪学研究的重要内容,一些时间段具有更加明显的犯因性作用,在这些时间段发生的犯罪更多。一年中更容易发生犯罪的时间段,在很大程度上通过探讨季节和其他时间段与犯罪的关系来研究。

1. 季节

季节(season)是依据天气变化划分出的一年的四个部分,即春、夏、秋、冬四个季节。季节的变化涉及多方面的其他变化,包括天气(weather)⑥和气温(temperature)的变化、植物生长状态的变化、节假日的变化、生理和心理状态的变化等,这些变化从不同方面影响人们的日常生活和情绪状态,使得一些季节的犯因性作用更加明显,导致在一些季节产生了更多的犯罪。国外的研究发现,大多数犯罪都发生在温暖的夏季,这个季节的青少年往往因为放暑假而不在学校,他们犯罪的机会更多,进行犯罪的可能性更大。同时,在夏季,人们花更多的时间在户外,这会带来两方面的犯因性作用:一方面,人们犯罪的可能性增加。这是因为,夏季人们外出的次数增加,发生人际纠纷的可能性相应增加,这又会引起人际暴力行为和犯罪行为的增加。而且,在夏季,衣着暴露、财物外露等现象发生的概率增加,导致犯罪诱惑大量增加,从而引发很多犯罪。另一方面,人们遭受被害的可能性也增加。这是因为,人们外出之后,更容易成为犯罪人侵害的目标;开窗调节室温、门不上锁以及房屋空置状态的出现,给入室盗窃等犯罪提供了机会,这使人们更容易遭受财产犯罪的侵害。我国研究者周路等人的研究发现,在全年中,春季犯罪发生最多,冬季最少;⑦不过,强奸、伤害、聚众斗殴、寻衅滋事犯罪都在夏季发生得最多。⑧ 可以肯定的是,季节变化与一些犯罪的关系更为密切。“犯

① 《不列颠百科全书(国际中文版)》(第 18 卷),中国大百科全书出版社 1999 年版,第 142 页。

② Frank Schmalleger, *Criminology Today: An Integrative Introduction*, 8th ed. (Boston, MA: Pearson, 2017), pp. 117-118.

③ Rob White (ed.), *Climate Change from a Criminological Perspective* (New York: Springer, 2012).

④ Rob White, *Climate Change Criminology* (Bristol, UK: Bristol University Press, 2018).

⑤ Ronald C. Kramer, *Carbon Criminals, Climate Crimes* (New Brunswick, NJ: Rutgers University Press, 2020).

⑥ 《不列颠百科全书(国际中文版)》(第 18 卷),中国大百科全书出版社 1999 年版,第 142 页。

⑦ 周路主编:《当代实证犯罪学新编——犯罪规律研究》,人民法院出版社 2004 年版,第 233 页。

⑧ 周路主编:《当代实证犯罪学新编——犯罪规律研究》,人民法院出版社 2004 年版,第 234、235 页。

罪被害调查发现,表现出最大程度季节性变化的犯罪是家庭盗窃(household larceny)、非法侵入(unlawful entry)和强奸。"①

2. 其他时间段

(1) 一月中的特定时间。首先,每个月发工资的日子,是更具有犯因性作用的日子,因而是更容易发生犯罪的日子。这是因为,一方面,发工资增加了卷入犯罪的机会。发工资后,人们会进行更多的犯因性人际交往活动,如喝酒、聚会、赌博等,这会大大增加人们参与犯罪的机会,在进行这些交往的过程中可能会发生犯罪行为。另一方面,发工资增加了犯罪侵害的目标。在过去主要用纸币给人们发工资的年代,发工资后人们随身携带现金,这为进行抢劫、诈骗等犯罪提供了目标,可能诱发更多的这类犯罪。美国的研究也发现,每月第一天的犯罪率可能比其他任何时候都高,因为政府福利和社会保障支票在这个时候到达。②其次,每个月发工资前的几天,也应该是具有犯因性的日子。这是因为,在这几天,一些人的工资可能已经花光,他们有可能为了解决生计问题而进行犯罪行为。

(2) 一周中的特定时间。每周(星期)7天,在这个周期中,每周工作日的最后一天和第一天的犯因性作用更加明显。这是因为,在每周工作日的最后一天,人们还未下班时,就向往周末的休息和娱乐,往往注意力分散,这很容易导致生产和工作事故犯罪的发生;而且,下班前对休息、娱乐的渴望,一周工作带来的身心疲惫等因素,都有可能使人们耐心不足,因而容易发生人际纠纷并导致人身犯罪。同时,在下班后的娱乐、放松活动中,人们与他人的接触急剧增加,饮酒后的自我控制力显著下降,因此,容易发生人际冲突,从而导致侵害人身和破坏财物的犯罪。在每周的第一天,人们虽然已经开始上班,但是,身心状态可能还未调整到上班的正常状态,周末娱乐等活动产生的身心疲劳还没有得到恢复,而且人们可能还在回味周末的愉快时光,因此,同样可能处在心不在焉、注意力不集中的状态,这都很容易导致工作事故和相关犯罪。

(三) 犯因性空间因素

犯因性空间因素是指可能诱发犯罪心理和导致犯罪行为的空间特征。空间(space)是指无限的三维范围(长度、宽度和高度),或者指物质的广延性和伸张性特征。通俗地讲,空间大体上相当于地域或者地点。任何现象或者事件都是在特定的空间中发生的,某些空间特征具有更加明显的犯因性作用,这是城乡以及城市中不同区域的犯罪率存在差异的重要原因。

人口密度和拥挤是重要的犯因性空间因素。人口密度(population density)又称"社会密度"(social density),是指在某一空间中聚集的人口的客观数字。密度是有关空间有限性的客观指标。拥挤(crowding)是指个人体验到可用空间不够的主观感受。拥挤是一个心理学概念,指一种心理状态。研究表明,人口密度太高,个人体验到明显的拥挤,有可能引起较高的唤醒水平,使个人容易生理激动、心理紧张,个人的消极情绪和攻击性随之增加,从而引起

① John Conklin, *Criminology*, 11th ed. (Boston, MA: Pearson, 2013), p. 76.

② Larry J. Siegel, *Criminology: Theories, Practice, and Typologies*, 13th ed. (Belmont, CA: Cengage Learning, 2018), p. 47.

暴力型犯罪行为的增多。研究发现，人口密度与犯罪之间存在正相关关系，即随着人口密度的增加，犯罪也增多，少年犯罪和财产犯罪更是如此；对于暴力犯罪而言，研究中获得的证据是混杂的，大多数研究没有发现它们之间存在显著相关。① 不过，也有研究发现，对于男性而言，高密度和拥挤增加攻击行为的效果更加明显。② 同时，拥挤导致的消极情绪状态，也会使个人的理解力、判断力下降，动作的准确性降低，这些因素有可能引起事故的发生，从而造成过失犯罪。

与人口密度和拥挤有关的一个概念是领域性。领域性(territoriality)③是指个人或者群体将特定空间据为己有而拒绝他人侵入的现象。领域性涉及与所拥有的物理空间有关的心理状态和行为，是动物和人类共有的特性；对于人类而言，每个人都愿意有自己的个人空间，不希望他人进入这种个人空间，当其他人试图进入或者进入这种个人空间时，个人就会采取保护行动。这种个人为了防止他人入侵其个人空间而进行的保护行为，被称为“领地行为”(territorial behavior)。④ 自20世纪70年代以来，人类的领域性及领地行为逐渐变成了环境心理学的一个流行话题；大量的研究发现，对于领地拥有者(territorial possessor)和潜在领地入侵者(potential territorial intruder)而言，领域性都会影响他们的行为。⑤

对于领地拥有者而言，领域性与其反社会行为有直接关系。拥有感(sense of ownership)是认为某种事物属于自己的感觉，这是一种可能导致两种相反结果的心理状态。一方面，拥有领地可以抑制攻击行为和促进亲社会行为。人们可以在自己拥有的地方放松自己和控制自己的生活，减轻压力，增进对自己拥有物的责任感等。另一方面，正是由于对自己拥有物的高度重视，他人入侵领地可能导致领地拥有者作出攻击型反应，以便保护自己的领域。个人之间的一些冲突、犯罪团伙之间的一些争斗等，都可能是领地拥有者保护行为的表现。因此，领域性是导致攻击型犯罪的重要机制。研究已经证实，“在一些情境中，个人空间遭受侵犯会导致攻击”⑥。特别是在他人入侵个人的主要领地⑦时，该入侵行为引起的攻击性更强，引发的暴力型防御行为更剧烈。

(四) 噪声

强度较大的噪声是重要的犯因性环境因素。噪声(noise)是频率和振幅紊乱以致给人们带来不良影响的声音。从物理特性来看，噪声是缺乏规律性的振动，它的振幅和频率杂乱、断续，缺乏统计规律；从心理学特性来看，噪声是让人们感到不恰当或者不舒服的声音，会干扰人们的休息、学习和工作，因而是人们不需要、不受欢迎的声音，也是环境污染的重要方

---

① Lee Ellis et al., *Handbook of Crime Correlates*(San Diego, CA: Academic Press, 2009), pp. 52-54.

② [美]保罗·贝尔等:《环境心理学》(第五版)，朱建军等译，中国人民大学出版社2009年版，第297页。

③ territoriality又被译为“领地性”。

④ territorial behavior又被译为“领域行为”。

⑤ Richard Wortley, *Psychological Criminology: An Integrative Approach*(London: Routledge, 2011), p. 198.

⑥ [美]保罗·贝尔等:《环境心理学》(第五版)，朱建军等译，中国人民大学出版社2009年版，第259页。

⑦ 主要领地(primary territory)是指在个人生活中具有核心地位、象征着个人身份、个人对其有更强的合法控制感的领域。家庭是主要领地的典型代表。

面。噪声会引起消极的情绪变化，导致噪声烦躁（noise annoyance）现象的出现，主要表现为使人们变得不高兴、不耐烦、情绪烦躁、易怒等。同时，噪声也会引起消极的生理反应，主要表现为使人们心跳加快、血压升高、身体紧张、儿茶酚胺分泌增多、肾上腺素分泌增加等，这些变化会使人们出现应激状态，容易冲动。“因此，从某种程度上说，噪声增加唤醒水平的同时，也使那些已经具有攻击意图的个体表现出更强的攻击行为。”①可以说，噪声会增强人们的攻击性，容易导致人们实施攻击型犯罪，特别是很有可能引起那些已经具有愤怒等消极情绪的人进行攻击型犯罪；在这种情况下，噪声变成了引发个人消极情绪爆发的“最后一根稻草”，像导火索那样引起消极情绪的爆发性释放和暴力型行为。而且，爱德华・唐纳斯坦（Edward Donnerstein，1976）等人的研究发现，无法预料和不可控制的噪声容易引起人们的愤怒情绪和攻击行为。相反，噪声如果可以预料和能够控制，则不大容易引起愤怒情绪和攻击行为。② 同时，噪声会使人们注意力涣散和分心，使人们不能集中注意力从事相关工作与活动，这种情况也有可能导致一些过失犯罪。

（五）环境污染

环境污染是重要的犯因性环境因素。环境污染（environmental pollution）是指人类活动造成环境质量下降而危害人类及其他生物正常生存发展的现象。环境污染包括大气污染、水污染、土壤污染、噪声污染等。除噪声污染之外，其他环境污染同样具有犯因性作用，会引起犯罪行为的增加。英国的罗杰・马斯特斯（Roger D. Masters，1997）等人发表的研究成果证实，工业污染和其他污染会促使人们进行暴力犯罪。他们比较了美国联邦调查局统一犯罪报告计划的数据与美国环境保护署的有毒物质排放调查（Toxic Release Inventory）的数据，结果发现，少年犯罪与环境中铅和锰的含量高之间显著相关，他们用神经中毒假设（neurotoxicity hypothesis）解释这种关联性。根据这种观点，有毒污染物特别是有毒金属铅和锰，导致学习障碍，引起攻击行为的增加，特别是导致个人失去对冲动行为的控制力。这些因素与贫困、社会压力、酗酒和吸毒、个人性格、其他社会因素和心理因素的结合，导致个人实施暴力犯罪。③ 锰的主要攻击目标是神经系统，尤其是中枢神经系统；神经系统累积过量的锰，会导致大脑功能变差，智力功能降低，助长攻击和暴力倾向。④

很多人研究了环境中的铅污染（lead contamination）对犯罪心理和犯罪行为的影响。金属铅是一种耐蚀的重有色金属材料，是有毒有害的水污染物。研究发现，受到铅的污染，是预测受污染男性中的少年犯罪数量、少年犯罪严重性和成人犯罪数量的可靠预测因子。⑤

---

① ［美］保罗・贝尔等：《环境心理学》（第五版），朱建军等译，中国人民大学出版社 2009 年版，第 153 页。

② David Clarke，*Pro-Social and Anti-Social Behaviour*（London：Routledge，2003），p. 109.

③ Frank Schmalleger，*Criminology Today：An Integrative Introduction*，7th ed.（Upper Saddle River，NJ：Pearson，2015），p. 107.

④ Curt R. Bartol et al.，*Criminal Behavior：A Psychological Approach*，11th ed.（Upper Saddle River，NJ：Pearson，2017），p. 95.

⑤ Frank Schmalleger，*Criminology Today：An Integrative Introduction*，7th ed.（Upper Saddle River，NJ：Pearson，2015），p. 107.

铅污染的来源很多,工业污染、汽车尾气、含铅的绘画、老化的输水管道、孩子玩具、铅笔和其他书写工具、燃料等物质中,都含有铅。儿童尤其容易受到铅污染。铅对人的犯罪行为的影响机制较为复杂。铅会明显降低人们对于毒物的解毒能力,这会显著增强酒精和毒品的效果。同时,铅会造成学习和认知发展方面的问题,这方面的问题又会增加进行反社会行为和少年犯罪行为的危险性。有关神经行为的研究结果清楚地表明,铅与行为问题、多动症以及少年犯罪和犯罪活动,有明确的联系。①

金属元素镉具有犯因性作用。镉(cadmium)是一种重有色金属元素,在锌—镉电池中使用,可以用来保护其他金属免受腐蚀和锈损,还可以制造一种叫作镉黄的亮黄色颜料,用作高级油漆和绘画颜料。镉及镉化合物是有毒有害的水污染物。艾德里安·雷恩(Adrian Raine,2013)在有关神经毒素与暴力关系的评论中指出,体内高水平的镉与暴力行为有联系。他总结说,已有的研究表明,暴力犯罪人头发中的镉含量显著高于非暴力犯罪人;有行为问题的小学生头发中的镉含量也很高;头发中镉含量高的儿童,比头发中镉含量低的儿童,更有可能进行攻击行为和少年犯罪行为。②

一些人研究了大气污染与犯罪的关系。大气污染(atmospheric pollution)又称"空气污染"(air pollution),是指大气中有害气体和悬浮颗粒物增多造成的环境污染。研究表明,由日常废气、工业烟尘、汽车尾气、烟草的烟雾等有毒物质在空气中的排放构成的大气污染,可以提高人们的唤醒水平,从而引起攻击行为;随着臭氧浓度的增加,虐待儿童、家庭纠纷等暴力行为增多。③ 还有研究发现,空气污染对犯罪率有显著的正向影响,PM2.5 值④平均浓度每增加 1%,犯罪率会上升 0.926%;空气污染对暴力犯罪的影响尤其强烈,但对经济犯罪和腐败犯罪行为不存在显著影响;空气污染可能通过引起失眠、损害心理健康、降低生活和社会满意度等机制诱发行为人实施犯罪行为。⑤

有人研究了产前接触有毒物质(prenatal substance exposure)与犯罪行为之间的关系,发现孕妇抽烟、使用大麻和饮酒等会产生消极后果。例如,戴维·弗格森(David Fergusson,1998)等人研究了 1 022 名新西兰儿童,对他们进行了 18 年的追踪,结果发现,母亲在怀孕期间每天抽一包甚至更多烟的儿童,其品行障碍症状的平均发生率,是母亲怀孕期间不抽烟的儿童的 2 倍;而且,怀孕母亲抽烟对于男孩的影响更大,其男孩的品行障碍症状的平均发生

---

① K. Yolton et al.,"Exposure to Neurotoxicants and the Development of Attention Deficit Hyperactivity Disorder and Its Related Behaviors in Childhood," *Neurotoxicology and Teratology*, Vol. 44(2014):40.

② Curt R. Bartol et al., *Criminal Behavior: A Psychological Approach*, 11th ed. (Upper Saddle River, NJ: Pearson, 2017), pp. 94-95.

③ Elaine Cassel et al., *Criminal Behavior*, 2nd ed. (Mahwah, NJ: Lawrence Erlbaum Associates, 2007), p. 114.

④ PM2.5 值是用于监测大气环境的监测值,用来监测环境空气中直径小于或者等于 2.5 微米(μm)的尘埃与飘尘的浓度。

⑤ 李卫兵、张凯霞:《空气污染是否会影响犯罪率:基于断点回归方法的估计》,载《世界经济》2021 年第 6 期,第 151 页。

率，也是女孩的2倍。[①] 利杜什·戈尔德施密特（Lidush Goldschmidt，2000）等人报告了他们对600多名低收入妇女的孩子的发展情况进行10年监控的研究结果，这项研究从这些妇女怀孕开始进行；他们发现，孕妇在怀孕期间吸食大麻，会显著增加其孩子的多动症、冲动性、注意缺陷、少年犯罪行为以及其他行为问题。[②] 还有研究发现，孕妇饮酒会增加她们孩子的少年犯罪和精神疾病。例如，特蕾莎·罗巴克（Tresa M. Roebuck，1999）等人对32名儿童的研究发现，母亲在怀孕期间饮酒的，其子女发生更多的少年犯罪，智力也要低于对照组的孩子。他们认为，这一研究结论和其他人的研究结论是一致的，这些研究都表明，与怀孕期间母亲不饮酒的对照组儿童相比，怀孕期间母亲饮酒的儿童，更有可能进行反社会行为，更缺乏是非感，更不考虑他人的感情，更有可能抗拒权威人物的限制和要求。[③]

还有人研究了不愉快气味（unpleasant odors），发现不愉快气味与攻击行为有关。例如，詹姆斯·罗腾（James Rotton，1979）等人在实验室中进行的研究发现，不愉快气味影响攻击行为：气味越令人不愉快，攻击行为就可能会越强烈。[④]

第三节　犯因性被害人因素

一、概述

犯罪被害人（crime victim）简称“被害人”（victim），是指遭受犯罪侵害的人。被害人往往是与犯罪人相对的，他们构成了犯罪案件的主要当事人，或者是本杰明·门德尔松（Benjamin Mendelsohn）在1956年所称的“刑事伙伴”（penal couple）。[⑤] 犯罪人是其中进行侵害行为的人，即加害者（doer），而被害人是其中遭受侵害的人，即受害者（sufferer），他们之间的加害者—受害者互动（doer-sufferer interaction）导致了大量犯罪。这是人们对被害人及其在犯罪中的作用的一般认识。同时，从犯罪人的视角来看，被害人是存在于犯罪人之外的人，是环境的组成部分，因此，本书在犯因性环境中论述被害人的犯因性作用。

不过，应当看到，犯罪被害人并非都是仅仅遭受犯罪侵害的人，一些研究发现，有的被害人影响犯罪行为的发生。这意味着，被害人在犯罪的发生中具有犯因性作用，被害人本身及其行为表现也是一种犯因性因素。德国犯罪学家汉斯·冯·亨蒂希（Hans von Hentig）是第

---

① David Fergusson et al.,“Maternal Smoking During Pregnancy and Psychiatric Adjustment in Late Adolescence,” *Archives of General Psychiatry*, Vol. 55(August, 1998): 721-727.

② L. Goldschmidt et al.,“Effects of Prenatal Marijuana Exposure on Child Behavior Problems at Age 10,” *Neurotoxicology and Teratology*, Vol. 22(No. 3, 2000): 325-336.

③ Tresa M. Roebuck et al.,“Behavioral and Psychosocial Profiles of Alcohol-Exposed Children,” *Alcoholism: Clinical and Experimental Research*, Vol. 23(No. 6, 1999): 1070-1076.

④ James Rotton et al.,“The Air Pollution Experience and physical Aggression,” *Journal of Applied Social Psychology*, Vol. 9(No. 5, 1979): 397-412.

⑤ Andrew Karmen, *Crime Victims: An Introduction to Victimology*, 9th ed. (Boston, MA: Cengage Learning, 2016), p. 135.

一位认为被害人在犯罪过程中发挥重要作用的人,①他在1941年发表的论文《论犯罪人与被害人的互动》中认为,在许多犯罪案件中,是被害人诱惑了犯罪人,被害人通过各种手段诱使犯罪人攻击他。② 后来,在1848年出版的《犯罪人与其被害人:犯罪的社会生物学研究》一书中,亨蒂希进一步指出,"从某种意义上说,被害人塑造和造就了犯罪人。贫穷而无知的移民造就了一些骗子。萧条和战争产生了一些新的犯罪人,因为萧条和战争造成了一些新的潜在被害人。仅仅谈论食肉动物及其习惯和特征,而不谈论它们赖以生存的被捕食者,是既不正确也不全面的。从某种意义上说,捕食动物和被食动物是相辅相成的。尽管最终结果看起来是单方面的,但是,它并不是一种完全单方面的关系形式。即使在灾难发生之前,他们也会深刻而持续地相互合作。要想认识一方,我们就必须熟悉互补的伙伴。"③根据亨蒂希的论述,被害人往往在犯罪的发生中发挥决定性的作用。此后,很多研究者都肯定了这种观点,进行了一系列证实这种观点的研究。本杰明·门德尔松在1956年根据被害人应受惩罚的程度,阐述了一种被害人类型学,将被害人分为六类:(1) 完全无辜型被害人(completely innocent victim);(2) 罪过轻微型被害人(victim with minor guilt);(3) 与犯罪人一样有罪型被害人(victim as guilty as the offender);(4) 罪过大于犯罪人型被害人(victim guiltier than the offender);(5) 罪过极大型被害人(most guilty victim);(6) 想象型被害人(imaginary victim)。④ 马文·沃尔夫冈(Marvin Wolfgang,1924—1998)在1958年出版的《刑事杀人的模式》一书中,论述了杀人犯罪行为发生的典型模式,并对杀人犯罪的被害人进行了研究,发现在所研究的588起刑事杀人案件中,至少有150起或者26%的刑事杀人案件的被害人对犯罪行为的发生起着重要的作用。⑤ 俄国的研究表明,被害人的行为在很大程度上诱发强奸犯罪:有1/3的强奸案件的被害人具有不良行为,并且在某种程度上促使潜在的犯罪人产生性冲动;80%的强奸犯承认,在犯罪侵害前,被害人的行为具有可以接受的特征。⑥

二、被害人的犯因性作用

对于被害人在犯罪发生中所起的犯因性作用,人们进行了一些探讨,提出了一些观点。

(一) 被害人促成

被害人促成(victim precipitation⑦)是指被害人在人际冲突中首先使用暴力攻击犯罪人以致自己遭受犯罪侵害的现象。美国犯罪学家马文·沃尔夫冈在1958年首先发表了研究

---

① 许春金:《犯罪学》,三民书局股份有限公司2000年版,第156页。

② Hans von Hentig, "Remarks on the Interaction of Perpetrator and Victim," *Journal of Criminal Law, Criminology, and Police Science*, Vol. 31(March-April, 1941): 303.

③ Hans von Hentig, *The Criminal and His Victim: Studies in the Sociobiology of Crime*(New Haven, CT: Yale University Press, 1948), pp. 384-385.

④ Stephen Schafer, *Introduction to Criminology*(Reston, VA: Reston Publishing Company, 1976), p. 154.

⑤ Marvin E. Wolfgang, *Patterns in Criminal Homicide*(Philadelphia, PA: University of Pennsylvania Press, 1958), p. 254.

⑥ [俄]阿·伊·道尔戈娃主编:《犯罪学》,赵可等译,群众出版社2000年版,第432页。

⑦ "victim precipitation"又被译为"被害人推动"。

杀人犯罪中的被害人促成现象的成果,他将被害人促成定义为被害人在争吵中首先出示和使用致命武器或者实施攻击行为的情况。[①] 被害人促成犯罪发生的行为主要包括使用威胁性、攻击性的言词和行为,挥舞、使用武器等。

有关被害人促成的理论学说,构成了被害人促成理论。被害人促成理论(victim precipitation theory[②])是认为被害人首先挑起冲突并导致自己遭受侵害的理论学说。这是关于被害人在犯罪发生中起重要作用的早期观点,它研究了被害人与犯罪人之间的关系,评估了被害人促成其遭受侵害的可能性。这种理论主要在20世纪40年代至70年代流行,其代表人物包括本杰明·门德尔松、汉斯·冯·亨蒂希、斯蒂芬·谢弗(Stephen Schafer)、米纳凯姆·艾米尔(Menachem Amir)和马文·沃尔夫冈。这种理论的关键概念包括:被害发生(victimogenesis)、被害人促成(victim precipitation)、被害人促进(victim facilitation)、被害人挑衅(victim provocation)、被害人发起(victim initiation)、被害倾向(victim proneness)。

研究者将被害人促成分为两类:

第一,积极促成(active precipitation)。这是指被害人挑衅性地进行威胁或者使用攻击性言词甚至首先使用攻击行为而导致犯罪行为发生的情况。例如,在夫妻吵架中,丈夫首先殴打妻子并且威胁要杀死妻子,结果被妻子杀死。这种情况又称"被害人挑衅"(victim provocation),即被害人故意进行攻击性行为引起犯罪行为发生的情况。不过,应当注意被害人促成与被害人挑衅的细微区别。被害人促成的过错程度小于被害人挑衅,被害人挑衅包含着被害人应该受到更强烈谴责的意思,它意味着最终的被害人对于自己遭受侵害的犯罪行为负有更大责任。最终的被害人实际上引发了一场本来不会发生的袭击,他的挑衅活动刺激、挑动或者煽动起了守法者应对暴力攻击的防卫措施;在袭击结束时,最初的挑衅者反而受伤或者被杀。因此,有的研究者指出,这些年来,人们一直在不精确地使用"促成"和"挑衅"这两个术语,甚至将它们互换使用,模糊了促成责任和挑衅责任之间的区别。[③] 近年来多次发生的"反杀"案件,[④]实际上就属于被害人挑衅引发犯罪的情况。

第二,消极促成(passive precipitation)。这是指被害人无意中威胁了犯罪人从而引起犯罪行为的情况。例如,两个人在为了获得某项工作、晋升或者其他珍贵物品而进行的竞争中发生冲突,尽管被害人可能没有遇见对方,甚至不知道对方的存在,但是给对方造成了威胁,以致引起对方的犯罪行为,使自己遭受侵害。其他一些情况也会产生消极促成作用。例如,当被害人所属的群体本身会威胁到攻击者的声誉、地位或者经济福利时,也可能发生消极促成现象。仇恨犯罪型暴力(hate-crime violence)就是如此,它可能是由移民群体成员来到社区中竞争工作和住房促成的。此外,研究也表明,消极促成与权力(power)有关:如果目标群

---

① Marvin E. Wolfgang, *Patterns in Criminal Homicide* (Philadelphia, PA: University of Pennsylvania Press, 1958), p. 252.

② "victim precipitation theory"又被译为"被害人促发理论"。

③ Andrew Karmen, *Crime Victims: An Introduction to Victimology*, 9th ed. (Boston, MA: Cengage Learning, 2016), p. 154.

④ "反杀"案件是指个人首先进行挑衅型攻击行为导致自己被杀的案件。在这类案件中,后来被"反杀"的人首先对他人进行挑衅型攻击行为,导致他人在进行防卫的过程中将挑衅者杀死,本来想杀他人的人反而被他人杀死。

体能够在社区中稳固自己的经济地位或者获得政治权力，他们的脆弱性就会减少；虽然他们仍然是一个潜在威胁，但是，由于他们变得太可怕了，别人无法进行攻击，这样，他们就不再是消极促成者。由此可见，经济实力和政治权力可以降低被害风险。①

研究还发现，有两种因素可能会成为被害人促成因素。(1) 被害人人格(victim personality)。被害人的一些人格特质会增加个人遭受犯罪侵害的风险。例如，具有抑郁、焦虑、缺乏自信、看起来沮丧的人格特质的人，更有可能导致自己遭受犯罪侵害。(2) 被害人残疾(victim disability)。被害人存在的身体残疾也会使个人面临更大的遭受犯罪侵害风险。国外的研究发现，残疾人的暴力被害率(rate of violent victimization)是36‰，而非残疾人的暴力被害率是14‰，残疾人的暴力被害率是非残疾人的两倍多；研究还发现，残疾人的严重暴力被害率(rate of serious violent victimization，即遭受性侵犯、抢劫或者重伤害的比率)是14‰，是非残疾人(4‰)的三倍多。②

（二）生活方式影响

被害人的生活方式可能具有犯因性作用，会引发犯罪行为并使自己遭受犯罪侵害。生活方式理论阐述了这方面的见解。

生活方式理论(lifestyle theory)又称“生活方式暴露理论”(lifestyle exposure theory)，是认为个人的某些生活方式会增加个人遭受犯罪侵害风险的理论观点。根据这种观点，个人的某些生活方式具有犯因性作用，会显著增加个人接触犯罪人的机会，从而加大变成被害人的可能性。这种理论从20世纪70年代开始流行，其代表人物包括迈克尔·欣德朗(Michael J. Hindelang，1945—1982)、迈克尔·戈特弗雷德森(Michael R. Gottfredson)和詹姆斯·加罗法洛(James Garofalo)。这种理论的关键概念包括生活方式、虐待老人等。

生活方式理论是一种可以解释为什么一些人容易引发犯罪并受到犯罪侵害的理论观点。这种理论最初用来解释侵犯人身犯罪，后来也用来解释侵犯财产犯罪。该理论所讲的“生活方式”是指个人日常生活的方法和形式，它由每天的重复性、模式化、规律性的事件组成。由于生活方式的差别，人们会接触具有不同被害风险的人、地点和时间，这使得个人遭受犯罪被害的可能性有很大不同，一些人更容易受到犯罪被害。简言之，由于某些生活方式提供了更多的使个人遭受犯罪侵害的机会，所以，采用这种生活方式的人更容易引发犯罪从而使自己也更容易成为被害人。

生活方式理论认为，多种人口统计学变量会影响生活方式并通过生活方式影响被害风险。这些人口统计学变量包括年龄、性别、社会经济地位、健康状况等。例如，在犯罪多发地区上夜班的人比在家睡觉的人更容易受到伤害。同样，经常从同一台自动取款机(ATM)上提取大笔现金的人比在银行出纳员窗口进行交易的人更有可能成为被害人，尤其是如果他们经常在深夜访问照明不足、光线不佳的自动取款机的话，他们遭受犯罪侵害的可能性就会进一步增加。经常与异性交往并且在交往中衣着暴露、举止暧昧的人，更有可能引发约会强

---

① Larry J. Siegel, *Criminology: Theories, Practice, and Typologies*, 13th ed. (Belmont, CA: Cengage Learning, 2018), p. 79.

② Larry J. Siegel, *Criminology: Theories, Practice, and Typologies*, 13th ed. (Belmont, CA: Cengage Learning, 2018), p. 79.

奸(dating rape)而成为约会强奸的被害人。一个喜好搭便车"穷游"的人,更有可能在旅行过程中引发别人的犯罪行为而使自己成为被害人。无家可归者、离家出走者、吸毒者等所采用的生活方式,使他们成为生活风险极高的群体,他们在街头生活的时间越长,成为被害人的风险就越大。

过着犯罪生活方式(criminal lifestyle)的人也容易遭受侵害。这样的人不仅自己经常进行犯罪行为,对社会和他人造成损害,而且自己很容易成为被害人。有证据表明,犯罪生活方式与个人被害之间的联系开始于人生早期,这种联系可能是直接的,也可能是间接的。过着犯罪生活方式的人有可能遭受其犯罪行为的直接影响(direct influence)。例如,进行少年犯罪行为的儿童,有可能成为被害人进行报复、发泄愤怒的目标。过着犯罪生活方式的人也有可能遭受其犯罪行为的间接影响(indirect influence)。例如,从事犯罪活动的人往往会与喜欢冒险的同龄人交往,他们经常饮酒、参加同龄人聚会、晚上在公共场所闲逛,这些不安全的行为都会增加被害风险。①

(三)日常活动影响

被害人的一些日常活动可能具有犯因性作用,会引发犯罪行为并使自己遭受犯罪侵害。日常活动理论阐述了这方面的见解。

日常活动理论(routine activities theory)是解释人们的日常活动与犯罪行为和犯罪被害关系的理论学说。其基本观点认为,人们的一些日常活动与犯罪行为和犯罪被害的关系更加密切,这些日常活动往往有利于犯罪行为的发生,也容易使个人遭受犯罪侵害。

日常活动理论最初是由劳伦斯·科恩(Lawrence Cohn)和马库斯·费尔森(Marcus Felson)在一系列论文中阐述的。② 他们认为,掠夺型犯罪的数量和分布,与反映典型美国人日常生活方式的三个变量的相互作用密切相关,这三个变量是有动机犯罪人(motivated offender)、适宜目标(suitable target)和有能力的保卫者(capable guardian)。这一理论所阐述的内容,不仅可以从犯罪的视角来理解和应用,也可以从被害的视角来理解和应用。从被害的视角来看,如果个人进行的日常活动有可能激起犯罪人的犯罪动机(如在公共场合冒险、在夜间出入酒吧等场所),如果他们携带或者拥有的物品是犯罪行为的适宜目标(如携带了贵重物品或在家中存放了大量现金),如果他们不能有效保护自己的财物,那么,这样的人就很有可能成为遭受犯罪侵害的风险很大的潜在被害人(potential victim)。当然,也可以通过改变这些方面,减少遭受犯罪侵害的可能性。

日常活动理论与生活方式理论有一定交叉。它们都探讨了什么因素会增加犯罪机会,而从被害的视角来看,犯罪机会也就是个人遭受侵害、成为犯罪目标的机会。它们的主要区别在于分析重点的不同:日常活动理论主要从有动机犯罪人、适宜目标和有能力的保卫者这

① Marget Averdijk & Wim Bernasco, "Testing the Situational Explanation of Victimization Among Adolescents," *Journal of Research in Crime and Delinquency*, Vol. 52(2015):151-180.

② Lawrence Cohen & Marcus Felson, "Social Change and Crime Rate Trends: A Routine Activities Approach," *American Sociological Review*, Vol. 44(1979):588-608.

三个变量的视角进行分析；而生活方式理论主要从生活方式的视角进行分析，不过，生活方式的主要表现就是日常活动。

第四节　其他犯因性环境因素

一、犯因性大众传媒因素

大众传播媒介（mass media）简称“大众传媒”，是指传送文字和视听信息的非私人性传播工具，主要包括电视、电影、收音机、报纸、书籍、杂志、广告以及其他面向社会公众的信息载体（如电脑光盘和软盘、录音带、录像带、电脑网络、电子游戏）。在我国，近年来，使用智能手机的人数不断增加，手机日益成为极其重要的大众传媒介质，对人们产生的影响越来越大。大众传媒以影响公众的心理态度、引导公众的行为取向为职能，对人们的心理和行为产生不同程度的影响，因此，大众传媒与犯罪的关系，一直受到人们的重视。

犯因性大众传媒因素是指可能诱发犯罪心理和导致犯罪行为的大众传媒影响。这种影响最突出地表现在其内容方面，不过，也表现在其持续性和覆盖面方面。这意味着，由于大众传媒运行的持续性强，可以长时间连续不停地对人们施加影响，也由于大众传媒波及的覆盖面广，几乎所有地区、各个年龄阶段的人们都会受其影响，所以，其中的不恰当内容会对人们的心理和行为产生巨大影响，有可能产生明显的犯因性效果（criminogenic effect），①引发大量犯罪。实际上，由于大众传媒的不同内容可以对人们产生极为不同的影响，国外的研究发现，“在观看亲社会内容（pro-social content）②后，亲社会的反应会多出 50%，而观看暴力内容后，反社会的反应会多出 20%”③。

犯因性大众传媒内容有不同的表现。主要有：过多报道暴力、性和色情内容；过于详细地报道案情，特别是过于具体地描述犯罪方式；对犯罪人给予肯定甚至赞赏；对被害人给予不恰当指责或者漠视被害人遭受的痛苦与损失；对刑事司法机关持不恰当态度和评价；等等。这类内容对所有年龄的人群都有犯因性作用，不过，对儿童和少年的犯因性作用更大。

犯因性大众传媒内容的犯因性作用主要表现在下列方面。首先，制造认识错觉。大众传媒对犯罪案件的大量报道会使人们对社会现实产生错觉，有可能使人们感到社会中充满了犯罪，这会消除人们对于犯罪的敏感性，使人们觉得犯罪就是社会生活中司空见惯的事情，不足为奇。这样的报道也会对人们的价值观产生消极影响，使人们以为用犯罪手段解决问题似乎具有一定的合理性。因此，当人们在生活中遇到重大困难和问题时，有可能倾向于用犯罪手段去解决。

其次，诱发犯罪动机。大众传媒中的暴力与犯罪方面的内容，会直接诱发儿童和少年的

---

① Tim Newburn, *Criminology*, 3rd ed. (New York: Routledge, 2017), pp. 84-87.

② 亲社会内容（pro-social content）是指符合社会规范和得到社会赞许的内容。

③ Tim Newburn, *Criminology*, 3rd ed. (New York: Routledge, 2017), p. 87.

犯罪动机,引起儿童和少年的模仿型犯罪行为。儿童和少年有强烈的好奇心和探求欲望,社会性成熟水平较低,理性判断能力不足,容易对新颖、别致的刺激发生浓厚的兴趣,进而产生尝试模仿的动机,进行模仿型犯罪行为。例如,在20世纪80年代初期,当我国电视中播放美国电视连续剧《加里森敢死队》时,许多地方出现了名目繁多的“敢死队”,他们模仿电视中的情节和技巧,进行了许多犯罪活动。国外的研究也发现,媒体暴力似乎会鼓励、刺激和强化一些人的攻击行为,观看媒体暴力是导致一些儿童、青年和年轻成人进行攻击和暴力行为的一种因素。①

最后,引发犯罪行为。对犯罪案件的不恰当报道和描述,在特殊情况下会直接引起犯罪行为。在现实社会中,很多人都具有一定的犯罪意向和犯罪愿望。犯罪的精神分析学理论和控制理论的倡导者把所有人都看成潜在犯罪人,认为所有人生来就具有犯罪的本能或者倾向。虽然实际情况并不一定这样,但是,当人们由于种种原因而具有了某种形式和程度的不当认识、消极情绪等后,这类报道就很有可能诱发他们的犯罪心理。在这种情况下,大众传媒对犯罪手段和技巧、犯罪的代价与收益、犯罪心理的变化与强化过程等内容的过分详细的报道和描述,对犯罪人与犯罪行为的不恰当态度和评价,例如,对犯罪人和犯罪行为的无原则同情,对犯罪人的“良好”犯罪动机的赞扬,对犯罪人的某些心理特征和品质的不适当肯定,都可能直接诱发已经具有一定心理基础的人的犯罪动机,导致人们进行犯罪行为。实际上,对于犯罪案件的不恰当报道,有可能产生“展示犯罪亚文化”的消极作用。② 同时,大众传媒对犯罪方式的详细描述,会直接引发模仿型犯罪(copycat crime)。美国对200多名监狱囚犯的研究发现,90%的人通过观看电视上的犯罪节目“学会了新的技巧,丰富了他们的犯罪专业知识”。③

大众传媒的不当内容还有一些其他的犯因性作用。(1) 不当唤醒。不恰当的大众传媒内容,会唤醒人们的暴力意象和性意象,进而激发人们的暴力倾向和性冲动,引发暴力犯罪和性犯罪。暴力意象(violent imagery)是指在没有刺激感觉器官的情况下大脑浮现的暴力形象。性意象(sexual imagery)是指在没有刺激感觉器官的情况下大脑浮现的性形象。这些形象具有画面感,即使人们未受外界刺激,这些形象偶尔也会浮现脑际。人们如果受到大众传媒中相关内容的强烈刺激,就会产生强烈的暴力意象和性意象。“暴力意象和性意象被认为是当代各种形式的青年不良行为倾向的根本原因。”④(2) 美化犯罪。一些不良大众传媒内容包含美化犯罪的成分,把犯罪人刻画成“英雄”,严苛对待执法者,突出执法者可能存在的问题和错误,这可能误导人们,特别是儿童和青少年同情犯罪人,甚至使他们产生赞许、崇拜犯罪人的不良心理。“媒体是影响公众如何看待越轨的重要因素。”⑤(3) 破坏信誉。大众

① Curt R. Bartol et al., *Criminal Behavior: A Psychological Approach*, 11th ed. (Upper Saddle River, NJ: Pearson, 2017), p. 156.

② 潘晶安:《犯罪新闻报道的犯罪学思考》,载《公安研究》2002年第7期,第86—87页。

③ Tim Newburn, *Criminology*, 3rd ed. (New York: Routledge, 2017), p. 87.

④ Tim Newburn, *Criminology*, 3rd ed. (New York: Routledge, 2017), p. 84.

⑤ [美]埃里希·古德主编:《越轨理论手册》,田林、陈婧婧译,法律出版社2019年版,第364页。

传媒的一些不良内容通过多种方式破坏刑事司法机构的信誉。例如,展示刑事司法机构执法不公、放纵犯罪、袒护坏人等内容,引起人们对刑事司法机构的不信任,削弱刑事司法机构在处理和预防犯罪中的作用。(4) 引发被害。媒体在报道犯罪案件的时候,如果对犯罪人、被害人等的信息披露过多,可能会导致对犯罪人家人、被害人及其家人的干扰,使他们遭受无端侵害,甚至可能会使被害人遭受重复被害(repeat victimization)。

由此可见,对犯罪案件的不恰当报道和描述,不仅会引起儿童和少年的单纯模仿型犯罪行为,而且会使已经具有反社会倾向的成年人进行类似犯罪行为。国外对此问题的研究有不同看法:有的研究证实,媒体报道的犯罪内容虽然不至于诱发犯罪,但是会影响犯罪风格;①有的研究认为,那些缺乏共情、对叙事说服高度敏感的年轻人,尤其容易受到犯因性大众媒体的影响。②

二、犯因性网络因素

犯因性网络因素是指可能诱发犯罪心理和导致犯罪行为的因特网内容。电脑网络(computer network)是传输、接收和共享信息的虚拟平台,它把各个点、面、体的信息联系到一起,从而实现资源的共享。目前全球最大的计算机网络是互联网(Internet)。互联网又称"因特网",自 1983 年建成以来,一直高速发展,已经成为对人们影响最大的力量之一。根据中国互联网络信息中心(CNNIC)2024 年 3 月 22 日发布的《第 53 次中国互联网络发展状况统计报告》,截至 2023 年 12 月,我国网民规模达 10.92 亿人,互联网普及率达 77.5%;我国网民使用手机上网的比例达 99.9%。③ 这意味着,我国的大部分人都能够上网,网络中发布的信息对于社会公众有巨大的影响。如果在网络中发布不良网络信息,即在网络中发布违反道德和法律规范并对社会有害的信息,这些信息就有可能产生犯因性作用,引发犯罪。

不良网络信息的犯因性作用主要表现在下列三个方面。

(一) 传播犯罪观念

互联网发布的相关信息可能会传播犯罪观念和犯罪方式。互联网虽然为人类生活带来了巨大便利,但是充斥着各种不良信息,这些信息有可能包含肯定甚至赞赏犯罪活动的内容,向人们传播有可能促使人们实施犯罪行为的观念,甚至会通过详细描述犯罪人的作案手法等,向人们暗示甚至直接传授犯罪方法,教唆具有犯罪心理的人们进行犯罪。

(二) 提供犯罪机会

互联网发布的相关信息可能会给潜在犯罪人提供犯罪机会。互联网提供犯罪机会的作用,主要是通过两种方式进行的:

① Ray Surette, "Cause or Catalyst: The Interaction of Real World and Media Crime Models," *American Journal of Criminal Justice*, Vol. 38 (Issue 3, September, 2013): 392.

② Derek Chadee et al., "Copycat Crime Dynamics: The Interplay of Empathy, Narrative Persuasion and Risk with Likelihood to Commit Future Criminality," *Psychology of Popular Media Culture*, Vol. 6 (Issue 2, April, 2017): 142-158.

③《第 53 次中国互联网络发展状况统计报告》,载中国互联网络信息中心网站。

第一,间接方式。这是指正常发布的信息中的内容无意间给潜在犯罪人提供犯罪机会的现象。互联网中发布的海量信息往往包含很多关于人员、机构、财物、活动等方面具体信息,潜在犯罪人有可能从中看到犯罪机会,趁机实施犯罪行为。

第二,直接方式。这是指在互联网中直接进行犯罪活动的现象。2021 年 3 月在日本举行的第十四届联合国预防犯罪和刑事司法大会指出,互联网通过明网和黑网为非法买卖商品提供了新的机会。① 互联网是一个多层结构,普通人使用的互联网是明网(clear web)或者表层网(surface web),即能被普通搜索引擎检索到的网络,约占整个互联网的 4%;人们可以通过常用搜索引擎检索到这类网络中的信息。与明网相对的是"深网"(deep web),是指不能被普通搜索引擎检索到的网络,约占整个互联网的 96%。深网里面的内容,需要账号密码、访问权限等才可以访问。在深网这个大范畴下,还有一部分网络被称为"暗网"(dark web,darknet)或者"黑网",这是指需要通过特定的浏览器、特殊授权或者特殊设置才能链接上的网络,普通的浏览器和搜索引擎无法进入。由于这类网络的显著特点是使用特殊加密技术刻意隐藏相关互联网信息,不容易追踪到真实的地理位置和使用者的身份,所以,暗网上充斥着许多非法交易和犯罪活动。例如,贩卖被泄露的个人信息、医疗和金融数据、军火或者武器零件、毒品、身份和护照信息,出售一系列假冒和盗版商品,通过操纵比赛和赌博来洗钱,直播色情活动,贩卖色情材料,等等。同时,无论在明网中,还是在暗网中,人们都有可能进行大量网络欺诈、网络钓鱼、身份盗窃和接管账户等犯罪活动。

(三) 提供犯罪对象

互联网的营运给潜在犯罪人提供了犯罪对象或者犯罪目标。例如,互联网特别是暗网中的一些支付是通过加密货币(cryptocurrencies)②进行的,加密货币就成为犯罪对象,盗窃加密货币成为一个日益严重的问题,加密货币用户可能成为盗窃加密货币的骗局的被害人。同时,互联网中使用的一些虚拟财产(virtual assets),③也容易成为犯罪人的侵害对象。

三、犯因性物质

犯因性物质(criminogenic substance)是指可能诱发犯罪心理和导致犯罪行为的物质。常见的这类犯因性物质包括酒精、毒品、武器等。生活环境中存在的这些犯因性物质,很容易被潜在犯罪人使用并导致很多犯罪行为。

(一) 酒精

酒精(alcohol)是指含有乙醇和具有麻醉作用的饮料。酒精与犯罪心理和犯罪行为的关

---

①《目前的犯罪趋势、最近动态和新出现的解决办法,特别是新技术作为犯罪的手段和打击犯罪的工具》,载联合国网站。

② 加密货币(cryptocurrencies)又被译为"密码货币""密码学货币",是一种使用密码学原理来确保交易安全及控制交易单位创造的交易媒介。加密货币是数字货币(或称"虚拟货币")的一种。

③ 虚拟财产(virtual assets)是数字化、非物化的财产形式,主要包括网络游戏中的游戏币、游戏装备、游戏人物、游戏账号,还包括其他在网络虚拟空间中能够转化为现实财富的财产,如虚拟货币、各类电子消费券、电子邮箱、经注册的域名、网店、自媒体账号等。

系十分密切。犯罪学家詹姆斯·威尔逊(1985)等人指出:“人们认为对犯罪和攻击行为有直接效果的、最经常使用的毒品,就是酒精。许多其他的毒品可能也有这样的效果,但是,其证据是不完全的……酒精是另外一种情况。酒精与犯罪之间的统计关联是极端显著的。”① 一些国家的统计资料表明,“在大约一半的暴力犯罪中,犯罪人在犯罪时使用酒精,而在1/5至1/3的案件中,犯罪人使用其他类型的毒品”②。酒精的犯因性作用通常不是由普通饮酒引起的,而主要是由过度饮酒或者酗酒(alcohol abuse)引起的。

酒精的犯因性作用表现在下列两个方面。

1. 饮用酒类直接构成犯罪

饮用酒类可能直接构成犯罪。在这种情况下,饮酒行为本身就是犯罪。在一些国家和地区,酒后驾驶、在公共场所酗酒等行为,都是被禁止的违法行为或者犯罪行为。

2. 酒精滥用间接引起严重犯罪

饮酒后产生的异常状态也具有犯因性作用,会引起多种犯罪行为。

(1)饮酒后产生的心理异常状态,会引起和助长犯罪心理与犯罪行为。研究表明,酒精使人的自我控制能力和道德感严重削弱,勇气陡增,因而使个人胆子增大,“变得放肆、粗暴、易怒”③,有可能无所顾忌地进行犯罪活动。在这种情况下,酒精实际上成为一种“壮胆剂”,促使个人实施多种情节恶劣、危害严重的犯罪行为。酒精与暴力行为有密切的联系,在酒精的影响下,那些具有攻击倾向、暴力倾向和反社会倾向的人,会表现得更具有攻击性、暴力性和反社会性;同时,酒精会促使人们产生攻击倾向。④ 国外的研究发现,在熟人之间发生的谋杀案中,3/4以上的杀人者与饮酒有关;在所有报案的攻击事件中,40%与饮酒有关;在暴力强奸和儿童骚扰案件中,1/3与饮酒有关;对监狱罪犯所作的调查发现,几乎一半的暴力犯罪是在饮酒后发生的,或者是在酒精与其他毒品的联合作用下发生的。⑤ 饮酒不仅对男性犯罪有影响,也对女性犯罪有影响。俄罗斯的情况表明,在醉酒状态下的女性犯罪占所有女性犯罪的1/4。⑥

(2)酒精会使个人的生理机能受到不同程度的影响并导致犯罪。“酒精破坏神经系统的机能和心理过程的正常运行,使对人的行为具有重要意义的兴奋和抑制过程发生紊乱,使人的意识和意志失调。”⑦饮酒后发生的主要生理机能变化,包括视力暂时受损,视像不稳,辨色能力下降;触觉能力降低;容易疲劳、打瞌睡;判断能力和操作能力降低;对光、声刺激反

① James Q. Wilson et al., *Crime and Human Nature* (New York: Simon & Schuster, 1985), p. 356.

② Richard Wortley, *Psychological Criminology: An Integrative Approach* (London: Routledge, 2011), p. 84.

③ [苏]B. K. 茨维尔布利等主编:《犯罪学》,曾庆敏等译,群众出版社1986年版,第239页。

④ Curt R. Bartol et al., *Criminal Behavior: A Psychological Approach*, 11th ed. (Upper Saddle River, NJ: Pearson, 2017), p. 519.

⑤ [美]O. 瑞、[美]C. 科塞:《毒品、社会与人的行为》(第八版),夏建中等译,中国人民大学出版社2001年版,第32页。

⑥ [俄]阿·伊·道尔戈娃主编:《犯罪学》,赵可等译,群众出版社2000年版,第637页。

⑦ [苏]B. K. 茨维尔布利等主编:《犯罪学》,曾庆敏等译,群众出版社1986年版,第238—239页。

应时间延长,本能反射动作的时间也相应延长;感觉器官和运动器官如眼、手、脚之间的配合功能发生障碍,无法正确判断距离、速度等。这些变化使个人的动作精准性急剧下降,观察的敏锐性、判断的准确性及反应速度也都受到不同程度的影响。因此,酒后进行相关活动时很容易发生重大事故,从而导致大量过失犯罪。

此外,饮酒特别是过度饮酒,还有其他犯因性作用。例如,孕妇酗酒容易增加生产异常婴儿的概率;父母饮酒影响亲子关系,使他们无法与子女进行积极互动,难以培养子女形成良好习惯;饮酒导致亲密伴侣之间容易发生暴力行为。这些现象会间接甚至直接与犯罪发生联系。

(二)毒品

1. 概念与特征

毒品(abused drug)是社会上对自愿、非法使用的精神药物的称呼。根据《中华人民共和国禁毒法》第 2 条和《中华人民共和国刑法》第 357 条的规定,"毒品"是指鸦片、海洛因、甲基苯丙胺(冰毒)、吗啡、大麻、可卡因以及国家规定管制的其他能够使人形成瘾癖的麻醉药品和精神药品。

应当注意与毒品相关的一些概念:

(1)管制药物(controlled drug①)。这是指受到国家法律管制的精神药物或者化学物质。在很多文献中,管制药物被看成毒品的近义词甚至同义词。

(2)精神活性物质(psychoactive substance)。它又称"物质"(substance)或者"成瘾物质"(addictive substance)、"药物"(drug),是指能够影响人类心境、情绪、行为和改变意识状态并有导致依赖作用的一类化学物质。这一概念与毒品概念可以互换使用,毒品是社会学概念,而精神活性物质是医学概念。②

(3)精神药物(psychoactive drug,psychotropic drug)。这是对人的精神或心理活动产生作用的各种药物,是医学等领域用来称呼社会上所讲的"毒品"的概念。

毒品的主要特征是:

(1)依赖性(dependence),过去称"成瘾性"(addiction)。这是指使用毒品后会对其产生依赖状态的特征。依赖分为两类:一类是躯体依赖(physical dependence),这是指反复使用毒品造成的一种病理性适应状态,表现为耐受性增加和戒断症状。个人为了维持正常的身体机能,需要不断使用毒品,而且毒品的剂量不断增加才能获得所需要的状态。如果不使用毒品或者所用毒品数量不够,个人就会产生生理和心理方面的不舒适感觉,这就是所谓的"戒断症状"(withdrawal symptom),戒断症状的表现和严重程度等与所用毒品的质量和剂量有关。另一类是心理依赖(psychological dependence),即使用毒品会产生愉快而满足的感觉的现象。这种效果促使个人为了寻求这种感觉而反复使用毒品,从而形成对毒品的渴求状态(craving)。

① "controlled drug"又被译为"管制药品"。

② 沈渔邨主编:《精神病学》(第五版),人民卫生出版社 2009 年版,第 467 页。

（2）耐受性（tolerance）。这是指需要不断增加毒品剂量才能获得所需要效果的特征。这是因为不断使用同一种或者同一类药物后，药用效果会出现退化现象，人体对该药物的反应逐步变弱，必须不断增加剂量才能获得与以前相同的药效。由于毒品的耐受性，几乎每个吸毒者都会经历逐步增大吸毒量、缩短吸毒间隔时间以及改变吸毒方式的过程。

（3）滥用性（abuse）。这是指个人在正当的医疗用途之外使用毒品的特征。很多毒品同时是精神药物，如果为了获得医疗效果而使用，就是正当使用；如果不是出于医疗目的而使用，就是滥用，也就是非法使用。

（4）危害性（harm）。这是指滥用毒品给个人和社会带来严重危害的特征。吸毒往往会使吸毒者本人遭受严重的伤害，包括身心健康受损，容易感染和传播多种传染性疾病尤其是性病与艾滋病。同时，吸毒会对家庭和社会造成极大危害。吸毒对于家庭的危害主要是，吸毒会造成家庭经济的消耗、家庭成员间亲情的疏远，也会对子女教育产生不利影响。对于社会的危害主要是，吸毒可能诱发违法犯罪，阻碍社会经济正常发展和败坏社会风气等。

2. 毒品的种类

毒品的种类复杂多样，可以按照其功能将非法滥用最多的毒品分为四类：

（1）抑制剂（depressant）。这类毒品又称"镇静剂"或者"镇静安眠药"（sedative-hypnotics），能引起中枢神经系统的抑制，使人产生松弛和轻微的欣快感。最常滥用的抑制剂是酒精、镇静药物与安定剂。镇静药物包括巴比妥类和其他药物，其中的巴比妥类按照药效出现的快慢和持续时间分为三类：第一，速效类（short-acting），开始发作时间 15 分钟，作用时间 2—3 小时，包括戊巴比妥（Nembutal）和速可眠（Seconal）；第二，中效类（intermediate-acting），开始发作时间 30 分钟，作用时间 5—6 小时，包括烯丙异丙巴比妥（Alurate）、异戊巴比妥（Amytal）和异丁巴比妥（Butisol）；第三，长效类（long-acting），开始发作时间 1 小时，作用时间 6—10 小时，包括甲基苯巴比妥（Merbaral）和鲁米那（Luminal）。①

（2）兴奋剂（stimulant）。这类毒品能使中枢神经系统产生兴奋。最常滥用的兴奋剂是苯丙胺（安非他明）②和可卡因（Cocaine）。其他的还有快克（Crack）、乐克（Rock）、甲基苯丙胺（Methamphetamine，冰毒，俗称"麻古""麻果"）等。

（3）致幻剂（hallucinogen）。这类毒品又称"迷幻剂"（psychedelic），能引起幻觉。最常滥用的致幻剂是大麻（Marijuana）和麦角酸二乙酰胺（Lysergic acid diethylamide，LSD）。其他的还有麦司卡林（Mescaline）、二甲氧基甲苯异丙胺（STP，DOM）、二甲基色胺（DMT）、二乙基色胺（DET）、五氯苯酚［Pentachlorophenol，PCP，又称"五氯酚"，俗称"天使粉"（angel dust）］等。

（4）麻醉剂（narcotic）。这类毒品又称"鸦片类药物"（opiate narcotics），从罂粟中提取，具有镇痛、减弱感情、引起睡意、削弱活力等作用。最常滥用的麻醉药物有鸦片（Opium）、海

① ［美］O. 瑞、［美］C. 科塞：《毒品、社会与人的行为》（第八版），夏建中等译，中国人民大学出版社 2001 年版，第 159 页。

② 吸毒者经常使用的"摇头丸"（ecstasy）是苯丙胺的一种衍生物，既是兴奋剂，也是轻的致幻剂。

洛因(Heroin)和吗啡(Morphine)。[①] 其他的还有可待因(Codeine)、度冷丁(Pethidine,又称“哌替啶”)、芬太尼(Fentanyl)、阿法罗定(Alphaprodine,又称“安那度”)、美沙酮(Methadone)、乙酰美沙酮(Levo-alpha-acetymethadone,LAAM)、丙氧芬(Propoxyphene)等。

也有的文献将毒品分为六类,即镇静剂、兴奋剂、致幻剂、麻醉剂、迷幻药(PCP)、克他命(ketamine)或者分离性麻醉剂(disassociative anesthetics)。[②]

3. 毒品的犯因性作用

研究发现,“药物滥用和犯罪行为之间有密切的关系”[③]。毒品的犯因性作用主要有三种:

(1) 系统化作用。这是指毒品会从多方面诱发牟利动机和贪利型犯罪行为的作用。由于吸毒者的大量存在,毒品已经成为一种重要的牟利物质,制造、运输和贩卖毒品都可以获得巨额利润。因此,毒品已经成为诱发犯罪心理和导致犯罪行为的重要物质,围绕毒品发生的犯罪不断增加,毒品犯罪的数量在犯罪总数中的比例正在上升。在国外,这类毒品犯罪被称为“系统型犯罪”(systemic crime)。[④] 根据保罗·戈尔茨坦(Paul J. Goldstein,1985)的论述,这类犯罪包括八种:毒贩子之间因为地盘纠纷而发生的犯罪;在毒品交易等级制度内为了执行规则而实施的伤害和杀人犯罪;对毒贩的抢劫以及通常由毒贩或其老板实施的暴力报复;为了消除告密者而进行的犯罪;为了惩罚销售掺假毒品者而进行的犯罪;为了惩罚不偿还债务者而进行的犯罪;因为毒品或者吸毒用具纠纷而发生的犯罪;与贩毒地区的社会生态有关的抢劫暴力。[⑤]

(2) 经济强迫作用。这是指个人维持毒瘾的金钱需要会引发犯罪的作用。个人在多次使用毒品后,会形成毒瘾(对毒品的依赖性),已经形成毒瘾的人如果停止使用毒品,就会出现戒断症状,遭受难以忍受的痛苦。因此,个人为了追求快感和维持毒瘾,会进行一系列财产犯罪以获取购买毒品的资金。国外对 40 万犯人的调查发现,几乎 1/3 的盗窃和抢劫案件、几乎 1/4 的欺诈案件是为了获得购买毒品的资金而进行的。[⑥] 在国外,这类毒品犯罪被称为“经济强迫型犯罪”(economically compulsive crime)。[⑦]

---

① 也有研究者将麻醉剂类毒品归入“抑制剂”类。参见黄希庭等:《心理学导论》(第三版),人民教育出版社 2015 年版,第 196 页。

② Erich Goode(ed.),*The Handbook of Deviance*(Chichester,West Sussex:John Wiley & Sons,2015),p. 354.

③ [美]埃德温·萨瑟兰等:《犯罪学原理》(第十一版),吴宗宪等译,中国人民公安大学出版社 2009 年版,第 175 页。

④ Curt R. Bartol et al.,*Criminal Behavior:A Psychological Approach*, 11th ed. (Upper Saddle River,NJ:Pearson,2017), p. 496.

⑤ Paul J. Goldstein,“The Drugs/Violence Nexus:A Tripartite Conceptual Framework,” *Journal of Drug Issues*,Vol. 15 (1985):497.

⑥ [美]O. 瑞、[美]C. 科塞:《毒品、社会与人的行为》(第八版),夏建中等译,中国人民大学出版社 2001 年版,第 32 页。

⑦ Curt R. Bartol et al.,*Criminal Behavior:A Psychological Approach*, 11th ed. (Upper Saddle River,NJ:Pearson,2017), pp. 496-497.

（3）精神药理作用。这是指毒品引起的异常精神状态会导致犯罪行为的作用。个人使用毒品后，会产生欣快、躁狂、幻觉、妄想、冲动等异常心理状态和精神症状，因此会进行暴力犯罪活动。“毒品可能会使毒品使用者更加冲动，更不考虑以后的代价，而对其行为带来的直接好处更加感兴趣。结果，毒品使用者就可能进行一些在通常情况下不会进行的活动，例如，打破窗户，抢夺钱包，超速驾车，伤害他人。”①在一些情况下，吸毒诱发的幻觉会导致杀人案件。此外，吸毒还会改变吸毒者的人格，使他们丧失道德责任心、缺乏意志力，甚至缺乏情绪控制能力和简单的思考能力，不能抵御诱惑，不能处理简单事务，这种状态具有明显的犯因性作用。在国外，这类毒品犯罪被称为“精神药物驱动型犯罪”（psychopharmacologically driven crime）。②

韦某吸毒后故意杀人案

此外，在一些国家和地区，拥有毒品本身就是一种犯罪。例如，在加拿大不列颠哥伦比亚省警方报告的犯罪中，持有毒品占4.8%。③

（三）武器

武器（weapon）是指能够伤害甚至杀死他人的器械，包括刀具、枪支等。其中，危害最大的武器是枪支（firearm），即利用火药燃气能量发射子弹去打击无防护或者弱防护的有生目标的一种武器。武器是最重要的犯因性因素之一，在现代社会中，几乎所有最严重的犯罪，都与武器的使用有关；枪支、刀具等武器是造成无数杀人、伤害、抢劫、强奸、劫持人质等犯罪的关键性因素之一。当代一些发达国家的犯罪率居高不下的重要原因，就是对枪支缺乏管制。居民大量拥有枪支，已经成为威胁社会安宁的重要隐患。例如，在美国2009年发生的谋杀案中，不同武器所占比例分别是：手枪（handgun），47%；个人武器（personal weapon），6%；钝器（blunt objects），5%；散弹枪（shotguns），3%；步枪（rifle），3%；其他枪械，14%；刀具或者切割工具，13%；其他武器，9%。④

武器的犯因性作用主要有三种。

1. 诱发犯罪心理

对于并未产生犯罪心理的人来说，武器具有诱发犯罪心理和导致犯罪行为的作用。伦纳德·贝科威茨（Leonard Berkowitz）和安东尼·莱佩奇（Anthony Lepage）在1967年提出了“武器效应”（weapons effect）的概念，⑤这是指武器会增加人们的攻击性进而引发相应行为的现象。他们认为，武器的存在会增强人们的攻击性，看得见的武器会增加人们的各种攻击行为；对于已经有攻击倾向的人，武器一类的刺激会引起更多的攻击反应。他们的研究表

① James Q. Wilson et al., *Crime and Human Nature* (New York: Simon & Schuster, 1985), p. 355.

② Curt R. Bartol et al., *Criminal Behavior: A Psychological Approach*, 11th ed. (Upper Saddle River, NJ: Pearson, 2017), p. 496.

③ Rick Linden (ed.), *Criminology: A Canadian Perspective*, 9th ed. (Toronto, Ontario: Nelson, 2020), p. 143.

④ John Conklin, *Criminology*, 11th ed. (Boston, MA: Pearson, 2013), p. 224.

⑤ Leonard Berkowitz & Anthony Lepage, "Weapons as Aggression-Eliciting Stimuli," *Journal of Personality and Social Psychology*, Vol. 11 (1967): 206.

明，即使在以前没有产生过挫折的情况下，武器效应也会产生；当眼前有武器时，个人的攻击性比没有武器的场合要强烈。贝科威茨等提出了武器效应发生的两个理由：(1) 作为一种条件刺激，武器具有诱发相应的反应的功能。(2) 武器使人们想起以前他们曾经看到的攻击行为受到奖励的场合，就像在电视和电影中所看到的那样。① 一些研究证实武器效应是存在的。② 这说明，武器会激起人们潜在的攻击性，诱发暴力犯罪心理的产生，也会增强已经存在的犯罪心理，导致暴力型犯罪行为的发生。以后的很多研究都证实了这些观点。例如，阿林·本杰明(Arlin J. Benjamin，2018)等人对 1967—2017 年进行的 78 项武器效应研究的评价发现，仅仅是武器的存在就增加了攻击性思维(aggressive thoughts)、敌意性评价(hostile appraisals)和攻击性，这一发现提示了从武器到攻击的认知路径。③

2. 便于实施犯罪

武器可以使已经产生犯罪心理的人，能够比较容易地实施犯罪行为。由于武器具有杀伤功能，可以伤害他人身体，摧垮他人精神，改变他人意志，夺取他人生命，它经常被犯罪人用作犯罪工具。实际上，枪支等武器是最有效的犯罪工具之一。社会中武器的易得性，为犯罪人进行犯罪行为提供了极大的便利条件，使犯罪人可以使用武器顺利地进行犯罪行为，达到预期的犯罪目的。

3. 成为犯罪对象

武器是有重要经济价值的物品，会被用来进行牟利型犯罪，从而使武器本身成为犯罪对象。一些人为了牟利，可能销售被管制武器，如气枪、杀伤力较大的玩具枪等。一些人为了牟利，可能进行跨境武器走私。从我国法院审理的走私武器弹药入境犯罪案件来看，走私对象以气枪和气枪枪弹为主。④

---

① Leonard Bekowitz & Anthony Lepage, "Weapons as Aggression-Eliciting Stimuli," *Journal of Personality and Social Psychology*, Vol. 11 (1967): 202-207.

② Curt R. Bartol et al., *Criminal Behavior: A Psychological Approach*, 11th ed. (Upper Saddle River, NJ: Pearson, 2017), p. 143.

③ Arlin J. Benjamin et al., "Effects of Weapons on Aggressive Thoughts, Angry Feelings, Hostile Appraisals, and Aggressive Behavior: A Meta-Analytic Review of the Weapons Effect Literature," *Personality and Social Psychology Review*, Vol. 22 (No. 4, 2018): 347-377.

④ 解永照：《走私武器弹药犯罪案件实证研究——以近 3 年全国法院审理的 76 起案件为样本的分析》，载《山东警察学院学报》2020 年第 3 期，第 102 页。

第五章　犯罪行为发生机制

犯罪行为发生机制是指犯罪行为发生的基本原理。犯罪行为的发生是以犯罪心理的形成和增强为基础的,犯罪心理是犯罪行为发生的内在基础。任何犯因性因素只有转化为犯罪心理或者对犯罪心理产生影响,才能影响和引发犯罪行为,犯罪心理是犯因性因素与犯罪行为之间的中介。因此,犯罪行为发生机制首先涉及犯罪心理的形成和增强。同时,犯罪行为是犯罪心理的外部表现,犯罪心理外化为犯罪行为的过程,必然受到外界因素的影响,与外界因素发生复杂的互动,而这些影响犯罪行为实施的外界因素,集中表现为犯罪情境。

第一节　概　　述

一、犯罪行为发生机制的含义

犯罪行为发生机制简称“犯罪行为机制”(mechanism of criminal behavior),是指犯因性因素相互作用导致犯罪行为发生的基本原理。过去曾使用“犯罪的心理机制”“犯罪行为的心理机制”等术语,其含义是基本相同的,但是,这些术语不够精练。有的研究者把“犯罪行为的心理机制”理解为犯罪人的心理防卫机制①或者心理防御机制,这显然过于狭窄。

犯罪行为发生机制问题是犯罪学研究的内容。例如,苏联犯罪学家 B. H. 库德里亚夫采夫曾经出版了专著《犯罪行为的机制》(1981),他认为,犯罪行为发生机制除了犯罪动机过程,还包括情境和主体对情境的评价、主体对自己后果的预见(预测)、采取决定和实现决定、自我监督等内容。② 后来的俄罗斯犯罪学家继续探讨了这个问题。③

在中国,犯罪心理学也对犯罪行为发生机制进行了一些探讨。本书作者较早地探讨了这方面的问题。在 1991 年发表的论文中,探讨了“机制”“心理机制”与“犯罪的心理机制”等概念的含义,认为犯罪的心理机制实际上就是犯罪行为的心理机制,它是犯罪心理特别是犯罪动机引起犯罪行为的工作方式与心理过程的总称。犯罪的心理机制说明犯罪心理特别是犯罪动机是如何导致犯罪行为的,着重从犯罪人的心理方面揭示犯罪行为产生的原理。犯罪的心理机制主要包括三个方面的问题:(1) 犯罪行为产生的动力源泉,这主要是指犯罪

---

① [日]森武夫:《犯罪心理学》,邵道生等译,知识出版社 1982 年版,第 120—123 页。

② [苏]B. H. 库德里亚夫采夫主编:《犯罪的动机》,刘兆祺译,群众出版社 1992 年版,第 8 页。

③ [俄]阿·伊·道尔戈娃主编:《犯罪学》,赵可等译,群众出版社 2000 年版,第 56—63 页。

动机。(2)犯罪行为产生的不同心理模式,即犯罪心理引起或转化为犯罪行为的不同工作方式。(3)犯罪行为产生的心理过程,这主要是指犯罪行为产生的心理阶段。① 本书作者后来撰写的《犯罪心理学概论》(1998)一书,设专章论述"犯罪行为机制",②其内容包括犯罪行为、犯罪情境、犯罪行为的几种特殊形态等,进一步充实了这方面的研究。此后,本书作者继续探讨了这方面的内容。③

犯罪行为发生机制的主要特点如下:

第一,犯罪心理的基础性。犯罪行为是以犯罪心理为基础发生的,个人在实施任何犯罪行为之前,首先会形成犯罪心理,犯罪行为的实施情况取决于犯罪心理的主要内容,犯罪行为发生变化也是犯罪心理发生变化的结果。可以说,犯罪心理是犯罪行为发生的内在基础,而犯罪行为是犯罪心理的外部表现。不仅精神正常的犯罪人是这样,精神异常的犯罪人也是这样。

第二,发生原因的复杂性。这是指是在复杂原因的作用下发生犯罪行为的特性。在犯罪行为发生机制中,引发犯罪行为的原因既包括犯罪人内部的因素——犯因性个人因素,也包括犯罪人之外的因素——犯因性环境因素。这些"内部的因素"主要发挥推力作用,推动、促使犯罪人实施犯罪行为;这些"之外的因素"主要发挥拉力作用,吸引、诱发犯罪人实施犯罪行为。这两类因素结合起来,构成了犯罪人实施犯罪行为的动力,导致犯罪行为的发生。

第三,作用过程的阶段性。这是指犯罪行为发生机制包括不同阶段的特性。"犯罪行为机制有许多阶段"④,如需要的迫切化、动机的产生与形成、实现目的途径的选择、采取行动决定等。可以说,犯罪行为发生机制的作用是通过不同的阶段得到实现的。

第四,心理行为的综合性。这是指犯罪行为发生机制包括犯罪心理和犯罪行为两个方面以及两个方面相互作用⑤的特性。犯罪行为发生机制虽然主要论述犯罪行为的发生问题,但是,其内容并不限于外部行为,也涉及大量的心理活动,还涉及犯罪心理与犯罪行为之间的复杂互动等。

第五,意识水平的复杂性。这主要是指犯罪行为发生机制的意识水平较为复杂的特性。大部分犯罪行为发生机制是有意识地运行的,犯罪人能够不同程度地认识到犯罪行为发生机制各个阶段的情况,甚至会在这个过程中进行有意识的努力,从而保证犯罪行为的顺利实施。不过,在少数情况下,犯罪行为发生机制可能是无意识地运行的,犯罪人不一定能够意识到犯罪行为发生机制及其在不同阶段的情况。

第六,个人与情境互动性。这是指犯罪人自身与犯罪情境相互作用的特性。在犯罪行为发生机制的运行中,不仅犯罪人自身的一些特征之间相互作用,犯罪人所处的犯罪情境也

① 吴宗宪:《论犯罪的心理机制》,载《中国人民警官大学学报》1991 年第 4 期,第 16—17 页。

② 吴宗宪:《犯罪心理学概论》,中国科学院心理研究所心理学函授大学 1998 年印,第 240—292 页。

③ 吴宗宪:《犯罪心理学总论》,商务印书馆 2018 年版,第 589—667 页。

④ [苏]B. H. 库德里亚夫采夫主编:《犯罪的动机》,刘兆祺译,群众出版社 1992 年版,第 120 页。

⑤ 本书根据文字表述等方面的需要,有时把相互作用简称为"互动"。

与其发生相互作用。犯罪行为是犯罪人与犯罪情境交互作用的结果。

二、犯罪行为发生机制的内容

对于犯罪行为发生机制的内容,可以有不同的理解。狭义的犯罪行为发生机制是指犯罪行为产生的过程机制(纵向过程)和模式机制(横向模式)。这种意义上的犯罪行为发生机制解释“犯罪行为怎样产生”的问题。

但是,犯罪行为的产生,并不仅仅涉及其产生的过程和模式,也涉及更多的内容。第一,涉及犯罪心理及其形成。既然犯罪心理是犯罪行为发生的内在基础和必要前提,在犯罪行为发生机制中具有重要作用,那么就必须了解犯罪心理的含义和形成机制。第二,涉及犯罪行为获得。对于犯罪行为发生机制的探讨,主要论述犯罪行为自身发生的原理,但是,在发生犯罪行为之际,犯罪人应当知道如何实施犯罪行为,明白实施犯罪行为的方式。一些犯罪行为是遗传而来的本能行为,或者是以日常行为方式实施的,这些行为方式不需要专门学习;而另一些犯罪行为需要犯罪人具备一定的技能,这样的犯罪行为方式只有经由学习才能掌握。所以,广义的犯罪行为发生机制,还应包括学习犯罪行为方式的机制。第三,涉及犯罪行为动力机制。犯罪人为什么会实施犯罪行为?对于这个问题的回答,绝不能仅从犯罪人自身寻找原因。犯罪人实施犯罪行为的动力也可能来自外部的环境,是内外因素的交互作用导致了具体的犯罪行为。犯罪行为动力机制探讨导致犯罪人实施犯罪行为的内外动力因素。在上述这些内容的基础上,才可以接着探讨犯罪行为发生的过程机制和模式机制等内容。第四,涉及犯罪行为过程机制。这方面的内容探讨犯罪行为发生过程中经历的不同阶段。第五,涉及犯罪行为模式机制。这方面的内容探讨犯罪行为发生的不同模式。第六,涉及犯罪行为发生环境。这方面的内容主要是围绕犯罪行为发生的具体环境或者直接环境——犯罪情境展开的。

综上所述,犯罪行为发生机制的具体内容应当包括犯罪心理形成机制、犯罪行为获得机制、犯罪行为动力机制、犯罪行为过程机制、犯罪行为模式机制、犯罪情境机制。鉴于犯罪心理形成机制和犯罪行为获得机制的内容大量交叉和重叠,在很多情况下,个人在形成犯罪心理时,也获得了犯罪行为方式。例如,在观察犯罪活动的过程中,不仅形成了自己也实施犯罪行为以便获益的想法或者形成了犯罪动机,而且学会了如何实施犯罪行为。人们往往通过共同的机制形成犯罪心理内容并获得犯罪行为方式,因此,本书将这两种机制整合起来,在“犯罪获得机制”的标题下论述。

三、犯罪心理的核心内容

在进一步阐述犯罪行为发生机制之前,应当了解犯罪心理的内容。

犯罪心理(criminal mind)是指与犯罪行为的实施有关的心理现象。犯罪心理有不同的表现,可以分为有意识犯罪心理和无意识犯罪心理,也可以分为犯罪前心理、犯罪中心理和犯罪后心理。不过,在很多时候,犯罪心理往往指有意识的、犯罪前的心理,这类犯罪心理是犯罪心理的核心内容。犯罪心理的核心内容主要是指犯罪动机和反社会态度,可以把它们合称为"犯罪性"。

犯罪性(criminality①)是促使个人从事犯罪行为的心理倾向。② 犯罪性是犯罪前心理的核心内容和典型表现,是促使个人从事犯罪行为的主要心理成分。有研究者提出了类似的观点。例如,犯罪学家戴维・加兰(David Garland,2002)指出,在犯罪心理学语境中,"犯罪性"是指引起犯罪行为的人格特点(personality feature)。③ 桑迪・泰勒(2016)认为,犯罪性是指容易使个人倾向于犯罪生活的个人特质或者特征。④

在研究犯罪性的内容方面,国外比较有代表性的犯罪学家是美国的特拉维斯・赫希(Travis Hirschi)和迈克尔・戈特弗雷德森(Michael Gottfredson),他们在区分犯罪与犯罪性、发展犯罪性理论方面,作了大量的研究工作。他们明确区分了犯罪(crime)与犯罪性(criminality),认为犯罪是为了追求个人利益而进行的暴力或欺骗行为;⑤犯罪性是个人从事犯罪行为的倾向。⑥他们在合写的一系列论著中,阐述了这两个概念,对恰当认识和仔细区分这两个概念,作出了重要贡献。不过,他们认为犯罪性的实质或核心是自我控制水平低(low self-control)以及关于自我控制低的成分或者自我控制低者的特征的观点,⑦是值得进一步探讨的。⑧ 本书将犯罪性的主要成分归结为犯罪动机和反社会态度两个部分。⑨

(一)犯罪动机

犯罪动机(criminal motivation,criminal motive)是推动个人进行犯罪行为并引导犯罪行为实现犯罪目的的心理倾向。当犯因性因素经过复杂过程,转化为个人的犯罪动机时,个人就产生了进行相应犯罪行为的内在心理动力;具有犯罪动机的人就会接着进行一系列与犯罪行为的实施有关的心理活动和行为,从而导致犯罪行为的发生。因此,犯罪动机是距离犯罪行为很近甚至最近的内部原因,是导致犯罪行为发生的最重要的个人心理因素。

犯罪动机是犯罪性的最重要内容,也是最重要的犯罪心理形式。犯罪动机的形成使个人具有了进行犯罪行为的内在动力,会指引个人在犯罪的道路上一步步地行动。犯罪动机不仅促使个人开始进行犯罪行为,还会促使个人继续进行犯罪行为,引导个人围绕犯罪目的

---

① 在英语文献中,criminality 一词有两种含义:一种含义是指促使个人从事犯罪行为的心理倾向,另一种含义是指犯罪行为,尤其指特定时间和地点中犯罪的总和,类似于汉语中的"犯罪现象",与此相关的 crime 一词则往往指具体的犯罪。

② 吴宗宪:《犯罪心理学总论》,商务印书馆 2018 年版,第 484 页。

③ Mike Maguire et al. (eds.), *The Oxford Handbook of Criminology*(Oxford,UK:Oxford University Press,2002),p. 27.

④ Sandie Taylor, *Crime and Criminality:A Multidisciplinary Approach* (New York:Routledge,2016),p. 691.

⑤ [美]迈克尔・戈特弗里德森、[美]特拉维斯・赫希:《犯罪的一般理论》,吴宗宪、苏明月译,中国人民公安大学出版社 2009 年版,第 13 页。

⑥ [美]迈克尔・戈特弗里德森、[美]特拉维斯・赫希:《犯罪的一般理论》,吴宗宪、苏明月译,中国人民公安大学出版社 2009 年版,第 82 页。

⑦ [美]迈克尔・戈特弗里德森、[美]特拉维斯・赫希:《犯罪的一般理论》,吴宗宪、苏明月译,中国人民公安大学出版社 2009 年版,第 84—90 页。

⑧ 吴宗宪:《犯罪心理学总论》,商务印书馆 2018 年版,第 490—491 页。

⑨ 吴宗宪:《犯罪心理学总论》,商务印书馆 2018 年版,第 491—499 页。

实施行动,直到最终实现犯罪目的。

(二)反社会态度

反社会态度(antisocial attitude)是指个人了解并赞同进行犯罪行为的心理倾向。也有犯罪研究者给出了类似的定义。例如,安德鲁斯(2010)等人指出,"一般而言,反社会态度就是支持犯罪行为的思想、情感和信念"①。

在犯罪研究文献中,还有一些与反社会态度类似的术语:(1)反社会情操(antisocial sentiment);(2)反社会建构(antisocial construct);(3)犯罪态度(criminal attitude);(4)犯罪情操(criminal sentiment)②;(5)亲犯罪态度(procriminal attitude)③;(6)亲犯罪情操(procriminal sentiment)④;(7)犯因性态度(criminogenic attitude)⑤;等等。这些术语尽管有表述差异,但含义实际上是近似的甚至是相同的。本书将上述这些术语看成"反社会态度"一词的近义词。同时考虑到,"反社会态度"一词不仅最为流行,而且字面意思较为清楚,表达的含义较为准确,因此,选择使用"反社会态度"一词作为主概念。

反社会态度具有极大的犯因性作用。研究发现,在直接情境(immediate situation)中,个人的犯罪行为决策主要受四种因素的影响,即反社会态度、犯罪历史、反社会同伴(antisocial peers)和反社会人格模式(antisocial personality pattern),⑥因此,反社会态度是导致犯罪的最重要因素之一。不少研究也发现,"犯罪态度或者反社会态度是未来少年犯罪的最强预测因子之一"⑦。

反社会态度是犯罪行为产生的最重要因素之一,其主要成分包括三个方面:⑧(1)认知成分(cognitive component)。这是指个人对犯罪行为和犯罪对象的了解和心理印象,包括对犯罪行为和犯罪对象的粗略认识、表象⑨和信念等。个人对犯罪行为的认识,是反社会态度的重要内容,也是反社会态度的基础性内容,个人对犯罪行为的情感成分和行为成分往往是在这种认识基础上形成的。正是基于认知成分的重要性,安德鲁斯等人在论述反社会态度时,使用了这样的标题"支持犯罪的认知:反社会态度"(cognitions supportive of crime:antiso-

① D. A. Andrew et al., *The Psychology of Criminal Conduct*, 5th ed. (New Providence, NJ: Matthew Bender & Company, 2010), p. 234.

② 关于这些概念的更多信息,参见吴宗宪:《犯罪心理学总论》,商务印书馆 2018 年版,第 494—496 页。

③ Rainer Banse et al., "Pro-Criminal Attitudes, Intervention, and Recidivism," *Aggression and Violent Behavior*, Vol. 18 (Issue 6, November, 2013-December, 2013): 673-685.

④ Stephanie Robertson, *Assessing Procriminal Sentiments in Young Offenders: A Comprehensive Examination of the Psychometric Properties of a Battery of Attitudinal Scales* (Doctoral dissertation. Ottawa: Carleton University, 1999).

⑤ Steven E. Barkan, *Criminology: A Sociological Understanding*, 8th ed. (New York: Pearson, 2023), p. 373.

⑥ D. A. Andrew et al., *The Psychology of Criminal Conduct*, 5th ed. (New Providence, NJ: Matthew Bender & Company, 2010), p. 225.

⑦ Daniel Boduszek et al., "Latent Classes of Criminal Intent Associated with Criminal Behaviour," *Current Issues in Personality Psychology*, Vol. 2 (No. 2, 2014): 93.

⑧ 吴宗宪:《犯罪心理学总论》,商务印书馆 2018 年版,第 497—499 页。

⑨ 表象(image)是指人们感知事物后在头脑中形成的感性形象。

cial attitude)。[①] 犯罪对象是犯罪行为指向的人或者物,犯罪人的认知也包括对犯罪对象的了解和心理印象。(2) 感情成分(affective component)。这是指个人对犯罪行为的容忍、接纳甚至赞同的感受倾向。反社会态度的情感成分有一些重要的特征。首先,这些情感成分往往不是来自对犯罪行为等内容的理性思考。其次,这些情感成分不受逻辑支配。最后,这些情感成分经常与犯罪人的价值观相联系,是其价值观的体现和反映。(3) 行为成分(behavioral component)。[②] 这是指个人对犯罪对象的行为倾向。有的研究者将态度的行为成分看成内隐的行为意向(behavioral intention)。[③] 具有反社会态度的人,通过排除阻碍或者干扰进行犯罪行为的因素的影响,在心理上做好了实施犯罪行为的准备,一旦作出犯罪决定,个人就能够迅速地实施犯罪行为。

个人形成了犯罪动机和反社会态度后,就具备了实施犯罪行为的基本动力和重要内在基础。

第二节 犯罪获得机制

犯罪获得机制是指个人形成犯罪心理和掌握犯罪方式的机制。犯罪心理的形成和犯罪方式的获得在很多时候同时进行或者大量交叉,因此,本书放在一起论述。

一、犯罪遗传获得机制

犯罪遗传获得机制是指某些犯罪心理成分和犯罪行为方式通过遗传获得并在个人出生时就已经存在的现象。这些心理成分主要是指个人的一些可能引起危害行为的动物性本能和倾向,如攻击性、自私、贪婪、享乐欲望、征服欲望、自我显示倾向、趋利避害倾向等;这些行为方式包括攻击行为方式、自卫行为方式、破坏行为方式、享乐行为方式等。

个人在出生时就已经具有某些犯罪心理成分和犯罪行为方式的观点,得到了很多研究的支持。

(一) 古代的观点

在中国古代和西方古代,都有关于人性本恶的论述,认为人在出生时就具有作恶的欲望或者念头。例如,中国古代的思想家荀子(生活在战国末期)曾经提出了“性恶论”,认为人天生就是恶的,生来就有好利、疾恶、耳目声色之欲,如果任其流露和发展,就会产生各种违反社会伦常道德和社会规范的危害行为。荀子也提出了“人之性恶,其善者伪也”的观点,认为人的本性是恶的,人身上一切善的东西都是后天人为的结果。这说明,可以“化性起伪”,

① D. A. Andrews et al., *The Psychology of Criminal Conduct*, 5th ed. (New Providence, NJ: Matthew Bender & Company, 2010), p. 234.

② 一些社会心理学书籍将这部分称为“意向因素”。参见时蓉华编著:《社会心理学》(第二版),上海人民出版社 2002 年版,第 195 页。

③ 章志光主编:《社会心理学》(第二版),人民教育出版社 2008 年版,第 196 页。

将人的恶性加以改造。

在古代西方,也有类似的观点。例如,古希腊哲学家柏拉图(Plato,公元前428—公元前348)在其著作《理想国》中指出,人都有像野兽那样的恶性,也都有不应该有的欲望,一旦对自己的控制放松,兽性便活跃起来,引发各种邪恶的行为,即使好人也难免如此。① 英国思想家托马斯·霍布斯(Thomas Hobbes,1588—1679)认为,人生来就自私自利、残暴好斗;人是作为个人主义者和利己主义者来到这个世界上的,人的本性是恶的。②

(二)有关本能的研究

本能(instinct)是人类在进化过程中形成并通过遗传固定下来的不学就会的行为模式和行为倾向。本能是遗传而来的、不学就会的能力,是与生俱来的无意识的行为模式。心理学、习性学(ethology)③以及社会生物学(sociobiology)等学科的研究表明,人作为一种高等动物,具有许多与其他高等动物类似的本能;在攻击行为、性行为以及各种形式的格斗行为中,本能的遗传本质表现得最为突出。奥地利心理学家阿尔弗雷德·阿德勒(Alfred Adler,1870—1937)认为,人具有一种"武器本能",人是"制造武器的动物",人类生活的许多特征,如犯罪、军备竞赛、种族冲突等,都与这种本能有关。④ 英国心理学家威廉·麦独孤(William McDougall,1871—1944)曾经对人类的本能进行了深入研究,认为"本能是所有人类活动最首要的直接或间接的动力"⑤,他概括出的一些本能及其伴随情绪,如逃跑本能和恐惧情绪、反感本能和厌恶情绪、好奇本能和惊奇情绪、好斗本能和愤怒情绪、自我表现本能和自得情绪等,⑥都与犯罪行为有密切关系。社会生物学的研究表明,人类的服从、嫉妒、好斗等本能行为,都具有生物基因基础,动物和人类的一切社会行为都是受生物遗传基因控制的。习性学的奠基人康拉德·洛伦茨(Konrad Lorenz,1903—1989)认为,攻击是兽类和人类针对同一种类成员的战斗本能(fighting instinct),是与生俱来的,经由遗传获得。⑦ 由此可见,以攻击性等为代表的人类本能,是犯罪心理的重要来源,大量的犯罪心理可能是人的动物性本能被犯因性环境因素直接激发的结果。

(三)精神分析学观点

精神分析学实际上持一种性恶论观点,认为人生来就具有可能导致犯罪行为的本能欲望。精神分析学家西格蒙德·弗洛伊德(Sigmund Freud,1856—1939)提出的一些概念,如本

---

① 张宏生主编:《西方法律思想史》,北京大学出版社1983年版,第30页。

② 吴宗宪:《西方犯罪学史》(第二版)(第1卷),中国人民公安大学出版社2010年版,第52、66页。

③ 习性学(ethology)又称"动物行为学""比较行为学",是研究动物有机体在自然生态环境中的行为特征的学科。

④ [苏]阿·穆·卡里姆斯基:《社会生物主义》,徐若木、徐秀华译,东方出版社1987年版,第147页。

⑤ [英]威廉·麦独孤:《社会心理学导论》,俞国良等译,浙江教育出版社1997年版,第32页。

⑥ [英]威廉·麦独孤:《社会心理学导论》,俞国良等译,浙江教育出版社1997年版,第38—49页。

⑦ David Clarke, *Pro-Social and Anti-Social Behaviour* (London: Routledge, 2003), p. 70.

我(Id)[①]、死亡本能(Thanatos,death instinct)[②]、快乐原则(pleasure principle)[③]等,实际上就包含着性恶论的成分。死亡本能转入人体内部时,就以自我惩罚的形式表现出来,自我惩罚到了极端的程度就会导致自杀;死亡本能指向外部时,就以敌对、破坏和谋杀的形式表现出来。[④] 攻击、伤害、破坏、毁灭等,都是在死亡冲动的驱使下进行的行为。[⑤] 根据弗洛伊德的观点,所有人都存在破坏性的、反社会的、反文化的倾向,这种倾向在破坏性的攻击行动(如暴力犯罪)中表现出来;而且,人内心的破坏意愿是不可克服的。精神分析学家艾里克·弗洛姆(Erich Fromm,1900—1980)修改了弗洛伊德的学说,试图用下意识的破坏性要求与建设性要求的相互作用来说明人的趋恶的秉性,认为人的攻击性本能既可能是破坏性的(如杀戮、施虐癖、战争),又可能是建设性的(鼓励在劳动、体育和创作中取得积极成就)。[⑥] 后来的一些利用精神分析学原理解释犯罪原因的研究者,更加直接地表述了性恶论的观点。例如,弗兰茨·亚历山大(Franz Alexander,1891—1964)等人认为,从心理动力上讲,所有的人都是生来犯罪人,人类是作为不能适应社会的犯罪人来到这个社会上的,在生命诞生的最初几年,人类的犯罪性达到高峰。[⑦]

(四)控制理论观点

犯罪的控制理论(control theory)是20世纪中期发展起来的一种用控制薄弱来解释犯罪的理论。这类理论假定,驱使个人进行犯罪行为的动机,是人性的一部分,每个人都是潜在犯罪人;如果放纵自己欲望,任何人都会自然而然地实施犯罪,因此,犯罪学研究的关键问题应当是"大多数人为什么不犯罪"的问题。根据他们的研究,人们之所以不犯罪,是由于存在抑制或者控制人们犯罪的各种力量;人们之所以犯罪,是由于抑制或者控制人们犯罪的力量薄弱,而不是由于存在驱使他们犯罪的力量。例如,阿瑟·比利(Arthur L. Beeley,1945)认为,人们之所以犯罪,是因为人类有许多先天特质(native traits)或者原始倾向(original tendency),当人无法控制它们或者任其自由表现时,它们就会对同一社会中其他人的福利造成危害。特拉维斯·赫希(1969)认为,任何人都有犯罪的倾向,如果不进行控制,任何人都会犯罪。[⑧]

(五)遗传学研究

普通遗传学的研究表明,某些犯罪心理成分可能具有遗传性。一些严重反常、异样的行为或者精神病,如精神分裂症,受先天因素的影响。不仅如此,一些比较"正常"的社会行为

---

① 本我(Id)是指原始的、与生俱来的本能,完全处于潜意识之中。

② 死亡本能(Thanatos,death instinct)是指激发个人回到有生命之前的无机体状态中去的本能。死亡本能的最重要的派生物是攻击。

③ 快乐原则(pleasure principle)是指人们为了获得快乐而活动的原则。

④ [美]E.阿伦森:《社会心理学入门》,郑日昌等译,群众出版社1985年版,第179—180页。

⑤ [瑞士]维雷娜·卡斯特:《怒气与攻击》,章国锋译,生活·读书·新知三联书店2003年版,第182页。

⑥ [苏]阿·穆·卡里姆斯基:《社会生物主义》,徐若木、徐秀华译,东方出版社1987年版,第142—143页。

⑦ Martin R. Haskell et al., *Juvenile Delinquency* (Chicago, IL: Rand McNally College Publishing Company, 1974), p. 340.

⑧ 吴宗宪:《西方犯罪学史》(第二版)(第4卷),中国人民公安大学出版社2010年版,第1142、1161页。

模式，如气质、性格的内外倾特点，也受先天因素的影响。有相当多的证据表明，遗传因素对多种人类特性发生影响。① 对犯罪现象的遗传学研究也表明，虽然不存在犯罪人的“隔代遗传”(atavism)现象，但是，一些遗传型特质(inherited trait)可能在犯罪中起重要的作用。例如，精神病态、冲动性、控制不足、不友好、易激惹、缺乏共情、易受挫折倾向、神经质等特质，很容易转化为犯罪心理，甚至可以把它们看成最原始的犯罪心理。

近年来，行为遗传学的研究进一步发现了犯罪行为方式的遗传获得内容。行为遗传学(behavior genetics)又称“心理遗传学”(psychogenetics)，是研究生物基因对行为的影响以及在行为形成过程中遗传和环境相互作用规律的心理学分支学科。② 行为遗传学研究已经成为最受生物社会犯罪学家欢迎的研究领域之一，深化了对遗传与犯罪之间联系的认识。近期的荟萃分析总结了遗传和环境在攻击行为、少年犯罪、犯罪和其他相关表型的原因中的作用。这些荟萃分析表明，反社会行为大约50%是可遗传的，其余的变异主要是由非共享环境(nonshared environment)③因素造成的。④ 国外已经进行了一些行为遗传学研究，⑤这些研究发现，反社会行为(及其前因)的中等到较大的变异(variance)，可归因于遗传因素；环境可以解释反社会行为差异的很大一部分，但是，区分共享环境和非共享环境是很重要的，共享环境对反社会行为差异的影响往往是可以忽略的，而非共享环境似乎可以解释反社会行为中最大部分的环境差异；基因与环境的相互作用产生行为结果。⑥

二、犯罪学习获得机制

(一) 概述

犯罪学习获得机制是指个人在与环境的相互作用中通过学习获得犯罪心理内容和犯罪行为方式的机制。除了遗传而来的犯罪心理成分和犯罪行为方式，个人的大部分犯罪心理内容和犯罪行为方式都是通过与环境的互动而学习获得的。而且，这种学习犯罪的过程，从幼年就开始了。随着年龄的增长，这种学习的主动性不断增强。这是因为：随着个人自我意识增强，各种知识不断积累，社会经验日益丰富，个人不仅受环境因素的影响，也对环境进行反作用，如有选择地接受环境影响、改变某些环境因素。因此，儿童、少年和成人的犯罪心理内容和犯罪行为方式，是个人在与环境的相互作用中习得的，是个人因素与环境因素相互作用的结果。犯罪学习(criminal learning)就是个人学习犯罪心理和犯罪行为的活动。⑦

---

① [美]R. M. 利伯特等：《发展心理学》，刘范等译，人民教育出版社1983年版，第108—115页。

② 《不列颠百科全书(国际中文版)》(第2卷)，中国大百科全书出版社1999年版，第328页。

③ 非共享环境(nonshared environment)是指兄弟姐妹之间彼此不同的环境。与此相对的是“共享环境”(shared environment)，即兄弟姐妹之间彼此相同的环境。这两个概念是研究遗传与环境关系的重要概念。

④ [美]亚历克斯·皮盖惹主编：《犯罪学理论手册》，吴宗宪主译，法律出版社2019年版，第103页。

⑤ [美]亚历克斯·皮盖惹主编：《犯罪学理论手册》，吴宗宪主译，法律出版社2019年版，第110—114页。

⑥ [美]亚历克斯·皮盖惹主编：《犯罪学理论手册》，吴宗宪主译，法律出版社2019年版，第118页。

⑦ Tim Newburn, *Criminology*, 3rd ed. (New York: Routledge, 2017), p. 206; Richard A. Wright et al. (eds.), *Encyclopedia of Criminology* (New York: Routledge, 2005), p. 1675.

在探讨犯罪学习时，应该注意两方面的内容。第一，犯罪学习与一般学习的相似性。个人获得犯罪心理内容和犯罪行为方式的学习过程，与一般的学习过程是相同的。它们之间的主要差别在于学习内容的差别，而不是学习机制的差别。犯罪学家埃德温·萨瑟兰（Edwin H. Sutherland）在论述不同交往理论时指出，“通过与犯罪榜样和反犯罪榜样的交往来学习犯罪行为的过程，涉及在任何其他学习中所涉及的全部机制”①。这意味着，犯罪学习机制与其他学习机制是相同的。尽管在犯罪学习中可能侧重使用某些学习方式，但是，这些方式仅仅是一般的学习方式的具体应用，而不一定是犯罪人独创的学习方式。第二，学习犯罪心理内容与学习犯罪行为方式的关联性。由于犯罪心理与犯罪行为是密切联系的，即犯罪心理是犯罪行为的内在基础，犯罪行为是犯罪心理的外在表现，所以，学习犯罪心理内容与学习犯罪行为方式的活动往往也是密切关联的。在大多数时候，个人在学习犯罪心理内容的同时，也学习了犯罪行为方式；获得犯罪心理内容的学习方式，往往也就是获得犯罪行为方式的学习方式。

（二）不同行为特征的学习机制

个人进行犯罪学习的机制多种多样，可以按照不同的标准对它们进行分类。以学习活动的行为特征为标准，可以将个人进行犯罪学习的机制分为四类。

1. 观察型犯罪学习

观察型犯罪学习（criminal learning by observation）是指通过观看他人的反社会行为而进行犯罪学习的活动。人类大量的心理特征和行为模式，是通过观察学习获得的，对犯罪心理和犯罪行为的学习也不例外。在进行观察学习时，个人观察学习的对象被称为“示范者”（model）。进行观察型犯罪学习的人既可以直接接触示范者，也可以不接触示范者。

就犯罪心理和犯罪行为的观察学习而言，个人观察学习的对象主要有下列三种：②

（1）家庭成员的反社会态度和行为。家庭成员表现出的反社会态度和行为，是儿童获得犯罪心理和犯罪行为的重要来源。大量研究表明，在家庭成员有违法犯罪行为或者家庭成员之间充满暴力行为、言语攻击的家庭中，产生犯罪人的可能性远远大于没有这类现象的家庭。儿童很容易从父母和兄弟姐妹那里学会反社会的态度，学会用惩罚、攻击行为解决问题的行为方式。

（2）亚文化群的反社会态度和行为。亚文化群（subculture）是指社会中由奉行不同于主文化（dominant culture）③的价值观念和行为模式的人们组成的群体。由于亚文化群的价值观念和行为模式不同于社会中的主文化，所以亚文化群的成员不仅具有违反主流社会规范的价值观念，而且往往进行违反主流社会规范的行为；个人如果接触或者加入这种亚文化

① ［美］埃德温·萨瑟兰等：《犯罪学原理》（第十一版），吴宗宪等译，中国人民公安大学出版社 2009 年版，第 107 页。

② Hans Toch（ed.），*Psychology of Crime and Criminal Justice*（Prospect Heights，IL：Waveland Press，1986），pp. 203－204.

③ 主文化（dominant culture）是指在社会中占支配地位的主流文化。

群,就会受其影响而习得犯罪心理和犯罪行为。例如,参加少年犯罪帮伙或者青少年犯罪团伙的人,更容易进行犯罪行为。其他的亚文化群还包括具有反社会性质的宗教团体、秘密团体、犯罪组织等。

(3) 大众传媒中的反社会态度和行为。大众传媒是指传送文字和视听信息的非私人性传播工具。犯罪心理学的研究发现,大众传媒中的一些不恰当内容,往往会诱发人们的犯罪心理和犯罪行为,使大众传媒成为犯罪学习的工具。例如,犯罪新闻报道、暴力电视、打斗电影、侦探小说、不恰当的连环画,都有可能引起犯罪学习。①

2. 体验型犯罪学习

体验型犯罪学习(criminal learning by experience)是指通过直接参与某种犯罪活动而进行犯罪学习的活动。体验型学习是个人获得犯罪心理和犯罪行为的重要方式,许多人都是通过直接参与犯罪活动而形成犯罪心理和掌握犯罪行为方式的。这种现象在青少年团伙犯罪中尤其明显,加入青少年团伙的青少年,往往直接参与团伙进行的违法犯罪活动,在这类活动中习得犯罪心理和犯罪行为。进行体验型犯罪学习的人不仅与示范者进行接触,而且与示范者一起从事犯罪活动,因此,他们的犯罪学习更直接也更全面。

3. 交往型犯罪学习

交往型犯罪学习(criminal learning by association)是指通过与其他犯罪人的接触和交流而进行犯罪学习的活动。在许多情况下,个人是通过与犯罪人或者具有犯罪心理的人的直接交往而习得犯罪心理和犯罪行为的。这种交往学习最有可能发生在监狱和其他类似的机构中,"城市中即使犯罪人再多,也不会产生像关在监狱中那样的坏影响,监狱完全可以被称为'犯罪的大学'(criminal universities)"②。"监狱是犯罪的学校,特别是结伙犯罪(associated crime)的学校,而这类犯罪是所有犯罪中最危险的犯罪。"③不管个人是否形成犯罪心理,也不管个人是否实施了犯罪行为,只要将他安置在监狱和其他类似的机构中,他就会通过与犯罪人进行直接的接触和交流,从犯罪人身上学会犯罪心理和犯罪行为。不过,交往学习的方式是多种多样的,即使个人不进入监狱和其他类似的机构、不参加亚文化群、不参加犯罪活动,只要他能够接触到犯罪人,也会进行交往学习。进行交往型犯罪学习的人,不一定立即进行犯罪行为,也不一定实际从事犯罪行为,例如,一些人学会了犯罪技能,但是并不必然付诸实施。

4. 训练型犯罪学习

训练型犯罪学习是指通过有计划地反复练习而强化犯罪心理和掌握犯罪方式的学习。这是一些特殊的犯罪人采用的犯罪学习方式。一些犯罪人为了强化犯罪心理品质,坚持反

① 蔡墩铭:《犯罪心理学》(上),黎明文化事业股份有限公司 1979 年版,第 133—136 页。

② [意]吉娜·龙勃罗梭-费雷罗:《犯罪人:切萨雷·龙勃罗梭犯罪学精义》,吴宗宪译,中国人民公安大学出版社 2009 年版,第 84 页。

③ [意]吉娜·龙勃罗梭-费雷罗:《犯罪人:切萨雷·龙勃罗梭犯罪学精义》,吴宗宪译,中国人民公安大学出版社 2009 年版,第 342 页。

复练习。例如，一些犯罪人为了减弱甚至消除同情心，从而在进行犯罪活动时能够更加残忍和冷酷无情，有意识地进行训练。一些犯罪人为了掌握较为复杂的犯罪行为方式，也有计划地反复练习。例如，恐怖分子为了掌握进行恐怖犯罪行为所需的特殊行为技能，在专门机构中进行反复训练；扒窃犯罪人为了掌握扒窃技巧，在"师傅"的指导下反复练习，在基本掌握犯罪技能后，在"师傅"的带领下进行"现场实习"；还有的犯罪人在复仇动机的驱使下，外出寻找师傅或者学武机构，在长期训练而具备武功之后，再找仇人报仇等。正如心理学家艾伯特·班杜拉（Albert Bandura，1925—2021）指出的："一些基本的攻击形式可以通过最少的指导来完善，但是，大多数攻击性活动，无论是用弹簧刀决斗、与对手争吵、军事战斗还是复仇嘲笑，都需要复杂的技能，需要广泛的学习。"①

（三）不同意识水平的学习机制

以学习活动的意识水平为标准，可以将个人进行犯罪学习的机制分为两种。

1. 有意识型犯罪学习

有意识型犯罪学习是指个人自觉地学习犯罪心理和犯罪行为的活动。这种犯罪学习有两个突出的特点：(1) 犯罪学习的自觉性。这是指个人有意识地学习犯罪心理和犯罪行为的特性。在这种学习中，他们知道自己是在学习犯罪的价值观、态度、技能等内容。例如，在犯罪组织中，犯罪资历老的犯罪人对新犯罪人的训练就属于这种情况，新犯罪人不仅要学习如何物色犯罪对象，如何把握犯罪时机，如何克服犯罪过程中的紧张、焦虑、罪恶感等情绪状态，还要练习犯罪行为技能，包括进行犯罪行为的具体方式、制服被害人的手段等。(2) 犯罪学习的选择性。这是指个人有选择地学习犯罪心理和犯罪行为的特性。由于生理、心理和社会方面的种种差异，人们进行犯罪学习的内容存在区别。例如，身体强壮的人可能学习如何进行暴力犯罪等方面的内容，而口头表达能力较强的人可能学习如何进行诈骗犯罪等方面的内容；道德感较强的人可能学习如何克服犯罪时产生的罪恶感等方面的技能，而社会经验不足的人可能学习如何把握犯罪时机、如何销售赃物等方面的技能。犯罪人往往根据自身特点等情况，选择犯罪学习的内容和方式。

有意识型犯罪学习主要有两种表现形式：(1) 有意模仿，即个人有意识地使自己的兴趣、言语和行为模式等与犯罪人相似的现象。例如，一些人模仿犯罪人的兴趣嗜好、衣着打扮、言行举止和犯罪手段进行犯罪活动。(2) 认同（identification），即个人模仿并赞同犯罪人的心理特点和行为模式的现象。认同是更加深入的模仿，它更强调对内在心理特点的模仿和赞同；在产生认同时，个人不仅使自己的心理和行为与被认同对象相似，而且对被认同对象的心理和行为持赞同的态度。例如，青少年在与犯罪人的交往中，认同犯罪人的犯罪态度、价值观、人生观和其他信念等，接受犯罪人的教唆而进行犯罪行为。

2. 无意识型犯罪学习

无意识型犯罪学习是指个人在无意中受到犯因性影响而形成犯罪心理和学会犯罪行为

① Hans Toch (ed.), *Psychology of Crime and Criminal Justice* (Prospect Heights, IL: Wavelsand Press, 1979), p. 200.

的现象。在社会生活中,进行有意识型犯罪学习的人毕竟是少数,因为这种学习只有在个人已经具有犯罪倾向,或者与犯罪人有了接触、交往,或者能够看到犯罪相关信息等特殊情况下才能发生。对于大多数犯罪人来讲,他们的犯罪心理和犯罪行为最初往往是无意识学习的结果。尤其对儿童和青少年来讲,他们的犯罪心理和犯罪行为往往是在无意中受不良环境长期影响而形成的。古人所说的“染于苍则苍,染于黄则黄”①、“近朱者赤,近墨者黑”②等,很好地阐述了这种现象。

无意识型犯罪学习主要有两种表现形式:(1) 无意识模仿,即个人不自觉地模仿犯罪人行为举止等的现象。(2) 受暗示,即个人受到犯罪人的言语、动作等的影响而不自觉地进行仿效的现象。

心理学研究表明,儿童、青少年进行无意识模仿的比率高于成人,儿童、青少年的暗示感受性(suggestibility)也高于成人,8—11 岁的儿童的受暗示性最高,以后逐渐缓慢下降。③ 因此,儿童、青少年在不良社会环境中进行无意识型犯罪学习的可能性更大,不良社会环境对他们的犯因性影响也更大。

第三节　犯罪动力机制

犯罪动力机制是关于推动个人进行犯罪行为的力量的机制。这个机制解释为什么会发生犯罪行为的问题,探讨实施犯罪行为的动力,即推动个人进行犯罪行为的力量。推动个人进行犯罪行为的力量,主要包括两类,即犯罪的内部推力和外部拉力,犯罪行为就是这两类力量共同作用的结果。在大多数犯罪中,内部推力所起的作用更大。

一、内部推力——犯罪性

内部推力是指犯罪人自身存在的推动其进行犯罪行为的力量。在犯罪研究中,人们很重视犯罪人自身存在的一些推力(push)对犯罪行为所起的推动、促使等作用。例如,美国犯罪学家沃尔特·雷克利斯(Walter C. Reckless,1899—1988)阐述了“内部推力”(inner push,internal push)或者“正常推力”(ordinary push)的观点,认为它是指推动个人进行犯罪行为的身体或者心理力量,包括驱力、动机、挫折、不安、失望、反抗欲望、敌意、自卑感等。④ 这类力量包括生物物理因素(biophysical factor)、精神病学因素(psychiatric factor)和心理压力之类的心理学因素(psychological factor)等,⑤它们推动、促使个人进行犯罪行为。可以将这些存在于犯罪人内心并推动其进行犯罪行为的主要力量称为“犯罪性”,它们主要包括犯罪动机

① 《墨子·所染》。

② 《太子少傅箴》。

③ 朱智贤主编:《心理学大词典》,北京师范大学出版社 1989 年版,第 8 页。

④ 吴宗宪:《西方犯罪学史》(第二版)(第 4 卷),中国人民公安大学出版社 2010 年版,第 1154 页。

⑤ Walter C. Reckless, *The Crime Problem*, 5th ed. (New York: Appleton Century Crofts, 1973), pp. 41-48; J. Robert Lilly et al., *Criminological Theory: Context and Consequences*, 7th ed. (Thousand Oaks, CA: Sage, 2019), p. 191.

和反社会态度。

犯罪动机有多种功能，其中最重要的一项功能是始动功能，又称“激发功能”，[①]是指犯罪动机引起犯罪行为的功能。“动机是激发行为的一种内在冲动”[②]，是内部推力的重要方面，这种功能发挥作用的结果，就是引起犯罪行为，推动个人进行满足个人需要、符合犯罪动机的行为。犯罪动机中既有遗传而来的本能，也有后天获得的成分。

反社会态度不仅是犯罪心理的重要表现形式，也具有重要的犯因性作用，会影响个人对犯罪情境的认识与评价，促使个人作出进行犯罪行为的决定，进而积极从事自己赞同的犯罪行为。

此外，还有一些生理和心理因素也具有推动个人进行犯罪行为的犯因性作用。它们主要是：(1) 个人的驱力(drive[③])。这是个人内部生理状态失衡导致的对外部刺激敏感和作出反应的倾向。[④] 实际上，驱力就是一种具有生物本能性质的行为动机。个人的一些驱力是犯罪行为的内部推力，能够发挥推动个人进行犯罪行为的作用，使一些人为了减轻或者消除生理紧张状态而进行犯罪行为。(2) 愿望和欲望。个人的愿望和欲望，也具有推动其进行犯罪行为的动力作用，是犯罪行为内部推力的重要方面。愿望(wish)一般是指个人明确意识到并且力图加以实现的需要，而欲望(desire)主要是指个人原始的和生理方面的需要。愿望和欲望的推力作用主要表现为，犯罪人总想通过犯罪行为追求和实现所需要的事物等。“普通正常的愿望和欲望，也可以成为犯罪行为和少年犯罪行为的内驱力。”[⑤]为了实现强烈的个人愿望和欲望，人们愿意主动地进行符合需要的各种行为，包括犯罪行为。

个人的犯因性兴趣、犯因性人生观、犯因性价值观和犯因性信念等，也具有内部推力作用，能够推动犯罪人进行相关的犯罪行为。

二、外部拉力——犯罪诱因

(一) 概述

外部拉力是指犯罪人之外存在的吸引其进行犯罪行为的力量。在犯罪研究中，人们很重视犯罪人之外存在的一些拉力(pull)对犯罪行为所起的吸引、诱发等作用。例如，犯罪学家沃尔特·雷克利斯论述了“外部拉力”(outer pull, external pull)的观点，将它又称为“环境拉力”(environmental pull)，包括精神涣散(distraction)、引人注意的事物、诱惑、越轨行为榜样、广告、宣传、少年犯罪和成年犯罪人(包括推动者)、少年犯罪亚文化群等。[⑥] 这类力量包

---

① 林崇德等主编:《心理学大辞典》(上)，上海教育出版社 2003 年版，第 223 页。

② [俄]阿·伊·道尔戈娃主编:《犯罪学》，赵可等译，群众出版社 2000 年版，第 57 页。

③ “drive”又被译为“内驱力”。

④ 林崇德等主编:《心理学大辞典》(上)，上海教育出版社 2003 年版，第 956 页。

⑤ Walter C. Reckless, *The Crime Problem*, 5th ed. (New York: Appleton Century Crofts, 1973), p. 47.

⑥ 吴宗宪:《西方犯罪学史》(第二版)(第 4 卷)，中国人民公安大学出版社 2010 年版，第 1154 页。

括存在非法机会、犯罪同伴等社会学因素(sociological factor)和情境因素(situational factor),①其中应当包括能够满足犯罪人需要的财物、资源等,它们能够吸引、诱发个人进行犯罪行为。

在论述外部拉力时,应当注意犯罪心理学所讲的犯罪诱因。犯罪诱因(crime incentive)是指能够满足个人需要或者威胁个人安全并诱发犯罪动机和犯罪行为的外部因素。对犯罪诱因的这种理解也符合普通心理学的观点,心理学家兰伯特·德克斯(Lambert Deckers)认为,“诱因是环境中存在的预期奖赏或者厌恶事件”②。从犯罪案件的实际情况来看,能够满足个人需要并对个人具有吸引力的犯罪诱因,在数量上更多。

应当注意犯罪诱因与犯罪原因的关系。这两个概念之间的联系在于,它们都是导致犯罪行为的力量,都是犯罪行为发生的重要犯因性因素。这两个概念之间的区别在于:(1)包含范围不同。犯罪原因是引起犯罪行为发生的犯因性因素的总和,而犯罪诱因仅仅是引起犯罪行为发生的一部分犯因性因素。(2)存在形式不同。犯罪原因是引起犯罪行为发生的内外因素的总和,包括犯罪人自身的犯因性因素,而犯罪诱因仅仅指引起犯罪行为的外部因素,它们存在于犯罪人之外的环境中。

犯罪诱因引起犯罪动机和犯罪行为的具体机制实际上包括两种类型:(1)满足需要。一些外部刺激能够满足个人需要,将个人潜在的并不强烈的需要激发出来,使其迅速转化为犯罪动机,导致满足其需要的犯罪行为。这是犯罪诱因的最重要的作用机制,因为诱因的本来含义就是奖励,是引起愉快感受的刺激。这种机制是正诱因发挥作用的表现。能够满足犯罪人需要的这类犯罪诱因,可以称为“吸引型犯罪诱因”。(2)威胁安全。一些外部刺激会威胁个人安全,这类刺激同样会诱发个人的防卫型犯罪动机,促使个人进行保护自身安全和个人利益的犯罪行为。通过这样的行为,使个人的安全需要得到满足。这是犯罪诱因进一步衍生出来的机制,是负诱因发挥作用的表现。威胁犯罪人安全的这类犯罪诱因,可以称为“威胁型犯罪诱因”。

(二)犯罪诱因的种类

犯罪诱因的种类很多,可以按照不同标准进行分类。

1. 按照作用性质分类

根据犯罪诱因对个人所起作用的性质的不同,可以将其分为两类:

(1)正诱因(positive incentive)。这是指具有吸引力并且能满足个人需要的外部刺激。正诱因由一些促使个人趋向、接受或追求的外在刺激组成,它引诱、吸引个人为了获得它而产生犯罪动机和进行犯罪行为。因此,正诱因对犯罪人具有奖励的性质。这类诱因就是吸引型犯罪诱因。

(2)负诱因(negative incentive)。这是指伤害性的、威胁个人安全的外部刺激。负诱因

---

① Walter C. Reckless, *The Crime Problem*, 5th ed. (New York: Appleton Century Crofts, 1973), p. 41, pp. 48-52; J. Robert Lilly et al., *Criminological Theory: Context and Consequences*, 7th ed. (Thousand Oaks, CA: Sage, 2019), p. 191.

② Lambert Deckers, *Motivation: Biological, Psychological, and Environmental*, 5th ed. (New York: Routledge, 2018), p. 3.

由一些个人力图避免的因素组成,它对个人的安全等构成了威胁,对个人而言具有惩罚性质。在遇到这类诱因时,个人有可能为了避免受到其侵害而进行犯罪行为,一些犯罪行为是个人力图逃避这类诱因的结果。这类诱因就是威胁型犯罪诱因。

不过,对犯罪诱因的这种正负分类是相对的。在很多情况下,同一种犯罪诱因既有奖赏性质,又有惩罚性质。例如,他人的钱、国家的资产就属于这类犯罪诱因,一方面,这类犯罪诱因对个人具有吸引力,使个人想获取它;另一方面,这类犯罪诱因又会给试图得到它的人带来消极后果,使人害怕因此而受到惩罚。同时,还有的犯罪诱因在不同时间可能会具有不同的性质。例如,从一些反腐案件中可以看出,一些犯罪人的婚外情对象(情人)在最初是正诱因,对犯罪人充满了吸引力,但是,随着时间的流逝,一些婚外情对象开始变得贪婪、飞扬跋扈,提出了犯罪人无法满足的或者需要冒巨大风险才能满足的要求,在这种情况下,这些婚外情对象就变成了犯罪人深感威胁的人员,让犯罪人产生摆脱对方的欲望,甚至不惜杀害对方来保护自己。犯罪诱因的这种多重性质或功能,是引起犯罪人的心理矛盾和冲突,导致犯罪人产生动机斗争的重要因素。

2. 按照存在形式分类

根据犯罪诱因的存在形式的不同,可以将其分为两类:

(1) 物质型诱因。这是指能够满足个人需要或者威胁个人安全的物品,如食品、财物等。

(2) 精神型诱因。这是指能够满足个人需要或者威胁个人安全的精神现象,如受到他人的侮辱、对个人产生心理影响的紧急事件等。

3. 按照多元标准分类

美国心理学家艾伯特·班杜拉(1986)认为,个人是否实施某种行为,在很大程度上取决于个人对这种行为后果的预见,他将这种预期后果(anticipated consequences)称为“诱因”。班杜拉按照一种多元标准,将人类行为的诱因分为七类,①这些诱因同样适合于犯罪动机和犯罪行为:②

(1) 原发诱因(primary incentive)。③ 这是指满足个人与生俱来的生理性需要的诱因,主要有三种,即食物、饮料和性。

(2) 感官诱因(sensory incentive)。这是指能够满足个人感官需要的诱因,例如,能够满足个人好奇心的事物,能够消除单调、厌烦情绪的事物,能够使个人的冒险精神得到满足的事物与活动等。这类诱因的作用在犯罪生涯的早期更大,因为在这个时候,犯罪人可能更多追求感官的满足。

---

① [美]A. 班杜拉:《思想和行动的社会基础——社会认知论》(上册),林颖等译,华东师范大学出版社 2001 年版,第 328—337 页。

② Philip Feldman, *The Psychology of Crime: A Social Science Textbook* (Cambridge: Cambridge University Press, 1993), pp. 272-273.

③ “primary incentive”又被译为“初级诱因”。

（3）金钱诱因（monetary incentive）。这是指能够满足个人多种需要的货币，包括现金等有价证券、黄金等贵金属、股份等财产性利益。班杜拉指出："金钱可购买人们所需的绝大多数东西如舒适、财产、人的服务、健康护理、特权，甚至社会影响。"①因此，金钱就成为许多犯罪特别是财产型犯罪动机产生的主要诱因。对于犯罪人而言，财产犯罪具有极大的吸引力，因为它能够给犯罪人带来金钱，或者能够给犯罪人带来可以兑换金钱的货物，或者能够使犯罪人将自己的钱用于其他目的。

（4）社会诱因（social incentive）。这是指社会或者他人对个人的反应，包括奖赏（荣誉称号的获得、物质奖励等）、尊重、认可、谴责、惩罚等。犯罪人可能因为犯罪的成功而得到一些人的尊重，也可能因为犯罪的失败而受到轻视，因此，一些犯罪人为了获得社会奖赏而犯罪。

（5）地位诱因（status incentive）或者权力诱因（power incentive）。这是指可以吸引个人进行犯罪行为的地位或者权力。班杜拉认为，社会地位和权力对人们来讲具有重要意义，社会中的绝大多数群体都是按照地位和权力关系建立的。社会地位和权力能够使个人控制资源和他人的行为，能够将群体的生活、社会认知合法化，能够使个人的利益和需要得到更好的满足。许多犯罪行为就是为了获得更高的社会地位和更多的权力而实施的。

（6）活动诱因（activity incentive）。这是指可以满足人们需要的系统化的行为。一些活动能够满足人们的需要或者减轻人们的痛苦等，因而能够诱发人们的行为动机。对于犯罪人而言，很多犯罪行为都能够满足其需要或者减轻其痛苦，因此，在遇到适合进行犯罪活动的情境（诱因）时，就会产生犯罪动机，进行犯罪行为。

（7）自我评价诱因（self-evaluative incentive）。这是指能够使个人产生愉快感受的自我评价。班杜拉认为，个人能够从进行某些行为中获得的自豪感、成就感、自我满足感等，也构成人类行为的诱因。对于犯罪人而言，能够通过犯罪行为展示其犯罪技能、获得自我证实感等，也是犯罪诱因。

第四节　犯罪过程机制

一、概述

犯罪过程机制是指犯罪行为发生过程中依次经历不同阶段的机制。

犯罪过程机制探讨犯罪行为发生的纵向过程，揭示犯罪行为发生过程中的相关内容及其规律，从而加深对犯罪行为的认识。从研究来看，在犯罪行为发生过程中，往往经历不同的阶段（环节），这些阶段在时间方面是有先后顺序的。对于一些犯罪行为而言，这个过程中的不同阶段较为清晰，过程性表现得比较明显；对于另一些犯罪行为而言，这个过程中的不

① ［美］A.班杜拉：《思想和行动的社会基础——社会认知论》（上册），林颖等译，华东师范大学出版社2001年版，第331页。

同阶段浓缩紧凑，过程性表现得不太明显，甚至会使人产生没有经历不同阶段的感觉，似乎犯罪动机的萌发和犯罪行为的实施都是在瞬间完成的。一般而言，除了极少数受本能动机的驱使而产生的冲动型、强迫型的犯罪行为，绝大多数犯罪行为在其产生的过程中，经历了不同阶段。

人们对于犯罪过程机制的内容，已经进行了一些研究。苏联犯罪学家 B. H. 库德里亚夫采夫探讨了违法行为的主要阶段，认为在犯罪学等学科的研究中，必须揭示违法行为的形成过程，并且认为，需要把违法行为形成的全过程划分为几个主要阶段：(1) 具有反社会倾向的人的形成；(2) 主体作出实施违法行为的具体决定的过程；(3) 实施这种决定，包括实施违法行为和达到有害后果。可以将这些阶段简单表示为个人、决定、行为。① 在英语文献中，有关犯罪行为阶段的整体性研究成果并不多见，能够见到的文献往往涉及犯罪行为发生过程中一些更具体的问题。例如，美国学者约翰·卡罗尔(John S. Carroll, 1982)研究了犯罪人在犯罪过程中的决策问题。②

可以从“犯罪动机形成阶段”开始论述犯罪过程机制所包含的不同阶段，在此之前的阶段心理学色彩明显，可以在犯罪心理学等学科中加以探讨和论述。

二、犯罪动机形成阶段

犯罪动机形成阶段是指个人通过一定机制形成明确的犯罪动机的阶段。从大量犯罪案件来看，这是犯罪行为发生过程中极为重要的阶段，也是犯罪行为开始启动的明显阶段。

行为动机是行为产生的必要条件，任何外显行为都是在内心动机的推动下产生的。“人的任何行为都总是受一定动机的支配，并产生一定的效果。”③对于犯罪行为来讲也不例外。可以说，犯罪动机是犯罪行为产生的必要条件。尽管在有些情况下，犯罪行为的内在动机似乎不清晰或者难以理解，但是，这并不能排除犯罪动机的存在。

一些犯罪人的犯罪动机较为复杂，往往是按照一定机制形成的。可以说，除了一部分强烈的犯因性需要直接转化为犯罪动机，很多犯罪动机的形成并不这样简单，而是包含较为复杂的内容，蕴含不同方面的机制。

（一）过程机制

过程机制是指犯罪人的犯罪动机通过某些过程而形成的机制。犯罪动机不一定是快速、直接形成的，其形成过程也不一定是一帆顺风的，而有可能较为复杂、曲折，蕴含着某些较为复杂的过程机制。除了少数直接由个人需要转化而来的犯罪动机，犯罪人的一些犯罪动机是通过复杂过程形成的。例如，遭受同学欺凌的人，在遭受欺凌时，往往在内心中产生强烈的报复型犯罪动机，恨不得立即对欺凌者进行报复行为，但是，由于身体较弱，内心不够

---

① [苏]B. H. 库德里亚夫采夫：《违法行为的原因》，韦政强译，群众出版社 1982 年版，第 83—86 页。

② John S. Carroll, “Committing a Crime: The Offender’s Decision,” in Vladimir J. Koneěni et al. (eds.), *The Criminal Justice System: A Social-Psychological Analysis* (San Francisco, CA: W. H. Freeman and Company, 1982), pp. 49-67.

③ 燕国材编著：《理论心理学》，暨南大学出版社 2007 年版，第 64 页。

坚强,意志不够坚定,这类犯罪动机不一定引起实际的犯罪行为;在境遇好转后,这类犯罪动机可能消失。时隔多年之后,如果个人再次遭受与幼年时类似的欺凌或者不公平对待,不仅有可能在当时产生犯罪动机,幼年时曾经有过的犯罪动机也可能会再次浮现,变成实际的犯罪动机,引发犯罪行为。又如,个人在遇到诱惑力很强的犯罪诱因时,有可能在犯罪诱因的作用下迅速产生犯罪动机,但是,犯罪情境发生的剧烈变化,使犯罪诱因瞬间消失或者诱惑力大为降低,个人已经产生的犯罪动机有可能减弱甚至消失;不过,当犯罪情境再次发生巨大变化时,个人有可能再次萌发犯罪动机,已经减弱的犯罪动机有可能增强。通过这样的复杂过程,最终形成现实的引起犯罪行为的犯罪动机。

(二）冲突机制

冲突机制是指犯罪人自身存在的多种动机通过相互作用而形成主导型犯罪动机的机制。在犯罪行为的实施过程中,个人产生的动机既有犯罪动机,也有促使个人进行合法行为的动机;所形成的犯罪动机往往也有多种,在这种情况下,不同动机之间就有可能发生冲突,并且通过冲突机制形成“主导型犯罪动机”,即在犯罪人的动机体系中较强烈和稳定并在犯罪行为实施中起主要作用的犯罪动机,再由主导型犯罪动机引发犯罪行为。与“主导型犯罪动机”相对的是“从属型犯罪动机”,即在犯罪人的动机体系中较微弱和多变并在犯罪行为实施中起次要作用的犯罪动机。

动机冲突(motivational conflict)是指围绕犯罪行为的实施而在犯罪人不同动机之间进行的相互作用。动机冲突是许多犯罪行为的实施过程中都会产生的现象,产生这种现象的原因主要有两方面:第一,外部情境的刺激。个人受到不同的外部情境刺激时,会形成不同的犯罪动机。同时,外部情境因素发生变化,与犯罪人原来的观察、设想不一致,或者外部情境突然发生意想不到的变化时,就会引发不同的犯罪动机,导致这些犯罪动机之间发生冲突。第二,个人内心的变化。外部刺激及其变化,会引起人们的相关心理活动,或者使人们的心理成分发生变化,导致多种动机的产生,引起它们之间的冲突。例如,犯罪人本来有杀死被害人的杀人犯罪动机,但是,被害人的一些表现使犯罪人良心发现时,犯罪人就会产生同情被害人的怜悯动机,这样,就会在杀人犯罪动机与怜悯动机之间发生冲突,最后犯罪人有可能放弃犯罪动机和停止犯罪行为。

动机冲突的情形复杂多样,在其他心理学研究中归纳出来的动机冲突模式,大体上也适用于犯罪动机冲突。德国出生的美国心理学家库尔特・勒温(Kurt Lewin,1890—1947)区分出了三种基本的动机冲突模式,①这三种动机冲突模式也存在于犯罪人中:(1) 双趋冲突(approach-approach conflict),即同时有两个目标吸引犯罪人时发生的动机冲突;(2) 双避冲突(avoidance-avoidance conflict),即犯罪人同时遇到两个威胁性目标并且都想躲避时发生的动机冲突;(3) 趋避冲突(approach-avoidance conflict),即犯罪人同时遇到既想获得又想躲避的欲望或者目标时发生的动机冲突。应当注意的是,在犯罪动机形成阶段发生的动机冲突

① Tracy Henley, *Hergenhahn's an Introduction to the History of Psychology*, 8th ed. (Boston, MA: Cengage Learning, 2019), p. 450.

中，既有不同犯罪动机之间的冲突，也有犯罪动机与非犯罪动机之间的冲突；特别是在按照第一种模式发生的动机冲突中，非犯罪动机可能更为常见，如果动机冲突的结果是非犯罪动机占据主导地位，就不可能形成犯罪动机。

在犯罪动机的形成过程中，发生动机冲突的情况是不同的。最有可能发生、也最为常见的动机冲突，是趋避冲突，尤其是对初犯来说，在实施犯罪之前，往往要经过一定的甚至是激烈的动机冲突和内心波动，其结果通常有三种情形：(1) 形成强烈的犯罪动机，决意实施犯罪行为。在这种情形下，不仅会形成犯罪动机，也有可能确立主导型犯罪动机，并由其引发犯罪行为。(2) 压抑犯罪动机，暂时停止犯罪活动，伺机再动。在这种情形下，不会形成主导型犯罪动机，暂时也不会发生犯罪行为。(3) 不形成犯罪动机或者消除已经形成的犯罪动机，放弃犯罪念头。在这种情形下，不会形成主导型犯罪动机，也不会实施犯罪行为。

动机冲突是犯罪人最常见的心理现象之一，在很多阶段或者场合都有可能发生。动机冲突不仅是犯罪动机形成过程中常见的心理现象，也是犯罪行为实施过程中常见的心理现象，这类动机冲突是导致犯罪行为不同变化的重要因素（这方面的内容将在下文论述）。在犯罪动机形成阶段通过动机冲突确立的主导型犯罪动机，会对犯罪人发生实际的犯因性作用，他们在这类犯罪动机的作用下进行与犯罪行为实施相关的活动，导致犯罪行为的发生。[①]

三、犯罪决策完成阶段[②]

犯罪决策完成阶段是指个人通过复杂心理活动作出实施犯罪的决定的阶段。

犯罪决策（criminal decision-making）是指犯罪人综合考虑多种犯罪相关因素后作出进行犯罪行为决定的心理过程。“实施犯罪的决策，是由个人因素与情境因素决定的。时间、地点、观众、保护者和其他因素都在犯罪决策中发挥一定作用。”[③]白建军论述了犯罪决策规律：它又称“犯罪原因的实现规律”，是指在犯罪人就是否犯罪、如何犯罪、犯什么罪、针对谁犯罪等重大问题作抉择的过程中起作用的某些客观规律。[④]

犯罪决策的主要内容是：(1) 权衡犯罪因素。这是指犯罪人考虑犯罪相关因素的过程。在犯罪决策过程中，犯罪人会综合考虑多种犯罪相关因素，权衡进行犯罪行为的得失利弊，对犯罪行为进行经济学等方面的思考。(2) 作出犯罪决定。这是指犯罪人决定是否进行犯罪的过程。在犯罪决策方面进行思考的结果是作出是否进行犯罪行为的决定，这种决定的具体表现为是否下决心实施犯罪行为。(3) 选择犯罪内容。这是指犯罪人选择如何进行犯罪的过程。“决策就是在多种可能性中进行的选择。”[⑤]犯罪人作出的犯罪决定，并不仅仅是

---

① 关于犯罪动机冲突的相关内容，参见吴宗宪：《犯罪心理学总论》，商务印书馆 2018 年版，第 574—577 页。

② 吴宗宪：《犯罪心理学总论》，商务印书馆 2018 年版，第 596—604 页。

③ Larry J. Siegel, *Criminology: Theories, Practice, and Typologies*, 12th ed. (Boston, MA: Cengage Learning, 2016), p. 101.

④ 白建军：《关系犯罪学》（第三版），中国人民大学出版社 2014 年版，第 303—304 页。

⑤ Richard Wortley, *Psychological Criminology: An Integrative Approach* (London: Routledge, 2011), p. 174.

空洞的或者抽象的行为决定，而是包含着经过选择的具体内容，如究竟实施什么犯罪、什么时间实施犯罪、怎样实施犯罪行为等。

20 世纪 70 年代中期以来，国外学者将认知心理学和经济学的理论引入犯罪研究，将古典犯罪学理论、威慑理论、犯罪机会理论、理性选择理论与经济学的成本—效益学说结合起来，探讨犯罪人的犯罪决策问题。这方面的主要观点认为，犯罪人是有理性的人，犯罪行为在很大程度上由犯罪人所预见到的、犯罪行为可能引起的后果决定；在进行犯罪行为之前，犯罪人要对影响犯罪行为后果的相关因素，进行成本—效益方面的经济学思考；如果犯罪人在权衡了犯罪行为与合法行为各自的成本—效益之后，认为犯罪行为的成本效益比大于合法行为，犯罪人就会选择进行犯罪行为，反之，就会选择进行合法行为，犯罪行为就不会发生。正如詹姆斯·威尔逊和理查德·赫恩斯坦所说的："犯罪行为的纯奖赏与非犯罪行为的纯奖赏之比越大，实施这种犯罪行为的倾向也就越大。"①犯罪决策实际上是一个理性选择过程。

英国学者德里克·科尼什（Derek B. Cornish）和美国学者罗纳德·克拉克（Ronald V. Clarke）对犯罪人的犯罪决策——理性选择问题作了重要研究（1987）。他们的研究表明：（1）犯罪人企图使自己从犯罪行为中获得利益；（2）实施犯罪行为涉及决策和选择，不过，这类决策和选择可能是初步的；（3）犯罪决策过程受时间、可以利用的机会、可以获得的有关信息以及犯罪人自己的认知能力（尤其是言语智力）的制约；（4）在犯罪决策的不同阶段以及在不同犯罪之间，犯罪决策的过程和犯罪人所考虑的因素有很大的差别。

科尼什和克拉克认为，不同犯罪人出于不同理由，选择进行不同的犯罪行为，因此，在进行犯罪决策时所考虑的因素有很大差别。他们以涉及现金的盗窃犯罪（theft involving cash）为例，指出在进行这类犯罪决策时考虑的因素主要有下列方面：（1）可得性（availability），即通过犯罪行为可以获得的金钱的数量、接近金钱的难易程度；（2）对犯罪手段的认识，即对犯罪的具体技能的了解；（3）从每种犯罪行为中可能获得的金钱；（4）所需要的专门知识；（5）必要的计划，如要考虑究竟是扒窃还是抢劫银行；（6）所需要的资源，如交通工具、设备；（7）对单独行动还是合伙行动的思考；（8）实施犯罪行为所需要的时间；（9）所需要的冷静勇敢；（10）被逮捕的危险；（11）（如果被逮捕的话）惩罚的严厉性；（12）身体危险（physical danger）；（13）所需要的工具型暴力行为（instrumental violence），即为了达到犯罪目的而使用的暴力行为；（14）与被害人的对抗，如究竟是进行公然抢劫（mugging）还是进行入室盗窃（在公然抢劫中要与被害人进行对抗）；（15）可识别的被害人（identifiable victim）；（16）（在犯罪行业中的）社会声望（social cachet），这决定了犯罪人是撬窃保险箱还是公然抢劫（safecracking vs. mugging）；（17）销赃的必要性（"fencing" necessary）；（18）道德评价（moral evaluation）。②

---

① James Q. Wilson et al., *Crime and Human Nature* (New York: Simon & Schuster, 1985), p. 44.

② Derek B. Cornish & Ronald V. Clarke, "Understanding Crime Displacement: An Application of Rational Choice Theory," *Criminology*, Vol. 25(1987): 940.

科尼什和克拉克后来(2017)进一步认为,理性决策学说包括六个核心观点和四个决策模式。其中,六个核心观点是:(1) 犯罪行为是有目的的;(2) 犯罪行为是理性的;(3) 犯罪决策是因犯罪而异的;(4) 犯罪选择包括两类,一类是参与决定(involvement decision),即选择是否参与犯罪活动和开始犯罪生涯,这类决策涉及较长的时间范围,另一类是事件决定(event decision),即选择是否进行特定犯罪,这类决策涉及较短的时间范围;(5) 有不同的参与阶段;(6) 犯罪事件包含不同的先后阶段和决定。四个决策模式是:(1) 开始模式(initiation model);(2) 习惯化模式(habituation);(3)停止模式(desistance model);(4)事件模式(event model)。他们认为,[①]每种决策模式围绕不同的主题或者内容进行,考虑不同的决策因素。

从已有的研究来看,犯罪人在进行犯罪决策时,可能会考虑很多方面的因素和环节,包括犯罪目标或者犯罪对象的选择、犯罪计划的设计与确定、犯罪时间和犯罪手段的选择等。通过犯罪决策,犯罪人最终作出是否实施犯罪行为的决定,如果决定实施犯罪行为,通常就会进入下一个阶段——犯罪行为实施阶段。

四、犯罪行为实施阶段

犯罪行为实施阶段是指进行犯罪行为以实现犯罪动机和犯罪目的的阶段。这个阶段又称“执行决定的阶段”。[②]

在这个阶段,有两个方面的内容值得关注。

(一) 身心活动

身心活动是指犯罪人在进行犯罪行为的过程中经历的生理心理体验和思考活动。

无论是在开始进行犯罪行为之际,还是在进行犯罪行为的过程中,犯罪人都会有复杂多样的身心体验。这类身心体验往往是生理反应和感情体验交织在一起的。犯罪行为是一种需要脑力和体力并且会危害他人与社会,也可能给犯罪人带来痛苦和损害的行为,因此,在进行犯罪行为的过程中,大多数犯罪人都会有不同程度的紧张、恐惧、焦虑、不适、痛苦等感情体验,并且会伴随相应的身体紧张等生理反应。对于初次犯罪人而言,他们的这类体验更加明显,强度更大;一些初次犯罪人甚至可能会因为恐惧等而停止或者放弃犯罪行为。

同时,犯罪人会围绕犯罪行为的实施不断进行思考活动。犯罪人思考的主要内容包括是否实施犯罪行为、是否继续犯罪行为、如何实施犯罪行为等。由于犯罪行为是在具体的环境(犯罪情境)中进行的,所以,犯罪人思考活动的重要方面,是如何处理犯罪情境中出现的相关情况,包括如何对待被害人等。加拿大犯罪学家安德鲁斯(2010)等人认为,在发生犯罪行为的直接情境(immediate situation)中,犯罪人可能会进行一种“内心对话”(internal dia-

---

① Richard Wortley et al. (eds.), *Environmental Criminology and Crime Analysis*, 2nd ed. (Abingdon, Oxon: Routledge, 2017), pp. 32-42.

② [俄]阿·伊·道尔戈娃主编:《犯罪学》,赵可等译,群众出版社 2000 年版,第 59 页。

logue)，以便确定是否实施犯罪行为。通过这种内心对话，对犯罪行为的适合性(appropriateness)进行判断；当他们感到适合进行犯罪行为时，就会实施犯罪行为。根据他们的论述，影响犯罪人进行适合性判断的主要因素包括：(1) 直接环境(immediate environment)的特征；(2) 犯罪人具有的与反社会行为有关的态度、价值观和信念；(3) 对反社会行为的社会支持，大多数情况下是指所感受到的别人对其反社会行为的支持，特别是对该行为的直接帮助；(4) 从事反社会行为的历史；(5) 助长反社会行为的比较稳定的人格特征；(6) 像愤怒一类的认知情绪状态(cognitive emotional state)；(7) 自我管理(self-management)和问题解决技能(problem-solving skills)，包括对违法行为进行合理化(rationalization)和正当化(justification)的技能。①

(二) 行为方式

这里所讲的行为方式是指犯罪人实施犯罪行为的具体方法和形式。

犯罪人采取什么方式进行犯罪行为，主要取决于两类因素：一类是犯罪人自身的因素；另一类是犯罪情境因素。这两类因素的差别、变化以及相互作用，会对实施犯罪行为的方式产生重要影响。就犯罪人自身因素而言，身体较弱的犯罪人可能会采取较为和缓的方式进行犯罪行为。例如，女性往往用投毒方式杀人等；身体强壮的犯罪人可能采取直接的身体暴力方式进行犯罪行为。就犯罪情境因素而言，情境中的一些变化，可能会促使犯罪人改变犯罪方式。例如，在无人住所中进行盗窃活动的犯罪人，如果遇到住所主人突然回来，就可能会采取抢劫等方式进行犯罪行为。

常用的犯罪方式包括下列六种。②

1. 秘密方式

秘密方式是指犯罪人在被害人、执法者或其他人不知道的情况下实施犯罪行为的方式。例如，在黑夜里潜入住宅或者商业金融机构盗窃财物，在公共场所乘人不备进行扒窃活动，伤害或者杀死处于昏迷或睡眠状态中的人。以这种方式实施的犯罪行为的进行状况和危害后果，主要取决于犯罪人自己的生理和心理特点，例如，高度紧张、良心萌发等可能导致个人停止犯罪行为。

2. 公开方式

公开方式又称“公然方式”，是指在被害人、执法者或其他人面前实施犯罪行为的方式。可以说，当着任何人的面实施犯罪行为的方式，都是公开方式。例如，在公共场所殴打被害人，在商场、银行等场所进行抢劫活动，在偏僻地方抢夺单个行人的钱物。以公开方式实施犯罪行为，往往会给犯罪人带来麻烦或不利，增加犯罪行为的成本，因此，除非万不得已，犯罪人是不会选择这种方式实施犯罪行为的。

迫使犯罪人以公开方式实施犯罪行为的因素主要包括：(1) 犯罪目的的制约。犯罪目

① D. A. Andrew et al., *The Psychology of Criminal Conduct*, 5th ed. (New Providence, NJ: Matthew Bender & Company, 2010), p. 135.

② 吴宗宪：《犯罪心理学总论》，商务印书馆 2018 年版，第 605—609 页。

的是犯罪人希望通过实施犯罪行为达到的结果。一些犯罪目的只能通过以公开方式实施的犯罪行为才能达到,如侮辱他人、妨害公共社会秩序。(2) 出现的意外情况。在犯罪行为的实施过程中,如果出现一些犯罪人意料不到的情况,也会迫使犯罪人以公开方式将犯罪行为进行下去。例如,在进行入室盗窃犯罪时,房间的主人突然回来,这时,犯罪人就有可能对主人采取公开的暴力行为,以便继续实施犯罪行为或者逃离犯罪现场。

3. 欺骗方式

欺骗方式是指犯罪人以虚假的言行使别人对其产生信任后实施犯罪行为的方式。犯罪人为了顺利实施犯罪行为而使用的虚假言行是多种多样的。例如,说谎,即无中生有或者隐瞒真相,夸大或者缩小事实;伪造,即假造、涂改单据和文书,伪装特定情境等。在以这种方式实施犯罪行为时,被害人或其他人被虚假的事实蒙蔽,对犯罪人产生信任,对犯罪行为产生错觉,从而不干涉甚至“自愿地”配合犯罪人的犯罪行为,使犯罪行为得以顺利完成。

4. 暴力方式

暴力方式是指犯罪人借助身体力量或者工具强行实施犯罪行为的方式。这里所说的“工具”,包括可以用来进行犯罪行为的各种器械、物品、动物、自然力量等,如刀枪棍棒、酒精、药物、恶狗、电流、水流。

暴力方式实际上包括三种亚型:

(1) 典型暴力方式或者实际使用暴力方式。这是指犯罪人直接使用暴力侵害犯罪对象的方式。例如,殴打被害人,使用刀子刺伤被害人,使用炸药炸坏建筑物。

(2) 暴力威胁方式。这是指犯罪人以暴力威胁被害人或其他人忍受与服从其犯罪行为的方式。例如,犯罪人以自己携带炸弹威胁被害人,迫使被害人服从犯罪人命令,使犯罪行为能够完成。

(3) 准暴力方式。这是指犯罪人以暴力性不太明显的手段实施暴力犯罪行为的方式。在这种情况下,犯罪人采取了一些技术性措施,减弱其犯罪行为的暴力性质,避免与被害人直接对抗,从而以比较“缓和的”手段实现犯罪目的。例如,犯罪人先使用药物将被害人麻醉,或者等待被害人入睡,然后将其杀死;犯罪人哄骗被害人,待其放松警惕、失去戒备时,再进行暴力犯罪行为。

采用典型暴力方式和暴力威胁方式实施犯罪行为的条件主要是,犯罪人的犯罪动机十分强烈,坚决要进行犯罪行为;犯罪人有一定的身体力量,自认为能够制服被害人。如果不具备这些条件,犯罪人就会采取准暴力方式。

5. 教唆方式

教唆方式是指犯罪人以引起他人犯罪动机或者增强他人犯罪决心的手段实施犯罪行为的方式。教唆犯罪人是一类重要的犯罪人类型,在以往的犯罪心理学研究中,对这类犯罪人缺乏仔细的研究。从实践中来看,在教唆行为中存在很多的心理问题,特别是教唆犯与被教唆者之间的心理互动,值得犯罪研究者深入探讨。

6. 协力方式

协力方式是指在得到被害人同意的情况下与被害人共同实施犯罪行为的方式。例如，接受未成年妓女的性服务，出售非法毒品，大量的网络犯罪。在以这种方式实施犯罪行为时，犯罪人并没有用虚假的言行欺骗被害人，犯罪行为是在对方同意甚至请求之下进行的。

一些研究者对于犯罪行为方式进行了探讨。这些探讨给人以启发的同时，也存在分类重叠的问题。例如，蔡墩铭在论述犯罪行为方式时，提到了“斗争的犯罪方式”，这似乎与他提到的威力(暴力)的犯罪行为方式相重叠。① 又如，日本学者提到的“隐蔽型手法”与“暗地行为型手法”就相互重叠。②

五、犯罪之后结束阶段

犯罪之后结束阶段是指犯罪人在实施犯罪行为之后解决遗留问题和逃避追究打击的阶段。可以将犯罪人在实施犯罪行为之后解决遗留问题和逃避追究打击的行为，称为“犯罪后行为”。

应当重视对犯罪之后结束阶段的研究。在大多数犯罪研究论著中，对于犯罪行为发生机制的研究，并不包含犯罪之后结束阶段或者犯罪后环节。③ 其实，这是犯罪行为发生机制的一个重要方面，应当重视开展这方面的研究。这是因为，犯罪人在这个阶段的心理活动和行为活动，不仅是犯罪行为的自然延伸，是大多数犯罪人都会或多或少地进行的活动，而且，这些活动及其内容，对于他们是否继续实施犯罪行为，以及他们在后面的刑事司法过程(包括刑罚执行阶段)中的表现，都有重要的影响作用。

一些论著讨论了这个阶段，不过，所使用的术语和所下的定义都值得推敲。例如，有论著将这个阶段的行为称为“后犯罪行为”，并且将其界定为“主体实施了某种犯罪行为之后的非犯罪行为”④。首先，这个术语似乎有问题。“后犯罪行为”的表述似乎不符合汉语习惯，表述为“犯罪后行为”也许更通顺、更准确。其次，这个定义也需要推敲。将犯罪后行为限定为“非犯罪行为”是不全面的，犯罪后行为既有非犯罪行为，也有犯罪行为。例如，盗窃他人财物之后进行销赃的行为，虽然是在盗窃犯罪行为结束后进行的，但仍然属于犯罪行为。

在犯罪行为的结束阶段，犯罪人主要从事两方面的活动。

(一) 心理活动

这个阶段的心理活动主要是指犯罪人回顾和评价自己的犯罪行为的活动。所谓的“回顾”，主要表现为犯罪人回想已经实施的犯罪行为，思考在犯罪实施过程中是否有不利于自

---

① 蔡墩铭:《犯罪心理学》(下)，黎明文化事业股份有限公司 1979 年版，第 616—619 页。

② [日]山根清道编:《犯罪心理学》，张增杰等译，群众出版社 1984 年版，第 99 页。

③ 俄罗斯犯罪学家已经注意到这个问题，提出了“后犯罪行为”的概念，用来指主体在实施了某种犯罪行为后的非犯罪行为。参见[俄]阿·伊·道尔戈娃主编:《犯罪学》，赵可等译，群众出版社 2000 年版，第 56—61 页。

④ 转引自[俄]阿·伊·道尔戈娃主编:《犯罪学》，赵可等译，群众出版社 2000 年版，第 60—61 页。

己的情况。例如,犯罪人回想是否在实施过程中出现了重大漏洞、是否在犯罪现场留下了痕迹等。在回顾的过程中,犯罪人要在大脑中再现犯罪的过程,因而也会产生相应的情绪体验,包括罪恶感、恐惧感或者轻松感、痛快感等。所谓的"评价",主要表现为犯罪人对犯罪行为的正当性和自己罪责的评判与考虑,其突出内容是,犯罪人利用多种心理机制"论证"自己犯罪行为的合理性。例如,犯罪人认为被害人有错在先,自己是被迫进行犯罪行为等,以此来减轻自己的罪责。在评价过程中,犯罪人往往大量使用心理学上所说的"心理防御机制"(psychological defense mechanism)①或者犯罪学上所说的"中和技术"(techniques of neutralization)②。

在进行这类心理活动的过程中,如果犯罪人感到犯罪行为的实施比较顺利,实现了预期的目的,而且,自己受到的损失较小甚至没有遭受损失、痛苦,感到自身的责任很小或者没有责任等,那么,这样的内容会起强化作用,增强犯罪人的反社会态度,增强以后再次犯罪的信念,这样的犯罪人就有可能再次实施犯罪行为,或者在以后的刑事司法活动中采取比较强硬甚至对抗的态度。

(二) 行为活动

这个阶段的行为活动主要是指犯罪人解决犯罪遗留问题和逃避追究打击的活动。其主要表现包括:消除犯罪痕迹,设法堵塞在犯罪过程中遗留的"漏洞";探听司法机关和其他人对于犯罪行为的反应;进行外逃、串供③、寻找"保护伞"④并向其行贿等逃避打击的活动;处理在犯罪活动中获得的财物;等等。这类活动的具体形式多种多样。例如,再次回到犯罪现场进行查看和补救的活动;了解办案人员勘查现场的情况,特别是关注办案人员是否发现了犯罪现场的痕迹或者"漏洞";将自己就地隐藏起来,或者逃跑到外地躲藏起来。进行这些行为活动的主导动机,就是自我保护,即避免受到刑事司法机关的揭露和打击,避免被追究刑事责任。当然,在少数情况下,也有可能出现悔罪动机,并在这种动机的驱使下,进行一些相应的行为活动,例如,对犯罪被害人进行一定补偿,采取减轻犯罪损害的措施等。

第五节 犯罪模式机制

一、概述

犯罪模式机制是关于犯因性因素引起犯罪动机和导致犯罪行为的不同模式的机制。这些模式是并列的,相互之间没有隶属、包容等关系,因此,也可以把犯罪模式机制看作犯罪行为产生的横向模式的机制,是与纵向过程的犯罪过程机制相对的机制。

---

① Vincent B. Van Hasselt et al. (eds.), *Handbook of Behavioral Criminology* (Cham, Switzerland: Springer, 2017), pp. 46-47.

② 吴宗宪:《西方犯罪学》,高等教育出版社 2023 年版,第 243—244 页。

③ 串供是犯罪人之间相互串通和编造口供的行为。

④ "保护伞"是能够给犯罪人提供保护的人员和势力。

不同的犯因性因素在犯罪行为产生中所起的作用是不同的。如果对一些具体犯罪行为的产生过程加以分析,就可以发现,很多犯罪行为并不是按照同样的典型模式产生的,而有可能是按照多种不同的模式产生的。犯罪行为是由犯因性因素引起的,而犯因性因素引起犯罪行为的过程,并不是按照一个模式进行的。由于犯因性因素和犯罪行为的复杂性,很多犯罪行为是按照多种不同模式产生的。犯因性因素通过犯罪心理特别是犯罪动机而引起犯罪行为的多种模式,就构成了犯罪行为产生的模式机制。这类模式机制主要包括下列七种具体模式。

二、需要主导模式

需要主导模式是指犯罪人的强烈需要直接转化为犯罪动机并引起犯罪行为的模式。这种模式意味着,犯罪动机是由犯罪人的需要直接转化而来的。需要是动机的内部来源,①大量犯罪动机是犯罪人需要的直接体现。犯罪人的需要是犯罪人对其存在和发展所必需条件的依赖状态。在犯罪人的需要中,有许多内容与普通人相一致,如对财物的需要、对性的需要等;与普通人不同的是,犯罪人将这些需要转化为犯罪动机后,通过犯罪行为来满足。

应当注意需要与动机之间的关系。首先,需要与动机有密切联系,很多动机是由需要转化而来的;动机是推动个人进行某种行为的直接力量,而需要则是这种力量的源泉,是个人行动的最根本的内在原因;需要是个人积极性的源泉和实质,动机是这种源泉和实质的具体体现。② 其次,需要与动机有一定区别。需要必须达到一定强度、与具体目标相结合、能够引起行为时,才能转化为动机。如果需要的强度很弱,那么,它仅仅是意向,还没有转化为动机;只有当需要能够激起并维持个人进行有目标的行为时,需要才转化为动机。可以说,需要处于潜伏状态时叫作需要,处于现行状态时叫作动机。③

转化为犯罪动机的需要种类很多,可以根据这些需要的社会性质,将其分为三类:

第一,不良需要。不良需要或者"不正当需要"是指内容违背社会道德和其他社会生活公共准则的需要。例如,吸毒,剥夺他人生命,以损害别人的行为来显示自己,等等。这类需要会直接转化为推动个人进行犯罪行为的犯罪动机,导致犯罪行为的产生。这类需要的内容的性质,与犯罪行为的社会性质相一致。这类需要在犯罪人中占有很大的比例,通常所谓的"反社会需要",就是指这类需要。

第二,不现实需要。不现实需要是指内容合乎社会要求但是在当时条件下难以得到满足的需要。例如,在生理成熟前倾而结婚时间推迟的条件下,大量处在"性饥饿"状态的青年人在结婚之前的性需要;工资收入较低的人想过上现代化生活的超前消费需要;等等。很难说这类需要是"不良的"或是"反社会的",它们的确是合理的,是符合社会道德要求的,只是

---

① [美] Herbert L. Petri, John M. Govern:《动机心理学》(第五版),郭本禹等译,陕西师范大学出版社 2005 年版,第 16 页。

② 叶奕乾等编著:《普通心理学》(第五版),华东师范大学出版社 2016 年版,第 257 页。

③ 俞国良、戴斌荣:《心理学基础》,北京师范大学出版社 2015 年版,第 257 页。

在目前条件下暂时难以得到满足,或者其中的某些需要对一些人来说暂时无法得到满足。这类需要之所以导致犯罪行为,主要是由两种因素造成的:一是个人对自己的需要缺乏主动、积极的调节,没有按照客观条件适当地调整自己的需要;二是个人确定的目标和满足需要的手段不符合社会的要求。

第三,合理需要。合理需要是指内容符合情理和社会生活准则的需要。这类需要之所以导致犯罪行为,主要是因为满足需要的手段不恰当。例如,到大城市打工的青年人,在没有找到工作而自己所带的现金用完的情况下,为了解决吃饭问题,就有可能在饥饿的驱使下进行盗窃、抢劫等犯罪行为。

上述这些需要转化为犯罪动机之后,很有可能接着引起犯罪行为。

需要主导模式是大多数故意进行的犯罪行为发生的模式,也是最为典型的犯罪行为发生模式。犯罪过程机制中关于犯罪行为纵向过程的论述,主要就是对这种模式的纵向变化阶段的具体分析。

三、诱因主导模式

诱因主导模式是指对个人具有很大吸引力的犯罪诱因激发个人产生犯罪动机和实施犯罪行为的模式。

一小部分人的犯罪动机和犯罪行为主要是由犯罪诱因引起的。在一些犯罪行为的发生过程中,犯罪人并无明显的或者强烈的个人需要,甚至可以说,犯罪人在进行犯罪行为之前没有任何犯罪方面的需要,犯罪动机主要是由犯罪诱因引起的。实际上,犯罪动机既可以由犯罪人的内部需要引起,也可以被进行犯罪行为时的外部刺激(情境因素)激发,这些外部刺激或者情境因素就是诱因。正如苏联学者斯·塔拉鲁欣(C. A. Tapapyxnh)所说:“犯罪动机可以是由形形色色的原因引起的。一些动机是由个人以前的不良道德造成的,这首先取决于内在因素;另一些动机在相当大程度上是由客观形成的外在情况引起并具有情境的性质。”①这与心理学家认为目标(goal)提供“动机的外部来源”②的观点,是一致的。由外部诱因激发的行为动机,被称为“诱因动机”(incentive motivation),用大写字母 K 表示。③ 当犯罪诱因诱发犯罪动机之后,通常会迅速引起犯罪行为。

四、内外结合模式

内外结合模式是指犯罪人的需要与犯罪诱因相互结合共同引发犯罪动机和导致犯罪行为的模式。

内外结合模式不同于上述两种模式。上述两种模式是根据在犯罪动机的形成和犯罪行

---

① [苏]斯·塔拉鲁欣:《犯罪行为的社会心理特征》,公人、志疆译,国际文化出版公司 1987 年版,第 44—45 页。

② [美]Herbert L. Petri,John M. Govern:《动机心理学》(第五版),郭本禹等译,陕西师范大学出版社 2005 年版,第 16 页。

③ Herbert L. Petri et al., *Motivation: Theory, Research, and Application*, 6th ed. (Belmont, CA: Wadsworth, 2013), pp. 181-183.

为的产生过程中,究竟犯罪人的需要和犯罪诱因哪一种因素起主要作用来划分的。这两种模式可以用来解释一部分犯罪动机的形成和犯罪行为的产生。不过,上述两种模式的划分在绝大部分情况下是相对的,当谈到以某一种犯因性因素为主产生犯罪动机时,并不排除另一种犯因性因素所起的作用。

实际上,大多数犯罪人的犯罪动机和犯罪行为,是按照内外结合模式形成和产生的。很多犯罪人的犯罪动机是在一定需要的基础上、受犯罪诱因的刺激而产生的;他们的犯罪动机是犯罪人的需要和犯罪诱因相结合共同发挥作用的结果,很多犯罪行为就是在这种模式形成的犯罪动机的作用下发生的。因此,在“大多数情况下,人的行为是由内在需要和外在诱因两方面因素共同驱动的”①。可以说,这种模式是大部分犯罪动机形成和犯罪行为实施的典型模式。大部分犯罪人的犯罪动机,都是按照这种模式产生的,是犯罪人的需要等所产生的“推力”(push)与犯罪诱因所产生的“拉力”(pull)共同作用的结果,心理学家张春兴(2005)将这两类因素称为“内推性因素”和“外拉性因素”。② 从犯罪人的需要来看,犯罪人产生某种需要之后,就会出现不同强度和清晰度的心理和行为倾向,促使个人通过某种活动来满足需要。当犯罪人的需要还处于萌芽状态时,由于其强度很低,所包含的信息很不明确,因而犯罪人仅仅有一种不安之感,需要的内容还不能在犯罪人的意识中明确地反映出来。这种处在萌芽状态的不很明确的需要,称为“意向”(intention);由于意向的内容很模糊,还没有得到分化,所以,很难对它的社会性质进行评价,它与犯罪行为的关系很微弱,也很难说是“犯罪的”意向。随着需要强度的增加,需要的内容逐渐被犯罪人意识到,这时,意向便转化为“愿望”(wish)。犯罪人的愿望是被犯罪人明确意识到并且力图加以实现的需要。由于犯罪人的愿望有明确的内容,犯罪人清楚地知道自己想干什么,而且,这种愿望对犯罪人产生不断增强的推力,促使犯罪人通过犯罪行为去实现它。对于已经产生犯罪愿望的犯罪人来讲,如果周围存在能够实现这种愿望的犯罪诱因,犯罪人的愿望就会立即得到增强,迅速转化为犯罪动机,从而产生犯罪行为。因此,从犯罪行为的产生来看,很多需要并不强烈的犯罪人的犯罪行为,就是按照这种模式发生的。

五、挫折引发模式

挫折引发模式是指个人遭受的严重挫折引发犯罪动机并导致犯罪行为的模式。

挫折(frustration)是个人的动机、愿望、需要和行为受到内外因素阻碍的情境和相应的情绪状态。挫折情境引起的愤怒、沮丧、焦虑、紧张等交织的情绪,被称为“挫折感”或者“挫败感”。对挫折的研究发现,挫折往往会产生一种攻击驱力(aggressive drive),攻击驱力接着引

① [美]Dennis Coon:《心理学导论——思想与行为的认识之路》(第九版),郑钢等译,中国轻工业出版社2004年版,第456页。

② 张春兴:《现代心理学——现代人研究自身问题的科学》(第二版),上海人民出版社2005年版,第360页。

起攻击行为。① 美国心理学家约翰·道拉德(John Dollard,1939)等人有关挫折与攻击关系的研究表明,挫折与攻击行为之间有密切的联系,攻击行为往往是挫折的一种后果,挫折总是伴随着某种形式的攻击行为。② 根据伦纳德·贝科威茨(Leonard Berkowitz,1962,1969,1973)的研究,挫折会增加个人产生愤怒情绪的可能性,也会增加随后进行攻击行为的可能性;挫折引起的攻击行为既可能是外显的,如身体攻击和言语攻击,也可能是内隐的,如自杀愿望。③ 乔治·巴勒莫(2005)等人把挫折看成暴力犯罪人的人格特质,认为暴力犯罪人经常会体验到挫折感,他们感到无能为力,不知所措,无法面对自己的职责和社会要求。他们感到沮丧,沮丧往往会导致他们进行破坏财物、伤害他人的行为。暴力犯罪人也会表现出愤怒和破坏性暴力倾向。这种愤怒在家庭暴力、谋杀和强奸行为中很常见。失去权力或者完全无能的感觉以及随之而来的不安,是他们产生愤怒和暴力行为的常见预兆,在这种情况下,他们可能会失去客观的、区别对待的能力和自制力。④

在对挫折与攻击进行研究的基础上,人们提出了"挫折—攻击假设"(frustration-aggression hypothesis)。这个假设包含的挫折引起攻击的步骤是:(1) 个人获取预期目标的行为受到阻碍(产生挫折);(2) 挫折引起和产生愤怒;(3) 愤怒使个人很容易或者倾向于进行攻击行为。挫折能否真正引起攻击行为,部分取决于个人自己的学习历史、对引起挫折的事件的看法以及个人对挫折的反应方式,部分取决于在当时的环境中是否存在引发挫折的刺激。⑤

挫折导致的情绪状态,往往被看作"一种复杂的、常常是不被意识到的情绪动机状态"⑥,其典型表现是攻击性、愤怒、暴怒等,这类情绪很容易转化为犯罪动机和导致犯罪行为。人们有一种使用暴力行为来减轻挫折感的倾向,"使用暴力行为来减轻挫败感的人,在极端挫折之下,会变得比平常更加暴烈,甚至可能进行谋杀和其他暴力行为"⑦。可以说,挫折特别是严重挫折引起的愤怒等情绪,是个人犯罪动机的重要来源,这类情绪引起的犯罪动机往往会导致暴力型犯罪行为。由此可见,挫折引发攻击型犯罪行为是以愤怒等情绪和相关动机为中介的,即个人在遇到挫折时,首先产生愤怒等情绪,愤怒等情绪转化为攻击型犯罪动机,然后产生攻击型犯罪行为。这种模式可以表示为:挫折→愤怒情绪→犯罪动机→犯

---

① Hans Toch (ed.), *Psychology of Crime and Criminal Justice* (Prospect Heights, Illinois: Waveland Press, Inc., 1986), p. 209.

② D. A. Andrews et al., *The Psychology of Criminal Conduct*, 5th ed. (New Providence, NJ: Matthew Bender & Company, 2010), p. 111.

③ Curt R. Bartol et al., *Criminal Behavior: A Psychological Approach*, 10th ed. (Upper Saddle River, NJ: Pearson, 2014), p. 114.

④ George B. Palermo et al., *Offender Profiling: An Introduction to the Sociopsychological Analysis of Violent Crime* (Springfield, IL: Charles C. Thomas, 2005), pp. 21-22.

⑤ Curt R. Bartol et al., *Criminal Behavior: A Psychological Approach*, 10th ed. (Upper Saddle River, NJ: Pearson, 2014), p. 114.

⑥ [苏]B. H. 库德里亚夫采夫主编:《犯罪的动机》,刘兆祺译,群众出版社 1992 年版,第 113—114 页。

⑦ Curt R. Bartol et al., *Criminal Behavior: A Psychological Approach*, 11th ed. (Upper Saddle River, NJ: Pearson, 2017), p. 116.

罪行为。一些研究者认为,挫折引发犯罪理论可以解释在洪涝灾害、火灾、城市暴乱或者断电等突发事件中频繁发生的掠夺行为。①

六、过度补偿模式

过度补偿模式是指过度补偿机制引发犯罪动机并导致犯罪行为的模式。

过度补偿(overcompensation)原来是一个生理学术语,指有生理缺陷的人用完好器官机能的超常发展来补偿缺陷器官的机能,结果使完好器官的机能超过了正常人的现象。例如,盲人的听觉器官机能超常发展,使其听力远远胜过许多正常人;聋人的视觉器官超常发展,使其观察力超过了很多正常人。

奥地利精神病学家阿尔弗雷德·阿德勒将过度补偿概念从生理学领域扩展到心理学领域。他将过度补偿定义为:个体通过极大的努力使以前的缺陷转变成优势的过程。根据阿德勒等人的研究,个人的缺陷会使个人产生不同程度、不同内容的自卑感。自卑感(inferiority feeling)是指个人因体验到自己的缺点、无能或者低劣而产生的不如别人的消极心态。阿德勒使用了"自卑情结"(inferiority complex)②的概念,以此指更加深刻的和无意识的自卑感;根据他的论述,自卑情结就是指个人被自卑感压垮以致一事无成的一种心理状态。③

自卑感是一种普遍存在的心理现象。个人在产生自卑感时,就会产生补偿的愿望和动机。对于许多人来讲,他们可能不仅希望获得一般性的补偿,即通过刻苦努力达到与普通人一样的水平,从而实现心理的平衡,而且有可能在不断遭受歧视和挫折的情况下,产生过度补偿的现象。过度补偿就是个人期望用超常的成就克服自卑的心理倾向和相应行为。阿德勒认为,人人都有一种克服自卑、实现补偿的需要,而且,许多人具有一种追求优越的"向上意志"(will-to-be-above),在这种意志的推动下,个人总想征服别人,使自己高人一等,在多方面超过别人,这种向上意志会导致过度补偿现象。根据阿德勒等人的研究和一些实际案件,可以归纳出犯罪行为发生的一种模式:自卑感→过度补偿→犯罪动机→犯罪行为。

过度补偿机制会引起多种犯罪行为的发生。一般而言,过度补偿是许多暴力犯罪发生的重要机制,那些平时谨小慎微、胆小怕事的人所实施的严重暴力犯罪,往往与过度补偿机制有关。不仅如此,过度补偿机制也引起其他严重的犯罪行为。例如,贫穷的人可能会进行十分严重的财产犯罪,用犯罪所得进行奢侈的消费,以便消除原来遭受的贫穷所产生的心理阴影。有些出身贫寒的官员最终变成贪官,可能与他们的过度补偿心理有关。又如,个别容貌身材不好的女性,可能会产生在衣着服饰和征服异性方面超过别人的动机,从而可能进行卖淫、性乱交行为等。

---

① [美]Curt R. Bartol, Anne M. Bartol:《犯罪心理学》(第七版),杨波等译,中国轻工业出版社 2009 年版,第 136 页。

② Alfred Adler, *Understanding Life* (Oxford: Oneworld Publications, 1997), p. 30.

③ [美]B. R. 赫根汉:《人格心理学导论》,冯增俊、何瑾译,作家出版社、海南人民出版社 1988 年版,第 118 页。

七、防御机制模式

防御机制模式是指不当使用心理防御机制而引发或者增强犯罪动机并导致犯罪行为的模式。

心理防御机制(psychological defense mechanism)又称“心理防卫机制”,通常简称“防御机制”(defense mechanism),是指个人应对紧张刺激和减轻精神压力以维护心理安宁的心理过程。根据精神分析学家的研究,心理防御机制有很多具体表现形式,根据其性质,心理防御机制大体上可以分为四类:(1) 建设性防御机制,如升华作用;(2) 攻击性防御机制,如转移作用;(3) 逃避性防御机制,如压抑、倒退;(4) 掩饰性防御机制或者伪装性防御机制,如合理化作用等。[①] 根据精神分析学说,心理防御机制是一种无意识心理过程,个人通过无意识地使用心理防御机制,扭曲个人对于内在心理和外部现实的体验,以便减轻心理冲突和消极情感。[②] 不过,从犯罪心理学研究来看,既有无意识的心理防御过程,也有有意识的心理防御过程。可以说,犯罪人对于心理防御机制的运用大部分是无意识的,但是,也不能排除在少数情况下对于心理防御机制的主动、自觉地使用。

应当恰当看待心理防御机制的不当使用对犯罪动机的促进作用。在犯罪心理学研究中,有的研究者用心理防御机制来解释所有犯罪行为发生的心理机制,这显然是不恰当的。例如,日本犯罪心理学研究者森武夫认为,犯罪的心理机制就是精神分析学所讲的防卫机制,具体包括补偿、反作用、合理化等多种形式。[③] 不过,应当看到,一些心理防御机制的不当使用,确实会引发个人产生犯罪动机,或者会增强个人已经萌发的犯罪动机,从而促使个人进行犯罪行为。因此,可以归纳出犯罪动机形成和犯罪行为发生的防御机制模式。

应当注意的是,心埋防御机制的内容并不仅仅是精神分析学派的内容,其他心理学理论也包含这样的内容。例如,有关犯罪思维模式的理论,使用了另外的术语来表述心理防御机制,这些术语包括认知歪曲(cognitive distortion)、思维错误(thinking error)等。不过,这些术语在很大程度上是指没有无意识假设的心理防御机制,[④]即它们不强调心理防御机制的无意识性质和特点。

因为使用不当而容易导致犯罪动机的心理防御机制,主要包括下列五类:

第一,合理化作用(rationalization),又称“文饰作用”。这是指个人用似是而非的理由为自己的不正当行为辩解的现象。在犯罪过程中,犯罪人往往有意无意地利用这种机制减轻或者消除自己进行危害行为带来的紧张、焦虑、不安、良心谴责等消极情绪,或者推卸自己对犯罪行为的责任,从而坚定自己的犯罪动机,使自己心安理得地进行犯罪行为。从大量犯罪案件来看,犯罪人既有无意识使用合理化机制的情况,更有刻意使用合理化机制的情况。很

---

① 《中国大百科全书·心理学》,中国大百科全书出版社 1991 年版,第 436 页。

② Robert D. Morgan (ed.), *The Sage Encyclopedia of Criminal Psychology* (Thousand Oaks, CA: Sage, 2019), p. 1135.

③ [日]森武夫:《犯罪心理学》,邵道生等译,知识出版社 1982 年版,第 120—123 页。

④ Robert D. Morgan (ed.), *The Sage Encyclopedia of Criminal Psychology* (Thousand Oaks, CA: Sage, 2019), p. 1135.

多犯罪人不仅在犯罪前和犯罪中使用合理化机制，促使自己进行犯罪行为，也在犯罪后使用合理化机制为其犯罪行为辩解，推卸自己对犯罪行为的责任，减轻自己的罪恶感。

第二，投射作用（projection）。这是指把自己不能接受的冲动、欲望、想法等转移到他人或者周围事物上以便减轻焦虑和痛苦的现象。投射作用引发和增强犯罪动机的原理是，犯罪人“以小人之心度君子之腹”，推断或者臆测别人像自己一样低劣、无耻，从而坚定自己进行危害行为的犯罪动机和决心。

第三，认同作用（identification①）。这是指因喜欢某人而表现出与其类似的心理和行为的现象。个人在现实生活中遭受挫折后，有可能寻找在某些方面获得“成功”的人，然后进行模仿，从而减轻挫折感。在犯罪研究中，已经发现了由于认同臭名昭著的犯罪人而萌发犯罪动机和进行犯罪行为的现象。例如，美国犯罪学家丹尼尔·格拉泽（Daniel Glaser，1965）提出了“不同认同”（differential identification）的观点，认为青少年可以认同臭名昭著的罪犯而模仿他的行为。②

第四，反向作用（reaction formation③）。这是指个人将某些不能被社会接受的冲动转化为相反行为的现象。这种心理防御机制往往有两个步骤：首先，压抑不能被社会接受的冲动、欲望、想法等；其次，有意或者无意地用相反的行为表现被压抑的心理。日常生活中所说的“欲盖弥彰”“此地无银三百两”“矫枉过正”等，大体上都反映了这种机制。在犯罪活动中，也有类似的情况。例如，一个胆小、男子气概不足的人，会进行极端暴力型犯罪行为。在这样的案例中，犯罪人就是在反向作用的机制下产生暴力犯罪动机和进行暴力犯罪行为的。在一些心理不成熟、自主性较差的犯罪人中，对于这种心理防御机制的不当使用更为明显。例如，在青少年群体犯罪中，平时胆小怕事的青少年，会在多人一起进行的犯罪活动中，表现出胆大妄为、不计后果的犯罪动机和犯罪行为。

第五，转移作用（displacement④）。这是指个人将不能直接表达的愿望和情绪转移到对个人危险较小的对象身上或在危险性较小的活动中进行表达的现象。在日常生活中，当个人遭受挫折后，他如果直接将愤怒等情绪表达出来，对造成挫折的对象进行攻击行为，那么就会面临巨大的危险，在这种情况下，一些人就通过转移作用，将消极情绪等发泄到对自己危害较小的其他对象身上，或者通过进行其他危险性较小的活动减轻焦虑和紧张等情绪。例如，一些性格懦弱的人在与成人的人际交往中遭受挫折后，萌发侵害儿童的犯罪动机，对无辜的儿童进行犯罪活动。近年来发生的一些残害小学生的犯罪案件或恋童癖案件，就是犯罪人错误使用转移作用的例子。又如，一些在与人殴斗中吃亏的人，不敢去与对方搏斗，转而可能采取写匿名信等方式损害对方的利益。日常生活中发生的大量间接攻击型犯罪案件，都与转移作用的不当使用有关。

---

① “identification”又被译为“自居作用”。

② 吴宗宪：《西方犯罪学史》（第二版）（第3卷），中国人民公安大学出版社2010年版，第944页。

③ “reaction formation”又被译为“反应形成”“反向形成”。

④ “displacement”又被译为“置换作用”“移位作用”“移置作用”等。

此外，补偿(compensation)、退行(regression)[①]、否认(denial)[②]等心理防御机制的不当使用，也有可能引起或者增强犯罪动机并导致犯罪行为。国外的研究认为，潜意识显露行为(acting out，不顾后果直接表达无意识冲动的行为)、被动攻击(passive aggression，间接表达攻击型冲动的现象)、人格分裂(splitting，个人交替体验到自我或者他人的现象)、夸大(grandiosity，个人缩小缺点和夸大优点的自我认知扭曲现象)、贬低(devaluation，忽略他人的积极方面而夸大或者虚构他人消极方面的现象)、理想化(idealization，忽略他人的消极方面而夸大或者虚构他人积极方面的现象)等，都是犯罪人中常见的心理防御机制。[③] 还有人论述了压抑(repression)[④]、压制(suppression)[⑤]、潜意识显露行为、升华(sublimation)[⑥]等心理防御机制与犯罪行为的关系。[⑦]

八、变态心理模式

变态心理模式是指个人的变态心理引发犯罪动机和导致犯罪行为的模式。

变态心理(abnormality)是指偏离正常范围达到一定程度的心理与行为。不过，变态心理是一个很含糊的概念，对它的范围和界限，国内外还没有一个公认的统一的看法。大体而言，变态心理包括轻度心理异常(神经官能症和各种轻微的心因性反应等所表现的各种心理异常现象)，人格障碍、行为异常和适应不良障碍，严重心理异常(精神病)，大脑疾患和身体缺陷伴发的心理行为异常以及特殊意识状态。[⑧] 有些研究者把变态心理划分为狭义的和广义的两种类型。狭义的变态心理仅指变态人格或者人格障碍。广义的变态心理包括：(1)精神病；(2)神经症；(3)先天性生理缺陷者的异常心理，如聋、哑、盲、跛和其他残疾人的异常心理；(4)某些短暂性的心理异常，如药物、催眠作用下的异常心理状态；(5)变态人格或人格障碍。[⑨] 从犯罪案件的发生情况来看，一些变态心理会导致犯罪动机和犯罪行为，因此，可以归纳出变态心理导致犯罪行为的模式：变态心理→犯罪动机→犯罪行为。

变态心理引发犯罪动机和犯罪行为的基本原理是，很多变态心理本身就构成犯罪动机，或者可以转化为犯罪动机；然后，犯罪动机导致犯罪行为。

---

① 退行(regression)是精神分析学术语，指个人的认知、情感或者行为功能退回到先前的较低级状态的现象。根据精神分析学理论，个人在受到极其重大的外部问题或者内部冲突的威胁时，可能会倒退到不成熟的行为或者性心理发展的早期阶段。

② 否认(denial)是指在潜意识中否定已经发生的痛苦事实从而避免焦虑和痛苦的心理现象。

③ Robert D. Morgan (ed.), *The Sage Encyclopedia of Criminal Psychology* (Thousand Oaks, CA: Sage, 2019), pp. 1135-1136.

④ 压抑(repression)是指个人将意识中不能接受的欲望、情感、冲动和记忆放逐到潜意识中，使之不为意识所觉知，避免产生焦虑、恐惧和愧疚的心理过程。

⑤ 压制(supression)是有意识地排除大脑中不符合社会规范的冲动、想法和愿望的心理过程。压抑和压制的主要区别是，压抑是一种无意识的心理防御机制，而压制往往是有意识地和理智地进行的。

⑥ 升华(sublimation)是指个人将社会不认可的本能冲动转化为符合社会标准的行为表现的现象。例如，将攻击冲动升华为拳击等体育竞赛运动。

⑦ Vincent B. Van Hasselt et al. (eds.), *Handbook of Behavioral Criminology* (Cham, Switzerland: Springer, 2017), pp. 46-47.

⑧ 张伯源主编：《变态心理学》，北京大学出版社 2005 年版，第 10—12 页。

⑨ 罗大华等编著：《犯罪心理学》(修订本)，群众出版社 1986 年版，第 245 页。

在这种模式中,犯罪动机的形成过程内容复杂,呈现出下列重要特点:

第一,意识水平复杂。从意识水平来看,变态心理引发犯罪动机的过程可能是有意识地进行的,也可能是无意识地进行的。除了极少数人的变态犯罪动机是其本能的直接反映,因而具有无意识的特点,许多变态心理引发犯罪动机的过程都是有意识地发生的。不过,这里所说的“意识”,是一种虚幻的或者歪曲的意识,是个人对现实的不真实反映。

第二,动机来源复杂。引发或者转化为犯罪动机的变态心理的内容,也是较为复杂的,主要表现为三类:(1) 感知觉障碍。在这种情况下,个人感知到根本不存在的事物、现象,或者对客观事物产生歪曲的感知觉,这类感知往往引导或者强迫个人进行危害行为。例如,评论性幻听、命令性幻听以及其他包含着对个人不利内容的幻觉形式(幻嗅、幻味、幻触等);病理性错觉、视物变形症、意识朦胧状态。(2) 思维内容障碍。这是指个人坚信不疑但是缺乏事实根据的思维现象,突出地表现为各种妄想。例如,被害妄想(坚信自己受到别人迫害)、嫉妒妄想(坚信自己的配偶对自己不忠、另有新欢)、影响妄想(坚信自己受到某种物理仪器或者神秘力量的控制)、罪恶妄想(坚决认为自己已经犯了十恶不赦的大罪)、被钟情妄想(坚信某个异性爱上了自己)、夸大妄想(坚信自己才能盖世、出身名门、家财万贯)、着魔妄想(感到自己已经变成神仙鬼怪)。(3) 强迫症状。这是指个人不由自主地进行某些行为或者心理活动的变态心理,如强迫观念、强迫性人格等,它们往往构成或者引发犯罪动机。

第三,动机内容多样。变态心理引发的犯罪动机具有内容多样化的特点。这类犯罪动机既可能是简单的,也可能是复杂的。一般来讲,变态心理所引发的犯罪动机有多种类型。其中,既有本能动机(体现了本能倾向的动机)、自卫动机(保护自己免受伤害的动机),也有摆脱动机(摆脱不舒适和痛苦的动机)、宣泄动机(缓解和释放消极情绪的动机)等。

变态心理引发犯罪动机的复杂情况,会影响这些犯罪动机导致的犯罪行为,使这类犯罪行为也表现出相应的复杂性。

研究发现,一些犯罪人的犯罪行为与变态心理有关。例如,俄罗斯的统计表明,在实施故意杀人、重伤害、性犯罪的人中,有62%的人在心理上表现出某些异常:14%的人心理变态,24%的人表现出心理上异常的特征,16%的人是病理性醉酒;[①]在因实施诱奸和恋童癖行为而被追究刑事责任的人中,大部分人有性心理异常(同性恋、恋童癖)。[②] 在我国,已经处理过恋童癖引起的杀人案件。

恋童癖引起的杀人案

① [俄]阿·伊·道尔戈娃主编:《犯罪学》,赵可等译,群众出版社2000年版,第431页。

② [俄]阿·伊·道尔戈娃主编:《犯罪学》,赵可等译,群众出版社2000年版,第432页。

第六节 犯罪情境机制

一、概述

(一) 概念与特征

犯罪情境机制(situational mechanism of crime)是指犯罪人在与犯罪情境的相互作用中实施犯罪行为的机制。犯罪人的任何犯罪行为都是在犯罪情境中发生的,因此,"在解释犯罪行为时,我们需要理解将个人与犯罪行为环境联系起来的情境机制"①。犯罪情境(criminal situation,situation of crime)是指被犯罪人所感知的发生犯罪行为的具体环境。

犯罪情境的概念与刑事侦查学②和法医学③等学科使用的"犯罪现场"(crime scene)的概念相当。不过,犯罪现场主要是一个在犯罪行为发生之后对其进行回溯性考察的概念,不强调它在犯罪行为发生过程中的作用等。

人们已经对犯罪情境进行了一定研究,使用了一些相关的概念。俄语文献除了使用"犯罪情境"④、"情境"⑤、"具体生活情境"⑥,还使用"情势"⑦、"致罪情境"⑧、"犯罪形势"⑨等。英语文献也使用了相关概念,包括"情境"(situation)⑩、"直接情境"(immediate situation)⑪、"心理情境"(psychological situation)⑫、"情境力量场"(situational force field)⑬、"直接环境"(immediate environment)⑭等。我国研究者对情境问题进行了一些探讨,使用了若干类似的

① Per-Olof H. Wikström et al. (eds.), *The Explanation of Crime. Context, Mechanisms, and Development* (Cambridge: Cambridge University Press, 2006), p. 62.

② Charles R. Swanson et al., *Criminal Investigation*, 12th ed. (New York: McGraw-Hill Education, 2019), pp. 57-60.

③ Richard Saferstein, *Forensic Science: From the Crime Scene to the Crime Lab*, 4th ed. (New York: Pearson, 2019), pp. 37-39.

④ [苏]B. H. 库德里亚夫采夫主编:《犯罪的动机》,刘兆祺译,群众出版社 1992 年版,第 243—244 页。

⑤ [苏]B. H. 库德里亚夫采夫主编:《犯罪的动机》,刘兆祺译,群众出版社 1992 年版,第 8 页。

⑥ [苏]B. H. 库德里亚夫采夫主编:《犯罪的动机》,刘兆祺译,群众出版社 1992 年版,第 72 页。

⑦ [俄]阿·伊·道尔戈娃主编:《犯罪学》,赵可等译,群众出版社 2000 年版,第 78、246—247 页。

⑧ [苏]B. H. 库德里亚夫采夫主编:《犯罪的动机》,刘兆祺译,群众出版社 1992 年版,第 73、98 页。

⑨ [苏]B. K. 茨维尔布利等主编:《犯罪学》,曾庆敏等译,群众出版社 1986 年版,第 104—105 页。

⑩ Edwin H. Sutherland et al., *Principles of Criminology*, 11th ed. (Lanham, MD: General Hall, 1992), p. 88, pp. 93-95.

⑪ D. A. Andrew et al., *The Psychology of Criminal Conduct*, 5th ed. (New Providence, NJ: Matthew Bender & Company, 2010), p. 134.

⑫ D. A. Andrew et al., *The Psychology of Criminal Conduct*, 5th ed. (New Providence, NJ: Matthew Bender & Company, 2010), p. 135.

⑬ [美]菲利普·津巴多:《路西法效应:好人是如何变成恶魔的》,孙佩妏、陈雅馨译,生活·读书·新知三联书店 2010 年版,第 v 页;Philip Zimbardo, *The Lucifer Effect: Understanding How Good People Turn Evil* (New York: Random House, 2007), p. xii.

⑭ Richard Wortley, *Psychological Criminology: An Integrative Approach* (London: Routledge, 2011), p. 185;[美]亚历克斯·皮盖惹主编:《犯罪学理论手册》,吴宗宪主译,法律出版社 2019 年版,第 564、566 页。

概念，如“情况”①“犯罪场”②“罪前情景”③“罪前情境”④等。

犯罪情境的主要特征是：

第一，重要性。重要性是指犯罪情境对于犯罪行为的发生不可缺少的特性。犯罪情境对于犯罪行为的发生具有极其重要的意义。这是因为，犯罪情境是犯罪行为发生的具体环境或者犯罪现场，任何犯罪行为都是在犯罪情境中发生的。美国犯罪学家埃德温·萨瑟兰（2009）等人认为：“犯罪行为的直接决定因素是人与情境的复合体（complex）。客观情境对犯罪行为来讲是很重要的，因为它提供了犯罪行为发生的机会。”⑤黑尼（C. W. Haney，1983）认为，人格或者内在状态对于人们行为的解释力是微不足道的，重要的决定性影响力量是人们所处的情境；从本质上讲，只要遇到适合的情境，任何人都有可能进行犯罪。⑥ 理查德·沃特利（Richard Wortley，2011）认为，“犯罪是由于个人与情境之间的互动而发生的”⑦。拉塞尔·达兰特（Russil Durrant，2018）指出，“犯罪总是在特定的情境中发生的”⑧。

第二，互动性。互动性是指犯罪人与犯罪情境因素之间存在复杂的相互作用的特性。犯罪情境是一种充满了复杂互动的微观环境。“犯罪是人与情境互动的结果”；⑨“根据情境观点，犯罪现场不仅仅是进行犯罪活动的被动背景。相反，它在引起和塑造犯罪行为方面起着重要的作用。”⑩犯罪情境中的复杂互动，突出地表现在下列方面：（1）心理感知性。这是指构成犯罪情境的各种要素都被犯罪人所感知到的特性。从一定意义上讲，犯罪情境是一种由被犯罪人感知到的各种因素构成的“心理场”。正是由于犯罪人在心理上认识到了各种情境因素的存在，这些因素才对犯罪人产生一定意义，对犯罪心理的形成、发展以及犯罪行为的实施，发挥不同的作用。那些虽然在犯罪现场客观存在，但是并没有被犯罪人所察觉，从而也没有对犯罪人产生影响的因素，不能算是犯罪情境的构成要素。心理学中的心理情境（psychological situation）概念，反映了这方面的内容；根据心理学家的观点，个人的心理情境就是与个人有关的所有当前外部条件（all external current conditions），它们影响个人的信息处理和行为，而个人的行为也影响它们。⑪（2）互动复杂性。在犯罪情境中，充满了极其

---

① 蔡墩铭：《犯罪心理学》（上），黎明文化事业股份有限公司 1979 年版，第 297 页。

② 储槐植：《犯罪场论》，重庆出版社 1996 年版，第 2 页；白建军：《关系犯罪学》（第三版），中国人民大学出版社 2014 年版，第 314—318 页。

③ 张远煌：《犯罪学原理》，法律出版社 2001 年版，第 239—260 页。

④ 张远煌主编：《犯罪学》（第二版），中国人民大学出版社 2011 年版，第 223—235 页。

⑤ [美]埃德温·萨瑟兰等：《犯罪学原理》（第十一版），吴宗宪等译，中国人民公安大学出版社 2009 年版，第 105 页。

⑥ Curt R. Bartol et al., *Criminal Behavior: A Psychological Approach*, 10th ed. (Upper Saddle River, NJ: Pearson, 2014), p. 94.

⑦ Richard Wortley, *Psychological Criminology: An Integrative Approach* (London: Routledge, 2011), p. 205.

⑧ Russil Durrant, *An Introduction to Criminal Psychology*, 2nd ed. (London: Routledge, 2018), p. 36.

⑨ Richard Wortley, *Psychological Criminology: An Integrative Approach* (London: Routledge, 2011), p. 19.

⑩ Richard Wortley, *Psychological Criminology: An Integrative Approach* (London: Routledge, 2011), p. 14.

⑪ John F. Rauthmann et al. (eds.), *The Oxford Handbook of Psychological Situations* (New York: Oxford University Press, 2020), p. 3.

复杂的相互作用。首先,互动因素的复杂性。在犯罪情境中,不仅会在犯罪人与外界因素之间发生互动(例如,犯罪人与被害人的互动、犯罪人与旁观者的互动),也会在犯罪人自身存在的不同因素之间发生互动(例如,犯罪人的动机冲突、犯罪人的心理与生理之间的互动),还会在外界因素之间发生互动(例如,旁观者之间的互动)。其次,互动性质的复杂性。在犯罪情境中,不仅会发生促使犯罪行为实施的互动,也会发生阻止犯罪行为实施的互动,还会发生减轻犯罪危害的互动(例如,在犯罪过程中,犯罪人良心发现或者同情、怜悯等心理的萌发,会促使其不再进一步侵害被害人)等。

第三,动态性。动态性是指构成犯罪情境的要素以及这些要素之间的互动不断变化的特性。首先,构成犯罪情境的要素不断变化。犯罪情境是围绕犯罪人构成的直接环境,犯罪人的运动和变化,自然带来犯罪情境的变化。在犯罪过程中,构成犯罪情境的要素是不断变化着的。随着犯罪行为的进行,一些因素会被犯罪人感知到,从而变成新的犯罪情境构成要素,同时,早先的犯罪情境中的一些因素可能会被犯罪人所忽略,不再被犯罪人所关注,它们就不再是犯罪情境的构成要素。实际上,犯罪情境是以犯罪人为核心的具体环境,只要犯罪人有时空变化,例如,在空间中的位置等发生变化,犯罪情境的构成要素就会相应变化。其次,犯罪情境构成要素之间的互动不断变化。犯罪情境构成要素并不是静止不动的,而是不断变化或者不断互动的,犯罪心理和犯罪行为是犯罪人与各个犯罪情境构成要素之间互动关系的反映;犯罪心理的变化和犯罪行为的实施,都是在犯罪情境中发挥作用的各种力量相互作用的产物,是有利于犯罪行为实施的力量战胜了不利于犯罪行为实施的力量的结果。因此,考虑到犯罪情境的互动性和变化性,不能把犯罪情境写成“犯罪情景”,因为后者似乎是静态的,也缺少互动性。

第四,行为性。行为性是指犯罪情境与犯罪行为的实施联系密切的特性。犯罪情境是在实施犯罪行为的当时对犯罪人产生直接影响的那部分环境,是进行犯罪行为的直接环境(immediate environment),①与犯罪行为的进行关系十分密切,对犯罪行为的实施起着巨大的促进或者制约作用,对犯罪行为能否顺利实施以及犯罪行为造成的危害大小等,都有重要的影响。这个特点将其与一般所说的犯罪环境区别开来。

(二)犯罪情境与犯罪环境②

犯罪环境(criminal environment)又称“反社会环境”(antisocial environment),③是指影响个人形成犯罪心理和进行犯罪行为的外部环境。社区组织涣散、社会风气不好、社区环境破败等,都是犯罪环境的实际例子。

犯罪环境是那些存在着较多的犯因性环境因素,对个人有不良影响的社会环境。在这类环境中存在的大量犯因性因素,对个人的成长和发展,产生不同程度、不同形式的影响,使个人在这类环境的影响下,逐渐形成反社会性和其他犯罪心理,最终进行犯罪行为。这不仅

① Richard Wortley, *Psychological Criminology: An Integrative Approach* (London: Routledge, 2011), p. 185.

② 吴宗宪:《犯罪心理学总论》,商务印书馆 2018 年版,第 612—615 页。

③ 蔡墩铭:《犯罪心理学》(上),黎明文化事业股份有限公司 1979 年版,第 300 页。

是犯罪学的研究结论,也是普通的生活常识,人们很早就认识到这一点。例如,我国古代“孟母三迁”的故事,就说明了古人对于这个问题的恰当认识。古代思想家孟子小的时候,一开始居住的地方离墓地很近。在这里,孟子学会了祭拜之类的事,玩起了办理丧事的游戏。他的母亲想:“这个地方不适合孩子居住。”于是,将家搬到集市旁。在这里,孟子学会了做买卖和屠杀牲畜的本领。他的母亲又想:“这个地方还是不适合孩子居住。”于是,又将家搬到学宫旁边。在这里,孟子学会了在朝廷上鞠躬行礼及进退的礼节。孟母说:“这才是孩子居住的地方。”于是就定居下来。① 与孟子同时代的另一位思想家荀子也有类似的认识。例如,他指出:“蓬生麻中,不扶而直;白沙在涅,与之俱黑。兰槐之根是为芷,其渐之滫,君子不近,庶人不服。其质非不美也,所渐者然也。故君子居必择乡,游必就士,所以防邪辟而近中正也。”②这段话的意思是,蓬草长在麻地里,不用扶持也能挺立住,白沙混进了黑土里,就再不能变白了。兰槐的根叫香艾,一旦浸入臭水里,君子下人都会避之不及,不是艾本身不香,而是被浸泡臭了。所以君子居住要选择好的环境,交友要选择有道德的人,这样才能够防微杜渐,保护其中庸正直。古人在两千多年前就形成了与今天犯罪心理学等学科的研究结论相吻合的认识,是非常了不起的。

犯罪情境与犯罪环境既有联系,又有区别。犯罪情境与犯罪环境的联系在于,犯罪情境是犯罪环境的一部分,是犯罪环境中影响个人实施犯罪行为的那些环境因素的总和。

犯罪情境与犯罪环境也有区别。(1) 包括范围不同。犯罪情境是犯罪环境的一部分,是在实施犯罪行为的当时起作用的那部分犯罪环境。(2) 个人认识不同。犯罪情境的各种构成要素都不同程度地被犯罪人所认识到,而在犯罪环境的构成要素中,有些是被个人明确认识到的,有些则是潜移默化地对个人产生影响的,个人并不一定清楚地认识到环境中的这些要素及其产生的影响。(3) 作用时间不同。犯罪情境的构成要素是在实施犯罪行为的当时对犯罪人起作用的,它们主要对犯罪人犯罪行为的实施,起直接、迅速的推动或者阻止作用,因此,犯罪情境是一种直接环境(immediate environment);③而犯罪环境的构成要素通常是在实施犯罪行为之前很长的时间内,甚至是在个人出生之前(如在胎儿期受到环境污染物质的侵害)、出生之时(如在分娩时环境中的有害因素导致胎儿的大脑受到损伤)或者出生之后不久、幼年时期,就对个人产生影响。“由于环境比情境更具有包容性、持续时间更长,因此,环境对犯罪的潜在影响更为多样化。”④

此外,也要看到犯罪环境与社会环境的联系与区别。社会环境(social environment)是由人们生活的经济、政治、法律制度和社会意识形态构成的客观条件。从道德性质和法律评价来看,社会环境是一个中性的综合体,其中既有犯因性因素,也有亲社会因素(prosocial fac-

---

① 西汉·刘向:《列女传·卷一·母仪》。

②《荀子·劝学》。

③ Richard Wortley, *Psychological Criminology: An Integrative Approach* (London: Routledge, 2011), p. 205.

④ Christopher Birkbeck & Gary LaFree, “The Situational Analysis of Crime and Deviance,” *Annual Review of Sociology*, Vol. 19 (1993): 116.

tor)。社会环境是各种性质和类型的因素共存的环境,是一个范围极其广泛的概念;与此不同,犯罪环境则是存在较多犯因性因素的社会环境,是社会环境的一个部分。

(三)犯罪情境与犯罪机会[①]

犯罪机会(crime opportunity,opportunity for crime)又称"犯罪机遇",是指有利于进行犯罪活动的环境条件。犯罪机会类似于俄语文献所讲的"致罪情境"[②]和英语文献所讲的"犯因性情境"(criminogenic situation)、[③]"犯因性环境"(criminogenic environment)。[④]

犯罪机会通常由四种要素构成:(1)犯罪时间,即适合于进行犯罪活动的时间。例如,对于盗窃犯罪而言,黑夜是较为有利的时间。(2)犯罪地点,即适合于进行犯罪活动的场所。例如,公共汽车、车站、码头等场所,是扒窃犯罪活动的有利地点。(3)犯罪对象(criminal target),又称"犯罪目标"(goal of crime),即犯罪行为所要获取的财物或者所要侵害的人。(4)犯因性状态。这是指特定时空中的人、财、物及其相互之间存在的有利于实施犯罪行为的关系。例如,缺乏保安人员或者保安人员严重缺乏责任心的仓库、商店等机构,在建筑工地上放置的无人看管的建筑材料和机器,在农田或者野外安装的不符合安全要求的电器,不符合防卫空间(defensible space)[⑤]要求的建筑物,等等。

对于某个具体的犯罪机会而言,上述四种要素往往缺一不可。例如,虽然在适合进行犯罪行为的时间地点存在可以获取的财物,但是,如果周围有警察或者安装了监控设备,就不能认为存在犯罪机会。

犯罪的日常活动理论(routine activities theory,RAT)有关犯罪机会的论述,有助于认识犯罪机会。根据劳伦斯·科恩(Lawrence Cohn)等人的论述,大多数犯罪在同时具备下列三种因素时才会发生:(1)能够发现适宜目标。例如,周围存在拥有易出售物品的家庭。(2)缺乏有能力的保卫者。例如,户主不在,邻居家中没有人,周围没有朋友和亲戚。(3)存在有动机犯罪人或者可能犯罪人(likely offender)。例如,社会上有失业的年轻人。[⑥]这似乎意味着,具备了这三类因素时才有犯罪机会。[⑦] 这种观点具有一定启发意义,但是,这种观点中有两个问题值得探讨:第一,犯罪机会是对潜在犯罪人而言的有利于实施犯罪行为的条件,把犯罪人自身作为犯罪机会的构成要素,似乎并不妥当。第二,是否缺乏有能力的保卫者,的确对于是否存在犯罪机会意义最大,但是,仅仅指出这种因素并不全面,它遗漏

---

① 吴宗宪:《犯罪心理学总论》,商务印书馆 2018 年版,第 615—619 页。

② [苏]B. H. 库德里亚夫采夫主编:《犯罪的动机》,刘兆祺译,群众出版社 1992 年版,第 73 页。

③ Don C. Gibbons,"Observations on the Study of Crime Causation,"*American Journal of Sociology*,Vol. 77(No. 2,September,1971):268;Ezzat A. Fattah,*Criminology*(New York:St. Martin's Press,1997),p. 92;Eugene McLaughlin et al.(eds.),*Criminological Perspectives:Essential Readings*,2nd ed.(London:Sage Publications,2003),pp. 459-460.

④ Richard Wortley,*Psychological Criminology:An Integrative Approach*(London:Routledge,2011),p. 205.

⑤ Larry J. Siegel et al.,*Criminology in Canada:Theories,Patterns,and Typologies*,8th ed.(Toronto,Ontario:Cengage Canada,2024),p. 147.

⑥ 吴宗宪:《西方犯罪学》,高等教育出版社 2023 年版,第 232 页。

⑦ [美]埃德温·萨瑟兰等:《犯罪学原理》(第十一版),吴宗宪等译,中国人民公安大学出版社 2009 年版,第 288 页。

了作为犯罪机会的其他成分，例如，不符合安全要求的建筑结构和设施等。

犯罪机会对犯罪人发挥不同作用。(1) 诱发犯罪心理。对于本来没有犯罪心理的人来说，一定的犯罪机会可能促使个人迅速产生犯罪心理，或者使潜在的犯罪心理得到增强。(2) 促成犯罪行为。对于已经具有不良心理倾向或者犯罪动机的人来说，适当的犯罪机会可以促使他们趁机进行犯罪行为。可以说，机会就是一种犯罪原因，具有重要的犯因性作用。"虽然机会决定犯罪发生的时间和地点，但重要的是要认识到，机会不仅重新分配现有的犯罪活动的数量，还刺激犯罪活动的净增长。犯罪的机会越多，犯罪就越多。"①"当已有高度犯罪性的人进入高度犯因性情境(high-criminogenic situation)时，犯罪更有可能发生。"②

犯罪情境与犯罪机会是两个既有联系又有区别的概念。犯罪情境与犯罪机会的联系在于：(1) 具体性，即它们都是犯罪行为可能发生的具体环境。(2) 重叠性，即一些犯罪情境可能属于犯罪机会，有利于犯罪行为的发生。

犯罪情境与犯罪机会的主要区别在于，它们与犯罪行为的关系有所不同。从它们与犯罪行为的关系来看，犯罪情境似乎是一种"中性的"环境，它仅仅是犯罪人进行犯罪决策和实施犯罪行为的具体环境，其中既有有利于犯罪行为实施的力量或者因素，也有不利于犯罪行为实施的力量或者因素。与此不同，犯罪机会则是指有利于犯罪人作出犯罪决定和实施犯罪行为的具体环境。在大多数情况下，在有利于犯罪实施的时间和地点存在合适的犯罪对象与状态时，才能认为存在犯罪机会。

二、犯罪情境构成要素

犯罪情境通常由下列六类要素构成。③

(一) 人

犯罪情境主要是根据与犯罪行为实施有关的人们之间的互动关系而提出的一个概念。人是犯罪情境中很重要的构成要素，离开了特定的人(个人或者人群、群体)，特别是离开了犯罪人，就不存在犯罪情境。客观情境对人们的意义是相对的，并不存在一般的、抽象的犯罪情境。

作为犯罪情境构成要素的人，主要有四类。

1. 犯罪人

犯罪人是进行犯罪行为的人。犯罪人是犯罪情境中最根本的要素，犯罪情境的存在与其功能的发挥，在很大程度上依赖于犯罪人的状况。有了犯罪人，某些情境才能构成犯罪情境，犯罪情境才能发挥作用；没有犯罪人，就不存在犯罪情境。"情境并不排除行为人，因为情境之所以重要，是由卷入情境中的人来确定的，行为人根据自己在当时已经具有的倾向和

---

① Richard Wortley, *Psychological Criminology: An Integrative Approach* (London: Routledge, 2011), p. 204.

② Richard Wortley, *Psychological Criminology: An Integrative Approach* (London: Routledge, 2011), p. 205.

③ 吴宗宪：《犯罪心理学总论》，商务印书馆 2018 年版，第 619—626 页。

态度来确定情境。情境不排除行为人,情境也不完全是由行为人制造的。”①犯罪人不仅指单个犯罪人(solo offender),也指群体犯罪人和犯罪同伴。群体犯罪人(group offender)是指由多人组成的联系程度不同的犯罪人组合体。

2. 被害人

被害人(victim)是指遭受犯罪行为侵害的人。大多数犯罪行为都是针对具体的被害人实施的,如果在环境中不存在潜在被害人(potential victim),犯罪人就没有侵害对象,很多犯罪就不可能发生。在环境中存在被害人的情况下,犯罪人与被害人之间的互动关系,对于是否实施犯罪行为以及如何实施犯罪行为,都有重大影响,是影响大多数犯罪行为的最重要因素之一。因此,被害人是大多数犯罪情境的构成要素。正如犯罪学家伊扎特·法塔赫(Ezzat A. Fattah,1997)指出的:“犯罪的实施是多种因素发挥作用的某种过程的结果。在大多数案件中,犯罪并不是一种行动(action),而是对外部环境刺激的一种反应(reaction)或者过度反应(overreaction)。一些这样的刺激来源于被害人。被害人是这种环境和犯因性情境(criminogenic situation)的重要成分。”②柯特·巴特尔(Curt R. Bartol,2014)等人也认为:“被害人往往影响犯罪行为的过程,特别是影响暴力犯罪的过程。……尽管被害人学家非常小心地不因为被害人遭受到犯罪侵害而谴责被害人,但是,他们确实注意到,(被害人的)一些行为可能促进(facilitate)、促成(precipitate)甚至激起(provoke)其他人进行犯罪。”③

3. 保护者

保护者(guardian)是指保护公私财物、合法利益和社会秩序免受非法侵害的人员。

保护者实际上可以分为两类:(1) 广义的保护者。这是指公私财物、合法利益和社会秩序的所有保护者,包括普通公民个人、担负保护职责的保安人员以及国家用来保护社会的执法者等。(2) 狭义的保护者。这是指负有专门的保护责任的人员,特别是指国家专门用来保护社会的执法者。执法者(law enforcement officer)是指专门负责实施法律的国家工作人员。执法者由于其职业分工的不同,有不同的类型,不过,最经常提及的执法者是警察。各类执法人员都担负着同违法犯罪行为作斗争的职责,因此,他们在一定情境中的存在及其行为表现,对犯罪行为具有重要的威慑、制止作用。执法者是一些犯罪情境的构成要素。当然,由于刑事执法人员是专门与犯罪行为作斗争的国家工作人员,所以,对于犯罪情境的构成及其功能的发挥来讲,刑事执法人员的作用更加明显。

4. 旁观者

旁观者(bystander)在有的文献中被称为“观众”(audience),④是在犯罪现场存在的犯罪人、被害人和执法者之外的其他人。旁观者实际上是指存在于犯罪行为的发生现场但是与

① [美]埃德温·萨瑟兰等:《犯罪学原理》(第十一版),吴宗宪等译,中国人民公安大学出版社 2009 年版,第113 页。

② Ezzat A. Fattah, *Criminology* (New York: St. Martin's Press, 1997), p. 144.

③ Curt R. Bartol et al., *Criminal Behavior: A Psychological Approach*, 10th ed. (Upper Saddle River, NJ: Pearson, 2014), p. 94.

④ Larry J. Siegel, *Criminology: Theories, Practice, and Typologies*, 12th ed. (Boston, MA: Cengage Learning, 2016), p. 101.

犯罪行为的实施没有直接关系的人。虽然这类人置身事外,与犯罪行为的实施没有直接关系,既不参与犯罪行为的实施,也不一定直接制止犯罪行为的实施,但是,他们通过言语、表情甚至身体姿势等表达出来的对犯罪人及其犯罪行为的态度,对犯罪人、被害人和执法者都有影响,从而会对犯罪行为产生不同性质和程度的影响。因此,这类人也是犯罪情境的组成要素。

(二) 物

这里所说的物是指具有经济、心理等方面价值的物质资料或动物。例如,建筑物及其布局、结构等,各种生产和生活资料与设施,有价证券,重要文件和文书,书籍报刊,有关的动物,等等。这些物的特征(体积、形状、价值等)、所处的位置、管理的情况等,都对犯罪人的犯罪决策和犯罪行为的实施,具有重要的影响。一些研究者所讲的"微观环境因素"(micro-environmental element),包括建筑类型及其布局、景观和照明、内部形式和安全硬件①等,也属于构成犯罪情境的"物"。对于一些犯罪人而言,缺乏必要的物,就不可能实施犯罪行为。例如,如果没有可以偷窃的物品,就不可能实施盗窃行为;如果周围环境中不存在可以损害的物质设施等,就不可能实施破坏犯罪。

(三) 事件

这里所说的事件(event)是指对犯罪人有意义但是不受犯罪人控制而发生的各种行为和变化。换言之,这里所说的事件,就是对犯罪人有意义但是犯罪人自己无法控制的生活变化。犯罪行为本身就是一种事件,犯罪行为的发生也受有关事件的影响。不以犯罪人的意志为转移而发生的有关事件,对犯罪决策和犯罪行为的实施,会产生制约和影响。

构成犯罪情境的事件,大体上可以分为两类:(1) 过程型事件。这是指比较缓慢地产生和发展的事件。这类事件往往持续一定时间。例如,配偶患慢性疾病,子女离家出走,受到别人的身体强制(被捆绑起来、被关押在某个房间中等)。(2) 突发型事件。这是指在短时间内迅速发生和结束的事件。例如,突然受到别人的侮辱、殴打,突然被工作单位宣布解除职务。

对于犯罪决策和犯罪行为的实施而言,突发型事件所产生的影响力大于过程型事件。

(四) 状态

状态(state)是指在一定时间内持续存在的事物之间的相互关系和情况。"情境也指特定时刻的某种事态或者一系列情况。"②一定的社会生活状态,是影响犯罪人的犯罪决策和犯罪行为实施的重要因素。例如,社区中的社会解组状态(表现为存在文化冲突、缺乏凝聚力、有大量流动人口、缺乏社会组织、缺乏社会规范等),社会治安差的状态(表现为执法人员数量少、素质差,执法不力,以致违法犯罪事件层出不穷,人们普遍缺乏安全感),社会道德堕落状态(表现为存在大量不道德行为的情况,如人们在交往中不诚实守信、已婚人员进行大量婚外性行为等),独身状态(成年后没有结婚或者与配偶离婚、配偶死亡)。这类状态大体

① Richard Wortley, *Psychological Criminology: An Integrative Approach* (London: Routledge, 2011), p. 187.

② Richard Wortley, *Psychological Criminology: An Integrative Approach* (London: Routledge, 2011), p. 187.

上属于一些研究者所讲的情境的不太有形的构成要素(less tangible element)。[①] 这些状态是犯罪情境的构成要素之一,对犯罪人的犯罪决策和犯罪行为的实施,产生不同的影响。

(五)时间

时间(time)是指物质运动过程的持续性和顺序性特征,是由过去、现在和将来构成的连绵不断的系统。时间是犯罪情境的构成要素,因为任何犯罪行为都是在一定的时间中发生的,不同的时间对犯罪人有不同的(积极或者消极)意义,对犯罪人的犯罪决策和犯罪行为的实施产生性质不同的影响。一般而言,除了一些必须在白天实施的犯罪行为,黑夜是有利于许多犯罪行为实施的时间。国外的研究表明,强奸、伤害和抢劫等人身暴力犯罪,大多数是在后半夜(即1—2点)发生的;盗窃汽车的犯罪大多也是在夜晚发生的;半数抢劫犯罪是在夜晚发生的。[②]

(六)空间

空间(space)是事物存在和运动的场所,由长度、宽度和高度表现出来。空间是犯罪情境的构成要素,在犯罪心理学中,空间主要是指地点(place)。任何犯罪行为都是在一定的空间中发生的,不同的空间对犯罪人的犯罪决策和犯罪行为的实施产生性质不同的影响。国外的研究表明,暴力犯罪一般发生在家庭之外:70%的抢劫和50%的伤害发生在街头或者其他公共场所。国外对抢劫、伤害和强奸的官方统计数据也表明,这些犯罪大部分发生在家庭之外,特别是发生在街头。大多数犯罪发生在犯罪人住所附近。[③] 国外的研究表明,城市中的犯罪率高于农村;与农村相比,城市是犯罪多发地。[④] 国内的研究表明,杀人、伤害、强奸、抢劫、盗窃犯罪,都最有可能发生在被害人家中。[⑤]

应当指出的是,犯罪情境的构成要素并不是分散地、孤立地存在和发挥作用的。犯罪情境的构成要素往往形成一个有机整体,形成一个存在多种性质力量的"力量场",整体地对犯罪人发挥作用。在这个力量场中,既存在促使、推动犯罪人作出犯罪决定和实施犯罪行为的力量,也存在抑制、阻碍犯罪人作出犯罪决定和实施犯罪行为的力量。这些性质不同的力量交织在一起,互相作用(进行物质、能量、信息等方面的交换),对犯罪人产生程度不同(强烈或者微弱)、性质各异(相互抗衡,或者激发、增强,或者削弱、消除)的影响,使犯罪人的自我控制和情绪情感产生不同的变化,如产生怜悯、同情心、罪恶感、恐惧、焦虑、紧张、冲动等。这些力量综合性地对犯罪人的犯罪决策和犯罪行为发挥作用,影响着犯罪决策的内容和犯罪行为的实施。因此,犯罪情境实际上也是一个心理场,只有当犯罪人在心理上克服了所感知到的各种抑制、阻碍实施犯罪行为的力量,或者利用犯罪情境中有利于犯罪行为实施的因

① Richard Wortley, *Psychological Criminology: An Integrative Approach* (London: Routledge, 2011), p. 187.

② [美]迈克尔·戈特弗里德森、[美]特拉维斯·赫希:《犯罪的一般理论》,吴宗宪、苏明月译,中国人民公安大学出版社2009年版,第14页。

③ [美]迈克尔·戈特弗里德森、[美]特拉维斯·赫希:《犯罪的一般理论》,吴宗宪、苏明月译,中国人民公安大学出版社2009年版,第14页。

④ 郭建安主编:《犯罪被害人学》,北京大学出版社1997年版,第104页。

⑤ 郭建安主编:《犯罪被害人学》,北京大学出版社1997年版,第105页。

素助长、增强犯罪动机之后，犯罪行为才有可能发生。

在上述构成要素中，一些构成要素属于有形的构成要素，人、物就属于这种类型。其他构成要素属于不太有形的或者无形的构成要素，事件、状态就是不太有形的构成要素，在很多时候可能是人们观察不到的，而时间和空间往往属于无形的构成要素。

三、犯罪情境主要功能

犯罪情境主要功能是指犯罪情境对犯罪人的犯罪决策和犯罪行为所产生的影响。这种影响实际上就是犯罪情境可能对犯罪人产生的心理效应，主要有三种。

（一）促使犯罪行为发生

犯罪情境具有促使犯罪行为发生的功能。研究表明，“尽管一些无理性的或者精神紊乱的人可能在实施犯罪行为时不考虑潜在后果，但是，大多数犯罪行为是受直接变量或者情境变量（situational variable）的决定和指导的：人们认为犯罪行为会带来有益的后果时，就会实施犯罪行为”①。犯罪行为对犯罪人可能产生的实际后果以及犯罪人对犯罪后果的预计，在很大程度上都是受犯罪情境制约的。犯罪人产生犯罪动机时，就会选择有利于犯罪行为实施的犯罪情境，进行犯罪行为。例如，趁夜晚进行盗窃犯罪；使被害人处于醉酒、昏迷等状态后对其进行犯罪行为；待财物的所有人或者看管人离开财物后将其拿走；等等。同时，一些有利于犯罪行为实施的犯罪情境（即犯罪机会），会使一些人微弱的犯罪心理迅速膨胀，犯罪人的犯罪动机得到增强，促使犯罪人立即作出犯罪决定和实施犯罪行为。例如，夏天到邻居家串门的人，看到女主人独自裸体睡觉，便产生强烈的性冲动，立刻实施性犯罪行为。此外，个人受到突发的或者强烈的不良情境因素的刺激时，也会迅速产生犯罪动机和实施犯罪行为。例如，个人在公共场所无缘无故地受到别人的嘲笑戏弄、侮辱谩骂，有可能促使个人迅速产生犯罪动机和实施犯罪行为。

国外学者探讨了犯罪情境引发犯罪行为的具体机制。理查德·沃特利（2001，2008）提出了直接环境可以积极促成犯罪的四种方法：（1）提醒，即直接环境可以提供促使个人进行犯罪行为的线索。例如，看到武器和暴力行为的其他象征，可以增加产生攻击想法的机会，从而促使个人进行暴力行为。（2）压力，即直接环境可以产生进行犯罪行为的社会压力（social pressure）。社会影响（social influence）包括个人遵守群体规范的倾向、服从权威人物的倾向以及从事从众行为（herd behavior）的倾向。（3）允许，即直接环境可以干扰道德判断并会使个人进行在正常情况下被禁止的行为。个人可能会责怪酒精，指责规则模糊性（rule ambiguity），指责非人的社会制度（depersonalizing social systems）或者影响其行为的其他环境情况。（4）激发，即直接环境可以使诱发某种犯罪反应（criminal response）的厌恶情绪被唤醒。遭受挫败、被约束、受到侮辱、被威胁、不堪重负或者不舒适，都可能伴有情绪反应，如易

① Larry J. Siegel, *Criminology: Theories, Patterns, and Typologies*, 5th ed. (Minneapolis/St. Paul, MI: West Publishing Company, 1995), p. 115.

激惹(irritability)和挫折感,也可能伴有行为反应,包括攻击行为。①

(二)影响犯罪行为实施

犯罪情境具有影响犯罪行为实施的功能。犯罪情境的构成要素及其变化,会影响犯罪人的心理进而影响犯罪行为的实施情况。这类影响主要表现在两个方面:

第一,犯罪情境会影响犯罪行为方式。任何犯罪行为都是按照一定方式进行的,已经产生犯罪动机和作出犯罪决定的人,究竟采取什么方式或者手段实施犯罪行为,除了受犯罪行为的性质和犯罪人自身特点的制约,在很大程度上是由犯罪情境决定的。尤其是在犯罪情境中的某些构成要素发生变化的情况下,犯罪情境对犯罪行为方式的决定作用,表现得更加明显。例如,采用秘密手段进行犯罪行为的犯罪人,在其行为被被害人发觉之后,就有可能采取暴力手段,公开实施犯罪行为;正在使用欺骗方式试图获取被害人钱财的犯罪人,在其欺骗活动被识破之后,就有可能采取抢劫等方式实现犯罪目的。犯罪人在进行犯罪行为的过程中使用的手段或者方式,在很大程度上取决于犯罪情境中有关因素的出现和变化,特别是受被害人和其他有关人员对犯罪行为的态度和行为反应的制约。

第二,犯罪情境会影响犯罪危害程度。在进行犯罪行为的过程中,犯罪情境中某些要素的变化,也会影响犯罪危害程度的变化。犯罪情境对于犯罪危害程度的影响,会朝着两个不同的方向变化。在一些情况下,犯罪情境的变化,会促使犯罪人的犯罪动机发生良性转化,导致犯罪人减轻犯罪行为的危害程度。例如,在进行犯罪行为的过程中,被害人可怜、凄惨的表现,有可能引发犯罪人的怜悯和同情,使其不忍心对其造成严重伤害,或者采取补救措施减轻给被害人造成的危害。一些扒手在扒窃钱包后,将钱包中的现金和有价证券等留下使用,而将钱包中的身份证件匿名寄给被害人的现象,就属于这种情况。在另一些情况下,犯罪情境的变化,会促使犯罪人的犯罪动机发生恶性转化,引起犯罪人更加严重的犯罪行为,加重犯罪行为的危害程度。例如,在进行性犯罪的过程中,被害人的拼死抵抗和威胁言语,有可能激发犯罪人的报复欲望和恐惧心理,促使其产生杀人动机,将被害人杀害。

(三)阻止犯罪行为继续

犯罪情境具有阻止犯罪行为继续的功能。犯罪情境通过影响犯罪心理而阻止犯罪人继续进行犯罪行为。在犯罪人即将或者已经开始犯罪行为的情况下,犯罪情境中某些要素的出现或者变化,可能对犯罪人的犯罪动机和犯罪决策产生阻碍、遏制作用,迫使犯罪人打消或者暂时放弃犯罪决定,停止犯罪行为。例如,情境中出现警察,旁观者干预犯罪人的危害行为等,都会构成犯罪行为实施的阻力,使犯罪人感到压力、恐惧等,促使他们停止犯罪行为。

犯罪行为的停止可能有两种情况:(1)彻底放弃犯罪行为。在这种情况下,犯罪人永久地放弃进行犯罪行为的愿望,在很长时间内甚至永远不再进行犯罪行为。(2)暂时停止犯罪行为。在这种情况下,犯罪人有可能伺机再动,待阻止犯罪行为的因素消失之后继续进行

① [美]亚历克斯·皮盖惹主编:《犯罪学理论手册》,吴宗宪主译,法律出版社2019年版,第227—228页。

犯罪行为,或者改变犯罪地点后继续进行犯罪行为;也有可能在改变犯罪目标或者犯罪方式之后,继续实施犯罪行为。暂时停止犯罪行为后出现的多种犯罪现象,属于犯罪替换的范畴。犯罪替换(crime displacement)①是指犯罪人在实施犯罪行为的过程中由于某些原因而改变犯罪的一些方面的现象。

第七节　重新犯罪机制

一、概述

重新犯罪机制是指重新犯罪现象发生的原理。本章前六节论述的内容,主要解释初次发生犯罪行为的机制。不过,在社会生活中,除了大量初次发生的犯罪行为,还有不少再次发生的犯罪行为或者重新犯罪。

重新犯罪(re-offense,reoffending②,re-crime)是指已经实施了犯罪行为的人再次进行的犯罪行为。这些再次进行犯罪行为的犯罪人,被称为"重新犯罪人"(reoffender)或者"重复型犯罪人"(repeat offender)。

重新犯罪是一个涵盖范围广泛的概念。从犯罪行为来看,初次犯罪之后再次进行的犯罪行为,都属于重新犯罪。从犯罪人来看,初次犯罪之后再次进行犯罪行为的人,都属于重新犯罪人。在重新犯罪人中,长期进行犯罪行为并形成犯罪习惯的犯罪人,被称为"习惯犯罪人"(habitual offender),简称"惯犯";重复进行违法活动并且围绕犯罪形成自己生活方式的人,被称为"生涯犯罪人"(career offender)。③

应当注意重新犯罪与累犯(recidivism)的关系。累犯主要是一个刑法学概念,在刑法学中,从两种意义上使用这个概念:(1)作为行为的累犯,即累犯行为(recidivistic behavior),这是指曾因犯罪而被判处一定刑罚的人在刑罚执行完毕或者赦免以后的一定期限内又实施的犯罪。例如,有的文献指出,"最典型的累犯率(recidivist rate)衡量释放之后2年内再次被定罪的犯罪人的比例"④。(2)作为行为人的累犯(recidivist),即因犯罪而受过一定的刑罚处罚的人在刑罚执行完毕或者赦免以后的法定期限内又犯一定之罪的犯罪人。⑤

犯罪学研究的重新犯罪,与刑法学中的累犯既有联系又有区别。两者的联系在于:首先,两者内容有共性,即两者都是指第二次或者更多次犯罪。其次,两者范围有交叉,重新犯

---

① "crime displacement"又被译为"犯罪置换""犯罪转移""犯罪位移"等。

② Ronald Blackburn, *The Psychology of Criminal Conduct: Theory, Research and Practice* (Chichester, West Sussex: John Wiley & Sons, 1993), p. 13; Eugene McLaughlin et al., *The Sage Dictionary of Criminology* (Thousand Oaks, CA: Sage, 2001), p. 221.

③ "career criminal"又被译为"长期犯罪人""常业犯罪人"等。

④ Eugene McLaughlin et al., *The Sage Dictionary of Criminology* (Thousand Oaks, CA: Sage, 2001), p. 237.

⑤ 高铭暄、马克昌主编:《刑法学》(第九版),北京大学出版社、高等教育出版社2019年版,第256页。

罪的概念包含累犯,可以把累犯"理解为一般重新犯罪总和中的一小部分"①。两者的区别更多:重新犯罪是一个宽泛的概念,对于前罪和后罪的类型、严重性(通过被判处的刑罚衡量)、时间间隔等,都没有要求;而累犯的成立,在这些方面都有明确规定。由于存在这种区别,一些犯罪学文献在使用刑法学中的累犯概念时,对其进行了改造(主要是限制了累犯的内涵,扩展了累犯的外延)。例如,有的研究者指出:"犯罪心理学上所研究的累犯概念,比刑法学上的累犯概念在所受刑罚处罚的种类、犯罪的时间间隔以及再犯罪名等方面都要广些,没有刑法学上累犯的概念严格。"②又如,有的研究者指出:"犯罪学家采取了广义的累犯概念。"③与其在使用概念方面与刑法学纠缠不清,还不如在犯罪学中不使用或者少使用刑法学的累犯概念,而确立"重新犯罪"的概念,用来指相关犯罪现象。不过,由于重新犯罪与累犯行为的关联性,不少关于累犯的研究成果可以借鉴。

实际上,重新犯罪的概念与刑法学中的"再犯"概念类似甚至相同。再犯是指再次犯罪的人,④即重新犯罪人。

重新犯罪具有一些特点,表明了这类犯罪不同于其他犯罪的特殊性:(1) 犯罪危害的严重性。这是指重新犯罪造成的社会危害往往比原来的犯罪更加严重。而且,造成严重危害的犯罪数量占比较高。例如,2003 年全国押犯中重新犯罪人(不包括狱内重新犯罪人)有 20 万人,其中,约 20%的犯罪人直接造成了被害人的死伤;而造成经济损失逾万元的也超过了 30%。⑤ (2) 时间间隔的差异性。重新犯罪的间隔时间有很大差异,一些犯罪人在初次犯罪之后很快就开始重新犯罪,而另一些犯罪人则在初次犯罪很长时间之后才开始重新犯罪。(3) 前后犯罪的关联性。从心理联系来看,大多数重新犯罪与初次犯罪具有某种心理方面的关联性,不过,也应当看到,重新犯罪的心理与初次犯罪的心理也有很大的不同,这些不同集中体现了重新犯罪的特殊性。从行为联系来看,重新犯罪往往是与初次犯罪相同或者类似的犯罪行为,在实施重新犯罪的过程中,犯罪人可能会采用在初次犯罪中用过并且被证明有效的那些犯罪行为方式。但是,如果遇到特殊的犯罪机会或者其他异常情况,犯罪人也会尝试其他犯罪方式或者实施其他犯罪。

研究重新犯罪及其机制具有重要意义。首先,有助于了解犯罪现象。重新犯罪和重新犯罪人是发生率较高的犯罪和犯罪人类型。在一些国家,重新犯罪率很高。例如,在英国,调查发现,在 1997 年被释放的监狱犯人中,58%的人在 2 年内被判决犯了另一种罪,36%的人因为再次被判处监禁刑而回到监狱;72%的 18—20 岁的男性监狱犯人在 2 年内再次被判决犯了另一种罪,47%的人因为再次被判处监禁刑而回到监狱。⑥ 在美国,2009 年发布的一

① [苏]B. K. 茨维尔布利等主编:《犯罪学》,曾庆敏等译,群众出版社 1986 年版,第 226 页。

② 梅传强主编:《犯罪心理学》,法律出版社 2010 年版,第 168 页。

③ [俄]阿·伊·道尔戈娃主编:《犯罪学》,赵可等译,群众出版社 2000 年版,第 688 页。

④《刑法学》编写组:《刑法学》(上册·总论)(第二版),高等教育出版社 2023 年版,第 337 页。

⑤ 江苏省监狱管理局课题组等:《"首要标准"若干问题研究》,载《犯罪与改造研究》2009 年第 6 期,第 2 页。

⑥ Social Exclusion Unit, *Reducing Re-Offending by Ex-Prisoners: Report by the Social Exclusion Unit* (London: Social Exclusion Unit, Office of the Deputy Prime Minister, 2002), p. 5.

份报告指出,在 1994 年从监狱释放的人中,67.5%的人在释放后 3 年内被再次逮捕,51.8%的人在释放后 3 年内又回到监狱。① 在中国,司法部预防犯罪研究所《关于监狱释放罪犯重新犯罪问题的调查报告》披露,1997—2001 年监狱释放罪犯在 3 年内重新犯罪的人数为 8.15%,而 1982—1986 年监狱释放罪犯 3 年内重新犯罪率为 5.39%;2003 年全国押犯中重新犯罪人(不包括狱内重新犯罪人)有 20 万人,占押犯总数的 12.86%。② 广东省惠州监狱课题组从 2017 年 12 月底至 2018 年 2 月,对 2009—2017 年释放的 15 052 名刑满释放人员的重新犯罪情况进行调查,发现共有 1 543 名刑满释放人员有重新犯罪记录,重新犯罪率为 10.25%。③

其次,有助于了解犯罪危害。重新犯罪和重新犯罪人是对社会具有巨大危害性的犯罪和犯罪人类型。有关慢性犯罪人的研究发现,大量的犯罪行为,特别是很多危害巨大的严重犯罪,都是由重新犯罪人实施的。慢性犯罪人(chronic offender)通常是指在 18 岁之前被逮捕 5 次或者 5 次以上的犯罪人,他们都是重新犯罪人。调查发现,有一小部分慢性犯罪人会成为成年罪犯,并对所有严重犯罪的一半以上负责。例如,马文·沃尔夫冈(Marvin Wolfgang,1972)在美国费城进行的同生群中少年犯罪研究,调查了 1945 年出生在费城的 9 945 名男孩在 18 岁之前的犯罪生涯。结果发现:18 岁之前被逮捕 5 次或 5 次以上的少年犯罪人即慢性累犯(chronic recidivist),有 627 名,占少年犯罪人的 18%,占总样本的 6%,这“6%慢性犯罪人”(chronic 6 percent)的少年犯罪率最高;他们实施了 5 305 项犯罪(占所有犯罪的 59%);更引人注目的是,慢性犯罪人实施了大量的严重犯罪行为,包括所有犯罪中 71%的杀人犯罪、73%的性侵犯罪、82%的抢劫犯罪和 69%的严重伤害犯罪。④ 这意味着,慢性犯罪人实施了很大一部分犯罪,特别是实施了大多数严重犯罪,对社会造成了巨大危害。

最后,有助于调整刑事政策。既然包括慢性犯罪人在内的重新犯罪人对社会造成了巨大危害,那么,就应当调整刑事政策,更加有效地对待重新犯罪人,力求最大限度地降低他们可能造成的社会危害。在侦破刑事案件的过程中,应当把重新犯罪人实施的案件作为重点,全力侦查,力求破案,预防他们再次犯罪。在法院量刑时,应当对重新犯罪人判处更重的刑罚,在法律规定的限度内判处更长的刑期,将他们更长时间地监禁在监狱中,预防他们出狱后危害社会。在监狱管理中,应当把重新犯罪人作为严格管理的重点罪犯,预防他们越狱逃跑。在罪犯改造中,应当花大力气研究有效改造重新犯罪人的方法,努力提高改造重新犯罪人的效率。

二、重新犯罪机制维度

重新犯罪机制维度是指重新犯罪行为发生的主要原理。这方面的内容,可以解释引发

① Thomas J. Gardner et al., *Criminal Law*, 12th ed. (Belmont, CA: Wadsworth, 2015), p. 218.

② 江苏省监狱管理局课题组等:《“首要标准”若干问题研究》,载《犯罪与改造研究》2009 年第 6 期,第 2 页。

③ 广东省惠州监狱课题组:《刑满释放人员重新犯罪数据分析调查报告》,载司法部网站。

④ Larry J. Siegel et al., *Criminology in Canada: Theories, Patterns, and Typologies*, 8th ed. (Toronto, Ontario: Cengage Canada, 2024), p. 87.

重新犯罪行为的主要犯因性因素及其作用机制。重新犯罪机制维度的内容主要包括下列八个方面。①

(一)犯罪强化

重新犯罪人在初次犯罪行为中体验到的强化作用,是引起重新犯罪的重要因素。大多数犯罪人是理性的人,他们会对自己在犯罪行为中的得与失进行经济学等方面的计算。这种计算不仅影响犯罪人最初的犯罪行为,也影响犯罪人再次进行的犯罪行为。如果犯罪人觉得自己在最初的犯罪行为中获得了好处(得大于失),那么,他们的犯罪心理就得到了强化,他们就会重新犯罪;反之亦然。

犯罪人可能从犯罪行为中得到的强化主要包括外部强化、替代强化和自我强化三种。

1. 外部强化

外部强化(external reinforcement)是指犯罪人通过实施犯罪行为从外部获得有利结果的现象。外部强化意味着犯罪人通过犯罪行为获得了不同程度的益处,犯罪行为带来的益处超出了犯罪人所遭受的损失。那些具有强化作用的外部因素,就是“外部强化物”。

对犯罪行为的保持起作用的外部强化物主要有:

(1)物质利益。这是指犯罪人通过犯罪行为获得的物质方面的好处。这种情况在财产犯罪中表现得尤其明显;如果盗窃犯、抢劫犯、诈骗犯等犯罪人通过犯罪行为得到了物质方面的好处,尝到了甜头,他们就会继续进行这类行为。

(2)社会赞许。这是指犯罪人通过犯罪行为在社会上或者周围人中获得的赞扬。这种赞扬不仅会使犯罪人产生愉快的精神体验,也会给他们带来更高的社会地位,从而鼓励他们再次犯罪。

(3)摆脱困境。这是指犯罪人通过犯罪行为摆脱了他人造成的不快感受等不利处境。如果犯罪人通过实施犯罪行为摆脱了所遇到的困难、障碍以及伴随的不愉快体验,例如,通过犯罪行为摆脱了他人造成的困境,那么,犯罪行为也会得到强化,以后遇到类似的困境时,个人仍然会使用犯罪行为来解除这种痛苦与烦恼,从而重新犯罪。

(4)心理满足。这是指犯罪人在犯罪中获得了愉快的心理体验。如果犯罪人在犯罪过程中看到的被害人的痛苦、通过犯罪获得的财物或者其他利益等,能够满足他们的心理需要,那么,这种心理体验也会成为犯罪行为的强化物。许多犯罪人犯罪的目的之一就是对被害人进行报复,在被害人的痛苦表现中获得快感和满足。因此,当被害人的痛苦表现与犯罪人的性欲冲动之类的快感多次联结时,它就会成为犯罪行为的一种强化物,促进犯罪人继续进行类似的犯罪。在犯罪中获得的其他利益带来的愉快心理体验,也具有类似的强化效果。

2. 替代强化

替代强化(vicarious reinforcement)是指处理他人犯罪行为的情况对旁观者产生的强化作用。美国心理学家艾伯特·班杜拉(1979)认为,“一般说来,看到别人的攻击行为得到奖

① 更详细内容可参见吴宗宪:《累犯行为的心理分析》,载《青少年犯罪问题》1998年第3期,第3—7页;吴宗宪:《犯罪心理学总论》,商务印书馆2018年版,第654—667页。

赏或者受到惩罚,将增加或者减少自身进行同样尝试的倾向。这种后果越稳定,对于观察者的这种促进或者阻抑的作用就越大"①。因此,如果已经实施了犯罪行为的人看到别人的犯罪行为没有得到惩罚,或者没有得到合理的惩罚,那么,这种情况就会成为一种强化物,刺激犯罪人产生模仿动机,从而实施新的犯罪行为。

根据班杜拉的学说,在这种情况下,一方面,他人的犯罪行为及其引起的后果(奖赏或者惩罚)充当了一种"示范者",向旁观者显示了成功和失败的情况。这相当于告诉他们,在一定情况下一些公开的行为将被接受,得到奖赏。这会刺激旁观者模仿、进行类似的犯罪行为,产生一种保持和助长犯罪行为的效应。另一方面,如果犯罪人发现对别的犯罪人罚不当罪、刑罚畸重,这些不公平的、过分的、残酷的惩罚也可能激起观察者的攻击性或者增强其攻击性,这是他们对不合理事情和残酷行为的一种对抗。所以,不合理惩罚也可能会激起观察者新的犯罪行为。

3. 自我强化

自我强化(self-reinforcement)是指个人对自己的行为进行评价和作出相应反应的心理过程。自我强化既可以是正强化,即自我肯定,也可以是负强化,即自我谴责。犯罪人对初次犯罪行为的自我强化,也会呈现出这两种情况。在自我正强化的情况下,犯罪人不恰当地使用合理化等方式摆脱因犯罪行为而产生的内心不安和自责,将自己的犯罪行为合理化,从而心安理得地进行后继的犯罪行为。简言之,自我正强化就是对犯罪行为进行"自我宽恕"的心理过程。犯罪心理学的研究发现,犯罪人总是力图摆脱良心的不安和自责,以避免自尊心因进行犯罪行为而受到损害。当犯罪人因为自己具有伤害他人或者盗窃他人的能力,并为自己成功地进行了发挥其能力的行为而感到骄傲或者自负时,他将坚持继续进行这种行为;相反,当犯罪人因为自己的行为而感到自责和自卑时,他就可能放弃这种行为。

犯罪人将犯罪行为合理化并由此消除自我责任的方式主要有:(1)通过与更加严重或更加危险的犯罪行为的比较,来减轻自己的攻击行为的严重性。(2)用一些高尚的动机为自己的犯罪行为辩护。(3)将行为的责任转移到一些合法的权威身上。例如,犯罪人会认为:"我的上司也是这么干的。他可以这么干,我为什么不可以呢?"(4)责怪被害人,将犯罪行为的发生归罪于被害人,这就像"狼与小羊"的寓言一样,狼在溪水的上游喝水,却责怪在下游的小羊搞脏了溪水,以此为由,攻击小羊。(5)分散或开脱对犯罪行为的责任。(6)抹杀被害人具有人的特征而将其非人性化。例如,性犯罪人不把被害人作为一个活生生的社会中的人,而看成一种泄欲的工具;暴力犯罪人将被害人看成一种攻击行为的目标,以减轻罪责感,减轻对犯罪行为的残酷性的敏感程度。(7)低估犯罪行为造成的伤害,从而掩盖犯罪的后果。

(二)侥幸心理

犯罪人在初次犯罪过程中及之后体验到的侥幸心理,是促使个人不断进行犯罪行为的

① Hans Toch (ed.), *Psychology of Crime and Criminal Justice* (Prospect Heights, IL: Waveland Press, 1979), p. 223.

重要因素。侥幸心理是一种趋利避害的投机冒险心理。当个人看到别人通过违法行为获得了巨大利益却没有受到惩罚时,他就有可能在这种事例的影响下产生通过类似行为获取利益的投机冒险心理。这种心理就是侥幸心理,会引发个人进行模仿型投机冒险行为。在侥幸心理驱使下产生的模仿型行为,往往都是不恰当、不道德甚至是犯罪的行为。对于犯罪人而言,他们进行的模仿型行为,主要就是犯罪行为。犯罪人进行犯罪决策时考虑的主要因素,就包括受到惩罚的肯定性和惩罚的严厉性方面的内容。如果司法人员的执法水平很高,大多数犯罪人在实施犯罪行为之后都能受到有效、合理的法律追究,那么,这就会对潜在犯罪人产生替代型负强化作用,他们就不可能产生侥幸心理,也不可能模仿犯罪人进行犯罪行为。但是,如果司法人员的执法水平不高,相当多的犯罪人在实施犯罪行为之后未受到法律追究,或者司法人员徇私枉法,放纵犯罪人,那么,这就会对潜在犯罪人产生替代型正强化作用,他们进行犯罪行为的侥幸心理就会增强,从而会在侥幸心理的作用下进行模仿型犯罪行为。

对于已经实施了犯罪行为的人而言,他们不仅会因为上述的替代强化而产生重新犯罪的侥幸心理,而且,当他们自己初次的犯罪行为没有被司法机关发觉,或者没有受到合理的追究,尤其是受到的惩罚远远轻于事前所估计的程度时,其本身的犯罪经历更会刺激起他们重新犯罪的侥幸心理,因为他们自己的犯罪经历告诉他们,他们可以从犯罪行为中得到需要的东西,进行犯罪行为会得大于失。这样,重新犯罪行为就很容易产生。

(三)犯罪经验

犯罪人在初次犯罪过程中获得的犯罪经验会推动他们再次犯罪。从大量案例来看,犯罪人在第一次实施犯罪行为以及受到司法机关追究的过程中,会积累与犯罪行为有关的经验,这些经验可能会对重新犯罪行为的实施起促进作用。犯罪经验(criminal experiences)主要是指犯罪人在犯罪活动中获得的知识和技能。一般认为,知识是储存在头脑中的相关信息,而技能是个人掌握的动作方式;知识是技能的重要基础,技能是知识的有效利用,技能背后蕴含了相关的知识。"犯罪人可以从以前的犯罪经验中吸取教训,相应地改变他们的行为。"①

1. 犯罪技能

犯罪技能(criminal skill)是指犯罪人通过犯罪学习而形成的顺利实施犯罪行为的思维与活动方式。犯罪人通过犯罪行为而获得的犯罪技能,是促使犯罪人重新犯罪的重要因素。社会学习理论的研究表明,犯罪人可以通过直接的经验,在实施犯罪行为的过程中学会进行犯罪行为的方式。对于掌握了一定犯罪技能的犯罪人来讲,在遇到适合犯罪的机会时,他们更有可能进行犯罪行为。实际上,具备一定犯罪技能的人,也更容易发现适宜进行犯罪行为的机会。对于犯罪人而言,一些犯罪技能可能是通过专门的学习获得的,如伪造货币或者有价证券的技能、扒窃的技能;另外一些犯罪技能则是日常生活和工作中习得的技能在犯罪行为中的具体应用,如银行业务员利用自己掌握的计算机操作技能进行金融犯罪、一些从事化

---

① Robert D. Morgan (ed.), *The Sage Encyclopedia of Criminal Psychology* (Thousand Oaks, CA: Sage, 2019), p. 706.

学研究和化学品制造的专业人员制造毒品。

对犯罪技能可以进行多种分类。根据犯罪技能的形成情况和熟练程度,可以将犯罪技能分为两类:(1)初级犯罪技能。这是指通过简单的模仿和学习而形成的犯罪技能。(2)复杂犯罪技能。这是指通过反复练习和深入学习而形成的内容繁多的犯罪技能。

根据犯罪技能的性质和特点,可以将犯罪技能分为两类:(1)犯罪动作技能(motor skill of offense)。这是指犯罪人形成的熟练进行犯罪行为的身体动作系统。通常所说的犯罪技能,主要是指犯罪动作技能。一些犯罪行为的实施可能并不需要什么动作技能,如伤害他人身体、破坏公私财物;但是,一些犯罪行为的实施则需要一定的动作技能,如扒窃犯罪、盗窃保险箱犯罪、伪造货币和有价证券的犯罪等。(2)犯罪心智技能(mental skill of offense)。这是指有助于犯罪人顺利进行犯罪行为的心理活动方式。例如,在进行犯罪行为时排除内心的罪恶感、紧张、焦虑等情绪的技能,将犯罪行为合理化的技能,物色犯罪对象和选择犯罪机会的技能,预计犯罪后果的技能,等等。除了少数习惯犯罪人和变态心理犯罪人,犯罪心智技能是绝大多数犯罪人在犯罪活动中都要使用的犯罪技能。

2. 逃避技能

逃避技能是指犯罪人获得的能够使其避免刑事追究的技能。这类技能是犯罪技能的必要补充,犯罪技能使犯罪人能够顺利进行犯罪行为,而逃避技能使犯罪人能够避免受到刑事追究。对于实施过犯罪行为以及接受过审讯、审判,经历过监禁生活的人而言,他们不仅有可能获得周密实施犯罪行为的技能,也有可能获得成功逃避制裁的技能。这些技能包括如何消除犯罪现场的犯罪痕迹、如何避免在犯罪过程中被别人发觉和掩饰其犯罪行为、如何应付审讯和审判等。这些技能是犯罪人重新犯罪的催化剂,它们能够增强犯罪人对重新犯罪的自信心,使犯罪人很容易再次进行新的犯罪行为。

此外,犯罪经验还包括销赃技能等内容。

(四)抑制解除

初次犯罪会解除犯罪人对犯罪行为的心理抑制,这会促使重新犯罪的发生。心理抑制(psychological inhibition)是指个人内心中对某些心理和行为的自我约束。对犯罪的心理抑制的解除,会使他们无所顾忌地再次进行犯罪行为。

重新犯罪与抑制力量及其作用有关。对于犯罪人而言,实施犯罪行为时不仅面临外部的抑制力量,如犯罪情境中存在的执法人员、旁观者的干预等,也存在内心的抑制力量,如自己的良心或道德感等。这些因素的存在,能够遏止犯罪行为的产生或者减轻犯罪行为的危害程度。不过,初次进行犯罪行为的经历,能产生去抑制效应(disinhibitory effect),解除犯罪人对犯罪行为的心理抑制,这种心理状态不仅使犯罪人容易进行新的犯罪行为,而且有可能使犯罪人无所顾忌地实施犯罪行为,使重新犯罪造成比初次犯罪更加严重的后果。

犯罪行为对犯罪人的心理抑制的解除,主要表现为三个方面。

1. 削弱个人的道德感

道德感(moral feeling)是人们运用道德标准评价自己或他人的言行时产生的情感体验。

如果认为所评价的言行符合道德标准，就产生肯定性情感，如赞赏、钦佩、欣慰等；如果认为所评价的言行违反道德标准，就产生否定性情感，如羞愧、憎恶等。犯罪行为的实施，会不同程度地削弱犯罪人的道德感。

犯罪行为对犯罪人道德感的削弱，主要有两种情况：

（1）使犯罪人学会解除道德感抑制的方法。许多犯罪人并不一定是道德极端堕落、良心完全丧失的人，他们仍然保留着适当的道德感。但是，这些道德感并不能恒定地对犯罪人的行为发挥抑制作用，犯罪行为的实施有可能使犯罪人学会解除道德感抑制的方法。例如，国外研究者所说的“中和技术”（即将犯罪行为加以合理化的不恰当的心理技术），使犯罪人在准备或者进行犯罪行为时，能够通过这类方法，让自己的道德感不能发挥抑制犯罪行为的作用，从而内心平静地甚至是心安理得地实施犯罪行为。这种现象属于“道德解脱”（moral disengagement）①，即个人为了摆脱良心谴责而将道德准则与自己的犯罪心理和犯罪行为分离开来的过程。道德解脱是初次犯罪和重新犯罪的重要心理因素。不过，这种心理现象也有一些分布上的差异：首先，年龄差异。这种现象在青少年犯罪人中更常见，随着年龄的增加，个人对它的使用会减少。其次，性别差异。青少年男性更有可能使用这种机制，他们更容易从有害行为中摆脱道德的自我制裁。②

（2）消除犯罪人的是非感。对于一些犯罪人而言，犯罪行为的实施有可能使他们彻底丧失某种道德感，特别是其中的是非感，从而使他们不把犯罪行为看成违反道德的行为，而看成与社会生活中任何别的行为一样的行为，对犯罪行为失去起码的是非评价。对于这样的犯罪人来讲，既然犯罪行为与别的合法行为没有什么区别，那么就可以理直气壮地去进行犯罪行为。

2. 减弱对犯罪行为的敏感性

实施犯罪的经历可以减弱犯罪人对重新犯罪行为的敏感性。犯罪是一种有害的甚至往往是残忍的行为，初次进行犯罪行为的人，由于其在社会化过程中形成的同情心、怜悯心等因素的作用，在心理上对犯罪行为十分敏感，他们往往对犯罪行为产生犹豫不决、惧怕等态度。但是，在实施一次犯罪行为之后，他们对犯罪行为的这种敏感性就大大减弱，不再把犯罪行为看成极其严重的事情，容易用一种比较平静甚至麻木的态度对待新的犯罪行为，从而可能重新犯罪。

3. 消除对犯罪行为的神秘感

实施犯罪的经历可以消除犯罪人对犯罪行为的神秘感。犯罪人对犯罪行为的神秘感的消除，有利于他们再次进行犯罪行为。没有进行过犯罪行为的人，可能对犯罪行为有不同程度的神秘感，包括紧张感、焦虑感、恐惧心理等，这些心理体验是遏制犯罪行为发生的因素。初次实施犯罪行为会破除犯罪人对犯罪行为的神秘感，使犯罪人知道有关犯罪行为的情况，如果能再从犯罪行为中学到一定经验，他们就很容易重新犯罪。

---

① “moral disengagement”又被译为“道德脱离”“道德推脱”“道德解除”等。

② Curt R. Bartol et al., *Criminal Behavior: A Psychological Approach*, 11th ed. (Upper Saddle River, NJ: Pearson, 2017), pp. 131-132.

（五）挫折驱动

初次犯罪后发生的一系列变化使得犯罪人在生活中遇到更多的严重挫折，这会驱使他们重新犯罪。对于大多数犯罪人来讲，进行犯罪行为以及犯罪行为招致的一系列不良后果，往往会使他们在生活中遇到更多的严重挫折。而且，他们在被司法机关追究刑事责任的过程中，往往要遭受一系列痛苦，如接受审讯和审判、被关入监狱服刑等。由于司法机关的刑事追究活动对犯罪人所产生的“贴标签效应”（labeling effect），犯罪人要承受由此引起的一系列严重后果。对于个人而言，这些后果都是严重的挫折，会增加个人重新犯罪的可能性。

1. 社会声誉遭到破坏的结果

社会声誉遭到破坏的副作用会引发重新犯罪。初次犯罪后的经历，会使犯罪人的社会声誉遭到破坏。在个人初次进行犯罪行为之后司法机关对其所采取的刑事司法活动，从多个方面向社会公众表明，犯罪人是道德品质恶劣、应该受到社会谴责的人，他们不同于社会中的正常人。因此，这些人即使出狱以后，也很难完全恢复社会声誉。人们在与这些人的交往中，会采取冷漠、歧视、回避、不合作、拒绝交往等消极的行为反应，这给他们的社会适应和正常生活增加了很多的困难，使他们更有可能遭受生活挫折。同时，由于社会声誉受损，他们在缔结婚姻、建立家庭、寻找职业、结交朋友等方面，往往会遇到很大的挫折。挫折引起的愤怒、绝望等消极情绪，可能会引发重新犯罪。

2. 犯罪人消极身份认同的效应

犯罪人对其身份的消极认同是导致重新犯罪的重要因素。司法机关对犯罪人的刑事追究活动，给犯罪人贴上了“犯罪人”的标签，这不仅会引起人们对犯罪人的谴责、排斥等消极反应，也会引起犯罪人自己对“犯罪人”这个标签的消极认同，他们在心理上会把自己看作犯罪人，按照犯罪人的形象塑造自己，使自己的社会态度、衣着、言谈和行为举止等与人们的“期待”相符。对于青少年犯罪人而言，对犯罪人身份的这种消极认同现象更加明显，他们会对犯罪人身份产生的烙印（stigma）发生强烈的反应。对犯罪人身份的消极认同，可能会使个人进行更多的、更加严重的犯罪行为。犯罪学家弗兰克·坦南鲍姆（Frank Tannenbaum，1893—1969）把这种现象称为“邪恶的戏剧化”（dramatization of evil）。根据他的论述，犯罪人是由社会制造的；犯罪人的产生过程，是一个社区对有不良行为的少年给予消极反应，使其对这种消极反应产生认同，从而逐渐走上犯罪道路的互动过程。社会制造一个严重的少年犯罪人的最后步骤，并不是在少年进行违法行为的时候发生的，而是在违法的少年被少年司法系统处理的时候发生的。当对有不良行为的少年采取这种官方措施时，他们的本来无关紧要的问题就变成了严重问题。① 贴标签理论者对继发越轨行为（secondary deviance）②的研究发现，犯罪人身份的确定和个人对这种身份的消极认同，是导致个人实施越来越严重

① 吴宗宪：《西方犯罪学史》（第二版）（第4卷），中国人民公安大学出版社2010年版，第1179—1180页。

② 继发越轨行为（secondary deviance）是指人们（特别是少年儿童）在被贴上坏的标签之后按照坏标签包含的身份进行的更加严重的越轨行为。例如，如果少年儿童被贴上“犯罪人”的标签，他们就会按照犯罪人的身份进行相应的行为。

的犯罪行为的重要因素。

由此可见,犯罪人的社会声誉遭到破坏和犯罪人对其身份的消极认同,会使他们遇到越来越多的挫折,导致他们不断进行消极适应,从而引发更多重新犯罪行为。随着挫折经历的增加,他们会产生习得性无助(learned helplessness),即个人在多次遇到挫折后产生的认为自己无法改变命运的绝望状态。习得性无助是美国心理学家马丁·塞利格曼(Martin Seligman,1975)提出的一个概念,代表了一种复杂的感情体验,包含承认自己无能的消极信念和淡漠、沮丧、痛苦、绝望等消极情绪。习得性无助感突出地表现在三个方面:(1)动机损害。即个人的动机水平下降,不再追求上进,表现为被动、消极,对什么事情都不感兴趣的淡漠的心理倾向。(2)认知损害。这是指产生自己无法改变自己的处境和命运的心理定势,遇到问题时不进行积极的思考,对自己学习新东西、适应新环境的能力产生怀疑,在生活中看不到对自己有利的机会和条件,把社会看得一团糟,对自己的命运和前途失去信心,因而得过且过,浑浑噩噩地消磨时间。(3)情绪创伤。这是指在多次遭受挫折后,个人出现情绪失调现象:最初会忧虑和烦躁,以后会产生冷淡、悲观、颓丧、抑郁情绪,甚至萌发深刻的绝望情绪。犯罪人产生的习得性无助感,是造成犯罪人自暴自弃、"破罐子破摔"心态的重要心理基础。因此,犯罪人在初次犯罪后不断遭受严重挫折时产生的习得性无助,有可能使犯罪人在绝望中以犯罪的方式应对挫折,从而引发重新犯罪行为。

(六)累积劣势

累积劣势会引发更多的重新犯罪行为。累积劣势(cumulative disadvantage)又称"累计不利条件""累积弱势",是指多种不利情况集中到某个人身上的现象。这是一种与贴标签效应密切相关的现象。国外犯罪学研究发现,累积劣势对引发初次犯罪和重新犯罪都有作用。1993年,德国出生的美国当代女犯罪学家特里·莫菲特(Terrie Moffitt)提出,一些人的犯罪是累积劣势的结果:犯罪人还在发育的时候,就因为母亲吸烟或者吸毒等不利影响而受到损害,有神经心理缺陷;犯罪人的父母往往年轻且经济状况不佳,天生脾气不好,导致他们往往受到严厉和不稳定的管教,表现出行为问题和较低的智力技能;犯罪人对学校准备不足,学业不及格,被其他学生拒绝。然后,他们很容易成为犯罪同伴群体的成员,在这个群体里他们因为更严重的犯罪获得支持,在犯罪的泥潭中越陷越深。① 这个过程就是累积劣势,它切断了个人的亲社会选择,使青少年走上长期持续型犯罪(life-course-persistent offending)的道路。

1997年,犯罪学家罗伯特·桑普森(Robert Sampson)和约翰·劳布(John Laub)使用累积劣势的概念解释重新犯罪行为,发展了累积劣势理论(cumulative-disadvantage theory)。他们指出,个人的犯罪行为削弱和搞坏了个人与传统社会的联系,导致个人因为犯罪而受到一系列消极对待(累积劣势),从而促使个人再次犯罪。因此,累积劣势过程将个人过去的犯罪行为与未来的犯罪行为联系起来,使个人在初次犯罪之后再次进行犯罪行为。根据他们的

① Francis T. Cullen et al. (eds.), *Encyclopedia of Criminological Theory* (Thousand Oaks, CA: Sage, 2010), p. xxxix.

论述,累积劣势过程与四个社会控制机构有关:(1) 家庭。个人有消极行为时会在家庭中受到消极对待。孩子的行为和父母的行为是相互影响的,当孩子有了消极行为或者犯罪行为时,就会受到家庭特别是父母的消极对待,包括受到父母的惩罚,被父母贴上消极标签等,家庭的这些反应会影响孩子以后的行为,使他们接受父母给他们贴上的"坏"标签,并进行符合这种"坏"标签的相应行为。(2) 学校。学校和老师也会参与累积劣势过程。例如,老师可能会对学生不守规矩的行为作出反应,甚至中断师生关系,从而妨碍不守规矩的学生的智力发展和个人成长。从某种程度上讲,这种拒绝破坏了学生对学校的依恋,最终影响学生在学校的表现,这可能会导致进一步的破坏行为和少年犯罪行为。(3) 同伴。进行了犯罪行为的个人,会被同龄人拒绝,这样的孩子往往更具攻击性;对一些孩子来说,被同龄人拒绝会使他们与离经叛道的同伴交往,而这些同伴中的许多人都有同样的攻击性特征。(4) 国家制裁机构。刑事司法机构代表国家对犯罪行为作出反应并对犯罪人判处刑罚,会不可避免地带来一系列负面结构性后果(negative structural consequences)。接受刑罚处罚的人即使在执行完刑罚之后,也会受到劳动力市场的排斥,找不到可以谋生的职业。所有这些不利因素在个人身上的积累和集中,都可能导致个人进行更多的犯罪。这种循环之所以会发生,是因为严厉的制裁最终会给犯罪人贴上标签,减少他们按照传统方式生活的机会。根据他们的论述,劣势的累积连续性(cumulative continuity of disadvantage)既是持续的个体差异的结果,也是童年期反社会行为与青少年犯罪之间的动态过程的结果,这种动态过程削弱了成人的社会联系,促进成人进行更多的犯罪行为。①

(七) 代价降低

个人重新犯罪时可能付出的代价会明显降低,这是重新犯罪产生的重要因素。大多数犯罪人在进行犯罪行为之前,都要进行成本收益计算,当预期犯罪行为的收益大于成本时,犯罪人才会进行犯罪行为。在这里,犯罪人所指的"成本",包括自己已有的社会声誉、社会地位、个人财产、人际关系、学业进步、职业发展、婚姻家庭等;犯罪行为的实施,使犯罪人在这些方面有可能不同程度地遭受损失。因此,犯罪人的社会声誉和社会地位越高、人际关系和人生前途越好、家庭生活越幸福,他们就越不会轻易地进行犯罪行为,因为进行犯罪行为会使他们失去这些东西,为犯罪行为付出的成本或代价太大。但是,对于已经实施了犯罪行为的人来讲,情况就截然不同了,因为他们的犯罪行为已经使他们完全或者部分地失去了这些东西,即使进行新的犯罪行为也不会失去更多的东西。对于一个几乎一无所有的人,不担心会失去更多的东西。因此,对于已经实施了犯罪行为的犯罪人来讲,他们再次进行犯罪行为的成本或代价就很小,他们在进行犯罪决策时,很少会考虑自己可能失去的东西,而是更多地考虑犯罪行为可能给自己带来的利益和好处,这使犯罪决策过程很容易偏向进行犯罪行为的方向。由此可见,第一次犯罪行为给犯罪人带来的损失,大大降低了他们再次进行犯罪行为的成本或代价,使他们很容易进行新的犯罪行为。

---

① Alex R. Piquero et al., *Key Issues in Criminal Career Research: New Analyses of the Cambridge Study in Delinquent Development* (Cambridge: Cambridge University Press, 2007), pp. 34-35.

（八）变态心理

犯罪人具有的某些变态心理也是引发重新犯罪的重要因素。一些多次进行犯罪行为的犯罪人具有一定的变态心理，对于这些犯罪人来讲，他们所具有的变态心理，是导致他们不断进行犯罪行为的重要因素。一些人格障碍（或者病态人格、变态人格）和精神疾病本身就包含着导致重新犯罪的犯因性因素。例如，反社会型人格障碍中的多项症状与重新犯罪有关，包括经常逃学、反复说谎、反复偷窃、反复参与破坏公共财物活动或纵火、反复挑起或参与斗殴、危害别人时无内疚感等。① 调查显示，在累犯中，变态人格者的比率很高。例如，弗雷德里希·施通普夫（Friedrich Stumpfl，1902—1994）早期的调查发现，在累犯中，具有无情型病态人格和意志欠缺型病态人格的人分别占49%和58%，而在一次性犯罪人中，具有这两种病态人格的人分别占2.4%和3%。② 施奈尔（K. Schnell）于1935年对502名累犯进行调查，发现变态人格者占48.7%；日本的中田（1955—1965）、满田（1966）、水木（1969）、武林（1972）等分别报道的案例总计555例，包括纵火、凶杀等各种犯罪，其中变态人格者平均占39.25%；一般认为，多次犯罪的累犯或习惯犯中，有一半以上的是变态人格者。③ 此外，间歇性暴发障碍（intermittent explosive disorder）④也具有反复进行暴力型攻击行为的特征，⑤有可能是重新犯罪的因素之一。

---

① American Psychiatric Association, *Diagnostic and Statistical Manual of Mental Disorders*: *DSM-5*, 5th ed. (Arlington, VA: American Psychiatric Association, 2013), p. 659.

② 吴宗宪：《西方犯罪学史》（第二版）（第3卷），中国人民公安大学出版社2010年版，第876页。

③ 北京医科大学主编：《精神医学与相关问题》，湖南科学技术出版社1986年版，第305页。

④ 间歇性暴发障碍（intermittent explosive disorder）是经常发生冲动性情绪暴怒、言语暴发或者肢体攻击行为的冲动控制障碍。这是精神疾病的一种。

⑤ American Psychiatric Association, *Diagnostic and Statistical Manual of Mental Disorders*: *DSM-5*, 5th ed. (Arlington, VA: American Psychiatric Association, 2013), p. 466.

读者意见反馈

为收集对教材的意见建议，进一步完善教材编写并做好服务工作，读者可将对本教材的意见建议通过如下渠道反馈至我社。

咨询电话　400-810-0598

反馈邮箱　gjdzfwb@ pub. hep. cn

通信地址　北京市朝阳区惠新东街 4 号富盛大厦 1 座

　　　　　高等教育出版社总编辑办公室

邮政编码　100029